निर्गुण संतों के स्वप्न

'भक्ति मीमांसा' शृंखला की पहली पुस्तक

शृंखला संपादक
पुरुषोत्तम अग्रवाल

निर्गुण संतों के स्वप्न

डेविड एन. लॉरेंजन

अनुवाद
धीरेन्द्र बहादुर सिंह

राजकमल प्रकाशन

ISBN : 978-81-267-1911-2

मूल्य : ₹ 895

© डेविड एन. लॉरेंजन
© हिन्दी अनुवाद : धीरेन्द्र बहादुर सिंह

पहला संस्करण : 2010
दूसरा संस्करण : 2021
This book is printed on **Print on Demand** Technology : 2026

प्रकाशक : राजकमल प्रकाशन प्रा. लि.
1-बी, नेताजी सुभाष मार्ग
नई दिल्ली-110 002

शाखाएँ : अशोक राजपथ, साइंस कॉलेज के सामने, पटना-800 006
पहली मंज़िल, दरबारी बिल्डिंग, महात्मा गांधी मार्ग, प्रयागराज-211 001
1, अनमोल सोराबजी संतुक लेन, धोबी तलाव, मरीन लाइंस, मुम्बई-400 002

वेबसाइट : www.rajkamalprakashan.com
ई-मेल : info@rajkamalprakashan.com

NIRGUN SANTON KE SWAPNA
by David N. Lorenzen
Translated by Dhirendra Bahadur Singh

इस पुस्तक के सर्वाधिकार सुरक्षित हैं। प्रकाशक की लिखित अनुमति के बिना इसके किसी भी अंश को, फोटोकॉपी एवं रिकॉर्डिंग सहित इलेक्ट्रॉनिक अथवा मशीनी, किसी भी माध्यम से, अथवा ज्ञान के संग्रहण एवं पुनःप्रयोग की प्रणाली द्वारा, किसी भी रूप में, पुनरुत्पादित अथवा संचारित-प्रसारित नहीं किया जा सकता।

भक्ति–मीमांसा : यह श्रृंखला और यह पुस्तक

यह श्रृंखला

हिन्दी साहित्य के इतिहास में भक्ति-काल का अवसान सत्रहवीं सदी ईसवी के मध्य में हो गया मान लिया जाता है। अन्य भारतीय भाषाओं में भी लगभग यही स्थिति है। इस काल को भारतीय इतिहास का 'मध्यकाल' भी माना जाता है। भक्ति-काव्य का अध्ययन करने वाले कबीर और तुकाराम की कविता पढ़कर चकित होते हैं कि 'मध्यकालीन' होते हुए भी ये लोग 'आधुनिक' चित्त के कितने निकट प्रतीत होते हैं। तुलसीदास की कविता पढ़कर भी लोग चकित होते हैं कि 'मध्यकालीन' होते हुए भी वे अपने सामाजिक सरोकारों को अपनी कविता में इतने स्पष्ट ढंग से लाते हैं, बल्कि अपने समकालीन सामाजिक यथार्थ का इतने सटीक ढंग से चित्रण भी करते हैं। उनके विचार और संस्कार जैसे भी हों, तुलसीदास का भी, कविता के प्रति रवैया आधुनिक चित्त के निकट होने की ही सूचना देता है। सवाल यह है कि हम इस बात पर चकित होते रहे हैं कि ये भक्त कवि मध्यकालीन होते हुए भी आधुनिक चित्त और चिन्ताओं के इतने निकट कैसे आ गए, या मध्यकालीनता और आधुनिकता की अवधारणाओं पर ही थोड़ा-सा पुनर्विचार करें।

दुनिया भर में ऐसा पुनर्विचार बहुत से लोग इस वक्त कर रहे हैं। हिन्दी में रामविलास शर्मा अपने ढंग से इस तरह का पुनर्विचार करने का प्रयत्न लगातार करते रहे। बात केवल भारतीय इतिहास तक सीमित नहीं। बात यह है कि क्या आधुनिकता केवल यूरोप में ही उपजी और सारी दुनिया में फैल गई या विभिन्न समाजों में अपनी-अपनी आधुनिकताएं यूरोपीय आधुनिकता के समानान्तर ही विकसित हो रही थीं। यदि ऐसा हुआ हो तो स्वाभाविक रूप से अगला सवाल यह होगा कि विभिन्न समाजों की देशज आधुनिकताओं के साथ यूरोपीय साम्राज्यवाद के साथ पहुंची यूरोपीय आधुनिकता ने क्या सलूक किया?

भक्ति साहित्य और संवेदना का अध्ययन हमें इस बुनियादी प्रश्न के विचारोत्तेजक और अनपेक्षित उत्तर की ओर ले जाता है। मैं पिछले कई वर्षों से कबीर और भक्ति-संवेदना का अध्ययन करता रहा हूं। अध्ययन आरम्भ करते समय लगा नहीं

था कि कबीर को पढ़ना, पढ़ाना और कबीर का विधिवत् अध्ययन करना एक सभ्यतामूलक जिज्ञासा में बदल जाएगा। कबीर को कैसे-कैसे पढ़ा, बल्कि गढ़ा गया है, इस पर ध्यान देना औपनिवेशिक ज्ञानकांड से टकराने में बदल जाएगा। लेकिन, आज मैं जानता हूं कि कबीर ही नहीं, किसी भी भक्त कवि को 'पढ़ने' के लिए भारत में ही नहीं, दुनिया भर में देशज और औपनिवेशिक आधुनिकता के परस्पर सम्बन्ध को पढ़ना जरूरी है। बल्कि यह कहना बेहतर होगा कि इस सम्बन्ध को 'पढ़ने-समझने' के लिए भक्ति-काव्य को पढ़ना जरूरी है।

भक्ति-मीमांसा की यह पुस्तक-शृंखला इसी दिशा में एक कोशिश है। विभिन्न भक्त कवियों, रचनाओं और प्रवृत्तियों के विचारोत्तेजक अध्ययन इसमें प्रकाशित किए जाएंगे। इस शृंखला के विचार के प्रति उत्साह दिखाने और इसे व्यावहारिक रूप देने में तत्परता के लिए, मैं श्री अशोक महेश्वरी का आभारी हूं।

कबीर के समय का अध्ययन करते हुए मैंने पाया कि ब्राह्मण सर्वोच्चता की शाश्वतता ऐतिहासिक सत्य नहीं, ब्राह्मणों की फैंटेसी है, जिसे ऐतिहासिक सत्य का दर्जा औपनिवेशिक सत्ता के सहयोगी ब्राह्मणों ने दिया। यह बात स्पष्ट हो जाती है, यदि हम भक्ति-काव्य को उसकी प्रचलित व्याख्याओं से अलग रखते हुए पढ़ें। भक्ति-मीमांसा पुस्तक शृंखला में यही करने का प्रयत्न किया जाएगा। रैदास 'अछूत' थे, काफी विनम्र व्यक्तित्व था उनका, लेकिन एक पद में भक्ति की महिमा और भगवान के प्रति कृतज्ञता जिन शब्दों में व्यक्त करते हैं, वे ध्यान से पढ़े जाने चाहिए : "जाके कुटुम्ब के ढेढ़ सब ढोर ढोवंत फिरहिं, अजहूं बनारसी आसा पासा/**आचार सहित बिप्र करहिं दण्डौति** तिन तनै रैदास दासानुदासा"।[1]

आजकल कबीर, रैदास और मीरा को हाशिए की आवाजें मानकर पढ़ा जा रहा है। सवाल यह है कि **इतिहास लेखन** में कबीरादि को **हाशिए के लोग** बनाया किसने। जिस समय का इतिहास लिखने के दावे किए जाते हैं, उस समय तो कबीर व्यापारियों में सर्वाधिक मान्य हैं। समाज के अन्य शक्तिशाली लोगों में भी उनकी मान्यता है। रैदास की शिष्या मीरा थीं, या कोई और झाली रानी—यह महत्त्वपूर्ण नहीं, महत्त्वपूर्ण यह है कि 'अछूत' की इतनी मान्यता थी कि कोई रानी उनकी शिष्या बनना चाहे, और खुराफाती ब्राह्मण मुंह की खाएं।

समस्या यह है कि देशभाषाओं के स्रोतों पर ठीक से ध्यान दिया ही नहीं जाता। अफ्रीकी राजनीतिशास्त्री अचील मबेंबे कहते हैं कि यूरोपीय अध्येता अफ्रीका के जिन समाजों के अध्ययन करते हैं, उनकी भाषाएं सीखना तक जरूरी नहीं समझते।[2] भारत के प्रसंग में स्थिति इतनी बुरी नहीं तो कोई बहुत अच्छी भी नहीं रही है। यूरोपीय ही नहीं, यूरोपीय पूर्वग्रहों को ध्रुव सत्य मान बैठे सभी अध्येताओं की यही हालत है। भारतीय इतिहास और सांस्कृतिक अनुभवों को समझने के लिए संस्कृत या फारसी की ही जानकारी पर्याप्त मान ली जाती है। यह जानकारी भी कितनी प्रामाणिक होती

है, यह एक अलग सवाल है।

'मध्यकालीन' भारत का इतिहास लिख दिया जाता है, बिना हिन्दी, मराठी या गुजराती स्रोतों को प्राथमिक महत्त्व दिए ही। इनका इस्तेमाल जरूर कभी-कभी किया जाता है, लेकिन इनकी अपनी आवाजें सुनने के इरादे से नहीं, बल्कि जो संस्कृत या फारसी के स्रोतों से सुन लिया गया है, उसकी ताईद भर करने के लिए। भारतीय इतिहास, सांस्कृतिक प्रक्रियाओं और साहित्य के बारे में वे लोग लम्बी-लम्बी हांकते हैं, जो किसी भी देशभाषा के साहित्य और चिन्तन की जानकारी हासिल करने की कोई जरूरत नहीं समझते। इससे भी बदतर यह कि किंवदंतियों और सांस्कृतिक भाषा के अन्य रूपों को सिरे से खारिज करते हुए, भाषा के सपाट यथार्थवाद को ही विमर्श और स्मृति का एकमात्र प्रामाणिक माध्यम मान लिया जाता है—प्रसंग चाहे साहित्य का हो, चाहे इतिहास का। ऐसे सपाटपन के अभाव को तर्क-बुद्धि और ऐतिहासिक स्मृति के अभाव का अकाट्य प्रमाण भी मान लिया जाता है। इसीलिए फारसी में लिखने वाले दरबारी वृत्तान्तकार तो 'प्रामाणिक' स्रोतों का दर्जा पाते हैं, लेकिन देशभाषा में परिचइयां और भक्तमाल लिखने वाले तार्किकता से, और इसलिए प्रामाणिकता से वंचित मान लिये जाते हैं। तार्किकता के नाम पर सपाटपन की प्रतिष्ठा और सामाजिक स्मृति-संरक्षण के मुहावरों के प्रति असंवेदनशीलता का नतीजा यह कि भक्तमाल और परिचई जैसे समकालीन स्रोत कबीर के साहस के ही नहीं, उन्हें मिली सफलता और मकबूलियत के भी गुण गाते नहीं थकते, और 'आधुनिक' साहित्येतिहासकारों को कबीर 'हाशिए की असफल आवाज' से सुनाई पड़ते हैं। इस श्रवण-दोष का सम्बन्ध औपनिवेशिक आधुनिकता और उसके ज्ञानकांड से है।

औपनिवेशिक आधुनिकता ने इतिहास के केन्द्र में रखा दिल्ली यानी राजसत्ता को, उसकी भूमिका को इस तरह रि-प्रेजेंट किया कि औपनिवेशिक सत्ता का केन्द्र-मोह भारतीय इतिहास का स्वाभाविक विकास मान लिया गया, लेकिन दूसरी तरफ यह भी कहा जाता रहा कि भारतीय समाज में तो राजसत्ता फालतू की-सी चीज थी, सारी सत्ता जाति या गांव की पंचायत के हाथ में थी। यदि सचमुच ऐसा था तो इतिहास-लेखन में स्थानीयता पर बल होना चाहिए था, लेकिन बल तो 'केन्द्र' पर ही बना रहा।

सवाल यह है कि भारतीय इतिहास में केन्द्र क्या था और हाशिया क्या? इनके परस्पर सम्बन्ध किस तरह बनते और चलते थे?

जिस तरह इतिहास लेखन में कबीर और मीरा को 'हाशिए की आवाजें' बताया गया, उसी तरह औपनिवेशिक आधुनिकता द्वारा 'जड़, इतिहासविहीन' मध्यकाल भारतीय इतिहास के उस कालखंड को कहा गया जो आर्थिक-सांस्कृतिक दोनों दृष्टियों से ठेठ आधुनिक गतिशीलता और वाद-विवाद-संवाद के जरिए परम्पराजनित

आधुनिकता के विकास का काल था।

भक्ति-काव्य मध्यकाल का नहीं, भारतीय इतिहास की अपनी आरम्भिक आधुनिकता का काव्य है। भक्ति की कविता में हाशिए की नहीं, अपने समय के प्रभावी सामाजिक समूहों—व्यापारियों और दस्तकारों—के सरोकारों को व्यक्त करने वाली आवाजें सुनाई पड़ती हैं।

साहित्यिक बिरादरी से बाहर निकलकर व्यापक समाज को देखें तो कबीर, तुकाराम, तुलसी, मीरा, अखा, नरसी मेहता किसी भी समकालीन कवि से अधिक समकालीन हैं। यह तथ्य इतिहास की दृष्टि से भी ध्यान देने योग्य है और साहित्यिक संवेदना की दृष्टि से भी। इसके निहितार्थों को समझने में साहित्य के अध्येता की भी दिलचस्पी होनी चाहिए और इतिहास के अध्येता की भी। भक्ति के लोकवृत्त (पब्लिक स्फीयर) का ऐतिहासिक विकास भक्ति-आन्दोलन के विस्तार में व्यापार और व्यापारियों की निर्णायक भूमिका को निर्विवाद रूप से रेखांकित तो करता ही है, इसकी निरंतरता आज के भारत के जन-जीवन में भक्ति-संवेदना की व्यापक मौजूदगी से भी जुड़ती है। हिन्दी साहित्य के इतिहास में भक्तिकाल भले ही 1643 ई. में समाप्त हो गया हो, भक्त कवि हिन्दी समाज के रोजमर्रा के जीवन में किसी भी अन्य कवि से अधिक उपस्थित हैं। 'निरक्षर' हिन्दी-भाषी भी कबीर के चार-छह दोहों और तुलसी की दो-चार चौपाइयों से तो वाकिफ है ही। भक्त कवियों की विस्मयजनक व्याख्याएं कर, श्रोताओं को चकित कर देने वाले गांव-गांव में मिल जाते हैं। साहित्यकारों की दुनिया में प्रवेश पाने के लिए, भक्त कवियों को 'प्रासंगिकता' का वीजा हासिल करना पड़ता है; लेकिन हिन्दी समाज तो नियतिबद्ध है—भक्त कवियों से सतत आत्मीय संवाद करने के लिए। क्या हिन्दी की समकालीन साहित्यिक चिन्ताओं में यह नियति प्रतिबिम्बित होती है? उत्तर हिन्दी साहित्य का हर विद्यार्थी और पाठक जानता है। इस उत्तर का सम्बन्ध उस संवेदना-विच्छेद से है, जो भारत की अपनी आधुनिकता के विकास में औपनिवेशिक ज्ञानकांड के हस्तक्षेप के फलस्वरूप उत्पन्न हुआ है।

भारत और अन्य गैर-यूरोपीय समाजों की अपनी देशज आधुनिकता और उसमें औपनिवेशिक आधुनिकता द्वारा उत्पन्न किए गए व्यवधान को समझना अतीत, वर्तमान और भविष्य का बोध प्राप्त करने के लिए तो जरूरी है ही, कम-से-कम मुझे तो यह नितान्त निजी आत्म-बोध प्राप्त करने के लिए भी जरूरी लगता है।

आज जहां हम खड़े हैं, उस इक्कीसवीं सदी में इतिहास को कैसे देखें? क्या ऐसी कोई इतिहास-दृष्टि सम्भव है, जो ऐतिहासिक कर्ताओं की स्वायत्तता का भी सम्मान करे और व्याख्यानकर्ता की स्वायत्तता का भी। जो अपने पसंदीदा नायकों से केवल तादात्म्य का ही अनुभव न करे, बल्कि अपरिहार्य अन्तर का बोध भी बनाए रखे। साहित्य को इतिहास-लेखन का स्रोत मात्र (सो भी दूसरे दर्जे का!) और किसी

विचारधारात्मक प्रस्ताव का भोंपू मानकर नहीं, बल्कि उसकी साहित्यिक स्वायत्तता का सम्मान करते हुए पढ़ने की पद्धति पर चलते हुए भक्ति-काव्य को पढ़ें तो कैसे नतीजे हासिल होते हैं? भक्ति-संवेदना की समकालीनता को सामाजिक चेतना के पिछड़ेपन का प्रमाण मानने की, और भक्ति-काव्य को मनमाने प्रोजेक्ट्स में खींच लेने की आदत से पिंड छुड़ाकर पढ़ें तो कैसे नतीजे हासिल होते हैं?

इन जिज्ञासाओं ने ही 'अकथ कहानी प्रेम की : कबीर की कविता और उनका समय' नामक पुस्तक (राजकमल प्रकाशन, 2009) लिखवाई, और ये जिज्ञासाएं ही इस 'भक्ति-मीमांसा' पुस्तक शृंखला को सम्भव करा रही हैं।

मध्यकालीन और आधुनिक केवल समयसूचक शब्द नहीं, मूल्यबोधक 'टर्म्स' भी हैं। आधुनिकता के बाद ही समाज प्रबोधन की दिशा में बढ़ता है। 'आधुनिक' की मूल्यपरक व्यंजना के ही कारण, ऐतिहासिक समकालीनता के बावजूद भारत के कबीर मध्यकालीन और जर्मनी के लूथर आरम्भिक आधुनिक कहलाते हैं। व्यापार के विस्तार, मानवकेन्द्रित चिन्ता और चर्च के प्रति असन्तोष के उदय के आधार पर यूरोप में मध्य और आधुनिक काल की सन्धि-वेला चौदहवीं-पन्द्रहवीं सदी में मानी जाती है। मान्यता यह है कि यूरोप तो मध्यकाल की 'जकड़' से चौदहवीं सदी में ही निकल चला था, जबकि भारत समेत बाकी सारी दुनिया इतिहास की चौदहवीं सदी में तो थी, लेकिन यूरोप की तरह आरम्भिक आधुनिक काल में प्रविष्ट हो जाने की बजाय मध्यकाल में ही ठहरी हुई।

आधुनिकता और प्रबोधन में अन्तर किया जाता है। इतिहास-क्रम में प्रबोधन आधुनिकता के पीछे ही आता है। आधुनिक होने के पहले कोई समाज प्रबुद्ध नहीं हो सकता। कुछ व्यक्ति प्रबुद्ध हो सकते हैं, ऐसे लोग अपने वक्त से आगे कहलाते हैं, लेकिन प्रबोधन के मूल्यों का व्यापक समाज में प्रचार तो आधुनिकता के बाद ही हो सकता है। यूरोप में आरम्भिक आधुनिक काल शुरू हुआ पन्द्रहवीं सदी में। प्रबोधन (एनलाइटेनमेंट) का दौर शुरू हुआ सत्रहवीं सदी से। इसी अर्थ में यूरोपीय प्रबोधन से वंचित लोग—क्या अकबर, क्या कबीर और क्या तुकाराम अपने वक्त से आगे और आधुनिक (अर्थात् प्रबुद्ध) चित्त के निकट कहे जाते हैं। प्रबोधन के मूल्य हैं—व्यक्तिसत्ता की स्वीकृति, सहिष्णुता और विवेक। बोलचाल में आधुनिक और प्रबुद्ध घुल-मिल जाते हैं। आधुनिक का अर्थ हो जाता है विवेकपरक, व्यक्तिसत्ता स्वीकार करने वाला, सहिष्णु चित्त; और मध्यकालीन का मतलब व्यक्ति-सत्ता को नकारने वाला। प्रेमी जोड़े को फांसी चढ़ाने का आदेश देने वाली पंचायत का व्यवहार मध्यकालीन और प्रेमी-प्रेमिका का आधुनिक।

माना जाता है कि भक्त कवि स्वयं प्रबुद्ध भले ही रहे हों, लेकिन उनका समाज आधुनिक नहीं था, उनके विचारों के प्रसार के लिए सामाजिक आधार नहीं था। सामाजिक आधार के अन्तर के हवाले से ही माना जाता है कि कुछ आपत्तिजनक

बातें करने के बावजूद लूथर कुल मिलाकर आधुनिक ही थे। दूसरी ओर, मुक्तिबोध के मन में कबीर को लेकर और दिलीप चित्रे के मन में तुकाराम को लेकर विस्मय आता है कि ये कवि अपने वक्त से कितने आगे और आधुनिक चित्त के कितने निकट हैं। सवाल यह है कि स्वयं इन कवियों का चित्त और समय क्या सचमुच 'मध्यकालीन' रह गया था, जो हम इनकी आधुनिकता पर चकित हों? या चकित होने के लिए ज्यादा उपयुक्त हमारी अपनी स्थिति है, जिसके कारण हम पन्द्रहवीं-सोलहवीं सदी में यहूदियों से नफरत करने वाले लूथर को, लाखों औरतों को जिन्दा जलाने वाले यूरोप को तो आधुनिक मानते हैं, और ऐन उसी समय धर्मेतर अध्यात्म की खोज करने वाले कबीर को और स्त्रियों की दशा सुधारने की कोशिशें करने वाले अकबर को मध्यकालीन।

कबीर और तुकाराम जैसे कवियों को क्या निरवधि काल और विपुला पृथ्वी से आशा करनी पड़ी कि कभी कोई समानधर्मा उत्पन्न होगा, जो उन्हें सराहेगा, उनके महत्त्व की 'खोज' करेगा; या उनके अपने 'स्तब्ध मनोवृत्ति' वाले तथाकथित 'मध्यकाल' में ही उन्हें विपुल श्रोता समुदाय और व्यापक सामाजिक सम्मान प्राप्त हुआ? तुकाराम को विवश किया गया कि वे अपना काव्य स्वयं जलार्पित कर दें। कबीर को विवश किया गया कि वे अपनी काशी नगरी छोड़कर चले जाएं। जिनका प्रभाव केवल हाशिए तक सीमित हो, उनके साथ ऐसा व्यवहार करने की आवश्यकता समाज-सत्ता को नहीं पड़ा करती। ऐसा व्यवहार उन्हीं के साथ किया जाता है, जिनके लोक-प्रभाव से समाज-सत्ता को डर लगता हो। हिन्दुओं और मुसलमानों के जो 'प्रतिनिधि' कबीर के विरुद्ध शिकायतें लेकर सिकन्दर लोदी के हुजूर में पहुंचे थे, उनकी सबसे बड़ी चिन्ता 'कबीर परिचई' के रचयिता अनन्तदास के शब्दों में यही थी, "तातैं हमें माने न कोई, जब लग जुलाहा कासी होई"। कबीर के अन्तिम संस्कार को लेकर जिनके बीच तलवारें खिंच गईं, उनमें से एक राजा थे, दूसरे नवाब। ऐतिहासिक रूप से, कबीर ने स्वयं न तो कोई नया धर्म चलाया, न कोई निराला पन्थ निकाला, उनके नाम से पन्थ एक सम्पन्न व्यापारी धनी धर्मदास ने चलाया। काशी के कबीर-चौरा की आचार्य-परम्परा में कबीर के तुरन्त बाद नाम आता है सुरतिगोपाल साहब का। ये वही पंडित सर्वजीत थे, जो कबीर को शास्त्रार्थ में परास्त करने की इच्छा लेकर, दक्षिण से आए और कबीर के शिष्य बन गए। दूसरे शब्दों में, कबीर की ख्याति दक्षिण तक पहुंच चुकी थी। कुछ किंवदन्तियों के अनुसार तो सर्वजीत का विवाह भी कबीर की पुत्री कमाली के साथ हुआ था।

किंवदन्तियों की ऐतिहासिकता शोध का विषय है, लेकिन अधिक रोचक है इनकी सांस्कृतिक संकेतात्मकता। किंवदन्तियां ऐतिहासिक स्मृति के लोक-चित्त में स्थापित होने की विधियां ही हैं। किसी समय और समाज के चित्त, चिन्तन और चिन्ताओं को समझने के लिए उसमें प्रचलित किंवदन्तियों के संकेतों को समझना

जरूरी है। कबीर और तुकाराम हमें जिस 'समय से आगे' लगते हैं, वह समय कैसी सहजता से एक ब्राह्मण सर्वजीत को जुलाहे कबीर के शिष्य तथा जामाता के रूप में याद कर रहा है। वैसी ही सहजता से उसने उस जुलाहे को प्रसिद्ध ब्राह्मण विचारक रामानन्द के शिष्य के रूप में, और साथ ही स्वयं एक मौलिक विचारक के रूप में याद किया। किंवदन्तियों के रूप में घटनाओं और उनकी व्याख्याओं को सामाजिक स्मृति में सुरक्षित करने वाले उस समाज ने न तो जुलाहे को शिष्य बनाने वाले ब्राह्मण का कोई सामाजिक बहिष्कार दर्ज किया, न उसे गुरु बनाने वाले ब्राह्मण का।

किंवदन्तियां ही हमें यह भी बताती हैं कि जिस 'रामचरितमानस' को काशी के ब्राह्मण देवता लोग 'भाखा' में रामकथा कहने के कारण हास्यास्पद मानते थे, उसे स्वयं काशी विश्वनाथ ने 'प्रामाणिक' ही नहीं, सर्वोच्च भी घोषित किया था।

भक्ति-संवेदना की ऐतिहासिक निरन्तरता और समकालीनता को समझने के लिए भक्ति के लोकवृत्त और उसमें विकसित हुए साहित्य-बोध पर ध्यान देना जरूरी है।

युरगन हैबरमास ने 1962 में प्रकाशित, 'दि स्ट्रक्चरल ट्रांसफॉर्मेशन ऑफ बूर्ज्वा पब्लिक स्फीयर' में यों तो यूरोप के ही सन्दर्भ में ही अध्ययन किया, लेकिन कुछ सैद्धान्तिक स्थापनाएं भी कीं। उनके द्वारा प्रस्तावित 'पब्लिक स्फीयर' का अस्तित्व, अनिवार्य रूप से व्यक्तित्व, नागरिकता, सैद्धान्तिक समता और क्षमता तथा तर्काधारित संवाद पर निर्भर है। हैबरमास सेकुलरिटी को पब्लिक स्फीयर का अनिवार्य तत्त्व मानते हैं। इसलिए कुछ लोगों को भक्ति के लोकवृत्त की चर्चा अटपटी लग सकती है। लेकिन एक तो, यूरोप के सन्दर्भ में भी आधुनिकता की पूरी तरह सेकुलर तस्वीर एकदम मिथ्या है, दूसरे भारत में यूरोप जैसी सेकुलरिटी की मांग करने के पहले यूरोप जैसे चर्च की रचना भी करनी पड़ेगी। यूरोप और भारत में धर्मसत्ता के स्वभाव और चरित्र में अन्तर था, इसीलिए, भारत में संगठित धर्म के प्रतिरोध का मुहावरा भी अलग था, धर्मेतर अध्यात्म की कल्पना की गुंजाइश भी अधिक थी। यूरोप जैसा 'धर्मप्राण' भारतीय समाज था ही नहीं, इसलिए यहां यूरोप जैसे सेकुलरिज्म के विकसित होने का भी सवाल ही नहीं था।

आरम्भिक आधुनिक काल (जिसे मध्यकाल कहा जाता रहा है) के भारत में तिलक लगाकर मन्दिर में बैठ जाने वाले ('कशका खैंचा दैर में बैठा, कब का तर्क इस्लाम किया') मीर या अगले जन्म में ब्रज-रज बनकर कृष्ण के चरणों का स्पर्श पाने की कामना करने वाले रसखान और कन्हैयाजी का बालपन लिखने वाले नजीर के विरुद्ध फतवे जारी नहीं होते थे। सूफी बन जाने वाले हिन्दू जात-बाहर नहीं कर दिए जाते थे। यह भी ध्यान रखें कि भक्ति के लोकवृत्त की अधिक प्रभावशाली धारा—निर्गुण धारा—का बल धर्म पर नहीं, भावभगति पर था। यह भी ध्यान रखना चाहिए

कि निर्गुण, सगुण दोनों धाराओं द्वारा संस्कृत के स्थान पर देशभाषाओं की प्रतिष्ठा संस्कृत न जानने की मजबूरी का नहीं, देशभाषा का प्रयोग करने की मजबूती का मामला था। रामानन्द को आरम्भिक आधुनिक काल के स्रोत भाष्यकार नहीं बताते, लेकिन यह भी नहीं कहते कि उन्हें संस्कृत का ज्ञान नहीं था। पीपा राजा थे। पढ़े-लिखे भी थे। रज्जब संस्कृत के अच्छे-खासे ज्ञाता थे। तुलसीदास का पांडित्य तो उनकी रचनाओं में कदम-कदम पर उपस्थिति दर्ज कराता ही है। कबीर के बारे में भी, उन्हें 'निरक्षर' कहने का आधार उनका अपना एक कवि-कथन ही है—'मसि कागद छुयो नहीं'; लेकिन उन्हीं कबीर ने यह भी कहा है—'सात समन्द की मसि करौं'। जो लोग पहले कथन के आधार पर कबीर को निरक्षर सिद्ध करते हैं, उन्हें दूसरे के आधार पर कबीर को जबर्दस्त लिक्खाड़ भी साबित कर देना चाहिए। कवि-कथन को शब्दशः आत्म-कथन मान लेने से ऐसी ही समस्याएं उत्पन्न होती हैं।

विभिन्न समाजों की आधुनिकताओं पर तुलनात्मक ढंग से नजर डालें, तो साफ दीखता है कि लोकवृत्त की बुनियादी शर्तें दो ही हैं—एक निजवृत्त और राजवृत्त से स्वायत्त अस्तित्व और सूचना तथा दो-ज्ञान तक सब की पहुंच। यानी एक ऐसी जगह की रचना, जहां लोग अपने आत्म का विस्तार राजसत्ता से स्वायत्त रहते हुए कर सकें, और जहां ज्ञान पर किसी का जन्माधारित या हैसियत से जुड़ा विशेषाधिकार न हो। ये दोनों बातें विभिन्न सन्तों की अपनी संवेदना को तो परिभाषित करती ही हैं, लोकवृत्त की रचना के लिहाज से अधिक महत्त्वपूर्ण बात यह कि विभिन्न पन्थों और उनके परस्पर सम्बन्धों का गठन भी इन्हीं आधारों पर होता है। भक्तों के समुदाय और उनकी गतिविधियां, उनके द्वारा रची गई संस्थाएं, उनकी मान्यताएं; स्वायत्तता और ज्ञान तथा सूचना तक सब की पहुंच—ये दोनों शर्तें पूरी करती हैं।

भक्ति-लोकवृत्त इन भगतों और उनके पन्थों के जरिए सम्भव हुआ। भारतीय इतिहास के अध्येताओं को इन पन्थों के विकास और इनकी ऐतिहासिक परिणतियों पर विचार करना चाहिए। व्यापारजनित गतिशीलता के समर्थकों और उस गतिशीलता में धर्म को रसातल ले जाने वाला कलियुग देखने वाली वर्णाश्रमवादी दृष्टि के बीच वाद-विवाद-संवाद को समझना चाहिए। भक्ति के लोकवृत्त से ब्राह्मण-वर्चस्व को मिली चुनौती के फलस्वरूप तत्कालीन भारत में वह महत्त्वपूर्ण सामाजिक परिघटना सम्भव हुई, जिसे डेविड लोरेंजन जाति-निरपेक्ष, अवर्णाश्रमधर्मी हिन्दू परम्परा—'नॉन-कास्ट हिन्दूइज्म'[3] कहते हैं।

भक्ति के लोकवृत्त में नाभादास से आरम्भ हुई, 'भक्तमाल' की परम्परा अपनी देशकाल कल्पना में 'आधुनिक' भारत की पूर्वसूचना देती है। उपनिवेशवाद विरोधी स्वाधीनता आन्दोलन से भक्ति-संवेदना और उसके लोकवृत्त का गहरा सम्बन्ध 1857 से ही देखा जा सकता है। बाद में, 'क्रान्तिकारी' लोग शाक्त परम्परा से प्रेरणा लेते रहे, जबकि व्यापक जन-आधार वाले राष्ट्रीय आन्दोलन ने 'पराई पीर जानने' को

वैष्णवता का सबसे बड़ा लक्षण बताने वाली भक्ति-संवेदना से प्रेरणा ली, और भक्ति-संवेदना को भी 'भक्ति-आन्दोलन' नाम दे दिया।

भक्तमाल की परम्परा का विचारोत्तेजक अध्ययन भी भक्ति-मीमांसा सीरीज में प्रकाशित होगा।

विभिन्न वैचारिक अवधारणाओं और सामाजिक व्यवहारों के औचित्य-अनौचित्य पर बहस कर रहे लोग निजी (प्राइवेट) और राजसत्तापरक (ऑफिशियल) वृत्तों (स्फीयर्स) के बाहर, मठों, पन्थों, सत्संगों, भजन-मंडलियों और उत्सवों जैसी संस्थाओं के जरिए, भक्ति के लोकवृत्त की रचना कर रहे थे।

यूरोप में विकसित लोकवृत्त और आत्म (सेल्फ) की फोटोकॉपी भारत, चीन या अरब में खोजने लगने की बजाय, मिलती-जुलती प्रक्रियाओं की समानताओं और विलक्षणताओं पर ध्यान देना चाहिए। भारत में 'सेल्फ' था जरूर, लेकिन 'समूह' या अन्य के प्रति इसका रवैया आक्रामक से कहीं अधिक संवादपरक था। 'सेल्फ' की इस अवधारणा में अन्य की उपस्थिति भी थी और सांस्कृतिक स्मृति भी, जो व्यक्त होती है, कबीर को प्रह्लाद का और नाभादास को शुकदेव का अवतार मानने जैसी युक्तियों के जरिए। बनारसीदास सीधे आत्मकथा लिख रहे थे, तो तुलसीदास आत्मकथात्मक सन्दर्भों से कवितावली की मार्मिकता रच रहे थे। रामकथा को ठेठ समकालीन अर्थ देते हुए उसकी पुनर्रचना कर रहे थे। तुलसी वर्णाश्रम समर्थक, बनारसीदास और कबीर परिवर्तनोन्मुख, लेकिन थे तीनों ही आधुनिकता में स्थित। तीनों में आधुनिकता का आत्मसंघर्ष बोल रहा था।

इस आत्मसंघर्ष के साक्ष्य हमें भक्ति-लोकवृत्त में सम्पन्न हुईं विभिन्न गतिविधियों के कारण ही सुलभ हुए हैं। अपने समय पर ही नहीं, इस लोकवृत्त ने हमारे समय पर भी गहरा प्रभाव छोड़ा है। पन्थ, सम्प्रदाय, मन्दिर, मठ, सूफियों के सिलसिले—भक्ति के लोकवृत्त की इन संस्थाओं के जरिए भक्ति-रचनाओं का संरक्षण और दस्तावेजीकरण हुआ। इस संरक्षण में साम्प्रदायिक आग्रहों से कहीं अधिक सक्रिय है विभिन्न आवाजों को जगह देने वाला खुलापन। इसकी तुलना औपनिवेशिक आधुनिकता और उत्तर-आधुनिकता में रची-बसी संकीर्णता से करना रोचक होगा। 1582 में संकलित 'पद सूरदासजी का' के संकलनकर्ता के लिए न कबीर पराए हैं, न नामदेव। कबीर की रचनाएं पुष्टिमार्गी स्रोतों तक में संकलित की गई हैं—बिना किसी प्रकार की तोड़-मरोड़ के। बेतिया के कबीरपन्थियों के सतत सम्पर्क में रहने वाले, अठारहवीं सदी में इटालियन पादरी देला तोंबा ने जिन पोथियों का अनुवाद किया, उनमें एक थी 'रामचरितमानस'। 'निर्गुणपन्थी' सर्वंगियों में तुलसीदास का 'जाके प्रिय न राम वैदेही' पद ही नहीं, भर्तृहरि के श्लोक भी मिलते हैं—बेशक 'शुद्ध' संस्कृत रूप में नहीं, देशभाषाकृत संस्कृत में।

भक्ति के लोकवृत्त में कबीर-गोरख की, कबीर-रैदास की, 'गोष्ठियों' के नाम से

मिलने वाली रचनाएं सार्वजनिक संवाद की गोष्ठियां हैं। भक्ति इस संवाद की भाषा है। निर्गुण भक्ति व्यक्ति-सत्ता के रेखांकन और मानवाधिकारों पर आधारित, सामूहिकता के नए रूपों की मांग इसी भाषा में करती है। सामाजिक पदानुक्रम में जातियों का ऊपर-नीचे होना सामाजिक तथ्य था। कबीर, पीपा, दादू और मीरा की भक्ति जातियों के सामाजिक दर्जे में होती रहने वाली उलट-फेर के सामाजिक तथ्य से भी आगे जाकर, सामाजिक सम्मान का निर्धारण व्यक्तिगत उपलब्धि के आधार पर किए जाने की ठेठ आधुनिक मांग को व्यंजित करती है।

व्यापारजनित गतिशीलता के कारण कारीगरों और व्यापारियों को आर्थिक शक्ति तो प्राप्त हो ही रही थी। वर्णाश्रमवादी लोग व्यापार के कारण उत्पन्न समृद्धि का तो लाभ उठाना चाहते थे, लेकिन व्यापार और वर्णाश्रम के बीच के अन्तर्विरोध का समाधान नहीं कर सकते थे। आर्थिक शक्ति हासिल कर चुके लोग प्रतीकात्मक पूंजी भी प्राप्त करना चाहते थे। लेकिन परजीवी पुरोहित चाहते थे कि कारीगर उत्पादन करे, व्यापारी पैसे की रचना करे, लेकिन दोनों ही प्रतीकात्मक जगत में, स्वेच्छा से ही स्वयं को हीन मानते रहे। इसके लिए वे तलवारधारियों के बीच लॉबिंग भी करते थे। इस बात के अनेक उदाहरण हैं। वैष्णवों की उदारता से नाराज वर्णाश्रमवादी स्मार्तों ने दक्षिण में विजयनगर और उत्तर में जयपुर के राजाओं को 'समझा' दिया कि वर्णाश्रम की उपेक्षा करने वाले वैष्णवों को 'नियंत्रित' करना उनके राजधर्म का अनिवार्य तत्त्व है। लेकिन उत्तर भारत में वर्णाश्रमवादी बहुत सफल नहीं हुए। रामानन्दी वैष्णवों ने दबाव में कुछ ब्राह्मणवादी शर्तें मान लीं, लेकिन जल्दी ही उनकी उपेक्षा भी करने लगे। कुम्हार जैसी 'निम्न' जाति में जन्मे कूबाजी रामानन्दियों के आदर के पात्र, महन्त बने रहे। छत्तीसगढ़ के बनियों और ऐसे अन्य लोगों ने कबीर-पन्थ अपनाया। बिहार में भी, अठारहवीं सदी में, कबीरपन्थी मठ बिदुपुर और मुजफ्फरपुर जैसे व्यापारिक केन्द्रों में ही स्थापित हुए।

भक्ति काव्य और संवेदना के अध्ययन का इतिहास देखें तो यह दुःखद तथ्य सामने आता है कि पिछले कई दशकों से इस क्षेत्र में खोज और ठोस अध्ययन की बजाय व्याख्याओं का ही बाजार गरम रहा है। व्याख्याएं होनी ही चाहिए, लेकिन किसी आधार पर। भक्ति के प्रसंग में हुआ यह है कि स्थापना पहले से मौजूद है, बस कुछ कविताएं उद्‌धृत कर उसे 'सिद्ध' कर देना है। ऐसी सिद्धि व्याख्याकार को कुछ प्रसिद्धि दे दे तो दे दे, पाठक और समाज को कोई विचारोत्तेजना या नया बोध नहीं देती। यह भी हुआ है कि किसी पुस्तक को देखे बिना ही विद्वानों की पीढ़ी-दर-पीढ़ी उसके हवाले से बातें करती रही है। रामानन्द का जन्म 1299 में बताने का आधार 'अगस्त्य संहिता भविष्य खंड' को बताने का सिलसिला आर.जी. भंडारकर (1913) से शुरू हुआ, तो चलता ही रहा। विचित्र और अविश्वसनीय किन्तु सत्य यही है कि मेरे पहले के किसी अध्येता ने वास्तविक 'अगस्त्य संहिता' स्वयं देखने

की जरूरत तक नहीं समझी। यह सारा किस्सा आप 'अकथ कहानी प्रेम की : कबीर की कविता और उनका समय' में पढ़ सकते हैं। ऐसी और कई रचनाएं पांडुलिपि- रूप में सुलभ हैं, जो भक्ति सम्बन्धी हमारी समझ को बुनियादी तौर से बदल दे सकती हैं।

ऐसी ही दो रचनाओं—'हरिभक्तिभास्करवचनिका' (1663 ई.) और 'भक्तिगुणदामचित्रिणी टीका' (1776) का प्रकाशन तो भक्ति-मीमांसा सीरीज में होने जा ही रहा है, और भी पांडुलिपियों का प्रकाशन हम करेंगे।

भक्ति-काव्य ही नहीं, काव्य मात्र को पढ़ने में निहित है, उसे अपने अनुभव और बोध से जोड़ना, लेकिन उसकी अपनी स्वायत्तता का सतत सम्मान करते हुए। पाठक किसी भी सर्जनात्मक शब्द-योजना में निश्चय ही अपनी ओर से भी अर्थ भरता है, लेकिन उपलब्ध शब्द-योजना में ही। वही सीमा है, वही सम्भावना है। सारा अर्थ पाठक और उसके सामाजिक सन्दर्भ द्वारा ही नहीं दिया जाता, कुछ पाठ में निरन्तर उपस्थित भी होता है। व्याख्या वहीं तक प्रामाणिक है, जहां तक पाठ में निहित और पाठक द्वारा उसमें पढ़े गए अर्थ के बीच संवेगात्मक तनाव बना रहे। कविता की व्याख्या करते समय हम कह सकें कि यह है अर्थ की वह छटा जहां तक हम पहुंच पा रहे हैं। यह कवि के अभिप्रेत अर्थ तक मेरी पहुंच है। कविता की संरचना में निहित अनुमेय अर्थ का यह मेरा पाठ है।

आदर्श पाठक अपने और कविता के बीच संवाद के प्रति ही नहीं, विसंवाद के प्रति भी सचेत रहता है। वह अपने प्रिय कवि के अप्रिय कथनों को न तो प्रक्षिप्त बताता है, न उनका व्यर्थ औचित्य-निरूपण करता है। ऐसा पाठक तुलसीदास की 'रामचरितमानस' में 'विवेक' शब्द की भरमार को नोट तो करेगा, लेकिन यह भी ध्यान रखेगा कि उसके अपने विवेक और तुलसीदास के विवेक के अभिप्राय में क्या अन्तर है। ऐसा पाठक कबीर द्वारा प्रेम-निवेदन के पलों में नारी रूप धारण के महत्त्व को रेखांकित करते हुए ही यह ध्यान में रखेगा कि आधी मनुष्यता की निराधार निंदा को किसी भी तरह जायज नहीं ठहराया जा सकता, चाहे कबीर ऐसी निंदा करें, चाहे कोई और।

भक्त कवियों का इस्तेमाल करने का उत्साह विभिन्न प्रकार के लोगों में पाया जाता है, उसे देखते हुए भक्ति-काव्य को पढ़ते समय उपरोक्त सावधानियां बरतना और भी ज्यादा जरूरी है। कबीर और तुलसी को अपने-अपने मनोवांछित प्रोजेक्ट्स में खींच लेने पर उतारू लोगों का ध्यान इस बात पर भी जाना चाहिए कि नाभादास के लिए, छह वैदिक दर्शनों और वर्णाश्रम की परवाह न करने पर भी कबीर न तो 'विदेशी पद्धति के भक्त' हैं, और न 'लोकविरोधी, लोकविद्वेषी'। कबीर ने अपने आलोच्यों पर तीखे व्यंग्य-बाण छोड़े हैं तो तुलसीदास ने भी वर्णाश्रम के विरोधियों को खरी-खोटी सुनाने में कोई कसर नहीं छोड़ी है। कबीर का नाम तुलसीदास नहीं लेते

लेकिन गोरखनाथ के बारे में तो उन्होंने नाम लेकर ही कहा है : 'गोरख जगायो जोग, भगति भगायो लोग'। लेकिन कहीं भी उन्होंने गोरख को या निर्गुणपन्थियों को 'विदेशी पद्धति के' कहने की जरूरत नहीं समझी। विदेशी मूल का कहकर अपने विपक्ष की विश्वसनीयता घटाने की सोच, जनता के बीच उसके नम्बर कटवाने की रणनीति औपनिवेशिक परिवेश में निर्मित हो रहे राष्ट्रवादी मानस में ही आ सकती थी, भक्ति का लोकवृत्त रच रहे मानस में नहीं। यही औपनिवेशिक आधुनिकता और उत्तर-आधुनिकता कबीर जैसे बहुमान्य कवियों को हाशिए की आवाजों के रूप में भी पेश करती रही है।

बीसवीं सदी सपनों की भी सदी थी, और सपनों के भयानक दुःस्वप्नों में बदल जाने की भी। यूरोपीय आधुनिकता की परिणतियां साम्राज्यवाद में ही नहीं, भयानक नरसंहारों में भी हुईं। धरती पर स्वर्ग कायम करने के सपनों को स्वयं सपने दिखाने वालों ने ही नरक जैसे यथार्थ में बदल दिया। इक्कीसवीं सदी सपनों के टूटने की विरासत के साथ ही, डरावने बिगूचन (कन्फ्यूजन) लेकर भी आई है। कम्युनिस्ट पार्टी द्वारा शासित चीन के पास अरबों डॉलर के अमेरिकन ट्रेजरी बांड हैं। एक तरह से अमेरिकी अर्थव्यवस्था चीन के सक्रिय सहयोग से ही चल रही है। ऐसी विश्व-व्यवस्था के भविष्य की दिशा क्या होगी—कौन जाने! क्या कोई मानवीय विकल्प सम्भव है? जिस आधुनिकता की परिणतियां हम झेल रहे हैं, क्या उसका कोई विकल्प सम्भव है?

भारतीय स्वाधीनता आन्दोलन की सबसे बड़ी विशेषता यही थी कि वह सिर्फ राजनीतिक स्वाधीनता का आन्दोलन न होकर सार्वभौम नैतिक और दार्शनिक प्रश्नों के सामूहिक संधान का आन्दोलन भी था। आज, यह संधान कुल मिलाकर असफल सा ही रहा लगता है, लेकिन असफलता से इसका महत्त्व कम नहीं हो जाता। दुनिया के बेहतर भविष्य की रचना के लिए जिन प्रश्नों का समाधान आवश्यक है, जिन मूल्यों का रेखांकन अनिवार्य है, उन पर विचार करने के लिए स्वाधीनता आन्दोलन समेत समूचे भारतीय सांस्कृतिक अनुभव पर पुनर्विचार भी आवश्यक है। भक्ति-संवेदना भारतीय सांस्कृतिक अनुभव की निरन्तरता का सर्वाधिक व्यापक रूप प्रकट करती है। इस पर पुनर्विचार विश्व-इतिहास के सन्दर्भ में, और भविष्य की लोकतान्त्रिक कल्पना के सन्दर्भ में भारतीय अनुभव के सभी पहलुओं पर पुनर्विचार का अवसर देता है। भक्ति-संवेदना 'मध्यकालीनता' की नहीं, वैकल्पिक आधुनिकता की सूचना देने वाली संवेदना है। वह अलौकिक तक सीमित नहीं, लौकिक-अलौकिक के अनिवार्य सहसम्बन्ध के सहज-बोध पर आधारित संवेदना है।

भक्ति-मीमांसा सीरीज शुरू करने के पीछे सोच यही है कि उपरोक्त प्रश्नों और विचार-प्रस्तावों के व्यापक सन्दर्भ में भक्ति-संवेदना पर पुनर्विचार सम्भव हो सके। यह पुनर्विचार भक्ति-काव्य के काव्यत्व का सम्मान करते हुए ही करना है।

यह पुस्तक

मुझे बहुत प्रसन्नता और गर्व है कि 'भक्ति-मीमांसा' शृंखला में प्रकाशित होने वाला पहला ग्रंथ डेविड लोरेंजन के निबंधों का यह संग्रह—'निर्गुण संतों के स्वप्न'—है।

डेविड लोरेंजन उन इने-गिने इतिहासकारों में से हैं, जिन्होंने भारतीय इतिहास और संस्कृति के प्राचीन से लेकर आरम्भिक आधुनिक काल तक पर गम्भीर और विचारोत्तेजक काम किया है, और जिनकी खोजों और विश्लेषणों ने इतिहास-लेखन में स्थायी छाप छोड़ी है। डेविड ने ए.एल. बाशम के निर्देशन में अपना शोध-कार्य करने के बाद, 1968 से 1970 तक विस्कोंसिन यूनिवर्सिटी में अध्यापन किया। यह वियतनाम युद्ध का दौर था, और साथ ही सारी दुनिया के नौजवानों के बीच असन्तोष, बेचैनी और सपनों का भी। बहुत से स्वप्न दुःस्वप्नों में बदले, बहुत से लोग किसी और ही तरह के सपने देखने लगे, लेकिन डेविड उन लोगों में से हैं, लोकतान्त्रिक और न्याय-संगत दुनिया के सपने जिनके अध्ययन-अध्यापन के केन्द्र में बने रहे। संयोग नहीं कि पिछले दो दशकों से अधिक की अवधि में लिखे गए इन निबन्धों के संकलन को डेविड ने 'निर्गुण सन्तों के स्वप्न' शीर्षक दिया है। डेविड के अपने सपनों का इन सन्तों के सपनों के साथ कितना सार्थक और विचारोत्तेजक संवाद है, यह बात डेविड का कोई भी पाठक समझ सकता है।

भारतीय इतिहास में व्यापक रुचि के साथ ही, डेविड ने आठवें दशक के मध्य से कबीरपन्थ के व्यवस्थित अध्ययन का श्रीगणेश किया। यह अध्ययन कबीर और अन्य निर्गुण सन्तों के काव्य, उनके सामाजिक प्रभाव और कबीरपन्थ के विकास पर अत्यन्त विचारोत्तेजक विचार से लेकर, अठारहवीं सदी में, उत्तरी बिहार में सक्रिय इटालियन पादरी मारको देला तोंबा की 'आत्मकथा' लिखने तक जा पहुंचा है। इसी अध्ययन-यात्रा के कुछ महत्त्वपूर्ण पड़ावों का बोध कराने वाले नौ निबन्ध यहां संकलित हैं। इनके अलावा अनन्तदास की कबीर-परिचई का विस्तृत, विचारोत्तेजक भूमिका के साथ, अंग्रेजी अनुवाद प्रकाशित करने के साथ, कबीरपन्थ और निर्गुण संवेदना के सांस्कृतिक इतिहास के बारे में अनेक निबन्ध लिखने के साथ, इसी बीच डेविड ने प्राचीन भारतीय इतिहास की समस्याओं पर भी विचार किया है, 'रिलीजन, स्किन कलर ऐंड लैंग्वेज : आर्य ऐंड नॉन-आर्य इन वैदिक पीरियड', 'दि रिलीजस आइडियोलॉजी ऑफ गुप्त किंगशिप' तथा 'हू इंवेंटेड हिन्दूइज्म' जैसे बहुचर्चित और विचारोत्तेजक निबन्ध प्रकाशित किए हैं।

पिछले चालीस बरसों से डेविड लोरेंजन मैक्सिको के प्रतिष्ठित शोध संस्थान 'कॉलेजियो दि मैक्सिको' में प्रोफेसर हैं, और भारतीय इतिहास पर गम्भीर शोध कर तथा करा रहे हैं। उनके व्यक्तित्व में गहन जिज्ञासा और गम्भीर अध्ययन से उत्पन्न

गहराई तो है ही, साथ ही है चुम्बकीय सहजता और खुलापन। 'हाथी चढ़िए ज्ञान का सहज दुलीचा डारि' की सलाह को, अपने जीवन और व्यक्तित्व में डेविड ने सोलहों आने चरितार्थ किया है। बहुत दिनों से उनकी इच्छा थी कि उनका भक्ति सम्बन्धी लेखन हिन्दी के पाठक तक पहुंचे। बहुत पहले हो जाना चाहिए था यह काम, खैर, देर आयद दुरुस्त आयद।

यहां संकलित निबन्ध पिछले दो दशकों में लिखे गए हैं। ऐसी स्थिति में, पिछले कुछ वर्षों में हुए काम के हवालों की अनुपस्थिति पाठक को कहीं-कहीं खटक सकती है। डेविड स्वयं इस बात के प्रति सचेत हैं, और इस संकलन के लेखकीय नोट में उन्होंने लिखा ही है कि "पुराने निबन्धों में कुछ सूचनाएं और तथ्य नये शोध की रोशनी में, जाहिर है कि जोड़े ही जा सकते हैं।" जो तथ्य उन्हें बेहद जरूरी लगे, उनका उल्लेख डेविड ने उसी नोट में कर भी दिया है। लेकिन डेविड का यह कहना भी सही है कि "जहां तक मूल तर्कों और मुख्य स्थापनाओं का सवाल है...वक्त ने उन्हें पुष्ट और प्रमाणित ही किया है।" मान्यताओं में जहां बदलाव आया है, डेविड उसे मुक्त मन से स्वीकार भी करते हैं। पहले वे मानते थे कि कबीर 'एक स्वतन्त्र धार्मिक परम्परा स्थापित करना चाहते थे', लेकिन इस संकलन में मौजूद 'गोरखनाथ और कबीर में धार्मिक अस्मिता' निबन्ध में उन्होंने साफ लिखा है, "अपनी आन्तरिक तर्क-योजना में कबीर की दृष्टि इतनी रेडिकल और व्यक्तिसत्तापरक है कि वह किसी संस्थाबद्ध धार्मिक समुदाय का आधार नहीं बन सकती।"

जो निबंध आप पढ़ने जा रहे हैं, उनमें से 'कबीर-पंथ : जाति निरपेक्ष हिन्दू परम्परा' 1887 में लिखा गया था, तो 'गोरखनाथ और कबीर में धार्मिक अस्मिता' 2007 में मैक्सिको में आयोजित कॉन्फ्रेंस में पढ़ा गया था। यह निबन्ध अंग्रेजी में प्रकाशित होने के पहले ही इस संकलन के जरिए हिन्दी पाठकों के सामने आ रहा है। इन निबन्धों का महत्त्व आपके सामने स्वयं ही खुलेगा, यहां इतना ही कहना काफी है कि डेविड कबीरपन्थ के विकास को व्यापक सांस्कृतिक इतिहास के सन्दर्भ में रखते हुए 'जाति निरपेक्ष' या 'अवर्णाश्रमधर्मी' हिन्दू परम्परा का जो प्रस्ताव करते हैं, वह कबीरपंथ और अन्य निर्गुण पंथी परम्पराओं के विकास को प्रामाणिक ऐतिहासिक सन्दर्भ देता है। इस निबन्ध को पढ़ते हुए, हिन्दी के पाठक को आचार्य रामचन्द्र शुक्ल, आचार्य हजारीप्रसाद द्विवेदी, डॉ. रामविलास शर्मा और डॉ. नामवर सिंह का 'लोकधर्म' विषयक विचार-विमर्श स्वाभाविक रूप से याद आएगा ही।

'कबीरपन्थ और सामाजिक प्रतिरोध' पढ़ते हुए आप देखेंगे कि औपनिवेशिक सत्ता और ज्ञानकांड के पहले भारतीय समाज में भक्ति के लोकवृत्त (हालांकि डेविड स्वयं लोकवृत्त—पब्लिक स्फीयर—की बात नहीं करते) का विकास किस तरह हो रहा था, और कबीरपन्थ का सामाजिक आधार कितना व्यापक था। व्यापारियों और दस्तकार समुदायों से निकले हुए कबीरपंथी 'भगत' कबीरपंथ को आदिवासी

समुदायों तक भी ले गए थे; और इस तरह उन्होंने ब्राह्मण वर्चस्व से स्वायत्त समुदाय और परम्परा को व्यावहारिक रूप दिया था। इस निबन्ध में जो अन्तर्दृष्टियां हैं, उनसे, कबीरपन्थ के बारे में ही नहीं, आदिवासी समुदायों के सांस्कृतिक इतिहास के बारे में भी आगे शोध के लिए प्रस्थान-बिन्दु भी प्राप्त होते हैं, और चुनौतियां भी। मालूम पड़ता है कि आदिवासियों का किसानीकरण अंग्रेजी राज के बहुत पहले आरम्भ हो चुका था। अंग्रेजी राज ने तो बाकी भारत की ही तरह, आदिवासी भारत के लिए भी ऐतिहासिक रूप से प्रतिक्रियावादी और मानवीय धरातल पर विनाशकारी भूमिका ही निभाई। अंग्रेजी राज में झारखंड के आदिवासी किसान की बजाय बाकायदा दास बनाकर असम के चाय बागानों में भेजे गए।

आशा है कि हिन्दी में काम कर रहे युवा अध्येता, एक इसी निबन्ध में नहीं, अन्य सभी निबन्धों में भी मौजूद विचारोत्तेजक प्रस्थानों का लाभ उठाएंगे और चुनौतियों का सामना करेंगे।

मुझे विश्वास है कि डेविड लोरेंजन के इन निबन्धों का हिन्दी-जगत में व्यापक स्वागत होगा।

—पुरुषोत्तम अग्रवाल

सन्दर्भ

1. पद संख्या 186, 'रैदास बानी' सं. डॉ. शुकदेव सिंह, राधाकृष्ण प्रकाशन, नयी दिल्ली, 2003, पृ. 229।
2. 'ऑन दि पोस्टकॉलोनी' (यूनिवर्सिटी ऑफ कैलिफोर्निया प्रेस, बर्कले, 2001), पृ. 7।
3. 'ट्रेडीशंस ऑफ नॉन-कास्ट हिन्दूइज्म : दि कबीर-पन्थ' ('हू इंवेंटेड हिन्दूइज्म : एसेज ऑन रिलीजन इन हिस्ट्री', योदा प्रेस, नयी दिल्ली, 2006), पृ. 78-101, इस संकलन का अध्याय आठ। यह विचारोत्तेजक निबन्ध पहले पहल 1987 में छपा था।

अनुवादक की कलम से

कबीर को पढ़ाते हुए गुरुवर पुरुषोत्तम अग्रवाल एक नाम अक्सर लिया करते थे— डेविड एन. लॉरेंजन। डेविड के नाम और कार्य से पहला परिचय उन्हीं (गुरुवर) की कक्षा में हुआ। भारत में धार्मिक आंदोलन के इतिहास की बात हो या उसमें निहित विचारधारा की, 'जाति-निरपेक्ष हिंदू परंपरा' की बात हो या संत-चरित की सामाजिक विचारधारा की, कबीरपंथ की सामाजिक बनावट की बात हो या कबीर और गोरखनाथ में अस्मिताओं की खोज की, बस बात डेविड की ही आती थी।

डेविड का लेखन जितना गंभीर है, उतना ही पठनीय। उनके शोधपरक लेख में भी कहानी-सा प्रवाह बना रहता है। वे आपके तर्कों के साथ बहुत दूर तक चलते हैं, लेकिन अक्सर ओ' हेनरी की कहानियों की तरह अचंभित करते हुए आपका साथ छोड़ देते हैं। अपने लिए नया (और वैध) तर्क ढूंढ़ लेते हैं और आप ठगे से रह जाते हैं। यहीं डेविड का लेखन साहित्य और समाज-विज्ञान की परिधि का अतिक्रमण कर जाता है। उसमें साहित्य जैसी संवेदनशीलता के साथ ही समाज-विज्ञान जैसी वस्तुनिष्ठता भी आ जाती है। यही कारण है कि वे भक्ति (खासकर, निर्गुण) का समाजशास्त्र रच सके। इस समाजशास्त्र में मध्यकालीन (?) भारतीय समाज की पड़ताल तो मिलती ही है, वर्तमान भारतीय समाज को भी बहुत गहराई से समझा गया है। हिंदू परंपरा के भीतर 'जातिपरक' और 'जाति-निरपेक्ष' परंपराओं की छानबीन करते हुए इन दोनों में निहित 'महत्' और 'लघु' परंपरा को उद्घाटित किया गया है। इसके साथ ही इनके विशिष्ट सामाजिक आधार की खोज की गयी है। इसी संदर्भ में सगुण और निर्गुण की विचारधारा के अनुयायियों के सामाजिक आधार और उनकी मनोवैज्ञानिक जरूरतों का विश्लेषण किया गया है।

भक्ति से संबंधित हिंदी लेखन में कभी ऐतिहासिक दृष्टि का तो कभी सामाजिक दृष्टिकोण का अभाव मिलता है। ऐतिहासिक-सामाजिक परिप्रेक्ष्य में देखने की कोशिश भी की गई तो विश्लेषण शोध-पद्धति के मानक पर खरा नहीं उतरता। इस कमी से हिंदी के पाठक के पास सिर्फ तथ्य ही आ पाते हैं, 'पर्सपेक्टिव' नहीं मिल पाता, जिसकी वजह से भक्ति संबंधी सही समझ विकसित नहीं हो पाती। इस कमी को दूर करने के लिए अंतरानुशासनिक दृष्टिकोण की जरूरत होती है। यह बात सिर्फ

मूल लेखक के लिए नहीं अनुवादक के लिए भी उतनी ही जरूरी है। इस अनुवाद के माध्यम से इस कमी को दूर करने का विनम्र प्रयास किया गया है।

पी-एच.डी के लिए मुक्तिबोध के आलोचना-कर्म को 'सांस्कृतिक वर्चस्व' के संदर्भ में विश्लेषित करने के दौरान मेरी आवाजाही साहित्य से समाज-विज्ञान और समाज-विज्ञान से साहित्य में होती रही। समाज में मौन सहमति के रूप में सांस्कृतिक वर्चस्व की प्रक्रिया को समझने का मौका मिला। डेविड का लेखन इस वर्चस्व की बहुत वस्तुनिष्ठता से पड़ताल करता है। हिंदू परंपरा के भीतर 'जाति-निरपेक्ष' समूह की उपस्थिति इस वर्चस्व के प्रतिरोध की अभिव्यक्ति ही है। डेविड के इस महत्त्वपूर्ण कार्य से हिंदी पाठक को परिचित कराने की उत्कंठा (आवश्यक जिम्मेदारी) भी इस अनुवाद का कारण रही है।

अनुवादक का कार्य एक तनी हुई रस्सी पर चलने के समान है। उसे मूल पाठ और अनूदित पाठ के बीच संतुलन बनाए रखना होता है। मूल पाठ का बहुत अधिक मोह अनुवाद को बोझिल बना देता है तो उससे दूरी अनुवाद को निरर्थक। अनुवाद वस्तुतः मूल पाठ की अन्य भाषा में सांस्कृतिक पुनर्रचना है।

इस अनुवाद में मूल पाठ से परे न जाकर भी वाक्य-प्रवाह को बनाए रखने की कोशिश की गई है। अंग्रेजी के लंबे वाक्यों को तोड़कर छोटे-छोटे वाक्य बनाए गए हैं। समाजविज्ञान में प्रयुक्त होने वाली सैद्धांतिक या पारिभाषिक शब्दावली का प्रचलित और ग्राह्य अनुवाद किया गया है।

अंततः हार्दिक आभार उन मित्रों का, जिनके सहयोग के बिना यह कार्य शायद ही पूरा होता : डेजी, वीरेन्द्र नाथ प्रसाद (अम्बेडकर विश्वविद्यालय, लखनऊ), अंजनी, प्रदीप, अभिषेक, विक्रम, बड़े भाई मुनींद्र जी, शम्भूजी और सुधांशु जी।

साहित्यिक अंतर्दृष्टि और मातृवत स्नेह के लिए सुमन केशरी जी का आभार।

गुरुवर पुरुषोत्तम अग्रवाल के मार्गदर्शन के बिना मेरे लिए इस गंभीर 'टेक्स्ट' का अनुवाद कर पाना कतई संभव नहीं था। कृतज्ञता- ज्ञापन के लिए मेरे पास शब्द नहीं।

इस कार्य के योग्य समझने के लिए मैं डेविड एन. लॉरेंजन का कृतज्ञ हूं। राजकमल प्रकाशन के श्री अशोक महेश्वरी जी का आभार और धन्यवाद।

—धीरेन्द्र बहादुर सिंह

लेखक की ओर से

मेरे बहुत पुराने सपनों में से एक यह रहा है कि सन्त कवियों और उनके अनुयायियों से संबद्ध मेरे निबन्धों का संकलन हिन्दी में उपलब्ध हो। 'निर्गुण संतों के स्वप्न' के प्रकाशन के साथ मेरा यह स्वप्न पूरा हो रहा है। यह सपना पूरा हो सका है, मेरे प्रिय मित्र पुरुषोत्तम अग्रवाल के सतत आग्रह और सहयोग के कारण।

इस पुस्तक में संकलित निबन्ध, अंग्रेजी में विभिन्न अकादमिक पत्रिकाओं और निबन्ध संकलनों में प्रकाशित हुए थे। कुछ निबन्ध कुछ ही समय पहले लिखे गए हैं, तो कुछ को लिखे काफी समय हो गया है। पुराने निबन्धों में कुछ सूचनाएं और तथ्य नए शोध की रोशनी में, जाहिर है कि जोड़े ही जा सकते हैं, लेकिन जहां तक मूल तर्कों और मुख्य स्थापनाओं का सवाल है, मुझे लगता है कि वक्त ने उन्हें पुष्ट और प्रमाणित ही किया है।

उपरोक्त बात का प्रमुख उदाहरण है, कबीर और उनके गुरु रामानन्द की तिथियों के बारे में, 'कबीर लीजेंड्स एंड अनंतदास' कबीर-परिचई (1991) में मेरे द्वारा दिया गया तर्क। नाभादास और अनंतदास की गुरु-परम्परा तथा कबीर, सिकंदर लोदी और बीरसिंह बघेल की ऐतिहासिक समकालीनता के आधार पर मैंने कहा था कि कबीर के निधन की परम्परा-मान्य तिथि (1518 ई.) ऐतिहासिक रूप से ठीक ही है, रामानंद की सक्रियता का समय भी पन्द्रहवीं सदी का उत्तरार्द्ध (1450-1500) ही है। मेरी यह मान्यता 'अगस्त्य संहिता' के भविष्य खंड में बताई गई रामानंद की तिथियों (1299-1310) के विरुद्ध पड़ती है। मैंने भारतीय और पाश्चात्य दोनों तरह के विद्वानों द्वारा प्रस्तुत इस कट्टरपंथी मान्यता को भी रद्द किया कि ब्राह्मण- कुलोत्पन्न आचार्य रामानन्द से तथाकथित निम्न जातियों में जन्मे कबीर और रैदास जैसे निर्गुणपंथी कवियों का कोई वास्ता हो ही नहीं सकता था।

कबीर-रामानंद सम्बन्ध के बारे में मेरी बात को पुष्ट किया है, पुरुषोत्तम अग्रवाल की महत्त्वपूर्ण खोजों और सशक्त तर्कों ने। पुरुषोत्तम ने अपनी अत्यन्त महत्त्वपूर्ण और विचारोत्तेजक पुस्तक 'अकथ कहानी प्रेम की : कबीर की कविता और उनका समय' (राजकमल प्रकाशन, 2009) में, अकाट्य साक्ष्यों के आधार पर निर्विवाद रूप से सिद्ध कर दिया है कि रामानंद का जीवनकाल कबीर से सौ साल पहले (1299-1310) बतानेवाले

'अगस्त्य संहिता' के तथाकथित 'भविष्य खंड' की रचना बीसवीं सदी के आरम्भ में ही की गई थी। पुरुषोत्तम ने दिखाया है कि वास्तविक अगस्त्य संहिता में न कोई भविष्य खंड है, न कोई अतीत खंड। पुरुषोत्तम उस नाटकीय घटना-चक्र का विस्मयकारी विवरण तो देते ही हैं, जिसमें रामानंद जैसे देशज भाषा में रचनेवाले विचारक और साधक को संस्कृत में भाष्य रचनेवाले आचार्य में रूपान्तरित किया गया, अधिक महत्त्वपूर्ण यह कि पुरुषोत्तम ने इस सारे घटना-चक्र को उत्तर भारत में ब्राह्मण-वर्चस्व स्थापित करने में 'औपनिवेशिक आधुनिकता' की भूमिका से बहुत ही तर्कसंगत और प्रमाणपुष्ट ढंग से जोड़ा है। पुरुषोत्तम ने यह भी दिखाया है कि 'औपनिवेशिक आधुनिकता' की कृपा से आरम्भिक आधुनिक काल के वैष्णव धर्म के बारे में कैसी-कैसी बेतुकी और निराधार बातें प्रचलित हुई हैं।

एक और प्रसंग में, मेरे पुराने निबन्धों में दी गई सूचना को अपडेट करने की जरूरत है। फारसी भाषा की महत्त्वपूर्ण रचना 'दबिस्तां-ए- मजाहिब' के रचनाकार का नाम मुहिसन फानी माना जाता है, लेकिन अब यह स्पष्ट हो चुका है कि इसका लेखक मुबाद शाह नाम का पारसी विद्वान था।

बेल्जियम के शोधकर्त्ता विनांद कैल्वर्त्त ने पिछले कुछ वर्षों में सिख और दादूपंथी स्रोतों में प्राप्त कबीर-वाणी का संकलन ('दि मिलेनियम कबीर-बाणी', 2000), अनंतदास की सभी परिचईयां और आरम्भिक निर्गुणी, नाथ और सिख कविता की समग्र शब्दानुक्रमणिका प्रकाशित करके इन विषयों के अध्येताओं की महत्त्वपूर्ण सहायता की है।

निर्गुणपंथी सन्तों और उनके अनुयायियों के बारे में पिछले कई वर्षों से जारी मेरे शोध-कार्य में मुझे कई संस्थाओं से आर्थिक सहायता मिली है। ये हैं; मेरा अपना विश्वविद्यालय-एल कॉलेजियो दि मेक्सिको, मेक्सिको सरकार की नेशनल कौंसिल ऑफ साइंस एंड टेक्नालॉजी, भारत सरकार की भारतीय सांस्कृतिक सम्बन्ध परिषद् और अमेरिकन इंस्टीट्यूट ऑफ इंडियन स्टडीज। इन सबको एक बार फिर से धन्यवाद।

अपने शोध-कार्य में सहायता के लिए मैं अनेक मित्रों का आभारी हूं। पुरुषोत्तम अग्रवाल के अलावा मैं इन मित्रों का भी आभार व्यक्त करना चाहूंगा—बीएचयू के स्वर्गीय प्रो. शुकदेव सिंह बहुत अच्छे दोस्त थे, उनकी बहुत याद आती है। कबीर-चौरा के आचार्य विवेकदास, मगहर मठ के महंत विचारदास, कोलंबिया यूनिवर्सिटी के प्रो. जैक हॉली, स्टैनफोर्ड यूनिवर्सिटी की प्रो. लिंडा हेस, और कॉलेजियो दि मेक्सिको में मेरी सहयोगी प्रो. उमा ठुकराल।

अन्त में, 'निर्गुण सन्तों के स्वप्न' के अनुवादक, युवा अध्येता धीरेन्द्र बहादुर सिंह और इसके प्रकाशक राजकमल प्रकाशन के श्री अशोक महेश्वरी का हार्दिक आभार।

आशा है, हिन्दी के पाठक इन निबन्धों को उपयोगी पाएंगे।

27, फरवरी, 2010

—डेविड एन. लॉरेंजन

अनुक्रम

प्रथम अध्याय

गोरखनाथ और कबीर में धार्मिक अस्मिता
हिंदू, मुसलमान, योगी और संत

धार्मिक अस्मिताएं अक्सर धार्मिक सीमाएं भी होती हैं। हम क्या हैं, के बजाय हम क्या नहीं हैं, अक्सर हमारी धार्मिक अस्मिता को परिभाषित करने का आधार बन जाता है। यदि हम हिंदू हैं, तब मुसलमान, ईसाई, बौद्ध और सिक्ख नहीं हैं या ऐसा दिखता है। आमतौर पर धार्मिक सीमाएं बहुत स्पष्ट नहीं होती हैं। खासकर निचले तबकों में तो लोग, उन पड़ोसियों के पर्व और त्यौहारों में हिस्सा लेते हैं जो उनके धर्म के नहीं हैं। उदाहरण के लिए पंजाब में, बहुत से मुसलमान, हिंदू और सिक्ख हर साल प्रसिद्ध पीर सखी सरवर के मकबरे की तीर्थयात्रा करते हैं। धार्मिक बौद्धिकों के बीच तो धार्मिक विचारों का आदान-प्रदान सामान्य बात है। उदाहरण के लिए, अद्वैत दार्शनिक शंकराचार्य ने अपने मूल विचारों को माध्यमिक बौद्ध दर्शन से ग्रहण किया है। कुछ मामलों में लोग, कई धार्मिक अस्मिताओं को एक साथ धारण करते हैं। लेकिन यह इस्लाम और ईसाइयत जैसे एकांतिक धर्मों के अनुयायियों के लिए कम संभव है। इस अध्याय में नाथ योगी गोरखनाथ और निर्गुण संत-कवि कबीर की रचनाओं में धार्मिक सीमाओं और अस्मिताओं की पड़ताल की जाएगी। गौरतलब है कि ये रचनाएं प्रारंभिक हिंदी संग्रहों में पायी गयी हैं, इसलिए इनकी प्रामाणिकता असंदिग्ध है।

मध्यकालीन और पूर्व-आधुनिक भारत में रहनेवाले काजी, मौलवी, मुल्ला और अन्य मुसलमान धार्मिक, एक मुसलमान के रूप में अपनी धार्मिक अस्मिता के प्रति पूर्णतः सचेत थे। लेकिन एक शिक्षित हिंदू किस सीमा तक अपनी हिंदू पहचान के प्रति सचेत था, विद्वानों के बीच इस पर मतभेद है। मेरा यह मानना है कि हिंदू होने का बोध भले ही उतना स्पष्ट न रहा हो, लेकिन ऐसे हिंदू अपने आपको मुसलमान, बौद्ध, जैन और ईसाई नहीं समझते थे।

हालांकि कुछ विद्वानों का कहना है कि जिन हिंदुओं में यह चेतना थी भी तो बहुत सतही थी। उन्होंने अपने-आपको वैष्णव, शैव, शाक्त और उससे भी कमतर पंथीय पहचान श्री वैष्णव, शैव सिद्धांतिन, पाशुपत, वारकरी, कबीरपंथी और वल्लभाचार्य के अनुयायियों के रूप में ज्यादा महत्त्व दिया। मैंने अपने पूर्ववर्ती लेखों में इस धारणा का खंडन करते हुए यह दिखाने की कोशिश की है कि अंग्रेजों के आगमन से पहले भी हिंदुओं में 'हिंदू' होने की अस्मिता का बोध विद्यमान था।[1] इस अध्याय में मैंने जिन स्रोतों का उपयोग किया है वे मेरी धारणा की पुष्टि करते हैं। हालांकि ये स्रोत यह भी दिखलाते हैं कि कभी-कभी किसी व्यक्ति के लिए एक से अधिक धार्मिक पहचान एक साथ संभव थी।

वैयक्तिक धार्मिक अस्मिता के भिन्न स्तर जरूरी नहीं कि परस्पर विरोधी हों। एक ही समय में कोई व्यक्ति अपने-आपको वैष्णव, वल्लभानुयायी और हिंदू समझ सकता है। यह कम ही सही लेकिन असंभव नहीं है कि कोई अपने-आपको एक साथ वैष्णव और शैव या पाशुपत और कबीरपंथी स्वीकार करे। अंग्रेजों के आगमन से पहले कुछ लोग इससे भी अधिक जटिल धार्मिक अस्मिताओं को साध सकते थे और उन्होंने साधा भी। इन अस्मिताओं में एक साथ इस्लामी, हिंदू, जैन और दूसरी परंपराओं के तत्त्व शामिल थे। कुछ हद तक यह बात नाथ योगी गोरखनाथ और निर्गुण-कवि कबीर के लिए सही है।

कबीर और गोरखनाथ की धार्मिक अस्मिता की जटिलता की बात करते हुए मैं एक सीधे-सादे 'समन्वय' की बात नहीं कर रहा हूं, और न ही उनके धार्मिक कर्मकाण्डों और पूज्य-विषयों (देवता, संतों आदि) को चुन-चुन कर एक साथ मिलाने की ओर संकेत कर रहा हूं। गांव के अनपढ़ों, शहर के मजदूरों, कारीगरों और कामगारों की अधिकांश आबादी में इस प्रकार का 'समन्वयवादी' आचरण निश्चय ही पाया जाता है। सखी सरवर के मकबरे की तीर्थयात्रा का उदाहरण मैं ऊपर दे ही चुका हूं। लेकिन गोरखनाथ और कबीर धार्मिक बुद्धिजीवी थे और लोकप्रिय त्यौहारों और पर्वों में उनकी भागीदारी के बारे में, हम कम ही जानते हैं। इसलिए यहां हमारा ध्यान उनके विचारों पर होना चाहिए। धार्मिक व्यवहारों से संबद्ध विचारों पर भी गौर किया जाना चाहिए। सामान्यतः देखा जाए तो गोरखनाथ और कबीर ने इस्लाम और हिंदुत्व के प्रचलित स्वरूप को नकारा है। उन्होंने इस प्रकार की धार्मिक अस्मिता को निर्मित करने की कोशिश की, जिसमें वे एक साथ हिंदू और मुसलमान रह भी सकें और न भी रह सकें। ऐसा करने के लिए उन्हें हिंदू और मुसलमान की धार्मिक श्रेणियों को मानना पड़ा, साथ ही इन श्रेणियों से परे जाने की कोशिश भी करनी पड़ी।

हिंदी में पाई गई 'गोरखबानी' गोरखनाथ की रचना मानी जाती है। उसे अभी

तक न तो ठीक से संपादित किया गया है और न ही पढ़ा गया है। गोरखबानी का विद्वत्तापूर्ण और बढ़िया संकलन अब तक पीताम्बरदत्त बड़थ्वाल का ही है, जिसे उन्होंने 1942 ई. में तैयार किया था। पाण्डुलिपि के रूप में भी बहुत सी 'गोरखबानी' उपलब्ध हुई है, खासकर राजस्थान से। इन रचनाओं की तिथियों का अनुमान लगाना भी कठिन समस्या है। माना जाता है कि ऐतिहासिक व्यक्ति 'गोरख' ग्यारहवीं और बारहवीं शताब्दी में थे। लेकिन हिंदी की 'गोरखबानी' का वर्तमान रूप इससे बाद का है।

भाषिक रूप से देखने पर बड़थ्वाल की 'गोरखबानी' कबीर और गुरु नानक के पदों या गीतों के संग्रह से पहले की मालूम होती है। लेकिन इस विषय में ज्यादा कुछ नहीं कहा जा सकता है। 'समय' का हवाला देने वाले सबूत गोरखबानी में बहुत कम हैं और हैं भी तो यह बताने वाले कि बानी में किसका उल्लेख 'नहीं' किया गया है। उदाहरण के लिए गोरखबानी में कबीर का उल्लेख नहीं है। होना भी नहीं चाहिए, गोरख बहुत पहले के हैं। दुर्भाग्यवश, उसमें न किसी ऐतिहासिक व्यक्ति (अपवादस्वरूप मत्स्येन्द्रनाथ और मोहम्मद) का उल्लेख मिलता है, न ही किसी परिचित ऐतिहासिक घटना का। सत्रहवीं शताब्दी से पहले की पाण्डुलिपि भी शायद नहीं पाई गई है। यद्यपि इस विषय में ज्यादा जांच-पड़ताल की जरूरत है। उचित आकलन यही हो सकता है कि सबसे पुरानी सुरक्षित पांडुलिपि तेरहवीं-चौदहवीं शताब्दी या उसके बाद की है। यह भी संभव है कि एक पांडुलिपि से दूसरी पांडुलिपि तक पहुंचने की प्रक्रिया में उसके विषय के साथ हेर-फेर किया गया हो।

गोरखनाथ : हिंदू और मुसलमान

बड़थ्वाल की 'गोरखबानी' में धार्मिक अस्मिता के मुद्दे से जुड़ी हुई सबसे दिलचस्प पंक्ति सबदी चौदह है :

उतपति हिंदू जरणां जोगी अकलि परि मुसलमानीं।
ते राह चीन्हों हो काजी मुलां ब्रह्मा बिस्नू महादेव मांनी ॥

[उत्पत्ति से हम हिंदू हैं, प्रौढ़ावस्था में जोगी हैं और अक्ल से मुसलमान। हे मुल्लाओं और काजियों! उस मार्ग को पहचानो जिसे ब्रह्मा, विष्णु और महादेव ने भी माना है।]

गोरखबानी के दूसरे किसी भी पद की तरह, इस पद की भी अनुमानित व्याख्या ही की जा सकती है। लेकिन एक अकेला शब्द जो सबसे अधिक समस्यापरक है, वह 'जरणां' है। जिसका अर्थ प्रायः 'वृद्धावस्था' अथवा 'प्रौढ़ावस्था' है। लेकिन

इसका वैकल्पिक अर्थ योगियों के तप के संदर्भ में 'ताप' भी हो सकता है। दोनों ही अर्थ स्वीकारने योग्य हैं।

इस सबदी की सबसे बड़ी विशेषता यही है कि इसमें तीन अलग-अलग धार्मिक परंपराओं को अलग-अलग पहचाना जा रहा है। ये परंपराएं हिंदू, योगी और मुसलमान की हैं। आगे, गोरखबानी के अन्य पदों में भी हम देखेंगे कि धार्मिक अस्मिता के इन तीन श्रेणियों में वर्गीकरण का समर्थन किया गया है। लेकिन यहां ज्यादा महत्त्वपूर्ण है गोरखनाथ द्वारा एक स्तर पर अपने जुड़ाव का रेखांकन। वह कहते हैं कि पैदाइशी वह हिंदू हैं, बाद में योगी हो गए और अक्ल से मुसलमान हो गये। दुर्भाग्यवश इस अंतिम बात का आशय वे स्पष्ट नहीं करते। पद की दूसरी पंक्ति में इस्लाम को नकारा गया है, इसलिए यह पहली पंक्ति के प्रभाव को कुछ कम करती है। लेकिन मेरा मानना है कि इस्लाम का यह अस्वीकार सिर्फ धार्मिक कर्मकाण्डों और 'अपवर्जी स्वभाव' (एक्सक्लूसिवनेस) के संदर्भ में है, दार्शनिक और तात्त्विक चिंतन के संदर्भ में नहीं।

गोरखबानी के एक और पद में धार्मिक सीमा को लांघने के लिए कुछ अलग तर्क का सहारा लिया गया है। यह बिल्कुल वैसा ही है जैसा कि कबीर के यहां पाया जाता है। सबदी 182 में हम देखते हैं कि :

दरवेस सोइ जो दरकी जांणैं। पंचे पवन अनूठा आंणै।
सदा सुचेत रहै दिन राति। सो दरवेस अलह की जाति ॥

[दरवेश वह है जो दर की बात जानता है, जो जानता है कि परमात्मा का घर कहां है, जिसे ब्रह्मरंध्र का ज्ञान है। जो पांचों पवनों को उलट लेता है, याने भोग-विलास से चित्त हटा लेता है। जो सचेत रहता है; ऐसा दरवेश स्वयं अल्लाह की जाति का हो जाता है।]

यहां गोरखनाथ सामान्य दरवेश जो कि योगियों के 'ध्यान' और 'प्राणायाम' को नहीं जानता है तथा वह दरवेश जो इन्हें जानता है, को आमने-सामने रख देते हैं। 'ध्यान' और 'प्राणायाम' से पांचों इंद्रियों को वश में रखने वाला दरवेश ही 'अल्लाह की जाति' का है। कुछ-कुछ कबीर की तरह गोरखनाथ भी यह मानते हैं कि कोई मुसलमान रहते हुए भी ज्ञान को प्राप्त कर सकता है। लेकिन इस संदर्भ में कबीर का मानना है कि योग के द्वारा नहीं, बल्कि सदाचार और अंतःसाधना के द्वारा मुसलमान योगी, हिंदू, संत और किसी को भी आत्मसाक्षात्कार का स्वतःस्फूर्त बोध प्राप्त हो सकता है।

गोरखबानी के बहुत से पदों में मुसलमानों और हिंदुओं की परंपराओं को बहुत तल्खी से अस्वीकार किया गया है। यह अस्वीकार कम से कम धार्मिक कर्मकाण्डों के संदर्भ में तो है ही, एक श्रेष्ठ और अलग योग परंपरा के समर्थन में भी है। यह

पद कबीर के कई पदों के समान है जिनकी आगे चर्चा की जाएगी। ऐसा सबसे जोरदार कथन है :

हिंदू ध्यावै देहुरा मुसलमान मसीत।
जोगी ध्यावै परमद जहां देहुरा न मसीत॥

[हिंदू देवालय में ध्यान करते हैं, मुसलमान मसजिद में, किंतु योगी परमपद का ध्यान करते हैं, जहां न देवालय है न मसजिद।]

अगली दो सबदियां भी कबीर-कथनों जैसी ही हैं। इनमें कुरान और वेदों को व्यर्थ बताया गया है और इसी आधार पर इस्लाम और हिंदू धर्म की परंपराओं को अस्वीकार किया गया है; (सबदी चार और छह) :

वेद कतेब न षांणी बांणीं। सब ढंकी तलि आंणी॥
गगनि सिषर महि सबद प्रकास्या। तहं बूझै अलष बिनांणीं॥

[(परब्रह्म का ठीक-ठीक निर्वचन) न वेद कर पाए हैं, न किताबी धर्मों की पुस्तकें और न चारों खानी और वाणी।[2] इन सबने तो उसे आच्छादित ही किया है। (यदि ब्रह्म के स्वरूप का यथार्थ ज्ञान तुम्हें अभीष्ट है तो) ब्रह्मरंध्र (गगनशिखर) में समाधि द्वारा जो शब्द प्रकाश में आता है, उसमें अलक्ष्य-अलख का ज्ञान प्राप्त करो।]

वेदे न सास्त्रे कतेबे न कुरांणे पुस्तके न बंच्या जाई।
ते पद जांनां बिरला जोगी और दुनी सब धंधै लाई।

[वेदों, शास्त्रों, किताबी धर्मों की किताबों, कुरान आदि ग्रंथों में जिस परब्रह्म का वर्णन नहीं पढ़ा जा सकता, उस पद को बिरले योगी जानते हैं। बाकी दुनिया तो माया में लिप्त होकर धंधों में ही लगी रहती है।]

इन पदों में वेद और कुरान से जुड़े हुए धर्मों, हिंदू और इस्लाम के ऊपर हठयोग और नाथपंथियों से संबंधित धर्म को स्पष्ट वरीयता दी गई है। जैसा कि आगे कबीर के पदों में बताया गया है, यहां भी हिंदू और इस्लाम की प्रभुत्वशाली परंपराओं से थोड़ा अलग एक स्वतंत्र धार्मिक परंपरा को स्थापित करने का प्रयास दिखता है। गुरुनानक ने वास्तव में यही किया था किंतु उनके अनुयायियों ने आगे चलकर इस स्वतंत्र प्रयास को एक संगठित धर्म के रूप में बदल दिया। लेकिन गोरखनाथ और कबीर के अनुयायी ऐसा नहीं कर पाए। मेरा यह विचार है कि इनमें हिंदू और इस्लाम से बिल्कुल भिन्न एक अलग धर्म बनाने की हिचकिचाहट दिखाई देती है। यह हिचकिचाहट कुछ हद तक इस मामले में इनके संस्थापक गुरुओं—गोरख और कबीर—के विचार में व्याप्त अनिश्चितता के कारण ही है। गोरखबानी की अपेक्षा कबीर से संबद्ध आरंभिक रचनाओं की संख्या बहुत अधिक है, इसलिए इसकी विस्तार से चर्चा की जरूरत है।

कबीर : हिंदू, तुर्क और योगी

कबीर के पद मुख्य रूप से तीन आरंभिक संग्रहों—सिखों के आदिग्रंथ, दादूपंथी पंचवाणी ('कबीर-ग्रंथावली' इसी पर आधारित है) और 'बीजक' में पाए गए हैं। ये आरंभिक पद 1582 ई. की फतेहपुर पांडुलिपि 'पद सूरदासजी का' में, रज्जब की सरवंगी और गोपालदास की सरवंगी में भी पाए गए हैं। कबीर के आरंभिक गीतों का एक संयुक्त संस्करण हाल ही में कैल्वर्त्त के द्वारा प्रकाशित कराया गया है। इसमें कबीर-बीजक में मिलने वाले गीत शामिल नहीं हैं। इन आरंभिक संग्रहों, खासकर 'आदिग्रंथ' और 'पंचवाणी' के कबीर के पदों के बीच बहुत अधिक अंतर्व्यापन है। इस अंतर्व्यापन को छोड़ने के बावजूद पदों की संख्या बहुत अधिक है। बाद के संग्रहों में कबीर के बहुत से पद या गीत पाए गए हैं, लेकिन इन पर हम यहां विचार नहीं करेंगे। कबीर के बहुत से पद मुस्लिम और हिंदू परंपराओं की तीखी आलोचना करते हैं। नाथ योगियों की आलोचना करने वाले पद भी कम नहीं। हिंदू और मुसलमान दोनों की आलोचना करने वाले पद ही ज्यादा लोकप्रिय हैं। पुराने प्रमुख संग्रहों में इस तरह की दोहरी आलोचना वाले पद एक दर्जन या उससे अधिक हैं। एक ही पद में दोनों की आलोचना करने वाले गीतों की संख्या 'आदिग्रंथ' में बहुत कम है। जबकि ऐसे पद अधिक पाए जाते हैं जिनमें हिंदुओं और मुसलमानों की अलग-अलग आलोचना है। दोनों की आलोचना करने वाले पदों में कबीर ठेठ ढंग से हिंदुओं और मुसलमानों के मूर्खतापूर्ण और अमर्यादित व्यवहारों का वर्णन करते हैं। हिंदुओं को सामान्यतः वे 'हिंदू' ही कहते हैं लेकिन कभी-कभी उन्हें 'पंडित' और ब्राह्मण भी पुकारा है। मुसलमानों को सामान्यतः 'तुर्क' या मुसलमान कहते हैं लेकिन कभी-कभी 'काजी' और 'मुल्ला' भी कहा है।

कबीर इस उपदेश के साथ आलोचना का समापन करते हैं कि या तो उस परमात्मा को खोजो जिसका हम सभी की काया में वास है या राम की साधना करो या राम के नाम का जाप करो। राम को कभी-कभी गोविंद, हरि और मुरारी आदि नामों से भी पुकारा गया है।

उदाहरणस्वरूप, निम्नलिखित रमैनी कबीर-बीजक और कबीर-ग्रंथावली दोनों में पाई जाती है[3] :

जिन्ह कलमा कलि मांहि पढाया कुदरत षोजि तिनहु नहिं पाया॥
करमत कर्म करै करतूती बेद किताब भया अस रीती॥
करमत सो जग भो औतरिया करमत सो निजाम को धरिया
करमत सुन्नति और जनेऊ हिंदू तुर्क न जानै भेऊ॥
पानी पवन संजोय के रचिया यह उत्पात।
सून्यहि सुरति समाय के कासो कहिये जात॥

यहां 'सुरति' और 'शून्य' शब्द पर कुछ बात करने की जरूरत है। 'सुरति' एक ऐसा शब्द है जिसका कबीर और अन्य निर्गुण कवियों के द्वारा बारंबार प्रयोग किया गया है लेकिन इसका भाव हमेशा स्पष्ट नहीं है। उपर्युक्त और अन्य पदों में भी यह 'ईश्वरीय-चेतना संपन्न व्यष्टि-सत्ता' है अथवा चित्त की वह अवस्था है जिसमें 'परम् सत्य' की झलक है। दूसरे शब्दों में, यह अद्वैत तत्त्वमीमांसा में 'आत्मा' की संकल्पना के समान है जबकि नाथ और निर्गुण कवियों ने इसके लिए विभिन्न पदों का प्रयोग किया है जिसमें 'उनमन' सबसे प्रमुख है। हालांकि 'शून्य' शब्द 'माध्यमिक बौद्ध दर्शन' से लिया गया है लेकिन यहां यह 'परम सत्य' को अभिव्यक्त करता है जिसमें 'सुरति' मृत्यु के बाद या बोधत्व की दशा में विलीन हो जाती है। कबीर के 'शून्य' की तुलना योगाचार बौद्ध दर्शन के 'अलय-विज्ञान' अथवा अद्वैतवाद में अस्तित्व के मूल आधार 'ब्रह्म' से करना ज्यादा उपयुक्त होगा। कबीर यह कहते हैं कि जब 'व्यष्टि-चेतना' 'परम चेतना' से मिल जाती है तो व्यक्ति 'आत्मबोध' और 'अहं' को खो देता है। इस दशा में कर्म की कोई भूमिका नहीं रह जाती है। जाति और लिंग का भेद भी समाप्त हो जाता है।

कबीर और गुरु अर्जुन

ऐसा ही एक अन्य पद जो कि कबीर-ग्रंथावली, गोपालदास की सरवंगी, रज्जब की सरवंगी और कबीर-बीजक जैसे विभिन्न आरंभिक संग्रहों और पाण्डुलिपियों में उपलब्ध है, लेकिन आदिग्रंथ में नहीं :

ऐसो भर्म बिगुरचनि भारी।
बेद किताब दीन और दोजष को पुरुषा को नारी॥
माटी का घट साज बनाया नादे बिन्दु समाना।
घट बिनसे क्या नाम धरोगे अहमक षोज भुलाना॥
एकै त्वचा हाड़ मल मूत्रा एक रुधिर एक गूदा।
एक बूंद से सृष्टि रचो है को ब्राह्मन को सूदा॥
रजोगुन ब्रह्मा तमोगुन संकर सतोगुनी हरि होई।
कहैं कबीर रमा रमि रहिये हिंदू तुर्क न कोई।

(ग्रंथावली पद 51, बीजक सबद 75)

इस पद में सबसे महत्त्वपूर्ण इसका अंतिम वाक्यांश है : 'हिंदू तुर्क न कोई'। यह वाक्यांश शब्द और भाव में गुरुनानक के उस वाक्यांश से असाधारण रूप से मिलता है जिसमें ज्ञान-प्राप्ति के उपरांत नदी से बाहर निकलकर उन्होंने बोला था कि 'न कोई हिंदू है, न कोई मुसलमान'। यह कथन सिक्खों के लिए बहुत जाना-

पहचाना है। यह गुरुनानक के 'आदिग्रंथ' में नहीं; बल्कि उनके शुरूआती जीवन का किंवदंतिपरक ब्यौरा देने वाली बी-40 'जनम-साखी' में पाया गया है। (मैक्लियोड, 1980a; 225; 1980b : 21)

'आदि ग्रंथ' में ऐसा वाक्यांश पांचवें गुरु अर्जुन (1563-1606) का मिलता है। इस पद में गुरु अर्जुन कहते हैं कि 'ना हम हिंदू ना मुसलमान'। रोचक यह है कि गुरु अर्जुन इस वाक्य को कबीर के मुख से (कहु कबीर) निकला हुआ बताते हैं। जैसा कि पशौरा सिंह (2003, 16-17, 101-109) ने बताया है कि गुरु अर्जुन कई बार कबीर को उद्धृत करते हैं या उनके मुख से कुछ कहलवाते हैं। वे ऐसा या तो अपने पदों के विषय को कबीर के पदों से संबद्ध दिखाने के लिए करते हैं या कबीर की रचनाओं से एकाधिक पंक्तियां उद्धृत करते हैं। गुरु अर्जुन कभी-कभी इस अवसर का उपयोग कबीर के दृष्टिकोण की आलोचना अथवा उसमें 'सुधार' करने के लिए भी करते हैं।

प्रस्तुत मामले में गुरु अर्जुन के पद की प्रथम तीन पंक्तियां सीधे-सीधे कबीर से ली गई प्रतीत होती हैं। यह पद सिर्फ कबीर-ग्रंथावली और गोपालदास की सरवंगी में ही मिलता है।[4] अंतिम दो पंक्तियां अर्जुन द्वारा ही लिखी गई हैं लेकिन उनमें पहली जिसमें 'ना हम हिंदू ना मुसलमान' नामक वाक्यांश है, वह कबीर के 'हिंदू तुर्क ना कोई' की ओर इशारा करता है। यह एक विरोधाभास ही है कि अंतिम पंक्ति जो कहती है 'कहु कबीर'—वह निःसंदेह गुरु अर्जुन की ही है। यह है गुरु अर्जुन का पद[5] :

वरत न रहउ न मह रमदाना ॥ तिसु सेवी जो रखै निदाना ॥ 1 ॥
एकु गुसाई अलहु मेरा ॥ हिंदू तुरक दुहां नेबेरा ॥ 1 ॥ रहाउ ॥
हज काबै जाउ न तीरथ पूजा ॥ एको सेवी अवरु न दूजा ॥ 2 ॥
पूजा करउ न निवाज गुजारउ ॥ एक निरंकार ले रिदै नमसकारउ ॥ 3 ॥
ना हम हिंदू न मुसलमान ॥ अलह राम के पिंडु परान ॥ 4 ॥
कहु कबीर इहु कीआ बखाना ॥ गुर पीर मिलि खुदि खसमु पछाना ॥ भैरउ महल 5 ॥

कबीर के गीत की अंतिम पंक्ति (कबीर ग्रंथावली, नं. 338) गुरु अर्जुन उद्धृत नहीं करते हैं जिसमें 'कबीर कहते हैं कि सभी बुराइयां दूर हो गई हैं, मेरा मन एक निरंजन से जुड़ गया है।'

कबीर, नानक और गुरु अर्जुन का यह पाठ दो अर्थों में परस्पर व्याप्त है। पहला यह है कि मूल वाक्यांश (हिंदु तुर्क न कोई) के द्वारा यह दावा किया जा सकता है कि 'आत्म साक्षात्कार' के आलोक में धार्मिक अस्मिता के सभी बाहरी चिह्न, खासकर धार्मिक मान्यताएं और कर्मकाण्ड पूर्णतः व्यर्थ हैं, और दूसरा कि कबीर, नानक और गुरु अर्जुन हिंदू या मुसलमान के रूप में व्यक्तिगत धार्मिक अस्मिता को

नकारना चाहते थे और इनसे अलग एक स्वतंत्र धार्मिक अस्मिता की ओर बढ़ रहे थे। कबीर और नानक के 'ना कोई है' से गुरु अर्जुन के 'ना हम हैं' तक सार्वनामिक से आत्मवाचक तक परिवर्तन में एक स्वतंत्र धार्मिक अस्मिता की ओर झुकाव का पता चलता है जो कि संपूर्ण सिख इतिहास के संदर्भ में बहुत ठीक बैठता है।

कबीर द्वारा हिंदुओं और मुसलमानों की आलोचना

कबीर ने अक्सर अपने पदों में हिंदुओं और मुसलमानों के कर्मकाण्डों और एकांतिकता की कड़ी आलोचना की है। हिंदुओं की आलोचना करने वाले पद संख्या में आगे हैं, तो मुसलमानों की आलोचना वाले तीखेपन में। प्रायः वे हिंदुओं की पशु-बलि प्रथा की निंदा करते हैं जबकि मुसलमानों के गाय और अन्य पशुओं की हत्या कर और उन्हें खाने की घोर भर्त्सना भी करते हैं। कबीर-ग्रंथावली में रमैनी का एक जोड़ा पाया जाता है, जो कि साभिप्राय एक के बाद एक रखी गई हैं।

पहली रमैनी में मुसलमानों द्वारा गोवध की तीखी आलोचना की गई है :

तुरकी धरम बहुत हम खोजा। बहु बजगार करैं ए बोधा॥
गाफिल गूरब करैं अधिकाई। स्वारथ अरथि बधैं ए गाई॥
जाकौ दूध धाई करि पीजै। ता माता कौं बध क्यूं कीजै॥
लहुरैं थकैं दुहि पीया खीरो। ताका अहमक भषैं सरीरो॥
बेअकली अकलि न जांनहीं, भूले फिरैं ए लोइ।
दिल दरिया दीदार बिन, भिस्त कहां थैं होइ।

(कबीर ग्रंथावली, रमैनी 5.4)

अगली ही रमैनी में हिंदुओं की आलोचना की गई है, खासकर वैदिक पंडितों की :

पंडित भूले पढ़ि गुनि बेदा। आप न पावैं नाना भेदा॥
संध्या तरपन अरु षट कूरमां। लागि रहे इनकै आश्रमां॥
गायत्री जुग चारि पढ़ाई। पूछौ जाइ मुकति किनि पाई॥
सब में राम रहै ल्यौ सींचा। इन थैं और कहौ को नीचा॥
अति गुनू गूरब करैं अधिकाई। आधिकै गूरबि न होइ भलाई॥
जाकौ ठाकुर गूरब प्रहारी। सो क्यूं सकई गूरब सहारी॥
कुल अभिमान विचार तजि, खोजौ पद निूरबांन।
अंकुर बीज नसाइगा, तब मिलै बिदेही थांन।

(कबीर ग्रंथावली, रमैनी 5.5)

आरंभिक संग्रहों में कबीर द्वारा मुसलमानों के लिए कुछ खास उपाधियों का प्रयोग मिलता है। कैल्वर्त्त और ओप डि बेक द्वारा संकलित कबीर-बीजक शब्द-अनुक्रमणिका और पारसनाथ तिवारी द्वारा संपादित कबीर-ग्रंथावली में, इन शब्दों की आवृत्ति निम्नवत है[6]—पीर (पीर पीरन, 23), काजी (कजी, 9), (सूफी) शेख (सेष, 7), मुल्ला (मुल्ला, मुला, 7), पैगम्बर (पैंगम्बर, पैगम्भर, 3), औलिया (औलिया, 2), सय्यिद (सैयद, 2), सुल्तान (सुल्तांन, 2), दर्विश (दरवेशा, 1), बादशाह (बादसाह, 1)। किसी खास सूफी संप्रदाय या तरीके अथवा शिया और सुन्नी का भेद बताना तो दूर वह उल्लेख तक नहीं करते। प्रायः मुसलमानों के लिए तुर्क (तुरका, तुरकिन, तुरुक, तुर्क, तुरुक आदि, 36 बार) और मुसलमान (मुसलमान, मूसलमांना आदि, 5 बार) का प्रयोग करते हैं। 'तुर्क' और 'मुसलमान' शीर्षक तथा शब्द हमेशा धार्मिक संदर्भ में ही प्रयोग किए गए हैं। वे तुर्क शब्द का कभी भी जातीयता के अर्थ में प्रयोग नहीं करते। तुर्क और मुसलमान को पर्यायवाची के रूप में प्रयोग करते हैं। गोरखबानी में 'तुर्क' शब्द नहीं आता है और 'मुसलमान' शब्द सिर्फ दो बार आता है।

कबीर-बीजक की उनचासवीं रमैनी में मुसलमानी शीर्षकों की सबसे ज्यादा विविधता है। उपर्युक्त पद की तरह यह पद भी मुसलमानों द्वारा पशु-वध की निंदा करता है।[7]

दरकी बात कहो दरवेसा बादसाह है कौने भेसा॥
कहां कूच कहं करहि मुकामा मैं तोहि पूछों मूसलमाना॥
लाल जर्द का नाना बाना कौन सुरत को करहु सलामा॥
काजी काज करहु तुम कैसा घर-घर जबह करावहु बैठा॥
बकरी मुरगी किन्ह फुरमाया किसके कहे तुम छुरी चलाया॥
दर्द न जानहु पीर कहावहु बौता पढ़ि पढ़ि जग भरमावहु॥
कहहिं कबीर एक सैयद कहावै आपु सरीषे जग कबुलावै॥
दिन को रोजा रहत है रात हनत है गाय।
येहि षून वह बंदगी क्यों कर षूसी षोदाय॥

ध्यान देने की बात यह कि पद के आरंभ में ही गोरखबानी के ऊपर उद्धृत (पृ. 4) किए गए पद (दरकी बात करहु दरवेसा...) का संदर्भ आता है। इस पद में उस दरवेश की प्रशंसा की गई है जो यौगिक प्राणायाम और साधना के द्वारा 'अल्लाह की जाति' हो गया है।[8] लेकिन यहां कबीर कहते हैं कि 'अल्लाह की जाति' का होने के लिए यौगिक अभ्यास पर्याप्त नहीं है यदि अब भी दरवेश पशु-हत्या जारी रखता है।

हिंदुओं के मामले में कबीर कभी-कभी वैष्णव, योगी और शाक्त जैसे धार्मिक संप्रदायों का उल्लेख करते हैं। अक्सर वे अपने साखियों और पदों को हिंदू रीति

के मुख्य समर्थक ब्राह्मणों और पंडों को संबोधित करते हैं। वे पशु-वध, खोखले वेद-पाठ, जाति-शुद्धता और मूर्ति-पूजा की निंदा करते हैं। किसी अन्य संप्रदाय की अपेक्षा योगियों या जोगियों का नाम-सहित उल्लेख ज्यादा है। कबीर इनके तप और अभ्यास की आलोचना करते हैं। गोरख का भी प्रायः नाम से ही उल्लेख किया जाता है। कैल्वर्त्त और ओप डि बेक की कबीर-बीजक शब्द-अनुक्रमणिका में शब्दों की निम्नलिखित आवृत्ति देखी जा सकती है[9] : हिंदू (हिंदू, हिंदू, हिंदुइनि, 30 बार), ब्राह्मण (बामनीं, बांम्हन, बीहमन, बाभन, बाहमन, भामिनी आदि 37 बार), पंडित (पंडित, पंडिता, 63 बार), पंडा (पंडा, पंडिया, पांडे, 12 बार), शाक्त (साकत 17 बार), योगी (जोगिनी, जोगिया, जोगी, योगी आदि, 52 बार), गोरख (गोरष, गोरषनाथ, 17 बार), वैष्णव (वैष्णव, बैष्नौं, 3 बार)।

यहां 'हिंदू' शब्द पर विशेष ध्यान देने की जरूरत है। कबीर ने इस शब्द का प्रयोग हमेशा धार्मिक संदर्भ में किया है जातीयता के अर्थ में नहीं। उनके लिए हिंदू मान्यताओं और कर्मकाण्डों का अनुसरण करने वाला ही हिंदू है, भारतीय उपमहाद्वीप में निवास करने वाला नहीं। कबीर उन्हीं को हिंदू मानते हैं जो शिव और विष्णु जैसे देवताओं की पूजा करते हैं, वेदोच्चारण करते हैं, साथ ही छुआछूत में विश्वास रखते हैं। इन हिंदुओं को पंडित या ब्राह्मण के रूप में या कम से कम हिंदुओं के नेताओं, प्रतिनिधियों के रूप में जाना जाता है। योगी और शाक्त उन्हें हिंदुओं से अलग तो लगते हैं लेकिन यह स्पष्ट नहीं है कि वे उन्हें हिंदू ही स्वीकार करते हैं या उनसे अलग एक भिन्न समूह मानते हैं। हम यह भी देखते हैं कि गोरख की 'गोरखबानी' में योगियों को हिंदू और मुसलमानों से अलग बताने की कोशिश की गई है। गोरखबानी में 'हिंदू' शब्द तीन बार, 'पंडित' शब्द नौ बार और 'ब्राह्मण' शब्द सिर्फ एक बार आता है। कबीर की ही तरह गोरखनाथ भी 'हिंदू' शब्द को धार्मिक संदर्भ में प्रयोग करते हैं, जातीय या भौगोलिक संदर्भ में नहीं।

देवी (शक्ति) के पुजारी, शाक्तों के हवाले से कबीर के खुद के जीवन के एक पहलू की झलक मिल सकती है। कबीर की सबसे आरंभिक किंवदंतिपरक जीवनी 'कबीर परचई' अनंतदास द्वारा सोलहवीं शताब्दी के अंत में लिखी गई। इस रचना के शुरू में ही अनंतदास कहते हैं कि ''काशी में एक जुलाहा रहता था जो हरि का भक्त था। शुरू में उसने बहुत से दिन शाक्तों के साथ बिताए और बाद में वह हरि का गुणगान करने लगा।''[10] दूसरे शब्दों में, कबीर शुरु में शाक्त थे, उसके बाद वे विष्णु के भक्त हो गए। अगर यह सही है तो उन्हें शाक्तों के बारे में कुछ न कुछ जानना चाहिए। लेकिन हम पाते हैं कि कबीर-बीजक में शाक्तों का सीधे उल्लेख नहीं किया गया है। कबीर के पदों के आरंभिक पश्चिमी संग्रहों (आदिग्रंथ और कबीर-ग्रंथावली) में उनका उल्लेख किया गया है। ये ग्रंथ भी शाक्तों के विश्वासों

और कर्मकाण्डों के बारे में बहुत कम ही जानकारी देते हैं।

आदिग्रंथ में कबीर के पदों के अंग्रेजी अनुवाद में निर्मलदास शाक्त (साक्त) का अनुवाद साधारणतया 'नास्तिक' या गैर-ईश्वरवादी' के रूप में करते हैं। यह सिक्ख टिप्पणीकार की एक पारंपरिक व्याख्या हो सकती है लेकिन इसमें अर्थ को ज्यादा ही खींच दिया गया है। वास्तव में शाक्त कौन थे, इसके बारे में कबीर कुछ नहीं कहते हैं। जबकि इस शब्द की व्युत्पत्ति और सामान्य प्रयोग एकदम स्पष्ट है। देवियों की पूजा करने वाले लोग शाक्त हैं। शाक्तों के बारे में विस्तार से भले न कहें, कबीर शाक्तों की बहुत तीखी आलोचना करते हैं। यह आरंभिक पश्चिमी संग्रहों में मिलने वाले इस पद से जाहिर है :

रांम रांम रांम रमि रहिये।
साषित सेती भूलि न कहिए॥ टेक॥
का सुनहां कौ सुमृत सुनांयैं। का साषित पै हरि गुन गांये॥
का कऊवा कौं कपूर खंवाये। का बिसहर कौ दूध पिलांये।
'साषित सुनहां दूंयूं भाई। वौ नींदै वौ भौंकत जाई॥
अंमृत लेले नींब सिंचाई। कहै कबीर 'वाकी बानि न जाई' ॥ 19 ॥

(कबीर ग्रंथावली, असावरी, पद 19)

गोरखनाथ और उनके योगी अनुयायियों का कबीर द्वारा बारंबार उल्लेख किया गया है। ऐसे पद कबीर-बीजक और आरंभिक पश्चिमी संग्रहों में पाए गए हैं। आधुनिक विद्वान पीताम्बरदत्त बड़थ्वाल [1946 (1930)] और हजारीप्रसाद द्विवेदी [1971 (1942)] ने बहुत पहले ही बताया है कि कबीर के साखी और पद नाथ योगियों की शब्दावली और बिंबों से भरे पड़े हैं। ईश्वर के निर्गुण रूप को मानने के कारण मोटा-मोटी दोनों को ही निर्गुणियों की श्रेणी में रखा जा सकता है। यद्यपि नाथ निर्गुण के लिए शिव के नामों का प्रयोग करते हैं तो कबीर विष्णु के नामों का।

कबीर के द्वारा नाथपंथियों की शब्दावली के व्यापक प्रयोग के कारण ही हजारीप्रसाद द्विवेदी ने अनुमान लगाया कि कबीर का परिवार नाथ योगी (या जोगी) जैसे आश्रम-भ्रष्ट गृहस्थों से संबंधित रहा होगा, जो हाल-फिलहाल ही अधूरे रूप से इस्लाम में धर्मांतरित होकर जुलाहा नामक जाति बन गए थे। द्विवेदी जी ने लिखा है कि 'कई बातें ऐसी हैं जो यह सोचने को प्रवृत्त करती हैं कि कबीरदास जिस जुलाहा परिवार (वंश) में पालित हुए थे वह इसी प्रकार के नाथ-मतावलंबी गृहस्थ योगियों का मुसलमानी रूप था।' हाल ही में फ्रेंच विदुषी शारलोत वादिवेल ने द्विवेदी जी के तर्क के कुछ पहलुओं की आलोचना की है, लेकिन निष्कर्ष उनका भी वही है (1974 : 899) :

''कबीर ने खतना करवाया हो या न करवाया हो, औपचारिक रूप से वह एक

मुसलमान ही थे। हालांकि यह प्रतीत होता है कि 'नाथपंथ' किसी न किसी रूप में उनके पूर्वजों की परंपरा में था। इस्लामी धर्म सिद्धांतों का उनका सीमित ज्ञान तथा तांत्रिक-यौगिक परंपराओं और साधनाओं की गहरी जानकारी से भी इस बात की पुष्टि होती है। तांत्रिक-यौगिक गूढ़ शब्दावलियों का उन्होंने जिस धड़ल्ले से प्रयोग किया है, वह भी इस दावे को मजबूत करता है। बात यह है कि भले ही कबीर खुद नाथपंथी नहीं थे लेकिन जिस अधिकार और गंभीरता के साथ उन्होंने नाथपंथियों के कर्मकाण्डों और आडम्बरों खासकर उनके अमरत्व प्राप्ति के पाखण्डों की हंसी उड़ाते हुए भर्त्सना की है, उससे भी यही प्रतीत होता है कि वह नाथपंथियों की मूल प्रवृत्तियों और सिद्धांतों से भली-भांति परिचित थे। जबकि इस्लाम के मूल सिद्धांतों के बारे में उनका ज्ञान सतही ही है।"

कबीर के परिवार की नाथपंथी पृष्ठभूमि की परिकल्पना तार्किक तो लगती है पर पूरी तरह अटकलबाजियों से भरी हुई है। वादिवेल का यह दावा कि कबीर का 'तांत्रिक योगाभ्यास' के साथ अद्भुत परिचय था, उन्होंने उसकी गूढ़ शब्दावलियों का धड़ल्ले के साथ प्रयोग किया है, अतिशयोक्ति ही है। यद्यपि कबीर ने गोरखबानी में पाई गई कुछ रहस्यात्मक और यौगिक शब्दावलियों का प्रयोग किया है, लेकिन जिस ढीले रूप में उन्होंने इन शब्दावलियों का प्रयोग किया है उससे तो यही लगता है कि वे 'यौगिक-देह विज्ञान' की तकनीकी जानकारियों के बारे में बहुत स्पष्ट नहीं थे। इसकी भी स्पष्ट जानकारी नहीं मिलती है कि वे स्वयं प्राणायाम, कुंडलिनी-जागरण और यौगिक मुद्राओं जैसे योगाभ्यासों में संलग्न थे। किस हद तक वे गोरखनाथ और नाथपंथी तांत्रिकों की श्रेणी में आते हैं, यह भी बहस का विषय है।[11]

गोरखनाथ और कबीर की बानियों में एक समानता यह है कि दोनों में मस्तिष्क के ऊपरी भाग में अवस्थित 'गगन' और 'दशम द्वार' से जुड़ी हुई रहस्यमयी चेतना के प्रति एक आकर्षण है। इस रहस्यमयी चेतना के कई नाम हैं। गोरख और कबीरबानी में इसके चार पर्यायवाची 'सुरति', 'उनमन', 'अनहद' और 'सहज' पाए जाते हैं। 'समाधि' शब्द 'पतंजलि' अथवा 'राजयोग' में प्रायः रहस्यमयी चेतना के लिए प्रयोग किया गया है। यह आरंभिक कबीर-बानी में सात या आठ बार और गोरखबानी में सिर्फ चार बार आता है। सत्रहवीं शताब्दी की महत्त्वपूर्ण रचना संस्कृत हठयोग प्रदीपिका निम्नलिखित सभी शब्दों को पर्यायवाची बताती है।[12]

राजयोगः समाधिश्च उन्मनी च मनोन्मनी।
अमरत्वं लयस्यत्वं शून्याशून्यं परं पदम् ॥
अमनस्कं तथाद्वैतं निरालम्बं निरञ्जनम्।
जीवन्मुक्तिश्च सहजा तुर्या चेत्येकवाचकाः ॥

गोरख और कबीरबानी में योग से जुड़े हुए मूल शब्दों का बहुत अधिक अंतर्व्यापन आसानी से देखा जा सकता है। कैल्वर्त्त और ओप डि बेक की शब्द-

अनुक्रमणिका, बड़थ्वाल की 'गोरखबानी' और पारसनाथ तिवारी की 'कबीर-ग्रंथावली' से निम्नलिखित उदाहरण प्राप्त होते हैं :

शब्द	गुरबानी	कबीर-बीजक	कबीर ग्रथावली	कुलयोग
सहज	50 बार	12 बार	21 बार	83 बार
गगन	35 ,, ,,	10 ,, ,,	25 ,, ,,	70 ,, ,,
उनमन	19 ,, ,,	1 ,, ,,	12 ,, ,,	32 ,, ,,
अनहद	17 ,, ,,	6 ,, ,,	10 ,, ,,	31 ,, ,,
सुरति	5 ,, ,,	7 ,, ,,	15 ,, ,,	27 ,, ,,
आसन	12 ,, ,,	5 ,, ,,	5 ,, ,,	22 ,, ,,
चक्र और कमल	4 ,, ,,	7 ,, ,,	5 ,, ,,	16 ,, ,,
नाड़ी	11 ,, ,,	0 ,, ,,	0 ,, ,,	11 ,, ,,
सुषमन	5 ,, ,,	0 ,, ,,	3 ,, ,,	8 ,, ,,
कुंडलिनी	0 ,, ,,	0 ,, ,,	0 ,, ,,	0 ,, ,,
प्राणायाम	0 ,, ,,	0 ,, ,,	0 ,, ,,	0 ,, ,,

उपर्युक्त वर्णित शब्दों में हो सकता है कि कुछ शब्दों की वर्तनियों की अनदेखी हो गयी हो और कुछ शब्दों के अनेक अर्थ भी हों। इन शब्दों के दूसरे पर्याय भी यहां नहीं बताए गए हैं। जो भी हो, सामान्य पैटर्न बिल्कुल स्पष्ट है। गोरखबानी में यौगिक शब्दों की अपेक्षित रूप से भरमार है। कबीर-संग्रहों में भी इन शब्दावलियों का भरपूर प्रयोग किया गया है। यह अपेक्षित ही है कि कबीर और गोरख दोनों में यौगिक चक्रों और नाड़ियों (सुषुम्ना-सहित) के सीधे उल्लेख कम हैं और 'कुंडलिनी' तथा 'प्राणायाम' जैसे शब्द तो पूर्णतः अनुपस्थित हैं। इसी तरह 'वज्रोलि' और 'खेचरी मुद्रा' जैसी हठयोग साधनाओं का भी उल्लेख नहीं मिलता। यह बात गोरखबानी और कबीरबानी दोनों के संदर्भ में सही है। पश्चिमी कबीर-ग्रंथावली की अपेक्षा पूर्वी कबीर-बीजक में यौगिक शब्दावलियों का कम पाया जाना भी बहुत रोचक है। शायद इससे यही पता चलता है कि पश्चिम में नाथों का प्रभाव बहुत अधिक था।

एक बाहरी पर्यवेक्षक की दृष्टि से, यह आंकड़ा कम या ज्यादा वही दिखाता है, जितनी कि कोई अपेक्षा करता है। यद्यपि गोरखनाथ की नाथ-परंपरा और कबीर की निर्गुण संत-परंपरा में बहुत अंतर्व्यापन है फिर भी कुछ चीजों पर जोर देने के मामले में अंतर भी स्पष्ट है। यह कुछ आश्चर्य की ही बात है कि गोरखबानी में विभिन्न चक्रों (ब्रह्मरंध्र को छोड़कर) और मुख्य नाड़ियों (इड़ा, पिंगला और सुषुम्ना) की यौगिक-संरचना के बारे में स्पष्ट उल्लेख बहुत कम ही है। 'कुंडलिनी' का उल्लेख भी बहुत कम है।

यह भी सही है कि बाद के आधिकारिक संस्कृत ग्रंथ 'हठयोग प्रदीपिका' में चक्रों की पद्धति का स्पष्ट उल्लेख नहीं है, बल्कि इसमें विभिन्न 'कमलों' (चक्रों) तथा कुंडलिनी का वर्णन किया गया है, साथ ही कुंडलिनी के सुषुम्ना से होकर ऊपर की ओर प्रवाहित होने का भी उल्लेख है (हठयोग प्रदीपिका : अध्याय 3)। कुंडलिनी और चक्र के विभिन्न तत्त्वों का इतिहास एक ऐसा विषय है जिस पर आगे शोध की जरूरत है। कुंडलिनी और 'वज्रोलि मुद्रा' की मैथुनिक क्रियाओं की चर्चा करने वाला ग्रंथ 'हठयोग प्रदीपिका' 'गोरखबानी' से बहुत बाद में लिखा गया है। यह ग्रंथ गोरखनाथ द्वारा अपने गुरु मत्स्येंद्रनाथ से जुड़ी हुई शाक्त और कौल परंपराओं को नकारने का अंशतः विरोध करता है। जाहिर है कि 'वीर्य नियंत्रण' से जुड़े हुए कुछ यौनाभ्यास या तो वापस लौटे या फिर वे हठयोग में पहले से मौजूद थे।

गोरखबानी में 'प्राणायाम', 'वज्रोलि मुद्रा' और 'बंध' (Bandhas) जैसी यौगिक तकनीकों का उल्लेख न मिलना तो और भी अचरज की बात है। इसमें 'आसन' शब्द बारह बार आया है लेकिन किसी आसन-विशेष का नाम नहीं लिया गया है। शुरुआती नाथपंथियों की हठयोग की क्रियाओं के बारे में कोई संदेह नहीं है। नाथयोगियों के कई ग्रंथों में इन तकनीकों की सविस्तार व्याख्या की गई है। इनमें 'हठयोग प्रदीपिका' और 'गोरक्ष-शतक' जैसे ग्रंथ संस्कृत में लिखे गये हैं। मैं गोरखबानी में इन तकनीकों की अनुपस्थिति की सिर्फ थोड़ी सी संतोषजनक व्याख्या यही कर सकता हूं कि यौगिक संरचना और तकनीकों के विषय में उपदेशात्मक व्याख्या के लिए इसके रहस्यवादी पद उपयुक्त नहीं माने गए होंगे।

इसी तर्क के आधार पर यह भी दावा किया जा सकता है कि संभव है कबीर ने भी यौगिक क्रियाओं को अपनाया हो। जबकि कुछ पदों में कबीर ने योगियों के अभ्यासों और उससे जुड़ी हुई कई चीजों की तीखी आलोचना की है। आदिग्रंथ का निम्नलिखित गीत ऐसा ही है[13] :

डंडा मुंद्रा खिंथा आधारी। भ्रम कै बाइ भवै भेखधारी॥
आसनु पवन दूरि करि बवरे।
छोडि कपटु नित हरि भजु बवरे॥ रहाउ॥
जिह तू जाचहि सो त्रिभवन भोगी। कहि कबीर केसो जगि जोगी॥

वर्तमान संदर्भ में यह ध्यान देना महत्त्वपूर्ण है कि आरंभिक संग्रहों में पाये जाने वाले कबीर के पदों में चार प्रमुख धार्मिक परंपराओं की पहचान मिलती है। इसमें हिंदू, मुसलमान, योगी और कुछ कम महत्त्वपूर्ण शाक्त परंपरा है। कई बार कबीर वैष्णवों, शैवों और जैनों का भी उल्लख करते हैं। इन सभी परंपराओं से अपनी स्वतंत्रता भी कबीर बार-बार जताते हैं। यह स्पष्ट नहीं है कि वे किस सीमा तक शाक्तों, वैष्णवों और शैवों को हिंदुओं में शामिल करते हैं। यह भी साफ नहीं है

कि वे जैन को हिंदू मानते हैं या गैर-हिंदू। मेरा मानना है कि वे वैष्णवों, शैवों और कुछ हद तक शाक्तों को हिंदू मानते हैं, लेकिन निश्चयपूर्वक कुछ कहना कठिन है। कबीर जब हिंदुओं की बात करते हैं तो प्रायः ब्राह्मणों के जाति और आनुष्ठानिक पवित्रता- अपवित्रतापरक आब्सेशन पर जोर देते हैं। वे वेदों के अंधानुगमन, मूर्तिपूजा और पशु-बलि के आग्रह का उल्लेख करते हैं। कभी-कभी वे 'अवतारों' और उनके अशोभनीय बर्तावों की भी आलोचना करते हैं।

यह बहुत साफ और कुछ आश्चर्यजनक भी है कि कबीर योगियों की परंपरा को हिंदू और मुसलमान से अलग एक स्वतंत्र धार्मिक परंपरा स्वीकार करते हैं। हमने देखा है कि गोरखबानी में भी मोटा-मोटी यही बात पायी जाती है। यहां कबीर का एक पद्यांश दिया जा रहा है जो कि अधिकतर आरंभिक पश्चिमी संग्रहों में पाया गया है।

जोगी गोरष गोरष करै। हिंदू राम नाम उचरै।
मुसलमान कहै मेरे एक षुदाई। कबरै कौ स्वांमी सब घटि रहयौ समाई॥

[कबीर (कैल्वत्त), 2000, सं. 390)]

कबीर ग्रंथावली के पद की ही तरह दूसरा उदाहरण आदिग्रंथ का निम्नलिखित पद है :

आसन पवन कीये दिढ रहु रे। मन का मैल छाड़ि दे बौरे॥ टेक॥
का सीगी मुद्रा चमकायें। का बिभूति सब अंगि लगायें॥
सो हिंदू सो मुसलमांन। जाका दुरस है इमांन॥
ब्रह्मा सो जो कथै ब्रह्म गियांन। काजी सौ जांनै रहिमांन॥
कहै कबीर कछू आंन न कीजै। रांम नांम जपि लाहा लीजै॥

[कबीर (कैल्वत्त), 2000, सं. 420]

उपर्युक्त दोनों से स्पष्ट है कि कबीर के यहां सच्चा धर्म हृदय या आंतरिक-आध्यात्मिक बोध से आता है। वे योगियों, हिंदुओं और मुसलमानों के बीच भेदों को स्वीकार करते हैं, लेकिन एक तरह से यह भी कहते हैं कि कोई सच्चे मन से माने तो सभी धर्म सत्य हैं। कबीर न तो धर्म, इस्लाम और हठयोग के विरोधी हैं, न ही 'हिंदु-मुस्लिम एकता के समर्थक' हैं, बल्कि वे बुनियादी रूप से बहुलतावादी हैं। वे इन तीनों धर्मों की मान्यताओं तथा रीति-रिवाजों का विरोध करते हैं, लेकिन कभी भी वे धर्म-परिवर्तन की वकालत नहीं करते। कबीर का मानना है कि कोई भी व्यक्ति इन धार्मिक परंपराओं के पाखंड, पृथकतावादी नीतियों और गलत रीतियों को त्यागकर, इनमें किसी एक परंपरा को मानते हुए भी आंतरिक-आध्यात्मिक बोध को प्राप्त कर सकता है। बहरहाल, इस प्रकार की मोक्ष-योजना के सफल होने की संभावना, इस बात पर निर्भर है कि धार्मिक परंपराओं की सामाजिक और

राजनीतिक विचारधाराएं अपने आप में कितनी वास्तविक हैं। क्या हिंदू धर्म सामाजिक स्तरीकरण के बिना संभव है? क्या इस्लाम एक अपवर्जी (एक्सक्लूजनिस्ट) सामाजिक अस्मिता के बिना रह सकता है? क्या कोई धर्म बिना आडम्बर के संभव है? क्या कोई भी ऐसी विचारधारा चाहे वह धार्मिक हो अथवा धर्मनिरपेक्ष—जो कि सामाजिक, राजनैतिक और आर्थिक संस्थाओं को 'वैधता' प्रदान करने की कोशिश करती है— पाखंड के बिना संभव है?

अंततः कबीर के खुद के तर्कों के आधार पर देखें तो लगता है कि मौजूदा धार्मिक परंपराओं के आध्यात्मिक रूपांतरण की उनकी दृष्टि व्यवहारिक, शायद तार्किक भी नहीं थी। पाखण्ड और आडम्बर से रहित धर्म की उनकी कल्पना का वास्तविक होना उस समय मौजूद हिंदू, मुस्लिम और नाथयोगियों की परंपराओं में संभव नहीं था। अपनी आंतरिक तर्क योजना में कबीर की दृष्टि इतनी रेडिकल और व्यक्तिसत्तापरक है, कि वह किसी संस्थाबद्ध धार्मिक समुदाय के निर्माण का आधार नहीं बन सकती। पुरुषोत्तम अग्रवाल इस बात को दो-टूक शब्दों में कहते हैं (2004 : 215)—"कबीर की कविता केवल उपलब्ध धर्मों की आलोचना ही नहीं धर्म के मूल तर्क से ही असंतोष का साक्ष्य देती है। स्वतंत्र धार्मिक परंपरा की स्थापना को उनकी साधना का लक्ष्य मान लेना भारी भ्रम है।"

कबीर की सबसे पहली किंवदंतिपरक जीवनी, अनंतदास की 'कबीर परचई' में ही मौजूदा यथार्थ के साथ कबीर की दृष्टि का सामंजस्य हो सकने के प्रति शंका जाहिर की गई है। जब बनारस के हिंदू और मुसलमान, बनारस आए हुए सुलतान सिकंदर लोदी से कबीर की शिकायत करने पहुंचे तो सिकंदर ने उनसे पूछा कि कबीर ने क्या किया है?" जवाब है :

कहै सिकंदर क्या है भाई।
गांव प्रगना लीया छिंनाई॥
गांव प्रगनां नाहीं लीया।
जुलहै ऐक अमारग कीया॥ 1 ॥
मुसलमांन की छोड़ी रीती।
अरु हिंदू की भानैं छीती॥
निंदै तीरथ निंदै बेदू।
निंदै नवग्रह सूरज चंदू॥ 2 ॥
निंदै संकर निंदै माई।
निंदै सारद गणपति राई॥
निंदै ग्यारस होम सराध्य।
निंदै बांभन जग आराध्य॥ 3 ॥

निंदै मातपिता की सेवा
बहन भांणजी अरु सब देवा ॥
निंदै सकल धरम की आसा।
षट दरसन अरु बारह मासा ॥ 4 ॥
अैसी विधि सब लोक बिगारा
हिंदू मुसलमांन तैं न्यारा ॥
ता तै हमैं न मांनैं कोई।
जब लग जुल्हा कासी होई ॥ 5 ॥ *(लॉरेंजन, 1991 : 107)*

लेकिन फिर भी मुझे लगता है कि कम से कम यह तो संभव है ही कि कबीर के अनुयायियों का एक समूह रहा हो या कुछ दुनियावी और मानवीय कारणों से इस प्रकार के लोग उनके इर्द-गिर्द इकट्ठे होते रहे हों। कबीर के समय या उसके बाद जब भी कबीर पंथ बना हो, इसने कभी हिंदू धर्म से अपने आपको उस तरह से अलग नहीं किया जिस तरह से सिक्खों ने किया है। आज अधिकतर कबीरपंथी स्वयं के हिंदू होने का दावा करते हैं और चूंकि हिंदू धर्म में विविध प्रकार की मान्यताओं और क्रिया-कलापों के लिए पूरी जगह है, इसलिए अधिकांश हिंदू उनके दावे को स्वीकार भी करते हैं।

गोरख और कबीर

अपनी और अपने अनुयायियों की धार्मिक निष्ठा के बारे में कबीर की सोच क्या थी—हम पूरी तरह से शायद कभी नहीं जान पाएंगे; वैसे उनकी धार्मिक और सामाजिक विचारधारा के अधिकांश को जानने की एक कुंजी है—गोरखनाथ की परंपरा के साथ उनका संबंध। गोरखनाथ और कबीर के विचारों में बहुत समानता है। दैनंदिन जीवन के उत्तरदायित्वों, संशयों और नैतिक समझौतों से निपटने का एक रास्ता यह भी है कि गृहत्यागी हो जाया जाए। यही वह रास्ता है जिसे गोरखनाथ और नाथ-योगियों ने अपनाया। उनके गृहस्थ-जीवन को नकारने की कहानी उस खास किंवदंती से भी मालूम होती है जिसमें उन्होंने अपने गुरु को एक रानी से बचाया। उनके गुरु मत्स्येंद्रनाथ रानी 'मैंकिनी' के साथ रहने लगे थे, उस रानी-राज से गोरख ने उन्हें निकाला। इस किंवदंती के द्वारा तांत्रिक और कौल अनुष्ठानों में वर्णित एक निपुण पुरुष और उसकी महिला साथी के बीच संयोग के स्पष्ट नकार का पता चलता है। फिर भी नाथयोगियों ने आनुष्ठानिक मैथुनिक-क्रियाओं को पूरी तरह से कभी भी अस्वीकार नहीं किया। यह काम-नियंत्रण की एक तकनीक 'वज्रोली मुद्रा' से भी स्पष्ट है जिसका विवरण 'हठयोग प्रदीपिका' में दिया गया है (1975 : अध्याय 3)।

यह स्पष्ट नहीं है कि कबीर ने किस हद तक गृहस्थ-जीवन को अस्वीकार किया था।[14] आदि ग्रंथ में संग्रहित उनके कुछ पदों से उनकी पत्नी के बारे में पता चलता है, लेकिन ये संदर्भ भी कभी-कभी पूर्णतः 'लाक्षणिक' माने गए हैं। कबीर विषयक किंवदंतियों और उनके एक पद में बेटे 'कमाल' का उल्लेख मिलता है। किंवदंतियों में एक बेटी 'कमाली' का भी उल्लेख है। आधुनिक कबीरपंथी परंपरा के अनुसार, कबीर का कभी विवाह नहीं हुआ था और उनकी दोनों संतानें गोद ली हुई थीं। अगर यह मान भी लें कि कबीर का विवाह हुआ था फिर भी उनके बहुत से साखी और पद महिलाओं के प्रति विद्वेष से भरे हुए हैं। हालांकि, यहां नारी का संदर्भ लाक्षणिक भी माना जा सकता है—जिसका माया के अर्थ में प्रयोग किया गया है।

आदि ग्रंथ में संग्रहित कबीर के दो आरंभिक पदों से कबीर की मां की शिकायत का पता चलता है। कबीर की मां की शिकायत है कि कबीर ने राम की भक्ति में बुनकर का धंधा छोड़ दिया है[15] :

मुसि मुसि रोवै कबीर की माई। ए बारिक कैसे जीविह रघुराई ॥
तनना बुनना सभु तजिओ है कबीर। हरि का नामु लिखि लीओ सरीर ॥

बहुत संभव है कि कबीर ने अपनी साधना के प्रति पूर्णतः समर्पण के कारण जीवन के किसी बिंदु पर बुनकर के व्यवसाय को छोड़ दिया हो। लेकिन इसका यह मतलब नहीं कि वे गृहस्थ-जीवन को भी पूर्णतया त्यागकर विरक्त हो गए हों। उदाहरणस्वरूप, गुरुनानक ने भी धार्मिक जीवन अपनाने के बाद लेखाकार का पेशा तो छोड़ा, पर शादी-शुदा गृहस्थ बने रहे। अगर हम यह मान भी लें कि कबीर संन्यासी हो गए थे तो भी मानव-शरीर के प्रति गोरखनाथ और कबीर के दृष्टिकोण में बहुत स्पष्ट अंतर है।

गोरख के गीत

कबीर और गोरख के बीच के इस अंतर को समझने के लिए मैं गोरखनाथ के एक ऐसे पद के विश्लेषण की कोशिश करूंगा, जिसका कि कबीर ने अपने एक पद में उत्तर दिया है और उस पर टिप्पणी भी की है। वैसे भी वर्तमान तर्क के लिए दोनों पद उपयुक्त हैं क्योंकि दोनों में ही कई-अन्य धार्मिक परंपराओं की आलोचना भी की गई है। गोरख का पद येकंकारियों के उल्लेख के कारण बेहद रोचक हो जाता है। कौन थे येकंकारी? गोरख का पद यह है[16] :

पंडित जण जण बाद न होई, अणबोल्या अवधू सोई ॥ टेक ॥
पत्रे ब्रह्मा कली बिसना, फल मधे रुद्रम् देवा।
तीनि देव का छेद किया तुम्हें करहु कौन की सेवा ॥ 1 ॥

येक डंडी दुडंडी त्रियडंडी भगवान हूवा।
बिष्न कौ तिन पार न पायो, तीरथां, भ्रमि भ्रमि मूवा।
येक काल मुहां जटाधारी, ल्यंग उपासिका हूवा।
महादेव कौ तिन पार न पायौ, राष रौलि रौलि मूवा ॥
चारि महाधर बारह चेला, येकंकारी हूवा।
कायम कौ तिन पार न पायौ जोति बालि बालि भूवा।
चौदसियांनै पूनमिया, जैन व्रतधारी हूवा।
अरहंत कौ तिन पार न पायौ केस लौंचि लौंचि मूवा।
येक मुलांनम् दोई कुरानम् ग्यारह षुरसाणी हूवा।
अलह कौ तिन पार न पायौ बंग देई देई मूवा ॥ 6 ॥
नौ नाथ नै चौरासी सिधा, आसणधारी हूवा।
जोग कौ तिन पार न पायौ बन षंडां भ्रमि भ्रमि मूवा
पंच तत्त की काया विनसी राषि न सक्या कोई।
काल दवन जब ग्यांन प्रकास्या, बदंत गोरष सोई ॥ 8 ॥

कई अर्थों में यह पद कबीर का भी हो सकता है। यह गीत शरीर के अपरिहार्य नाश तथा धार्मिक रीतियों के नैतिक और आध्यात्मिक खालीपन पर जोर देता है, जो कि कबीर का पसंदीदा विषय है। इस गीत में आसनधारियों, नौ नाथों और चौरासी सिद्धों की आलोचना की गई है। इससे यह गोरख का नहीं बल्कि कबीर का गीत लगता है जो कि पता नहीं कैसे गोरखबानी में समाहित हो गया। लेकिन गीत की भाषा प्रायः गोरखबानी की ही तरह है और कालमुखों के उल्लेख से भी पद के कबीर से पहले के समय का होने का पता चलता है क्योंकि इस नाम का शैव संप्रदाय 1300 ई. के आस-पास समाप्त हो गया था। हम आगे कबीर का एक पद देखेंगे; आरंभिक पश्चिमी संग्रहों में प्राप्त यह पद मानव-शरीर के प्रति गोरखनाथ के रवैये की सटीक आलोचना करता है।

येकंकारी

कबीर के गीत पर आने से पहले, मैं गोरख के उपरोक्त पद के चौथे छंद में मौजूद येकंकारियों की संभावित धार्मिक अस्मिता पर बात करना चाहता हूं। यह पद उलझावी ब्यौरों से भरा हुआ है। जैसे कि छंद छह में एक मुल्ला (मुलांनम्) और ग्यारह खोरासानी (खुरसांणी) कौन है? और दो कुरान (कुरानम्) क्या है? उत्तर जो कुछ भी हो, इन पदों के संकेतों से तो ये निश्चित रूप से मुसलमान हैं। उसी तरह से पांचवें पद में, यह निश्चित नहीं है कि चौदह 'पूनमिया' कौन और क्या

है? लेकिन पद में निश्चित ही जैनों की ओर इशारा किया गया है। लेकिन येकंकारी का रहस्य खोलना मुश्किल है।

यहां पर उल्लिखित भागवत, कालामुख शैव, जैन, मुसलमान और नाथयोगी जैसे धार्मिक समूहों के महत्त्व और लोकप्रियता को देखते हुए यह भी माना जा सकता है कि येकंकारी भी बहुत महत्त्वपूर्ण समूह रहा होगा। लेकिन वे कौन हो सकते हैं? मेरा पहला अनुमान था कि वे सिक्ख हो सकते हैं। क्योंकि 'एक ओंकार' सिक्खों द्वारा प्रतिदिन जपा जाने वाला मुख्य या मूल मंत्र है। सिक्ख परंपरा के अध्येताओं से सलाह लेने के बाद मैंने इस विचार को छोड़ दिया। उन्होंने इस स्पष्ट तथ्य की ओर इशारा किया कि संभव है कि यह शब्द सिक्खों से पहले का है। उन्होंने यह भी बताया कि चार 'महाधर' और 'बारह अनुयायियों' को सिख परंपरा के भीतर मानना बहुत मुश्किल है। सिख परंपरा में 'कायम' शब्द का अर्थ निकालना भी आसान नहीं है और न ही येकंकारियों के दीप जलाने की प्रवृत्ति को समझना ही आसान है। मैंने सुझाव दिया कि चार 'महाधर' पहले चार सिक्ख गुरु हो सकते हैं और 'कायम' कौम (समुदाय, राष्ट्र) शब्द का तद्भव हो सकता है जो कि बाद में सिक्ख समुदाय के लिए प्रयोग किया गया है। एक दूसरी संभावना यह भी है कि 'येकंकारी' ईसाई हो सकते हैं। ईसाइयों के चार धर्म-सिद्धांत भी हैं और ईसा मसीह के बारह अनुयायी भी थे। रोमन और ऑर्थोडॉक्स ईसाई दोनों ही दीप या मोमबत्ती जलाना पसंद करते हैं। लेकिन 'कायम' की समस्या छूट ही जाती है। यह भी असंभव ही लगता है कि एक कवि जो 1200 ई. से 1500 ई. के बीच हिंदी में लिख रहा था, ईसाइयों के घनिष्ठ संपर्क में रहा होगा। इस समय भारत में अधिकतर ईसाई सुदूर दक्षिण में रह रहे थे।

जब मैंने इस प्रश्न को पेंसिलवानिया विश्वविद्यालय के आदित्य बहल के सामने रखा तो उन्होंने तुरंत ही सुझाया कि ये 'येकंकारी' 'मुसलमान' हो सकते हैं, खासकर किसी तरह के सूफी। उन्होंने बताया कि 'एकोंकार' शब्द मंझन के सूफी प्रेमाख्यान 'मधुमालती' के पहले पद में मिलता है। यह रचना 1545 ई. में हिंदवी में लिखी गई। इस प्रेमाख्यान के अनुवाद के अपने विवरण में बहल और सीमोन वेटमैन (मंझन 2000: 243) टिप्पणी करते हैं कि—"एकोंकार शब्द एक ध्वनि (स्फोट) है जिसका संकेत कुरान में वर्णित सृष्टि रचना की ओर है जिसमें अल्लाह ने कहा 'कुन' और सृष्टि उत्पन्न हो गयी।" बहल का यह भी कहना था कि 'एकांकार' शब्द ईश्वर के विशेषण की तरह एक अन्य सूफी प्रेमाख्यान, शेख कुतबन रचित 'मृगावती' में दो बार आया है।[17] बहल 'एकोंकार' और 'एकंकार' दोनों शब्दों को सूफी स्रोतों से आया हुआ और पर्यायवाची बताते हैं। वे 'एकोंकार' शब्द को ज्यादा 'शुद्ध' मानते हैं।

एकंकारियों की तरह सूफी भी दीप जलाते हैं। बहल कहते हैं कि मुसलमान

नियमित रूप से—"अपने प्रियजन के मजार पर हर गुरुवार की रात को कुरान के सूरा-अल-फातिहा का जाप करते हैं और दीप जलाते हैं। सूफियों के मामले में ये कार्य थोड़े और बढ़ जाते हैं। प्रत्येक गुरुवार की रात को उर्दू में जिसे जुमेरात कहते हैं सूफी पीर की मजार पर कव्वाली गाने का आयोजन होता है और दीप आदि जलाए जाते हैं।'[18]

एकांकार, ओंकार, ओंकार, एकोंकार, एकोअंकार जैसे परस्पर संबद्ध शब्दों की उत्पत्ति और अर्थ, जितना कि पहली बार वे दिखते हैं, उससे कहीं अधिक जटिल हैं। संस्कृत शब्द 'कार' का अर्थ ध्वनि होता है। एकंकार शब्द संभवतया अधिक परिनिष्ठित संस्कृत शब्द 'एकं-कार' (ध्वनि एकं) से निकला हुआ है। 'ओंकार' और 'एकोअंकार' शब्दों के आधार पर तो 'एकंकार' शब्द को 'एक-अंकार' में बांटा जाना चाहिए। मिश्रित शब्द 'एकंकार' और 'एकोंकार' में आया देशज शब्द अंकार या अम्कार इस तरह 'कार' का समानार्थक प्रतीत होता है। हालांकि यह सही है कि आधुनिक हिंदी शब्दकोश में 'अंकार' शब्द नहीं दिखता है। दूसरी ओर हिंदी शब्द निरंकार (रूपहीन) में 'अंकार' संस्कृत शब्द 'आकार' (रूप) के समतुल्य प्रतीत होता है। 'एक' (या ऐक या येक या इक) शब्द का मतलब संख्या 'एक' है और 'ओम' शब्द बहुत ही प्रसिद्ध रहस्यपूर्ण शब्दांश है जिसकी जड़ें वेदों तक जाती हैं। शाब्दिक रूप से 'एकंकार' शब्द का अर्थ बहुत संभव है कि ध्वनि 'एक' (संख्या 'एक') है। 'ओअंकार' और 'ओंकार' का सीधा सा मतलब 'ध्वनि ओ' (अथवा ओम)' है। इस संदर्भ में यह भेद बहुत महत्त्वपूर्ण है क्योंकि गोरखनाथ 'एक-अंकार' और 'ओ-अंकार' के बीच; 'ध्वनि एक' और 'ध्वनि ओम' के बीच स्पष्ट अंतर करते हैं। यहां गोरखबानी के दो पदों को उद्‌धृत करने की जरूरत है। पहला एक दोहा है :

> निरति न सुरति जोगं न भोगं, जुरा मरण नहीं तहां रोगं।
> गोरष बोलैं एकंकार, नहि तहं बाचा ओअंकार॥ (सबदी 110)

[परमानुभव पद में] न निरति है, न सुरति है, न योग है, न भोग, न वहां जरा (बुढ़ापा), न मृत्यु है और न रोग; न वहां वाणी है न ऊंकार। गोरख कहते हैं कि वहां तो केवल एकंकार (कैवल्य) अवस्था है, वहां 'ओम्' ध्वनि भी नहीं है।

दूसरा है, एक पद :

> एक अषीरी एकंकार जपीला, सुंनि अस्थूल दोई वांणी।
> प्यंड ब्रह्मांड समि तुलि ब्यापीले, एक अषिरी हम गुरुमिषि जांणी।
> (पद, 13)

[एकाक्षर एकंकार ही जपना है। शून्य और स्थूल जगत की दो वाणी हैं, और इन दोनों में एक ही अक्षर व्याप्त है। यह एकाक्षर हमने गुरुमुख से जाना है।]

यहां 'एक' ओर 'ओम' की सीधी तुलना में गोरखनाथ 'ओ-अंकार' की जगह 'एक-अंकार' मंत्र को प्राथमिकता देते हैं। इसके साथ ही दो (या अधिक अक्षरों

वाले किसी भी मंत्र की तुलना में 'एक-अंकार' को ही महत्त्वपूर्ण मानते हैं। इस तुलना या भेद का मतलब पारंपरिक वैदिक मंत्र 'ओम' और निर्गुणी या मुस्लिम तथा एकेश्वरवादी मंत्र 'एक' (संख्या 'एक') के बीच भी भेद करना है। मैं शेख कुतबन की 'मृगावती' में ईश्वर के विशेषण के लिए पाए जाने वाले शब्द 'एकंकार' को गोरखनाथ के 'एकंकार' शब्द के समरूप समझता हूं। आदित्य बहल इसे मुल्ला दाऊद के 'एकोंकार' शब्द का अपभ्रंश मानते हैं।

अगर यह सही है तो सिक्खों के मूलमंत्र में प्रयोग किया गया 'इक-ओ-अंकार' और मुल्ला दाउद के चंदायन का 'एक-ओम-कार' भाषायी रूप से एक ही हैं। सिक्खों के संदर्भ में, यह शब्द निर्गुण-मुस्लिम एकेश्वरवादी मंत्र (एक) को पारंपरिक वैदिक मंत्र (ओम) के साथ जोड़ने के प्रयास को दिखाता है। यह संयोजन अर्थगत रूप से गुरुनानक के लिए तो एकदम सही लगता है, लेकिन मुल्ला दाऊद जैसे सूफी के लिए थोड़ा कम।

यह बहस हमें येकंकारियों से कुछ दूर ले गई है। फिर भी हम इस निष्कर्ष पर पहुंच सकते हैं कि, येकंकारी जो भी थे, वे 'येक' या 'एक' ध्वनि का प्रयोग करते थे। चूंकि वे 'ओंकार' अथवा 'एक-ओम-कार' मंत्रों का स्पष्ट रूप से प्रयोग करना पसंद नहीं करते इसलिए हो सकता है कि वे अब भुला दिए गए पक्के एकेश्वरवादी-निर्गुणी समूह हों या जैसा आदित्य बहल का सुझाव है शायद सूफी ही हों।[19]

कबीर के गीत

अब हम कबीर के एक पद की चर्चा करेंगे जो गोरखनाथ का विस्तार भी है और उन पर टिप्पणी भी।[19]

'रामं बिनां संसार धुंध कुहेरा
सिरि प्रगट्या जंम का पेरा॥ टेक॥
देव पूजि हिंदू मूये, तुरक मूये हज जाई।
जटा बंधि जोगी मूये, इनमैं किनहूं न पाई॥
कवि कंवी नै कविता मूये, कापड़ी केदारौं जाई।
केस लूंचि लूंचि मूये बरतिया, इनमैं कि नहून पाईं
धन संचते राजा मूये, अरु ले कंचन भारी
बेद पढ़ै पढ़ि पंडित मूये, रूप भूले मूई नारी।
जे नर जोग जुगति करि जांनै, खोजैं आप सरीरा
तिनकूं मुकति का संसा नांही, कहत जुलाह कबीरा॥

(कबीर ग्रंथावली, केदारौ, 18)

यद्यपि यह पद गोरख के पद का एक और पाठ नहीं है फिर भी गहरी समानता स्पष्ट है। जैनों के बारे में निम्न वाक्यांश पदों में बिल्कुल एक सा है :

केश लुंचि लुंचि मुवा (गोरख)

केश लुंचि लुंचि मुए बरतिया (कबीर)

उपर्युक्त समानता के बावजूद गोरख और कबीर ने लोगों के जिन समूहों की आलोचना की है, वे कुछ भिन्न हैं। गोरखनाथ के यहां भागवत-वैष्णवों, कालमुखों, शैवों, येकंकारी, जैनों, मुसलमानों और आसनधारी योगियों का उल्लेख मिलता है, जबकि कबीर हिंदू, तुर्क (मुसलमान), कवि, कापड़ी (शायद 'शैव'), वरतिया (जैन) लालची राजा, वैदिक पंडित और रूपगर्विता स्त्री का उल्लेख करते हैं। राजा और रूपगर्विता का उल्लेख करके कबीर ने धार्मिक आडम्बर में संलग्न लोगों के अलावा अज्ञानवश काया के अन्य रूपों में फंसे हुए लोगों को भी चेताया है। उनका मानना है कि कोई भी दुनियावी जुड़ाव हमें राम से दूर रख सकता है।

दोनों गीतों के बीच मुख्य वैषम्य अंत में प्रकट होता है। मानव-शरीर के प्रति गोरख और कबीर का रवैया एकदम अलग-अलग है। गोरख कहते हैं कि—"पंच-तत्त्वों का शरीर नष्ट हो जाएगा। कोई भी इसे नहीं बचा सकता। सिर्फ ज्ञान से ही मृत्यु को रोका जा सकता है।" ('पंच तत्त्व की काया बिनसी, राषिन सक्या कोई/काल दवन जब ज्ञान प्रकास्या बदंत गोरष सोई।') कबीर कहते हैं कि—'ऐसे लोग जो तर्क या ज्ञान को ही योग समझते हैं, वे अपने शरीर में ही राम की खोज करते हैं। उनके लिए जुलाहा कबीर कहता है कि—मुक्ति निश्चित है।' कबीर के कथन का यह भी अर्थ निकाला जा सकता है कि वे योग के किसी न किसी रूप की वकालत कर रहे हैं ('जे नर जोग जुगति कर जानैं खोजैं आप सरीरा')। लेकिन इस मामले में भी शरीर के बारे में उनका बयान एकदम अलग है।[20]

सामान्यतः गोरखनाथ और हठयोग में शरीर को ऐसा माना जाता है जिसे वश में तथा शुद्ध रखा जा सकता है। यह मृत्यु तथा क्षय का स्रोत है। योग के द्वारा कोई भी शरीर पर नियंत्रण रख सकता है, और उसको शुद्ध कर सकता है, उसे सुदृढ़ और अमर बना सकता है। हठयोग के द्वारा, 'प्राणायाम', 'वज्रोलि मुद्रा' के द्वारा कपाल-कुहर में स्थित चंद्रमा से झरने वाले सोमरस के नियंत्रण पर दक्षता हासिल की जा सकती है। योगी अपने शरीर पर राख पोत लेते हैं और कड़ाके की ठंड में भी कम कपड़े पहनते हैं। या नहीं ही पहनते हैं। वे पंच-अग्नि के बीचों-बीच बैठ सकते हैं अथवा मौनव्रत धारण कर सकते हैं। वह कम खाते हैं और पारा आदि से बने पदार्थों का अपने ऊपर प्रयोग करते हैं। उनका लक्ष्य या तो सिद्धियों को प्राप्त करने का होता है या अपने शरीर को अजर और अमर बनाने का।

जाहिर है, कबीर को इनमें से किसी भी चीज की कम ही आवश्यकता है।

उनके लिए सबसे बड़ा सत्य यही है कि राम देह के भीतर निवास करते हैं। वे सदा हमारे साथ हैं। उन्हें सिर्फ अपनी देह के भीतर खोजने की जरूरत है। शरीर सिर्फ नियंत्रित या रूपांतरित करने के लिए नहीं है। शरीर मोक्ष प्राप्ति की कुंजी है। कबीर के एक बहुत लोकप्रिय पद में ईश्वर स्वयं कहते हैं कि—"मोको कहां ढूंढे रे बंदे मैं तो तेरे पास में। खोजी होय तो तुरतै मिलिहौं, पल भर की तलाश में।" कबीर बारंबार यही कहते हैं कि मोक्ष, प्राप्त करना बहुत आसान है। शरीर राम का धारक है। उन्हें पाने के लिए बस अपने अंदर झांकने की जरूरत है।

कबीर के एक और पद को गोरखबानी के अड़तीसवें पद पर टिप्पणी माना जा सकता है। यह पद सभी पुराने पश्चिमी संग्रहों में पाया गया है। अधिकांश पाठों में पद इस टेक के साथ शुरू होता है :"तातै सेइये नाराइना। प्रभु मेरौ दीन दया करना।" इस पद में गोरख के पद से समानता सिर्फ विषयवस्तु के संदर्भ में है, भाषाई संरचना के संदर्भ में नहीं। पिछले पद की तरह इसमें भी पंडित, योगी, यती, तपसी, संन्यासी या जो अपने केशों को उखाड़ या मूड़ लेते हैं, या जो मौनव्रती होते हैं या जो जटा-जूट केश रखते हैं या भोग-विलास रत राजा और सम्राट, ये सभी कर्मकाण्डों को परिश्रमपूर्वक करने के बाद भी अंत में मृत्यु को ही प्राप्त होते हैं। कबीर के अनुसार, एकमात्र समाधान, भगवान की शरण में जाना है।

राम और रहस्यवादी चेतना

कबीर के राम रहस्यानुभव के पर्याय प्रतीत होते हैं। राम, राम के ही अनुभव का नाम है। राम, उन्मन् (चेतना की उच्चतर अवस्था) अनहद-नाद, सहजावस्था या सुरति (परमानंद) हैं। गोरखबानी में भी यही सारी शब्दावलियां हैं। सिर्फ दोनों का तरीका अलग है। रहस्यमयी ज्योति का अनुभव भी लगभग वही है लेकिन ब्रह्म के अनुभव के लिए गोरखनाथ सबसे पहले शरीर से बाहर निकलना जरूरी समझते हैं। राम के अनुभव के लिए कबीर और कुछ भी करने से पहले पाखंड और छल-कपट को दूर करना ज्यादा जरूरी समझते हैं।

कोई आधुनिक अध्येता जो इन अनुभवों और आंदोलनों को बाहर से देख रहा है, इनका क्या अर्थ समझे? गोरखनाथ और कबीर निश्चित रूप से किस विषय में बात कर रहे हैं? धर्म के अधिकतर इतिहासकार यह जोर देते हैं कि इस तरह के वक्तव्य का परीक्षण, विवेचन और व्याख्या उनकी अपनी निरंतरता और आंतरिक तर्कों के आधार पर करना चाहिए। अन्य विद्वान यह मानते हैं कि इस प्रकार के रहस्यमयी अनुभव का आधार दैहिक होना चाहिए और वर्णन की विविधता के बावजूद, इन अनुभवों के दैहिक रूपों में कुल मिला कर समानता होनी चाहिए।

जॉन सीरल और डेनियल डेनेट जैसे परस्पर भिन्न दृष्टिकोण वाले दार्शनिक तथा अधिकांश मनोवैज्ञानिक और विकासवादी जीवविज्ञानी भी सहमत हैं कि दिमाग या चेतना किसी न किसी तरह से मस्तिष्क की क्रिया पर निर्भर है अथवा मष्तिष्क की क्रिया का प्रतिबिंब है। दिमाग या चेतना जो भी है, बिना मस्तिष्क के अस्तित्वमान नहीं है। दिमाग, कुछ अर्थों में भ्रम है जो मस्तिष्क की क्रिया-प्रतिक्रिया से उत्पन्न है। चेतना की उच्चतर अवस्था (उन्मन्) जिसका गोरखनाथ और कबीर आह्वान करते हैं वह चेतना का विशिष्ट प्रकार प्रतीत होता है जो सामान्य चेतना से परे है। उन्मन चेतना की वह अवस्था है जो एक व्यक्ति को इस बात की अनुभूति कराती है कि वह अन्य व्यक्तियों से या संपूर्ण ब्रह्माण्ड से एकाकार है। एकाकार की यह अनुभूति, अंततः मानवीय मस्तिष्क के बिना संभव तो नहीं है।

आनुवांशिकी-विशेषज्ञ डी हैमर (2004-90 : 118) का कहना है कि स्वयं को धार्मिक और आध्यात्मिक रुझान से संपन्न मानने वाले व्यक्तियों के बीच, ब्रह्माण्ड के साथ एकत्व का भाव बिल्कुल सामान्य बात है। धार्मिकता के इस स्तर को जांचने के लिए हाउज़र ने 'स्तर-जांच-प्रश्नावली' का उपयोग किया। हाउज़र ने पाया कि 'वीएमएटी-दो' नामक जीन के विशेष रूप या उसके बहुरूपी की उपस्थिति खासकर उन लोगों में बहुत आम है जो धार्मिक थे और समय-समय पर ब्रह्माण्ड से एकत्व जैसा अनुभव करते थे। अभी यह शोध अपने प्रारंभिक स्तर पर है। हाउज़र स्वीकार करते हैं कि धार्मिकता और ब्रह्माण्ड से एकत्व के भाव का अकेला निर्धारक 'वीएमएटी-दो' का खास बहुरूपी ही नहीं है। फिर भी उनका दावा है कि धार्मिकता के स्तर और इस जीन की उपस्थिति अथवा अनुपस्थिति में कोई न कोई संबंध अवश्य है।

मेरा मानना है कि 'उन्मन' और 'अनहद-नाद' तथा इनके दूसरे पर्याय भी, बिल्कुल इसी तरह के अनुभव को वर्णित करते हैं। हठयोग में प्राणायाम और निर्गुणियों में नाम का जाप भी इस प्रकार के अनुभव की ओर ले जाता है। फिर भी यह भाव अंततः शरीर-रचना पर ही आधारित हो सकता है। इसकी प्राप्ति में किसी भी धार्मिक विचारधारा और विश्वदृष्टि का योगदान किसी हद तक ही हो सकता है। नाथ और निर्गुणी आंदोलन के संयुक्त इतिहास में इस अनुभव की व्याख्या मिलती है कि कैसे यह भाव इन आंदोलनों की व्यापक धार्मिक विचारधाराओं और विश्वदृष्टियों के साथ जुड़ा हुआ है। इस इतिहास से यह भी पता चलता है कि 'उन्मन' 'गुरु' और 'गुरु की बानी' कैसे एक-दूसरे के समतुल्य और शब्दातीत परमात्मा के वाचक मान लिए गए; भले यह परमात्मा सत्पुरुष, निरंजन, शिव या राम सरीखे शब्दों से अभिहित किया जाता हो।

उपसंहार

'आइडेंटिटी एण्ड वॉयलेंस' नामक पुस्तक में अर्थशास्त्री और दार्शनिक अमर्त्य सेन (2006) ने 'अस्मिता' की अवधारणा का अध्ययन किया है। इसमें उन्होंने जोर देकर कहा है कि हममें से प्रत्येक की कोई एक 'अस्मिता' नहीं होती बल्कि अस्मिताएं हमेशा अनेक होती हैं। हम खुद इन अस्मिताओं का चुनाव करते हैं, यह चुनाव संदर्भ और परिस्थिति पर निर्भर होता है। सेन इस प्रकार उन अवधारणाओं का खंडन करते हैं, जिनमें यह बताया जाता है कि 'समुदाय' पर आधारित अस्मिता ही एकमात्र अस्मिता है। समुदायवादी दर्शन में इसी प्रकार की अस्मिता की वकालत की जाती है (वही, 32-33)। इस अवधारणा में इस बात पर जोर दिया जाता है कि किसी व्यक्ति की सामाजिक पृष्ठभूमि जो कि उसके 'समुदाय और संस्कृति' पर आधारित होती है वही उसके आचार-विचार के संभावित विन्यास का सदा के लिए निर्धारण करती है। सेन इस अवधारणा को नकारते हैं। हालांकि सेन इस बात को स्वीकार करते हैं कि कुछ आधारभूत सांस्कृतिक प्रवृत्तियां और विश्वास हमारे सोचने-समझने के तरीके या हमारी चेतना पर प्रभाव डालते हैं लेकिन वे इस बात पर भी जोर देते हैं कि आधारभूत सांस्कृतिक प्रवृत्तियां और विश्वास हमारी चेतना का संपूर्ण निर्धारण नहीं करते। यदि हमारी चेतना का निर्धारण सिर्फ परिवेश से होता तो हम अपने से भिन्न संस्कृतियों के मूल्यों और मानकों को समझ तक नहीं पाते; उनके साथ संवाद तो दूर की बात!

इसी से संबंधित और निरंकुशतावादी (एब्सॉल्यूटिस्ट) तर्क जिसे सेन नकारते हैं, वह यह है कि हम अपनी सामाजिक अस्मिता का खुद निर्माण नहीं करते, ये अस्मिताएं पहले से ही विद्यमान होती हैं जिन्हें हम केवल 'खोज' लेते हैं। इस विचार से जैसा कि माइकल सैंडल ने कहा है कि ''समुदाय सिर्फ इससे व्याख्यायित नहीं होता कि उसके सदस्यों के पास क्या है बल्कि इससे भी कि उसके सदस्य क्या हैं? सिर्फ अपने द्वारा चुने गए संबंधों के द्वारा नहीं बल्कि एक ऐसे जुड़ाव के रूप में जिसकी 'खोज' करते हैं; ऐसा जुड़ाव जो कि उसकी अस्मिता का एक आवश्यक निर्माणकारी तत्त्व है। (सेन द्वारा उद्धृत, 2006 : 36) इस अवधारणा के प्रति सेन की आपत्ति भी लगभग वही है। यह अवधारणा अंततः अन्य समुदायों और संस्कृतियों की समझ को लगभग असंभव बना देती है। संस्कृति ही व्यक्ति की नियति बन जाती है अर्थात् जिस संस्कृति में उसका जन्म हुआ है, वही उसके आचार-विचार- संस्कार का निर्धारक बन जाता है। अंततः बात सैमुअल हैटिंगटन (1997) द्वारा प्रस्तुत 'सभ्यताओं के संघर्ष' की अवधारणा को अपरिहार्य मानने की ओर ही जाती है।

इस बहस में मैं अपने-आपको अमर्त्य सेन और उनके ही जैसे विचार वाले कुछ और विद्वानों—जॉन रॉल्स (1993), ब्रियान बैरी (2002), क्वामें आपिया

(2005)—के साथ खड़ा तथा माइकल संडल, चार्ल्स टेलर (1994), सैमुअल हंटिंगटन और अन्य समुदायवादी विचारकों के विरोध में पाता हूं। हालांकि कुछ खास संदर्भों में सेन सांस्कृतिक चुनाव और पारस्परिक समझदारी की संभावना पर कुछ ज्यादा ही जोर देते हुए प्रतीत होते हैं। इस बात को सैंडल के 'अस्मिता की खोज' के तर्क पर टिप्पणी में सेन के द्वारा प्रयुक्त एक शब्द विशेष—'असंभाव्य'—के परिप्रेक्ष्य में देखा जा सकता है (2006 : 30) :

> " 'एकल अस्मिता' की अवधारणा को मानने वालों के बीच बराबर दोहराए जाने वाले इस विचार की कि अस्मिता समुदाय में पहले से विद्यमान होती है, व्यक्ति केवल उसकी खोज कर लेता है; इस बात से भी इसकी पुष्टि होती है कि हम जो विकल्प चुन सकते हैं वह कितनी व्यावहारिक या संभव है। (ध्रुवीय प्रदेश में रहने वाली नीली आंखों वाली लड़की, जो कि छः महीने की लंबी रातों में भी सहज रूप से रह लेती है, अपने लिए मैं वह अस्मिता आसानी से नहीं चुन सकता) ये सीमाएं अन्य सभी विकल्पों को असंभाव्य बना देती हैं।"

यहां पर यह स्पष्ट करना जरूरी है कि जो चीज 'पूर्णतः असंभव' है उसे 'अव्यावहारिक' कहने का कोई अर्थ नहीं। यहां सेन बात को खामख्वाह खींचते प्रतीत होते हैं।

हमारे वर्तमान अध्ययन के संदर्भ में यह बात इसलिए महत्त्वपूर्ण है क्योंकि सेन विभिन्न प्रकार की परस्पर तुलनीय, विरोधी या सापेक्ष अस्मिताओं की संतोषजनक व्याख्या नहीं कर पाते। हालांकि उन्होंने इस बात को नोट किया है कि "विभिन्न समूह एक ही श्रेणी में रह सकते हैं। एक व्यक्ति एक साथ ही एक वकील, एक भारतीय नागरिक तथा एक स्त्री या पुरुष की अस्मिताएं धारण कर सकता है।" इन सभी अस्मिताओं को एक साथ रखने में कोई विरोध नहीं हो सकता। इसके साथ-साथ एक ही श्रेणी में दो या उससे अधिक अस्मिताओं को धारण करना कठिन है। उदाहरण के लिए एक ही समय में दो देशों का कानूनी नागरिक होना बहुत कठिन है। हालांकि सेन यह भी नोट करते हैं कि एक व्यक्ति एक साथ दो देशों का 'पासपोर्ट' कुछ देशों में रख सकता है। यद्यपि यह सुविधा मुश्किल से ही उपलब्ध है।

यह भी देखा जाना चाहिए कि प्रायः विभिन्न अस्मिताओं के बीच की विभाजन रेखा इतनी धुंधली नहीं होती। कुछ अस्मिताएं ऐसी हैं जो कुछ अन्य अस्मिताओं के साथ रह ही नहीं सकतीं। उदाहरण के लिए एक व्यक्ति एक साथ शुद्ध शाकाहारी और मांसाहारी नहीं हो सकता। इसी तरह कोई व्यक्ति एक साथ नास्तिक और आस्तिक नहीं हो सकता। इसी प्रकार कुछ अन्य अस्मिताओं का चुनाव भी व्यक्ति खुद ही नहीं कर सकता क्योंकि वे जैविक रूप से प्रदत्त हैं। जैसे कि एक व्यक्ति यह चुनाव नहीं कर सकता कि वह जवान रहे या बूढ़ा रहे।

न ही वह अपने 'प्रजाति' या 'लिंग' (लिंग परिवर्तन की आधुनिक शल्य चिकित्सा के आ जाने के बावजूद भी) का चुनाव कर सकता है। सरल डीएनए 'टेस्ट' ही यह बता सकता है कि आपके दैहिक पूर्वज कौन थे। चुनाव का सवाल सांस्कृतिक अस्मिताओं के प्रसंग में ही आता है और यहां भी कुछ सीमाओं, विशेषताओं का ध्यान रखा जाना चाहिए।

यहां यह बताना जरूरी है कि पांच और सत्रह वर्ष के बीच की उम्र में हमारे मस्तिष्क पर सामाजिक अस्मिताओं की जो छाप पड़ती है वह उन अस्मिताओं से भिन्न होती है जो हम अधिक वयस्क उम्र में प्राप्त करते हैं। हमारी धार्मिक, भाषागत और सामुदायिक अस्मिताएं प्रायः इस पांच से सत्रह वर्ष के बीच की निर्णायक अवस्था में ही हमारे मन-मस्तिष्क पर अंकित हो जाती हैं। उदाहरण के लिए मेरा अपना लालन-पालन संयुक्त राज्य अमेरिका में हुआ लेकिन 22 वर्ष की अवस्था (1962 ई.) में मैंने वह देश छोड़ दिया, इंग्लैंड, भारत, आस्ट्रेलिया और उसके बाद कुछ वर्षों तक पुनः संयुक्त राज्य अमेरिका में रहने के बाद मैं 1970 ई. में मैक्सिको आ गया और तब से वही हूं। 1970 के बाद से मैंने अंग्रेजी की तुलना में 'स्पैनिश' भाषा अधिक बोली और सुनी है। लेकिन अभी भी मैं 'स्पैनिश' बोलने और लिखने में ज्यादा गलतियां करता हूं। ऐसी गलतियां जो कि अंग्रेजी के प्रयोग में मुझसे नहीं होतीं। चालीस सालों के प्रयोग के बाद भी स्पैनिश मेरी मातृभाषा नहीं बन पाई है। अतः उसमें वह दक्षता भी नहीं आ पाई। मेरे दो बच्चे, जिनका जन्म मैक्सिको में ही हुआ है, वे अंग्रेजी और स्पैनिश में समान दक्षता रखते हैं। हालांकि उनका शब्द भंडार उन व्यक्तियों की तुलना में कम है जिनका जन्म और लालन-पालन एकल भाषी परिवेश में होता है। मेरे बच्चों की राष्ट्रीय और धार्मिक अस्मिताओं के संदर्भ में भी यही बात लागू होती है। मैं अभी भी अपने आपको मैक्सिको की तुलना में संयुक्त राज्य अमेरिका के ज्यादा नजदीक पाता हूं। यह बात मेरे बच्चों के लिए सत्य नहीं है, हालांकि उनके पास इन दोनों देशों का पासपोर्ट है।

मेरी माता कैथोलिक और पिता प्रोटेस्टेंट ईसाई थे लेकिन बहुत धार्मिक दोनों में से कोई न था। जहां तक मैं याद कर पाता हूं, मैं नास्तिक ही रहा हूं। फिर भी उस संस्कृति क्षेत्र में, जहां कि मेरा लालन-पालन हुआ—1940 और पचास के दशक का न्यू इंग्लैंड—प्रोटेस्टेंट मूल्यों से बहुत गहराई से प्रभावित था। नास्तिक होने के बावजूद भी उन मूल्यों के विरुद्ध काम करना मेरे लिए सरल नहीं है। एक व्यक्ति अपने बचपन के इस प्रकार के संस्कारों से मुक्ति पा सकता है, लेकिन उसके लिए उसे कठिन संघर्ष करना पड़ता है।

लेकिन जो अस्मिताएं यौवन में प्राप्त की जाती हैं, उन्हें सायास प्रयास से बदलना काफी सरल है। इस प्रयास में जो बाधाएं आती हैं, वह व्यक्ति के

आंतरिक अवचेतन का संघर्ष न होकर बाहरी, परिवेशगत होता है। उदाहरण के लिए एक व्यक्ति अपने पेशे को अपने संस्कारों की तुलना में अधिक आसानी से बदल सकता है। वह एक नानबाई, शिक्षक, मोमबत्ती बनाने वाला बन सकता है, यदि उसके पास इन नए पेशों के लिए शारीरिक और मानसिक योग्यता है और आवश्यक प्रशिक्षण प्राप्त करने के लिए समय और पैसा है। इससे भी आसान है अपनी रुचि की सामाजिक संगति, मित्र या पसंदीदा फुटबाल या क्रिकेट टीम या राजनीतिक दल को बदल लेना। इस प्रकार की परवर्ती अस्मिताओं को बदल लेना इसलिए भी इतना कठिन नहीं है क्योंकि उनकी छाप हमारे मन-मस्तिष्क पर इस प्रकार से नहीं पड़ती जैसे कि बचपन में भाषा, राष्ट्र या संस्कृति आदि अस्मिताओं की पड़ती है।

हालांकि इसका यह अर्थ नहीं है कि भाषागत, राष्ट्रीय या धार्मिक अस्मिताएं जिनकी छाप हमारे मन-मस्तिष्क पर बचपन में ही पड़ जाती है, इतनी स्थायी हैं कि परवर्ती सभी अस्मिताओं को पूर्णतः आच्छादित कर लें जैसा कि सैंडल और हंटिंगटन जैसे समुदायवादी विचारक मानते हैं। एक व्यक्ति दूसरी भाषाओं, राष्ट्रीयताओं, संस्कृतियों, आर्थिक संरचनाओं और धर्मों के बारे में तर्कसंगत तथा वस्तुनिष्ठ धारणा विकसित कर सकता है। विभिन्न कारणों से परिपक्व व्यक्ति वैसे समाजों की जिसमें उसका जन्म और लालन-पालन नहीं हुआ है उसके इतिहास, भाषा, संस्कृति, समाजशास्त्र, अर्थव्यवस्था तथा धर्मों का अध्ययन करते हैं तथा उसके विशेषज्ञ भी बनते हैं। कुछ व्यक्ति तो अपनी मूल भाषा, राष्ट्रीयता या धर्म बदल लेते हैं। लेकिन इसके साथ यह भी सच है कि भाषा, धर्म या राष्ट्रीयता के परिवर्तन के बाद भी व्यक्ति अपने नए धर्म, भाषा या राष्ट्रीयता में उतना सहज नहीं हो पाता, जितना कि वह अपने मूल धर्म, भाषा या राष्ट्रीयता में होता है। इसका यह मतलब भी नहीं कि वह 'मूल निवासियों' से सदा पीछे ही रहेगा। किसी धर्म, भाषा या राष्ट्रीयता में किसी व्यक्ति का बाहरीपन उसके लिए कुछ असुविधाएं तो कुछ सहूलियतें भी लेकर आता है।

इस विश्लेषण की गोरख और कबीर के संदर्भ में क्या प्रासंगिकता है? ऐतिहासिक व्यक्तित्व के रूप में कबीर के बारे में हम बहुत ही कम जानते हैं और गोरख के बारे में हमारी जानकारी तो और भी कम है, लेकिन दोनों धर्मांतरित व्यक्ति थे। कबीर का लालन-पालन एक मुसलमान परिवार में हुआ था और नाथ और शाक्त धार्मिक परंपराओं से भी उनका परिचय हुआ था। इसके बाद ही उन्होंने इस निराकार राम के प्रति भक्ति का अपना मार्ग चुना। गोरख के जीवन के बारे में जो भी किंवदंतियां उपलब्ध हैं तथा गोरखबानी से जो संकेत मिलता है उससे यथेष्ट रूप में पता चलता है कि गोरख ने अपने गुरु मत्स्येन्द्र नाथ के कौल-तंत्र के मत में सुधार किया। गोरख ने विवाहित जीवन को नकारा और केवल शिव की उपासना

पर जोर दिया, कौल परंपरा में पूजित देवियों की पूजा का विरोध किया और कर्मकाण्डों को तिलांजलि दी। कबीर और गोरख ने जिन नयी धार्मिक अस्मिताओं की सृष्टि की, वे विभिन्न परंपराओं के तत्त्वों का गड्ड-मड्ड मेल मात्र नहीं थीं। कबीर और गोरख ने जिन धार्मिक परंपराओं की सृष्टि की, उनमें पूववर्ती परंपराओं के कुछ तत्त्व निश्चित रूप से मिलते हैं। गोरख जिस परंपरा की रचना करते हैं उसमें शाक्त, तंत्र के तत्त्व विद्यमान हैं। कबीर के द्वारा निर्मित परंपरा में इस्लाम और हठयोग के तत्त्व विद्यमान हैं, लेकिन इस विद्यमानता के बावजूद नई धार्मिक परंपराओं में पूर्ववर्ती तत्त्व एक आधारभूत भिन्नता के साथ मौजूद ही रहते हैं। कबीर और गोरख के द्वारा निर्मित धार्मिक परंपराओं में बहुत समानता है, लेकिन दोनों के साध्य और साधन में मूलभूत अंतर भी है।

जैसा कि हम देख चुके हैं कि कबीर ने इस्लाम से कितने तत्त्वों को ग्रहण किया है, यह भी विवाद का विषय है। अधिकांश आधुनिक विद्वान यह मानते हैं कि कबीर ने इस्लाम को पूर्णतः नकार दिया और अपने सारे विचार और विश्वास हिंदू परंपरा से ही ग्रहण किये। आधुनिक कबीरपंथी साधु भी यही मानते हैं। कबीर के दोहों और साखियों में जिस शब्दावली का प्रयोग हुआ है वह अधिकांशतः हिंदू परंपरा से ली गई है। इसके बावजूद उनके ऊपर इस्लाम के प्रभाव को नकारना कठिन है। कबीर निर्गुण-निराकार ईश्वर की उपासना राम के रूप में करते हैं। और यह भी देखना महत्त्वपूर्ण है कि कबीर के इस निर्गुण निराकार ईश्वर का कोई सुपरिभाषित व्यक्तित्व नहीं है। यह इस्लाम के प्रभाव के कारण हो सकता है।

अधिकतर विद्वान तथा आधुनिक कबीरपंथी यह मानते हैं कि कबीर के निर्गुण-निराकार ईश्वर की अवधारणा पर शंकराचार्य के अद्वैत-वेदांत में परिकल्पित निर्गुण ब्रह्म की गहरी छाप है। इसके बावजूद कबीर के राम केवल निर्गुण निराकार ब्रह्म नहीं हैं। शंकराचार्य के ब्रह्म के विपरीत कबीर के राम निश्चित व्यक्तित्व से संपन्न हैं। शंकराचार्य के निर्गुण ब्रह्म भक्तों के द्वारा नाम-जप पर तटस्थ रहते हैं लेकिन कबीर के राम नाम-जप से प्रभावित हो भक्तों पर कृपा करते हैं। ईश्वर के प्रसाद और कृपा की यह अवधारणा नानक तथा सिक्ख गुरुओं में कबीर की तुलना में ज्यादा स्पष्ट है, जबकि उन्होंने कबीर से ही निर्गुण ईश्वर की अवधारणा ग्रहण की है।

कबीर द्वारा धार्मिक कर्मकाण्डों तथा पशुबलि के नकार की भी एक समन्वयपूर्ण और सामासिक उत्पत्ति है। इस नकार का अधिकांश भाग गोरखनाथ की परंपरा से आया है लेकिन कबीर ने इससे भी आगे बढ़कर गोरखपंथियों में प्रचलित कान छिदवाने की प्रथा, गुदड़ी धारण करने की प्रथा, प्राणायाम तथा यौगिक मुद्राओं का विरोध किया। कबीर की मुसलमानी पृष्ठभूमि संभवतः कर्मकांडों के इस विरोध के

मूल में रही होगी। लेकिन क़बीर ने तीर्थयात्रा तथा सुन्नत को भी नकार दिया। परवर्ती कबीरपंथियों में कर्मकाण्डों का इतना आक्रामक विरोध नहीं पाया जाता, लेकिन यह विरोध पूर्णतः समाप्त भी नहीं हुआ है। कबीरपंथ की धर्मदासी शाखा में कबीर को अवतार माना जाता है तथा 'चौका' नामक कर्मकाण्ड होता है। इसके विरोध में कबीर पंथ के कबीर चौरा शाखा के अनुयायियों ने यह कहते हुए एक आंदोलन छेड़ रखा है कि धर्मदासियों के अवतारवाद और कर्मकांड ने कबीर के सिद्धांतों को भ्रष्ट कर डाला है।

'गोरखबानी' में गोरख का दावा है कि एक ही व्यक्ति के जीवन में हिंदू धर्म, इस्लाम तथा उसकी अपनी योग-परंपरा एक साथ रह सकती है। वे एक समन्वयात्मक धार्मिक अस्मिता का भी दावा करते हैं : ''जन्म से मैं एक हिंदू हूं, परिपक्वता में मैं एक योगी हूं और अक्ल में एक मुसलमान हूं।'' हठयोग जिस सीमा तक शरीर के नियंत्रण और ध्यान लगाने में सहायता करने वाली तकनीक थी, उस सीमा तक उसे हिंदू और मुसलमान, दोनों ने ही अपनाया। लेकिन इसके बावजूद कर्मकाण्डों तथा तत्त्व-मीमांसापरक विभिन्नता तो इस्लाम और हिंदू धर्म के बीच मौजूद रही ही है। यह गोरख में भी परिलक्षित होती है। गोरख ने अर्द्ध-निर्गुण रूप में ही सही शिव की उपासना की तथा कर्मकाण्डों को पूर्णतः नकार नहीं दिया। इससे स्पष्ट होता है कि अंततः वे हिंदू परंपरा में ही रहे न कि इस्लाम या किसी अन्य परंपरा में।

एक मिश्रित धार्मिक अस्मिता का निर्माण करने की बजाय कबीर ने हिंदू धर्म तथा इस्लाम, दोनों से परे जाने की कोशिश की। हिंदू धर्म तथा इस्लाम को उन्होंने उसी सीमा तक मुक्ति का मार्ग माना जब तक कि इन धर्मों के अनुयायी सभी कर्मकाण्डों का त्याग कर दें तथा अपने हृदय का परिष्कार करें। हठयोग की काया-साधना भी उन्होंने खारिज की। अपनी तत्त्वमीमांसा में कबीर ने ईश्वर की एक ऐसी अवधारणा प्रस्तुत की जिसमें इस्लाम तथा अद्वैत वेदांत के तत्त्व समाहित हैं। हालांकि वे दावा करते हैं कि उनके 'राम' प्रत्येक व्यक्ति के शरीर तथा मन-मस्तिष्क में उपस्थित चेतना की उच्चतम व्यवस्था ही हैं। इस अर्थ में कबीर की अवधारणा गोरख से अधिक भिन्न नहीं है। लेकिन कबीर बताते हैं कि इस राम को पाने के लिए हमें कर्मकाण्ड, हठयोग या धर्ममीमांसा की आवश्यकता नहीं। बस अपने दिलो-दिमाग के दरवाजे खोलिए, राम आपके भीतर ही हैं।

संदर्भ एवं टिप्पणियां

1. देखें, लॉरिंजन सन् 2006 (1999) : 1-36 और (सन् 2007) 1999 से अब तक इस विषय पर बहुत सामग्री प्रकाशित हो चुकी है। विशेष रूप से लेवलिन 2005; पेनिंगटन 2005 और ऑडी 2006 को देखें।

2. 'खाणी' और 'बाणी'—ये दोनों शब्द गोरखबानी में दोबारा भी आते हैं (पद 16-5)—बड़थ्वाल ने इनका अर्थ समझाया तो है, लेकिन उस समझ का आधार नहीं बताया है।
3. कबीर बीजक, रमैनी 39 (कैल्वर्त्त 1991); कबीर ग्रंथावली, रमैनी अष्टपदी 3 (कबीर 1969)। इस रमैनी के कई मूल शब्दों के पाठ और व्याख्या, समस्याग्रस्त हैं, इसलिए मैंने 'कबीर-बीजक' में पाए गए पाठ की सहायता ली है। बारंबार दोहराया गया 'करमत' शब्द 'कर्म ते' (आधुनिक, कर्म से) के लिए लिया गया है। 'कबीर 1977' और '1988' में इस पद के दूसरे अंग्रेजी अनुवाद मिलते हैं।
4. कैल्वर्त्त के संकलन में संख्या 423 (कबीर 2000), कबीर ग्रंथावली (सभा संस्करण) में 383, गुरु अर्जुन के पद और कबीर के इस पद से उसके संबंध के बारे में महत्त्वपूर्ण चर्चा के लिए देखें पशौरा सिंह (2003 : 31-33), केवल ग्रंथावली और गोपालदास की सर्वंगी में उपलब्ध होने से लगता है कि यह पद किसी कबीर के अनुयायी द्वारा गुरु अर्जुन के पद के बाद रचा गया है। इसके विपरीत, कई स्थानों पर अर्जुन कबीर को सीधे-सीधे उद्धृत करते हैं।
5. आदिग्रंथ, भैरउ 3 (एच. 1136) अंतिम पंक्ति की मेरी व्याख्या पशौरा सिंह (2003 : 31) से थोड़ी हट कर है। इस पद में संभवतः कबीर के एक और पद की ओर भी संकेत है जो कि ग्रंथावली (पद 259) और बीजक (पद 97) दोनों में मिलता है। कैल्वर्त्त के संकलन में यह पद क्रमांक 280 पर है।
6. कैल्वर्त्त और 'ओप डि बेक, 1991'। कैल्वर्त्त ने 'आदिग्रंथ' की शब्दानुक्रमणिका भी तैयार की है। चूंकि आदिग्रंथ में संग्रहित कबीर के पदों और कबीर ग्रंथावली के पदों में बहुत अधिक अंतर्व्यापन है इसलिए मैंने पहले पाठ में इन शब्दों की विशिष्ट उपस्थिति की ओर ज्यादा ध्यान नहीं दिया है।
7. कैल्वर्त्त और 'ओप डि बेक' 1991 : भाग-एक, पृष्ठ संख्या 381। हेस्स और सिंह (कबीर 1983 : 87-88) द्वारा किए गए अनुवाद को भी देखें।
8. यहां कह रहे हैं 'दर की बात कहो दरवेशा', गोरखबानी में कहा गया है—'दरवेस सोइ सो दर की जाणौं'। दोनों की रचनाओं में 'दरवेश' शब्द बस यहीं आता है।
9. 'शैव' शब्द नहीं मिलता, लेकिन 'शिव' और 'महेश' मिलते हैं। विष्णु के विभिन्न नाम, विशेषकर 'राम' तो मिलते ही हैं लेकिन इन नामों से कबीर अधिकांशतः निर्गुण ब्रह्म की ओर संकेत करते हैं, विष्णु के सगुण अवतारों की ओर नहीं।
10. लॉरेंजन, 1991 : 129
11. देखें, तांत्रिक परंपरा के इतिहास का मेरा विश्लेषण, लॉरेंजन 2006 : 64-10
12. सवात्मराम 1975 : श्लोक 3-4
13. आदिग्रंथ, पृ. 856 (बिलावल-8)
14. इस विषय में देखें वादिवेल (1974 : 41-42), लॉरेंजन (1991 : 18-19, 48-54) और सिंह (2003 : 81-115); कमाल के विषय में देखें लॉरेंजन और ठुकराल, 1994।
15. आदिग्रंथ, पृ. 524 (गूजरी 2) कबीर (कैल्वर्त्त), 2000, संख्या 27,
16. गोरखनाथ (1960), पद संख्या 38
17. देखें, प्लुकर, 1981 : 3, 57
18. इंटरनेट पर निजी पत्र-व्यवहार; आदित्य बहल ने इस प्रसंग में जो परिश्रम किया, सुझाव दिए, उसके लिए आभारी हूं।

19. गोरख के पद की तरह, इस पद में भी कई ऐतिहासिक पहेलियां हैं। शब्द 'धुंध' की जगह कई पांडुलियों में 'धंधा' लिखा मिलता है। मतलब हुआ, रोजमर्रा के पेशों, रोजगारों की धुंध, उनमें फंसाव—जो कि इस पद में सटीक ही बैठता है। दूसरी पहेली है—'कापड़ी'। इसका अर्थ आमतौर से "विशेष प्रकार के कपड़े पहन कर तीर्थयात्रा पर जाने वाले" किया गया है। लेकिन मुझे लगता है कि यह शब्द किसी विशिष्ट अर्थ का वाचक है।

20. कबीर ग्रंथावली परंपरा की दो प्राचीनतम पांडुलिपियों में 'जोग' शब्द नहीं मिलता। कैल्वर्त्त द्वारा प्रयुक्त पाठ और 1981 ई. की पांडुलिपियों का पाठ है—"जो नर जोति जुगति सौं जानैं। षोजै आप सरीरा।" आदिग्रंथ में उपलब्ध पाठ में अंतिम पंक्ति है—'रामनाम बिनु सभै बिगूते देखहु निरखि सहीरा।'

अध्याय दो

किंवदंतियां और इतिहास

भारत या कहीं और भी संतों और नायकों के जीवन से संबंधित किंवदंतियों का आविर्भाव एक रहस्यमयी घटना की तरह है। इन किंवदंतियों को परखने के लिए शायद ही कभी स्वतंत्र ऐतिहासिक प्रमाण उपलब्ध होते हैं। लेकिन जिन मामलों में ऐसे प्रमाण उपलब्ध भी हैं, वे भी इस व्याख्या में बहुत कम मदद करते हैं कि किंवदंतियां कैसे और क्यों पैदा हुईं? अधिकांश किंवदंतियों का स्वरूप ऐतिहासिक कम, काल्पनिक अधिक है। उनका संबंध सामान्य जीवन की वास्तविकताओं से कम और स्वप्नों से अधिक है। साधारणतया किंवदंतियों के कुछ उलझाऊ भाग भी होते हैं। ये भाग वैसी छापों या प्रसंगों के रूप में होते हैं जिनको हटाने में ये किंवदंतियां अक्षम रहती हैं। यही वह भाग हैं जो असल में घटित घटनाओं की कुछ स्मृतियों को सुरक्षित रखते हैं। किंवदंतियों का बाकी भाग कल्पना ही होता है।

लेकिन यह कल्पना कई रूपों में होती है। संतों और नायकों के इर्द-गिर्द किंवदंतियां ऐसे ही नहीं इकट्ठी होतीं। किंवदंतियां विषयों और अभिप्रायों के उस खजाने से उत्पन्न होती हैं जिसे इतिहास समाज-विशेष को उपलब्ध कराता है। लेकिन प्रत्येक संत और नायक के लिए यह रचनात्मक प्रक्रिया बहुत चुनिंदा है। कुछ खास विषय और अभिप्राय सुरक्षित रखे जाते हैं तो कई अन्य छोड़ दिए जाते हैं। सामान्यतः किंवदंतियों का अज्ञात लेखक (चाहे वह व्यक्ति-विशेष हो या समूह-विशेष) किंवदंतियों का निर्माण खुद की या श्रोताओं-पाठकों की आवश्यकताओं, रुचियों, आशाओं और इच्छाओं के आधार पर करता है। कोई भी वृत्तांत (तथ्य या कल्पना) जो समय की मौजूदा प्रवृत्तियों के काम का नहीं होता उसे भुला दिया जाता है। जरूरत की कोई भी घटना जनमानस की स्मृति में, एक पसंदीदा राग की तरह सुरक्षित रहती है जिसमें कोई नया गायक नया अर्थ तो भर सकता है लेकिन उसके मूल विधान को नहीं बदल सकता।

किंवदंतिपरक आख्यानों के उद्‌भव को खोजने का कार्य पुरातत्त्वविद् के उस उत्खनन की तरह है जो मैक्सिको के बहुस्तरीय पिरामिड की कई पुनर्संरचनाओं

को ढूंढ़ निकालता है। इस कार्य का अपना एक आकर्षण और पुरस्कार है, लेकिन मैं इससे संबंधित दो प्रश्नों पर ज्यादा ध्यान देना चाहता हूं। पहला यह कि वे कौन सी सामाजिक और मनोवैज्ञानिक जरूरतें, रुचियां, आशाएं और इच्छाएं हैं जो किंवदंतियों के उद्‍भव और उनकी प्रसिद्धि में सहायक हुईं? दूसरा, लोगों के मन में वे कैसी प्रेरणाएं थीं—जो पैदा हुईं और बाद के ऐतिहासिक वातावरण में कभी-कभी बदलीं भी—जिन्होंने किंवदंतियों के उद्‍भव को प्रभावित किया जैसा कि—ऐलेन डुडेंस कहते हैं, लोककथाओं में लोक को रखा जाना चाहिए (डुडेंस, 1980 : viii)।

मिथकों और परीकथाओं के पीछे एक जैसी प्रेरणाएं सक्रिय होती हैं। इसके विपरीत किंवदंतियां ऐतिहासिक 'समय' में 'ऐतिहासिक' व्यक्तियों के कृत्यों को पुनर्वर्णित करने का दावा करती हैं (डुडेंस, 1980 : 231)। जहां भी संतों और नायकों से संबंधित किंवदंतियों का कुछ ऐतिहासिक आधार होना प्रतीत होता है, वहां विद्वान अक्सर उसके 'असली' इतिहास की पुनर्निर्मिति के लिए संघर्ष करते हैं। अधिकतर मामलों में किंवदंतियों से ऐतिहासिक पुनर्निर्मिति के लिए सिर्फ स्रोत साम्रग्री ही उपलब्ध होती है। ऐसी स्थिति में क्या इतिहास है, और क्या नहीं है, यह निश्चित करना बहुत कठिन हो जाता है। अधिकतर विद्वान इससे सहमत होंगे कि चमत्कार और दैवीय या अतिप्राकृतिक हस्तक्षेप को महत्त्व नहीं देना चाहिए। ये उन संतों से संबंधित किंवदंतियों के उलझाने वाले और महत्त्वहीन भाग होते हैं। लेकिन यही वे भाग हैं जो कि सच होने की संभावना रखते हैं। फिर, तथ्य क्या है और कल्पना कहां तक है, यह कैसे तय करें? तो, ऐसी स्थिति में संतों और नायकों को मिथकमुक्त करने के लिए हम कहां तक जा सकते हैं?

दुर्भाग्यवश, इस तरह के प्रश्नों के उत्तर हमारी इस व्याख्या में बहुत कम ही मदद करते हैं कि क्यों सभी संप्रदायों और धर्मों के विश्वासों तथा कर्मकाण्डों में संतों, धर्म-संस्थापकों और संत-चरितों से संबंधित किंवदंतियां मुख्य भूमिका अदा करती हैं? ये किंवदंतियां ऐतिहासिक तथ्यों पर आधारित हों या न हों, ऐतिहासिक व्याख्या का दावा जरूर करती हैं। धार्मिक आंदोलन कैसे पैदा हुए और बाद के कठिन समय में भी उसकी परंपरा कैसे सुरक्षित रही इन सभी प्रसंगों की ऐतिहासिक व्याख्या का वे दावा करती हैं। किंवदंतियां कहानियों के रूप में होती हैं जो उस समुदाय के सदस्यों द्वारा कही और सुनी जाती हैं। ये सहज टिप्पणियां हैं जो कि एक समुदाय के कल्पित साझे अतीत और उसकी ऐतिहासिक अस्मिता को परिभाषित करती हैं, साथ ही इस समुदाय के धार्मिक, सामाजिक, नैतिक, राजनीतिक और आर्थिक मूल्यों का भी नियमन करती हैं। (ओबेराय 1987 : 26.28; गीर्ज 1973 : 448.53)

इसी के साथ किंवदंतियां उस समाज के, जिसमें कोई समुदाय किंवदंतियां रच रहा है, असंतुलित शक्ति-संबंधों पर टिप्पणियां करने, उन्हें जायज ठहराने या उनका

विरोध करने का भी काम करती हैं। समाजों के भीतर यह समर्थन या विरोध किंवदंतियों के रूप में ही प्रकट होता है। दूसरे शब्दों में, किंवदंतियां सामाजिक-धार्मिक विचारधारा (आइडियोलॉजी) के रूप में साकार होती हैं। विचारधारा से मेरा मतलब विचारधारा की 'आलोचनात्मक संकल्पना' [जॉन बी. थॉम्पसन (1984 : 4)] से है जो सामाजिक शक्ति के प्रयोग से प्रत्यक्षतः जुड़ी होती है। लेकिन थॉम्पसन विचारधाराओं को वर्चस्व कायम करने का उपकरण मात्र मानते हैं। उनके अनुसार "विचारधारा वर्चस्व के संबंध को बनाए रखने का एक साधन है।" उनके विपरीत मेरा मानना यह है कि विमर्श के वैसे प्रकार जो इस सामाजिक वर्चस्व को चुनौती देते हैं, वे भी विचारधारा ही हैं। कबीर-विषयक किंवदंतियों का प्राथमिक उद्देश्य किसी स्थापित वर्चस्व को उचित ठहराने के बजाय सामाजिक भेदभाव और आर्थिक शोषण का विरोध करना है। ये किंवदंतियां गरीब और कमजोर तबके की विचारधारा को अभिव्यक्त करती हैं, किसी संपन्न और शक्तिशाली वर्ग की विचारधारा को नहीं।

आज चीजें जिस प्रकार हैं, वे इस रूप में किस प्रकार आईं, इसके संदेश भी लोक-साहित्य के रचयिता विवरणात्मक भाव में अथवा मिथकीय सिद्धांत या विचार-धारणा के रूप में प्रस्तुत करते हैं (डुडेंस, 1980 : 224)। ये संदेश आधारभूत वैचारिक, सामाजिक और मनोवैज्ञानिक संरचनाओं से संबंधित होते हैं जो कि समुदाय और उसके सदस्यों को परिभाषित करते हैं। दूसरी तरफ, किंवदंतियां उन विशिष्ट सामाजिक-आर्थिक और राजनीतिक स्थितियों से सीधे संबंधित होती हैं, जिनसे कि ऐतिहासिक विकास के क्रम में समुदाय-विशेष रू-ब-रू होते हैं। परिणामतः किंवदंतियों के लिए मिथकों की अपेक्षा थोड़ा कम विश्लेषण की जरूरत होती है। इसलिए यह आश्चर्य नहीं है कि संरचनावादी-नृतत्वशास्त्री क्लॉड लेवी स्ट्रास और धर्म-मनोवैज्ञानिक मिर्सिया इलियड—दोनों ने ही किंवदंतियों के बजाय मिथकों पर काम करना ज्यादा पसंद किया।

इसका मतलब यह नहीं है कि किंवदंतियों को उनके हाल पर छोड़ दिया जाए। हो सकता है कि उनके विचारधारात्मक संदेश का स्वरूप मिथक जैसा न हो, और न उनमें मिथकों जैसी मनोवैज्ञानिक सघनता और तोड़-मरोड़ पायी जाती हो। फिर भी, किंवदंतियों के संदेश अक्सर गूढ़ और प्रच्छन्न होते हैं न कि एकदम स्पष्ट। कबीर से संबद्ध किंवदंतियों में, कृषक, मजदूर और कारीगर जैसे निम्नवर्गीय श्रोताओं, दर्शकों जिसके लिए—कुछ हद तक जिसके द्वारा—ये किंवदंतियां रची गईं, उन्होंने इसके विचारधारात्मक संदेश को बहुत तर्कपूर्ण ढंग से नहीं बल्कि अवचेतन अवस्था में ही आत्मसात किया है। इन विचारधारात्मक संदेशों को व्याख्यायित करने में बाहर के विद्वान बहुत सक्षम हो सकते हैं, लेकिन वे किंवदंतियों के मूल जनक और अपने बीच ऐतिहासिक और मनोवैज्ञानिक अंतर का सामना करते हैं। कल्पना की एक सहानुभूतिपूर्ण उड़ान इस अंतर को पाट सकती है, लेकिन ऐसे विद्वान कभी भी

अपनी पहुंच किंवदंतियों के मूल ऐतिहासिक और मनोवैज्ञानिक संदर्भों तक नहीं बना सकते। परिणामतः किंवदंतियों के बहुत सारे सामाजिक, राजनीतिक और मनोवैज्ञानिक निहितार्थ कल्पनाशील पुनर्निर्मिति की पकड़ से बाहर रह जाते हैं।

कबीर-विषयक किंवदंतियों ने अकादमिक विद्वानों का ध्यान बहुत कम आकर्षित किया है। इस तरह के अधिकांश विद्वानों का ध्येय यही रहता है कि किंवदंतियों से किसी तरह कबीर की ऐतिहासिक जीवनी प्राप्त की जाए।[1] लेकिन इससे बहुत लाभ नहीं होता। शारलोत वादिवेल द्वारा थोड़ा सख्त ऐतिहासिक मानदंड अपनाने पर कबीर की ऐतिहासिक जीवनी के लिए कुछ ही तथ्य निकलकर आए हैं बाकी सभी तथ्यों पर संदेह है। इस ऐतिहासिक निचोड़ के अलावा वादिवेल कबीर की किंवदंतियों में बहुत कम रुचि रखती हैं। अधिकतर, वे यह कहकर ही संतोष कर लेती हैं कि ''कबीर का किंवदंतीपरक-जीवन भारतीय संत-चरित के प्रसिद्ध विन्यास का अनुसरण करता है।'' (वादिवेल 1974 : 46)। अन्य अकादमिक विद्वानों ने भी ऐसा ही किया है। इसके अपवाद किसी हद तक, सिर्फ डेविड स्कॉट और जी. एच. वेस्कॉट, एफ. ई. की (Keay), परशुराम चतुर्वेदी, केदारनाथ द्विवेदी तथा के. के. भट्ट (देखिए नोट-1) जैसे कुछ विद्वान हैं, जिन्होंने कबीरपंथ और स्वयं कबीर में भी दिलचस्पी दिखाई है। हालांकि इन विद्वानों ने भी ऐतिहासिक जीवनी के निचोड़ में ही ज्यादा रुचि दिखाई है। इन्होंने किंवदंतियों को एक सामाजिक-धार्मिक विचारधारा की अभिव्यक्ति के रूप में देखने की बहुत कम कोशिश की।

इस अध्याय में मैं कबीर के जीवन से संबंधित सिर्फ कुछ ही ऐतिहासिक प्रश्नों पर विचार करूंगा जिनमें कबीर का समय, रामानंद से उनके संबंध और उनकी पारिवारिक स्थिति प्रमुख हैं। मैं इन किंवदंतियों के 'प्राक् इतिहास' या 'पुरातत्त्व' पर ज्यादा विस्तार से चर्चा नहीं करूंगा। मैं इस पर भी विचार नहीं करूंगा कि कहानियों के स्रोत के रूप में काम आने से पहले कबीर के 'किंवदंतीकारों ने उन्हें अपने अनुरूप गढ़ लिया था और, न ही मैं किंवदंतियों में पाए गए एक खास लोकगीतीय अभिप्रायों के विस्तृत वर्गीकरण की कोशिश करूंगा। फिर भी मुख्य आख्यानात्मक विषयों की रूपरेखा तो जरूरी है ही जिससे अधिकांश किंवदंतियों के लक्षण उजागर होते हैं।

ध्यान से देखने पर कबीर की किंवदंतियों के मूल आख्यानात्मक विषय मुख्यतः दो या तीन संबद्ध श्रेणियों के प्रतीत होते हैं। यह भी देखा जा सकता है कि उनके वर्ण्य-विषयों में भारतीय संत-चरित के लक्षण बहुत स्पष्ट नहीं हैं (जैसा कि वादिवेल को लगता है), बल्कि उनमें निम्न जाति के संत-नायकों के चरित की विशेषताएं देखी जा सकती हैं।

कबीर-विषयक किंवदंतियों के मुख्य आख्यानों में कुछ शक्तिशाली व्यक्तियों (राजनीतिक, आर्थिक या धार्मिक) द्वारा उनकी सीधी परीक्षा की बात मिलती है। ये शक्तिशाली व्यक्ति, एक राजा, सुल्तान, व्यापारी, ब्राह्मण, देवता, देवी या काजी

के रूप में हो सकते हैं। अचरज नहीं कि यह निम्न जाति का कमजोर व्यक्ति कबीर हमेशा उन लोगों पर भारी पड़ता है जो उसे चालबाजी, जादू या क्रूर शक्ति से नुकसान पहुंचाने की कोशिश करते हैं। याद करें सिकंदर की किंवदंती, जिसमें वह ब्राह्मणों और काजियों के उकसाने पर पानी में डुबाकर, आग में जलाकर और हाथी के पैरों तले कुचलवाकर कबीर की परीक्षा लेता है। कबीर सुलतान की इस कोशिश के बाद भी खुद को बचा पाने में सफल होते हैं। अपनी पत्नी और कामुक व्यापारी से संबंधित किंवदंती में कबीर पत्नी को कामुक व्यापारी से बचा पाने में सफल होते हैं। ब्राह्मणों से संबंधित किंवदंती जिसमें वे कबीर से अप्रत्याशित भोज की मांग कर बैठते हैं, उसमें भी कबीर ब्राह्मणों के लालच और ईर्ष्या के ऊपर विजय पा लेते हैं। विभिन्न व्यक्तियों से संबंधित किंवदंतियों, जिनमें ब्राह्मण भक्त, तत्त्वा और जीवा, विद्वान ब्राह्मण सर्वजीत, योगी गोरखनाथ और मुसलमान काजी, शेख तकी से कबीर का सामना होता है, ऐसे अवसर पर कबीर चमत्कारी शक्ति का प्रदर्शन कर अपनी आध्यात्मिक श्रेष्ठता को सिद्ध करते हैं। जब ईश्वर भिखारी के छद्म वेश में कबीर से उनका कपड़ा मांगते हैं तो इस उदारता की परीक्षा में भी वे सफल होते हैं। अप्सरा के द्वारा ब्रह्मचर्य की परीक्षा में भी वे खरे उतरते हैं।

कई अन्य किंवदंतियों में कबीर उस सहनशील व्यक्ति की निष्क्रिय भूमिका को छोड़ते नजर आते हैं जो परखने वाले शक्तिशाली लोगों पर अपनी श्रेष्ठता का सिक्का जमा देता है। कई किंवदंतियों में कबीर एक चतुर व्यक्ति की भूमिका में होते हैं जो खुद ही अपने आपको राजनीतिक और धार्मिक सामर्थ्य की परीक्षा के लिए प्रस्तुत करता है। दीक्षा की किंवदंती में वे ब्राह्मण रामानंद से दीक्षा पाने के लिए चतुराई करते हैं और बाद में अनिच्छुक गुरु के सामने अपनी आध्यात्मिक महत्ता को सिद्ध कर देते हैं। मुसलमान धर्मशास्त्री जहां-गस्ता की कबीर से भेंट की किंवदंती में वे अपने रूढ़िवादी मुलाकाती को सबक सिखाने के लिए अपने घर के सामने सुअर बांध देते हैं। वेश्या, पंडा और राजा की किंवदंती में, कबीर खुद ऐसी चाल चलते हैं जिससे राजा उनकी चारित्रिक नैतिकता और चमत्कारी शक्ति पर संदेह करे। लेकिन जब सभी जगह वे सही ठहरते हैं तो राजा खुद ही उनके सामने विनम्रतापूर्वक पश्चात्ताप करता है। यहां तक कि मगहर में अपनी मृत्यु की किंवदंती में भी वे अलौकिक शक्ति का प्रदर्शन करते हैं। इस अलौकिक शक्ति का प्रयोग वे उनके शव के लिए झगड़ने वाले शिष्यों नवाब बिजली खान और राजा वीरसिंह बघेल के बीच के झगड़े को रोकने के लिए करते हैं।

कुछ किंवदंतियों में कबीर के सदाचार और शक्ति की सीधी परीक्षा की बात तो नहीं मिलती लेकिन इनमें उनकी जन्मजात श्रेष्ठता की बात छिपी हुई है। इस प्रकार की सबसे महत्त्वपूर्ण किंवदंतियां कबीर के जन्म से संबंधित हैं। इन किंवदंतियों के अपने-अपने बयान हैं। इन किंवदंतियों का मकसद यही दिखाना

है कि कबीर पैदाइशी निम्न जाति के मुसलमान नहीं थे। वे या तो मुसलमान द्वारा पोषित थे (कुछ किंवदंतियों में यह कहा गया है कि उनके पालक माता-पिता पथभ्रष्ट ब्राह्मण थे—या वे पूर्वजन्म में ब्राह्मण थे, या ईश्वर के सीधे अवतार थे)।

इन सभी, दो-तीन आख्यानात्मक विषयों में कल्पित ही सही, पर सभी में पाई जाने वाली चीज है, बदले की भावना। बदले की यह भावना शक्तिशाली के विरुद्ध कमजोर द्वारा, धनी के विरुद्ध गरीब द्वारा और भद्र के विरुद्ध तुच्छ के द्वारा प्रकट होती है। ये किंवदंतियां मान, धन और शक्ति के उन स्वप्नों के रूप में हैं जो स्वप्न निम्न वर्ग के लोगों द्वारा देखे जाते हैं। आगे चलकर यही लोग कबीर के अनुयायी होते हैं।

इन किंवदंतियों के आख्यानात्मक-विषयों की महात्मा गांधी की किंवदंतियों से तुलना करना शायद ज्यादा अच्छा होगा। शाहिद अमीन ने अपने एक जबर्दस्त लेख में महात्मा गांधी से संबंधित किंवदंतियों की चर्चा की है। (अमीन 1988 : 288-348) गांधी विषयक ये किंवदंतियां 1920 के दशक के आरंभ में उत्तर प्रदेश के गोरखपुर क्षेत्र में गरीब किसानों द्वारा कही गई हैं। अमीन इन कहानियों में चार मूल विषयों (प्रसंगों) की पहचान करते हैं। (वही, 314) : ''महात्मा की शक्ति की परीक्षा लेना... महात्मा का विरोध करना...गांधीवादी सिद्धांत का विरोध करना...वरदान देना और/चमत्कार करना।'' यह समानता कबीर की किंवदंतियों के साधारण प्रसंगों से आगे बढ़कर कुछ खास प्रसंगों तक जाती है, जैसे सूखी छड़ी में पत्तियां उगा देना (वही, 328-30, उपरोक्त पृ. 57) और पानी या आग को पैदा करने या नियंत्रित करने की उनकी शक्ति (वही, 315, 330-33) (देखें, अनुक्रमणिका)। ये खास प्रसंग और विस्तृत आख्यानात्मक-विषय दोनों ही भारतीय किंवदंतियों और मिथकों के एक ही भंडार से निकले हुए हैं। लेकिन इन कहानियों के कहने वाले या सुनने वाले की सामाजिक और मनोवैज्ञानिक जरूरत के मुताबिक ही वे चुने गए हैं।

किंवदंतियों के ऐतिहासिक आधार के लिए कुछ तथ्यों की कमी का मतलब यह नहीं है कि इनका ऐतिहासिक महत्त्व ही नहीं है। इसके विपरीत ये किंवदंतियां स्वयं में ही एक सक्रिय ऐतिहासिक शक्ति हैं। ये उस समुदाय के विकसित होते हुए मूल्यों की अभिव्यक्ति हैं जो इन्हें पैदा करता है और जो इनका मुख्य श्रोता होता है। इस दृष्टिकोण से यह कहना भ्रामक हो जाता है कि इतिहास बस किंवदंतियों की 'पृष्ठभूमि' और 'संदर्भ' का निर्माण करता है जिसमें ये किंवदंतियां स्थित होती हैं। इतिहास कोई मंच पर पड़ा बैकड्रॉप नहीं है, जिसके आगे किंवदंतियों का खेल खेला जा रहा है। इतिहास स्वयं एक नाटक है, और किंवदंतियां इसमें महत्त्वपूर्ण अभिनेता हैं। किंवदंतियां, उन आर्थिक और राजनीतिक कारकों पर निर्भर हो सकती हैं, लेकिन वे स्वयं भी रचयिताओं और श्रोताओं की मनोवृत्तियों को मोड़ने में सक्षम रहती हैं। ये एक कल्पित साझे-अतीत के निर्माण के काम आती हैं।

साथ ही ये उन सामाजिक, नैतिक और धार्मिक मूल्यों के निर्माण का काम करती हैं जो एक ऐतिहासिक समुदाय और समाज के अन्य समूहों के साथ उसके संबंध की व्याख्या करता है।

कबीर के अनुयायियों के लिए (चाहे वे कबीरपंथ के बाहर हों या भीतर) ये किंवदंतियां उनकी धार्मिक आस्था का अत्यावश्यक स्रोत हैं। ये उनकी संप्रदायगत और वैयक्तिक अस्मिताओं तथा सामजिक और धार्मिक विचारधारा के भी महत्त्वपूर्ण स्रोत हैं। इन्हीं के माध्यम से उनकी आस्था, अस्मिता और विचारधारा की पूर्णतः अभिव्यक्ति होती है। साथ ही ये खुद को अपने अनुयायियों के दिलो-दिमाग में बिठाने का काम करती हैं। वास्तव में इन किंवदंतियों के बिना कबीरपंथ का कोई अस्तित्व नहीं होगा, जिस प्रकार कि राम और कृष्ण की किंवदंतियों के बगैर वैष्णववादी परंपरा, जीसस की किंवदंतियों के बिना ईसाइयत, बुद्ध की किंवदंतियों के बिना बौद्ध धर्म और मोहम्मद की किवंदतियों के बिना इस्लाम की कल्पना नहीं की जा सकती।

आरंभिक ग्रंथ

कबीर संबंधी किंवदंतियों को सुसंगत रूप से समाहित करने वाले दो मूल ग्रंथ हैं जो शायद सबसे पुराने भी हैं—अनंतदास की 'कबीर परचई' और 'निर्भयांजन'। 'निर्भयांजन' अभी तक प्रकाशित नहीं है। मैंने इलाहाबाद में हिंदी साहित्य सम्मेलन के पुस्तकालय में 'निर्भयांजन' की पांडुलिपि देखी (कैटलॉग संख्या 3-75/1433) लेकिन उसकी एक भी प्रति न तो हासिल कर पाया और न ही विस्तृत अध्ययन कर पाया। केदारनाथ द्विवेदी ने इसका सार अपनी पुस्तक 'कबीर और कबीर पंथ' में दिया है। वे यह भी दावा करते हैं कि वाराणसी के 'नागरी प्रचारिणी सभा' पुस्तकालय में संवत् 1633 (1576 ई.) की 'निर्भयांजन' की पांडुलिपि है। 1985 ई. में नागरी प्रचारिणी पुस्तकालय में मुझे यह उपलब्ध न हो पाई। इस ग्रंथ की एक दूसरी पांडुलिपि को अकेले द्विवेदी ही देख पाए जो कि संवत 1856 (1799 ई.) की है। द्विवेदी कहते हैं कि 'निर्भयांजन' कबीर और उनके शिष्य धर्मदास के बीच संवाद के रूप में है। इससे यह स्पष्ट है कि यह ग्रंथ कबीरपंथ की धर्मदासी शाखा से संबंधित है। इस तथ्य से इसकी पहले दी हुई तिथि पर भी संदेह होता है, क्योंकि द्विवेदी का खुद ही मानना है कि धर्मदास कबीर से सौ साल बाद पैदा हुए थे। जब तक इसकी तिथि का स्पष्ट प्रमाण मिल नहीं जाता, तब तक मुझे पूरा संदेह है कि 'निर्भयांजन' अठारहवीं शताब्दी की रचना है।

अनंतदास की 'कबीर परचई' बहुत प्रसिद्ध रचना है और इसकी प्राचीनता और इसके समय के विषय में कोई संदेह नहीं है। अनंतदास के पाठ का एक संस्करण जो उस पांडुलिपि पर आधारित है अब खो चुका है, कबीर पर राम कुमार

वर्मा की एक किताब के परिशिष्ट के रूप में प्रकाशित हुआ है (1983 : 95-107)।[2] इधर विनांद कैल्वर्त ने कबीर के अलावा अनंतदास द्वारा रचित अन्य संतों की परचइयां भी प्रकाशित करा दी हैं।

रामानंद और कबीर का समय

अनंतदास ने पीपा परचई में अपनी आध्यात्मिक वंशावली का निम्नवत उल्लेख किया है : रामानंद उनके शिष्य अनंतानन्द, अनंतानन्द के शिष्य कृष्णदास, कृष्णदास के शिष्य अग्रदास, अग्रदास के शिष्य विनोदी और उनके शिष्य अनंत (दास)[3]। यदि इस आध्यात्मिक वंशावली को नाभादास के भक्तमाल में दी हुई वंशावली के साथ मिला लिया जाय तो इससे सारणी—एक में दी गई वंशक्रमावली तैयार हो जाएगी। नाभादास सिर्फ अनंतदास के नाम को छोड़कर और सभी नामों का उल्लेख करते हैं। अनंतदास की कबीर परचई, अपने दोनों महत्त्वपूर्ण पाठ संशोधनों में, नाभादास के इस दावे का समर्थन करती है कि कबीर रामानंद के प्रत्यक्ष शिष्य थे। जे.एन फर्कुहर (1967 : 317) के अनुसार नाभादास का समय 1585 ई. और 1623 ई. के बीच रहा। आज के महत्त्वपूर्ण विद्वान आर.डी. गुप्ता (1969: 64) 1624 ई. को नाभादास के भक्तमाल की नवीनतम संभावित तिथि स्वीकार करते हैं। चूंकि अनंतदास और नाभादास के बीच सिर्फ एक ही पीढ़ी का अंतर है (नाभादास, संप्रदाय-वंशावली में अनंतदास के चाचा होते हैं) और बहुत आसानी से दोनों समकालीन हो सकते हैं। इसलिए नाभादास के काल को 1600 ई. या 1625 ई. माना जा सकता है जो अनंतदास के समय 1588 ई. के साथ पूरी तरह मेल खाता है। अनंतदास ने स्वयं नामदेव परचई में अपना समय 1588 ई. बताया है।

सारणी-1

अनंतदास और नाभादास की गुरु-वंशावली

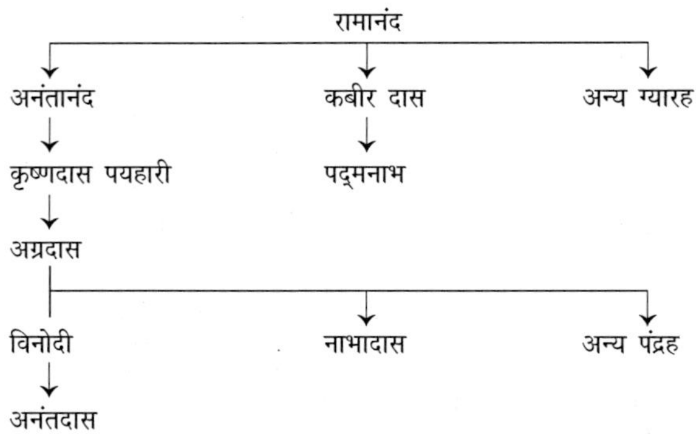

ये सब एक बहुचर्चित और विवादित प्रश्न—कबीर और रामानंद के बीच के ऐतिहासिक संबंध तथा उनके 'समय'—की ओर ले जाते हैं। सौभाग्यवश इन प्रश्नों पर हुई चर्चा की गहन समीक्षा की जरूरत नहीं है, क्योंकि यह कार्य हिंदी में परशुराम चतुर्वेदी (1964 : 845-70) द्वारा कुशलतापूर्वक किया जा चुका है। साथ ही उनकी लंबी बहसों के मुख्य बिंदुओं को शारलोत वादिवेल द्वारा अंग्रेजी में दिया जा चुका है। फिर भी चतुर्वेदी जी और शारलोत वादिवेल का प्रस्तावित निष्कर्ष कि कबीर की मृत्यु संभवतः पंद्रहवीं शताब्दी के मध्य में हुई—अनंतदास की परचई के तथ्यों के आलोक में स्वीकार्य नहीं है। यद्यपि चतुर्वेदी और वादिवेल इससे संबंधित अधिकतर आंकड़ों (आधार सामग्री) तक पहुंच चुके थे, फिर भी वे इसका समुचित उपयोग नहीं कर पाए, खासकर कबीर और वीर सिंह बघेल की ऐतिहासिक समकालीनता के संदर्भ में।

रामानंद और कबीर के बीच गुरु शिष्य के प्रश्न को उनके समय (काल) के प्रश्न से नहीं अलगाया जा सकता क्योंकि कई विद्वानों ने यह दावा किया है कि कबीर के गुरु होने से बहुत पहले ही रामानंद का निधन हो चुका था। कई विद्वानों का यह मानना है कि रामानंद और कबीर (और पीपा और धन्ना जैसे अन्य संत भी) के बीच संबंध का 'अविष्कार' किया गया है। इस 'आविष्कृत' संबंध में विद्वान ब्राह्मण को एक गुरु के रूप में देकर इन संतों को वैधता प्रदान की गई है, और इन्हें साधा गया है। दावा किया जाता है कि यह संबंध संतों और मशहूर रामानंदी संप्रदाय के बीच एक परिकल्पित ऐतिहासिक कड़ी स्थापित करने में मददगार हुआ। रामानंदी संप्रदाय रामानंद के अधिक रूढ़िवादी शिष्यों द्वारा संगठित किया गया है (देखें : बीपी सिंह 1957, बीएन श्रीवास्तव 1957, बर्गहार्ट, 1978)। वास्तव में, परंपरा नाभादास और अनंतदास को इस रामानंदी संप्रदाय के साथ जोड़ती है। आधुनिक विद्वान वादिवेल (1974 : 30-31, 37-40) और मैक्लियोड (1976 : 155-56) को खासतौर पर कबीर और रामानंद के शिष्य-गुरु संबंध पर संदेह है।

गुरु-शिष्य के इस संबंध का समर्थन करने वाले मुख्य साक्ष्य क्या हैं? सीधी सी बात है परंपरा एकमत से दावा करती है कि कबीर रामानंद के शिष्य थे। अनंतदास की रचनाओं में मिलने वाले रामानंद के शिष्यों के नामों और नाभादास की रचनाओं में पाए गए नामों में बिलकुल समानता है। रामानंद और कबीर के गुरु-शिष्य संबंध की ऐतिहासिकता के पक्ष में यह भी एक मजबूत तर्क है। इन दोनों का कार्य कबीर की मृत्यु की संभावित तिथि के सौ साल के अंदर का ही है। रामानंद के शिष्यों की संपूर्ण वंशावली—सिर्फ अनंतदास के नाम को छोड़कर—रामानंदी संप्रदाय में अभी तक स्वीकार्य है (बी. पी. सिंह 1957 : 333-34, 352)। 'निर्भयांजन' (केदारनाथ द्विवेदी : 3-4), हरिराम व्यास (मृत्यु 1612 ई.) के गीत (दुबे 1968:

31-38; चतुर्वेदी 1964 : 134-35) और राघवदास (1965 : 51-55), के भक्तमाल (1720 ई?) जैसे आरंभिक ग्रंथों में भी इस संबंध की पुष्टि की गई है। यह किंवदंती जिसमें कबीर बहुत चतुराई से रामानंद से 'राम' का मंत्र ग्रहण करते हैं, पहली बार अनंतदास की कबीर परचई के पहले भाग या अध्याय में कही गई है। यह निश्चित रूप से एक भक्तिपरक कल्पना ही है। पहले भाग में इसकी उपस्थिति से संदेह भी होता है कि यह भाग कबीर परचई के मूल 'पाठ' में था भी या नहीं। फिर भी, कबीर परचई के द्वितीय भाग के पहले ही पद में इस गुरु-शिष्य संबंध की पुनः पुष्टि की गई है। और रामानंद के साथ कबीर की चतुराई की बात भक्तमाल पर प्रियादास की टीका (1712 ई.) में भी पाई गई है। यह टीका निश्चित रूप से अनंतदास के कार्य के संशोधित पाठ पर आधारित है, जिसमें विवादास्पद पहला भाग शामिल है।

दूसरी तरफ, यह भी ध्यान देना जरूरी है कि कबीर से संबंधित तीनों पुराने संग्रहों (सिक्ख-'आदिग्रंथ', राजस्थानी कबीर-ग्रंथावली और कबीरपंथी कबीर-बीजक) में कबीर के गुरु के रूप में रामानंद का उल्लेख नहीं है। जहां भी कबीर के पदों में गुरु का उल्लेख मिलता है, वह अक्सर मानवीय संदर्भ के बजाय दैवीय अर्थ में है। फिर भी बीजक के एक पद (सबद 77.4) और अपेक्षाकृत थोड़ा कम प्रामाणिक संग्रहों के कम-से-कम एक और पद में भी कबीर के गुरु के रूप में रामानंद का उल्लेख मिलता है (हजारीप्रसाद द्विवेदी 1971: 260, संख्या 29) चूंकि अन्य आरंभिक संत कवि भी अपने गुरु का उल्लेख उनके नाम के साथ नहीं करते, इसलिए यह आपत्ति भी मुझे खास महत्त्वपूर्ण नहीं लगती।

कबीर के रामानंद के शिष्य होने पर यह भी गंभीर आपत्ति है कि उनके पदों में उस ब्राह्मणवादी रूढ़िवादिता की तीखी आलोचना मिलती है, जिसका कि रामानंद (अनुमानतः) प्रतिनिधित्व करते हैं। लेकिन यह आपत्ति भी बहुत दमदार नहीं है क्योंकि इस बारे में कुछ भी जानकारी नहीं है कि ऐतिहासिक रामानंद किस धर्म और सामाजिक सिद्धांत को मानते थे। हिंदी और संस्कृत में उनकी कुछ छोटी रचनाओं (रामानंद, 1955) के अलावा, वे एक ऐतिहासिक पहेली ही हैं। अपने एक हिंदी पद में वे 'वेद' और 'स्मृति' दोनों को नकारते हुए ईश्वर को सभी प्राणियों में व्याप्त मानते हैं—खासकर सभी के हृदय में व्याप्त (बड़थ्वाल 1978 : 69)। यह धार्मिक रुझान (प्रवृत्ति) ब्राह्मणवादी रूढ़िवादिता की अपेक्षा कबीर के ज्यादा नजदीक है। तब असली प्रश्न रामानंद और कबीर का समय ही रह जाता है।

कबीर के समय को निर्धारित किये बिना रामानंद के समय के निर्धारण की कोशिश मेरे हिसाब से निरर्थक है। इसके बावजूद वे पुनरावलोकन के योग्य हैं, कम-से-कम यह दिखाने के लिए कि रामानंद का समय चौदहवीं सदी के बाद का

ही है। रामानंद के कबीर के पूर्ववर्ती होने का केवल एक महत्त्वपूर्ण प्रमाण, अगत्स्य संहिता में दिया हुआ बताया जाता है। इसमें उनका जन्मकाल सन् 1299 ई. कहा गया है।[4] चूंकि यह तिथि अन्य सारे प्रमाणों से मेल नहीं खाती, इसलिए यह बहुत ही रोचक है कि बहुत से आधुनिक विद्वानों ने इसे स्वीकार कर लिया है। शारलोत वादिवेल, परशुराम चतुर्वेदी और पीताम्बरदत्त बड़थ्वाल रामानंद की 'पूर्व-तिथि' के पक्ष में हैं जबकि रामकुमार वर्मा, जे.एन. फर्कुहर, जी.एच. वेस्कॉट और दूसरे विद्वान बाद वाले समय को वरीयता देते हैं।[5] मैं तो यही कहना चाहूंगा कि रामानंद और कबीर के लिए 'पूर्व-तिथि' दे डालना निश्चय ही एक भूल है।

रामानंद के 'समय' को कबीर और रामानंद के अन्य अनुयायियों से स्वतंत्र मान लेने के पीछे मुख्य दलील स्वयं रामानंद का दक्षिण भारत के प्रसिद्ध धर्माचार्य रामानुज के तथाकथित अनुयायियों में शामिल होना है। रामानुज का पारंपरिक समय सन् 1017 से 1137 ई. तक खुद ही विवाद का विषय है। यदि हम रामानुज के काल को लगभग 1125 ई. मानते हैं और उसके अनुयायियों की प्रत्येक पीढ़ी को रामानंद तक औसतन 25 साल दे डालते हैं, (देखें, ट्राउटमैन 1969 : 564-77) तो हम क्या पाएंगे? यह सब उस पर निर्भर है कि हम कौन सी पारंपरिक वंशावली का उपयोग करते हैं।

नाभादास (1969 : 281-316, 949-54) कुछ अस्पष्ट ढंग से रामानुज और रामानंद के बीच तीन गुरुओं का उल्लेख करते हैं। लेकिन यह संपूर्ण सूची नहीं हो सकती। रामानंद की रचना मानी गयी 'रामार्चनपद्धति' में तो रामानुज और रामानंद के बीच बारह, तेरह या उन्नीस नाम मिलते हैं। वास्तव में नामों की संख्या देखी गई पांडुलिपि या इसके भिन्न संस्करणों पर निर्भर करती है।[6] यदि हम रामानुज के प्रस्तावित समय 1125 ई. से आगे प्रत्येक पीढ़ी को 25 साल देते हुए गिनना शुरू करें तो रामानंद के लिए तीन तिथियां प्राप्त होती हैं, 1450 ई., 1475 ई. और 1625 ई.। पहली दोनों तिथियां (काल) कबीर की संभावित तिथि से मेल खाती हैं। फिर भी यह स्पष्ट होना चाहिए कि रामानुज के अनुयायियों की वंश परंपरा के आधार पर रामानंद के समय को जानने की पूरी प्रक्रिया ताश के महल की तरह है जो कभी भी ढह सकता है।

असल में, रामानंद के समय को जानने का उचित तरीका यह है कि हम कबीर, अनंतदास और नाभादास की सुपरिचित तिथियों से पीछे गिनना शुरू करें। यदि हम अनंतदास के समय को 1600 ई. मानें (नामदेव परचई के रचना काल 1588 ई. के आधार पर) तो रामानंद का समय 1475 ई. के आसपास ठहरता है। इसी तरह यदि नाभादास के समय को 1600 ई. मानते हैं तब रामानंद का समय पीछे खिसककर 1450 ई. के करीब आ जाएगा। फिर आगे हम देखेंगे कि ये दोनों

तिथियां कबीर की संभावित तिथि और उनकी एक संदेहास्पद तिथि 1425 ई. से भी मेल खाती है। 1425 ई. की तिथि रामानंद के प्रसिद्ध शिष्य पीपा के भी जन्म की तिथि मानी गयी है। (फर्कुहर 1967 : 323, चतुर्वेदी 1964: 235-36)।

यद्यपि कबीर के समय को लेकर बहुत ही असहमति और विवाद है फिर भी एक भरोसेमंद समय (तिथि) को निश्चित करना अब संभव है। विभिन्न परंपराओं के पदों में कबीर के जन्म और मृत्यु से संबंधित भिन्न-भिन्न तिथियां मिलती हैं, (चतुर्वेदी 1964 : 846) लेकिन कबीरपंथ के अधिकतर अनुयायियों द्वारा उनका जीवनकाल 120 वर्ष माना गया है। अर्थात् वि.सं. 1455 (1398 ई.) से वि.सं. 1575 (1518 ई.) तक। यह लंबा जीवनकाल भक्ति-परंपरा की ईजाद है और किसी भी तरह से इसकी पुष्टि नहीं हो पाती है। ऐसे में विश्लेषण के लिए हमारे पास सिर्फ चार स्वतंत्र साक्ष्य रह जाते हैं। (1) अनंतदास से पीछे वंशक्रम की गणना करना। (2) नाभादास से पीछे भी इसी तरह की गणना करना। (3) सिकंदर लोदी के साथ कबीर की किंवदंतीपरक समकालीनता (शासनकाल 1488-1512) और (4) राजा वीर सिंह बघेल के साथ किंवदंतीपरक समकालीनता। सिकंदर लोदी और वीर सिंह बघेल के साथ उनकी समकालीनता की बात अनंतदास तथा कई (आरंभिक और बाद की) अन्य रचनाओं में भी पाई गई है। वीरसिंह बघेल के साथ कबीर की समकालीनता की बात बहुत ही महत्त्वपूर्ण है क्योंकि कबीर के किसी भी आधुनिक विद्वान ने यह ध्यान नहीं दिया है कि वीर सिंह बघेल एक ऐतिहासिक व्यक्ति थे जिनकी संभावित तिथि ज्ञात है।

इन चारों पाठों के नतीजों से पहले राजा वीर सिंह बघेल के बारे में जानना जरूरी है। अनंतदास की कबीर परचई (6.1) में वीर सिंह बघेल एक राजा के रूप में जाने जाते हैं जो जगन्नाथपुरी के पंडा की घटना के दौरान कबीर के समक्ष प्रायश्चित करते हैं। वास्तव में वीर सिंह बघेल वाराणसी के राजा हैं। यद्यपि अनंतदास की रचना में कभी भी सीधे ऐसा नहीं कहा गया है। बाद की किंवदंतियों में वीर सिंह बघेल (उसी प्रकार एक अनजान मुसलमान बिजली खान) को मगहर में कबीर की मृत्यु के साथ जोड़ा गया है। मगहर में कबीर की मृत्यु की किंवदंती अनंतदास की कबीर परचई में भी पाई गई है। लेकिन इस रचना में कबीर की मृत्यु पर किसी भी राजा की उपस्थिति का उल्लेख नहीं है, चाहे वह वीर सिंह बघेल हों या बिजली खान।

ऐतिहासिक रूप से बघेल राजवंश उत्तरी मध्य प्रदेश के बघेलखंड क्षेत्र (सतना, रीवां और शहडोल जिलों के मध्य) से जुड़ा हुआ है, न कि वाराणसी से। संस्कृत-पद्य में इस राजवंश का इतिहास 'वीरभानूदयकाव्यम्' के नाम से 1540 ई. में अभयचंद्र के पुत्र माधव द्वारा लिखा गया है (1938, एच. शास्त्री 1925)। बघेल राजवंश का

दूसरा ऐतिहासिक वृत्तांत 'बघेलवंशवर्णनम्' कबीर बीजक (वेंकटेश्वर प्रेस संस्करण) के परिशिष्ट के रूप में 1906 ई. में प्रकाशित हुआ था (कबीर 1906ः 659-731)। हिंदी में यह 'पाठ' बघेल राजा रघुराज सिंह (1823 से 1879 तक) के आदेश पर युगलदास के द्वारा लिखा गया।[7]

माधव के (1938, एच. शास्त्री 1-14) 'वीरभानूदयकाव्यम्' में कबीर के नाम का उल्लेख नहीं है, लेकिन इसमें वीर सिंह बघेल को मुगल सम्राट बाबर (शासनकाल 1526-1530 ई.) का समकालीन बताया गया है। वीर सिंह बघेल का उल्लेख बाबर की आत्मकथा में भी है (बाबर, 1970 : 521, 562, 639)। आगे माधव का दावा है कि 'वीरभानूदयकाव्यम्' के नायक और वीर सिंह के पुत्र वीर भानु मुगल बादशाह हुमायूं (शासन काल 1531-1540, 1555-56) के मित्र और समकालीन थे। हीरानंद शास्त्री (1925) का मानना है कि वीरभानु 1540 ई. में मर चुके थे। यही साल माधव की इस रचना का भी है। लेकिन इतिहासकार सामान्यतः उनकी मृत्यु को कुछ साल बाद बताते हैं (श्रीवास्तव 1964 : 97-98)। ऐसा प्रतीत होता है कि वीर सिंह की मृत्यु 1530 ई. के करीब हुई। कुछ फारसी इतिहासकारों का मानना है कि 1494 ई. में सिकंदर लोदी के विरुद्ध एक असफल युद्ध के बाद वीर सिंह (उर्फ नर सिंह) की मृत्यु हो गई। लेकिन इतिहासकारों के इस दावे से उनके और उनके चचेरे भाई वाहर राय के बीच भ्रम पैदा होता है (ए. बी. पाण्डे, 1956 : 126-27)। माधव के 'वीरभानूदयकाव्यम्' में वीर सिंह अपनी राजधानी 'गहोरा' पर शासन करते हुए कहे गए हैं, जो कि 'बुंदेलखंड क्षेत्र में अभी तक अनजानी कोई जगह है (माधव, 1938; एच शास्त्री 1925 : 12)। लेकिन उन्हें अकबर के प्रसिद्ध मंत्री अबुल फजल की मृत्यु (1602 ई.) के लिए जिम्मेदार बुंदेलखंड का राजा वीर सिंह देव मानकर भ्रमित नहीं होना चाहिए (रिजवी 1975 : 487-91)। न ही उन्हें केशवदास के 'वीर सिंह देव चरित' का नायक मानना चाहिए (डी. वर्मा, 1986 : 107, 389-90, 577)।

युगलदास का 'बघेलवंशवर्णनम्' वीर सिंह बघेल और इस राजवंश के अन्य राजाओं को भी कबीर के साथ जोड़ता है। यह रचना कबीर और उनके मशहूर अनुयायी धर्मदास के बीच संवाद के रूप में है। इस रचना में बघेल वंश के सभी राजाओं को कबीर का अनुयायी बताया गया है। वीर सिंह बघेल पहले प्रयाग (इलाहाबाद) में राज करते हुए बताए गए, बाद में उन्हें दिल्ली के बादशाह द्वारा बांधोगढ़ (जिला शहडोल) किले का नियंत्रण दिया गया। यह बादशाह बाबर ही होना चाहिए। यद्यपि युगलदास 'नाम' से उसकी वैसी पहचान नहीं करते (कबीर 1906 : 672-77)। 'वीरभानूदयकाव्यम्' में माधव बाबर की पहचान करते हैं। युगलदास (वही, 677-80) ने वीरसिंह के पुत्र वीरभानु को बाबर के पुत्र हुमायूं का समकालीन और मित्र बताया है, जैसा कि माधव ने भी बताया है।

बघेल राजवंश और इस क्षेत्र का भी कबीरपंथ के साथ बहुत गहरा ऐतिहासिक संबंध है (लॉरेंजन 1981 : 227)। नृजातिशास्त्री आर.वी. रसेल और हीरालाल (1969 : खंड 4, 434-35) 1916 ई. में लिखते हैं कि रीवां राज्य में शासन करने वाले बघेल परिवार के सभी सदस्य पारंपरिक रूप से कबीरपंथी थे। गंगाशरण शास्त्री के अनुसार (1976 : 153-57) राजा वीर सिंह बघेल ही नहीं बल्कि बांधोगढ़ के राजा रामसिंह बघेल भी कबीर के प्रत्यक्ष अनुयायी थे। युगलदास का 'बघेलवंशवर्णनम्' (कबीर 1906 : 677-81) बाद के इस राजा को वीर सिंह बघेल का पौत्र और वीरभानू के पुत्र के रूप में पहचान करता है। ये सभी कबीर के प्रत्यक्ष अनुयायी कहे गए हैं, जबकि कालक्रमानुसार यह असंभव प्रतीत होता है।

यद्यपि माधव के 'वीरभानूदयकाव्यम्' से यह पता नहीं चलता है कि बघेल राजवंश कबीर से जुड़ा हुआ था (माधव 1938, एच. शास्त्री 1925 : 10)। लेकिन इसमें वीर सिंह बघेल के भाई उदयकर्ण के उड़ीसा जाकर बस जाने का उल्लेख है। पुरी का मशहूर कबीरपंथी मठ कबीर, धर्मदास और अन्य महत्त्वपूर्ण कबीरपंथियों की गृह-समाधि के यहीं होने का दावा करता है। अबुल फजल की 'आइने-अकबरी' (1598 ई.) में भी इस समाधि का उल्लेख किया गया है। (वादिवेल 1974 : 33-34)। दो महत्त्वपूर्ण किंवदंतियां भी कबीर को पुरी और जगन्नाथ मंदिर से जोड़ती हैं। मेरा अनुमान है कि कबीरपंथ और पुरी के बीच संबंध का मूल कारण वीर सिंह बघेल के भाई ही हो सकते हैं।

बहुत बाद में रीवां के बघेल राजा विश्वनाथ सिंह (1789-1854 ई.) ने कबीर बीजक पर 'पाखंड-खंडिनी' नामक सुप्रसिद्ध टीका लिखी। यह टीका सबसे पहले प्रकाशित होने वाले ग्रंथ 'कबीर बीजक' के साथ 1868 ई. में लिथो संस्करण में छपी (वादिवेल 1974 : 333; साधुशरण स्वामी 1978 : 255-70)। विश्वनाथ सिंह के पौत्र रामानुज प्रसाद सिंह ने 'कबीर बीजक' के वेंकटेश्वर प्रेस संस्करण (1906 ई.) को आर्थिक मदद दी, जिसमें इस टीका और 'बघेलवंशवर्णनम्' को परिशिष्ट के रूप में शामिल किया गया है (कबीर 1906)।

बघेल राजवंश संत परंपरा के कई संतों से जुड़ा हुआ है। एक किंवदंती में कहा गया है कि, कबीर के अनुयायी सेन, जाति से नाई होते हुए भी बांधोगढ़ के राजा राजाराम के गुरु हुए (चतुर्वेदी 1964 : 232-35, गर्ग 1963 : 316)। युगलदास के 'बघेलवंशवर्णनम्' (कबीर 1906 : 677-81) में राजाराम और रामसिंह एक ही राजा के दो नाम बताए गए हैं। ये राजा राम या रामसिंह वीरभानु के पुत्र और वीर सिंह के पौत्र हैं। इस रचना में यह भी बताया गया है कि नाई सेन ने राजा राम सिंह का उपचार किया था जो अकबर से मिलने के पहले ही एक युद्ध में घायल हो गए थे। लेकिन इस रचना में राजा के गुरु के रूप में कबीर को हटाकर सेन को रखने

की बात नहीं की गई है। रीवां के अन्य बघेल राजा रघुराज सिंह (1823-1879, 'कबीर बीजक' के टीकाकार विश्वनाथ सिंह के पुत्र) ने नाभादास के भक्तमाल पर बहुत ही महत्त्वपूर्ण टीका लिखी है (डी. वर्मा, 1986 : 575)।

यद्यपि किसी भी ऐतिहासिक स्रोत से राजा वीर सिंह बघेल के सीधे वाराणसी से जुड़े होने का प्रमाण नहीं मिलता है, पर माधव के 'वीरभानूदयकाव्यम्' में बताया गया है कि वीर सिंह के दादा भैदचंद्र ने गया, वाराणसी और प्रयाग को जीत लिया था। (माधव, 1938, एच शास्त्री, 1925 : 6)। रीवां का बघेलखंड सिर्फ 190 किमी. (सीधी रेखा में) का है जो वाराणसी के दक्षिण-पश्चिम में स्थित है। यहां थोड़ा संशय है कि अनंतदास की परचई के वीरसिंह बघेल ही 'वीरभानूदयकाव्यम्' के भी वीरसिंह बघेल हैं। जगन्नाथ के पंडा की किंवदंती अनैतिहासिक हो सकती है। लेकिन यह कबीर और वीरसिंह बघेल की ऐतिहासिक समकालीनता की ओर इशारा करती है, जो निश्चय ही महत्त्वपूर्ण है।

कबीर और मुसलमान सुलतान सिकंदर लोदी (शासनकाल 1488-1512 ई.) की समकालीनता के संदर्भ में भी वही स्थिति है। सिकंदर करीब 1495 ई. में जौनपुर और शायद वाराणसी की यात्रा करता हुआ बताया गया है। लेकिन स्वतंत्र रूप से यह कहीं भी उल्लेख नहीं है कि वह कबीर से मिला (वादिवेल 1975 : 38)। कई विद्वान ठीक ही इस किंवदंती की ऐतिहासिकता पर संदेह करते हैं, जिसमें कबीर को सिकंदर द्वारा सताया हुआ बताया गया है। फिर भी मैं वादिवेल के कथन से सहमत नहीं हो सकता (1974 : 38) कि 'न ही कोई ऐतिहासिक प्रमाण—न ही कोई संभावना—कि कबीर और सिकंदर लोदी समकालीन थे, जैसा कि मोहन सिंह, पीताम्बर दत्त बड़थ्वाल और परशुराम चतुर्वेदी के द्वारा दिखाया गया है।' किंवदंतियां चाहे ऐतिहासिक हों या नहीं, कालक्रमिक समकालीनता तो महत्त्वपूर्ण है ही।

कबीर के समय निर्धारण के संभावित चार विश्लेषणों के सार (निष्कर्ष) देने से पहले दो अन्य बिंदुओं पर भी बात करना जरूरी है। पहला दावा ए. फ्युहरर (1891 : खंड 2, 224) द्वारा है कि गोरखपुर शहर के नजदीक बस्ती जिले के मगहर में कबीर का मुस्लिम मकबरा (रोजा) '1450 ई. में बिजली खान द्वारा बनवाया गया और 1576 ई. में नवाब फिदाई (Fidai) खान द्वारा मरम्मत करवाया गया था।' यह इस ओर इशारा करता है कि कबीर की 1450 ई. या थोड़ा पहले ही मृत्यु हुई थी। दुर्भाग्यवश, यह स्पष्ट नहीं है कि फ्युहरर का कथन किस प्रमाण पर आधारित है। मैंने 1976 और 1985 ई. में मगहर की यात्रा की, लेकिन इसकी पुष्टि में किसी भी सूचना को पाने में असमर्थ रहा। मकबरे के मुसलमान प्रभारी ने मुझे बताया था कि लखनऊ के सुन्नी वक्फ बोर्ड में मगहर के मकबरे से संबंधित कई भू-अनुदान सुरक्षित हैं। तब मेरे सहायक श्री आनंद घिल्डियाल ने उन दस्तावेजों

का निरीक्षण कर उनका सार तैयार किया। सबसे पुराना मुगल अनुदान आलमगीर (औरंगजेब) के शासनकाल का है। यह समय (तिथि) को 1110 हिजरी (1698-1699 ई.) के पास ले जाता है। यह अनुदान कबीरपुर करमुआ गांव के उपहार के रूप में दर्ज है, जो कि शाहकबीर के मुस्लिम मकबरे की देखरेख के लिए दिया गया है। बाद के तीन दस्तावेज तो जमीन और मकबरे के प्रबंधक तथा अन्य कई व्यक्तियों के बीच मुकदमेबाजी से संबंधित हैं। कोई भी दस्तावेज फ्युहरर के इस कथन की पुष्टि या विरोध में उपयोगी नहीं हो सकता है कि बिजली खान ने मकबरे को 1450 ई. में बनवाया। विरोधी प्रमाण पर जोर देते हुए मैं फ्युहरर के दावे को निरस्त करना ही ज्यादा पसंद करूंगा।

दूसरा उल्लेखनीय बिंदु कबीर और गुरु नानक की तथाकथित समकालीनता से संबंधित है। यह बात कबीर की आरंभिक किंवदंतियों में नहीं पाई गई है लेकिन सिक्खों की आरंभिक जनम साखियों में इसकी चर्चा की गई है। इन पाठों के आधिकारिक विद्वान मैक्लियोड का मानना है कि (मैक्लियोड 1968 : 85-86) कि मिहिरभान और बी 40 जैसे ब्यौरे निश्चित रूप से निरस्त किये जा सकते हैं। 'वे पूरी तरह से भिन्न हैं, स्थान के मामले में वे संदिग्ध हैं। वे कबीर से संबंधित असली जानकारी नहीं देते हैं। उनका असली मकसद गुरु नानक को ऊंचा उठाना है, और कबीर को गुरु नानक की श्रेष्ठता स्वीकार करवाना है।' बाद की कबीरपंथी रचनाओं में भी कबीर और गुरु नानक की मुलाकात का उल्लेख है, लेकिन इनमें गुरु नानक कबीर की श्रेष्ठता स्वीकार करते हैं। गुरु नानक के समय (1469-1538 ई.) की तो स्पष्ट जानकारी है और यह समय कबीर से उनकी संभावित मुलाकात के बिल्कुल अनुकूल है। लेकिन इससे संबंधित किंवदंती बहुत बाद की है और इसलिए इसका एक खास उद्देश्य भी है। ऐसे में कबीर और गुरु नानक की समकालीनता से संबंधित किंवदंतियों के होते हुए भी उन्हें बहुत महत्त्व देना थोड़ा मुश्किल है।

क्या, तब हम कबीर के समय से संबंधित चारों विश्लेषणों से निष्कर्ष निकाल सकते हैं? पहला विश्लेषण—अनंतदास के समय (करीब 1600 ई.) से पीछे गिनते हुए कबीर के समय को 1500 ई. माना जा सकता है। दूसरा विश्लेषण—नाभादास के समय को 1600 ई. से पीछे गिनते हुए कबीर का समय 1525 ई. आता है। तीसरा विश्लेषण—सिकंदर लोदी (शासनकाल 1488-1530 ई.) से कबीर की समकालीनता मानते हुए उनका समय करीब 1500 ई. मान लेते हैं। चौथा विश्लेषण—वीर सिंह बघेल (मृत्यु 1530 ई.) और बाबर (शासनकाल 1526-1530 ई.) से कबीर की समकालीनता मानते हुए उनका समय सोलहवीं शताब्दी का पहला चतुर्थांश मान लेते हैं। इन परीक्षणों को एक साथ रखने पर कबीर का समय 1500 ई. और 1525 ई. के बीच ठहरता है। कबीर का यह

समय शारलोत वादिवेल और परशुराम चतुर्वेदी के द्वारा प्रस्तावित, मृत्यु की 'पूर्व-तिथि' के एकदम विपरीत है, लेकिन यह कबीर की मृत्यु की पारंपरिक तिथि 1518 ई. के साथ पूरी तरह से मेल खाता है। सहज बोध यही सुझाता है कि कबीर के जन्म की पारंपरिक तिथि (1398 ई.) की अपेक्षा उनकी मृत्यु की तिथि के लिए परंपरा ज्यादा सही है। यदि हम यह मान भी लेते हैं कि कबीर का जीवनकाल अपेक्षाकृत ज्यादा लंबा था (यद्यपि, 120 वर्ष का जीवनकाल पारंपरिक रूप से नहीं माना गया है)। तब हम उनके जन्म के समय को किसी समय करीब पंद्रहवीं शताब्दी के मध्य में मान सकते हैं।

कबीर का परिवार

क्या कबीर की पत्नी और बच्चे भी थे? यह कबीरपंथी साधुओं और अकादमिक विद्वानों के बीच बहुत विवाद का विषय है। कबीर की बीवी और बच्चे होने का विचार ही कबीरपंथी साधुओं के लिए एक अभिशाप से कम नहीं है। उनके लिए कबीर उन्हीं की तरह एक ब्रह्मचारी साधु थे।

फिर भी, ऐतिहासिक प्रमाणों के रुझान से यही पता चलता है कि उनकी पत्नी और बच्चे थे। इसके प्रमाण अनंतदास की 'कबीर परचई', प्रियादास की टीका (भक्तमाल पर) स्वयं कबीर के कई आत्मपरिचयात्मक गीत या पद (जो गुरु ग्रंथ सिंह साहिब या आदि ग्रंथ और राजस्थानी कबीर-ग्रंथावली के संग्रहों में पाए गए हैं) और कबीर के पुत्र कमाल के पदों में उपलब्ध हैं। लेकिन यह बहुत अचरज वाली बात नहीं है कि कबीरपंथी कबीर-बीजक इस प्रकार के सभी संदर्भों को छोड़ देते हैं!

शारलोत वादिवेल (1974 : 39-48) ने कबीर की रचनाओं में पाए गए आत्मपरिचयात्मक सामग्री की बहुत गहराई से छानबीन की। इन रचनाओं में कबीर की मां, उनके पिता, धनिया (शायद) नाम की पत्नी और एक पुत्र कमाल का उल्लेख मिलता है।[8] कमाल अपने धार्मिक व्यक्तित्व के कारण भी महत्त्वपूर्ण हैं। कमाल के बहुत-से पदों में उनकी 'भणिता' से यही पता चलता है कि वे 'कबीर के बेटे' हैं (देखें के.के. भट्ट 1975 : 12, 29-30, 36-47)। यद्यपि अनंतदास की कबीर परचई और प्रियादास की टीका (नाभादास के भक्तमाल पर) में कमाल का नाम सहित उल्लेख नहीं है और न ही कबीर विषयक आरंभिक किंवदंतियों में 'कमाल' का नाम मिलता है। लेकिन बाद की कबीरपंथी रचनाओं में यह नाम मिलने लगता है। कबीर पंथी रचनाएं कमाली नाम की एक पुत्री का भी उल्लेख करती हैं। इन रचनाओं में यह बताया गया है कि कमाल और कमाली कबीर की दत्तक संतानें थीं, जन्मना नहीं। मृत कमाल और कमाली को कबीर द्वारा चमत्कारिक ढंग से

जीवित कर गोद लिया गया था।

कबीर की पत्नी और बच्चों के पक्ष में सबसे पुख्ता प्रमाण अनंतदास की कबीर परचई में है। पद संख्या 6.12 में कबीर की मां और उनकी बहू के बीच झगड़े का उल्लेख किया गया है। पद संख्या 1.7 में कबीर के ससुर का उल्लेख है। पद संख्या 2.5 कबीर के घर में बच्चों का उल्लेख करता है जो भूखे होने के कारण रो रहे थे। प्रियादास की टीका (नाभादास के भक्तमाल पर) में भी वैसे पद हैं जिनमें कबीर की 'पत्नी, बच्चे और मां' (तिय, सुत, माता) का उल्लेख किया गया है। ये अधिकतर अनंतदास के पाठ पर आधारित हैं। (नाभादास, 1969 : 456) इसी तरह मैकालिफ (1963 : खंड 6) द्वारा संग्रहित कई सिक्ख किंवदंतियां कबीर की मां और पत्नियों की ओर संकेत करती हैं। कबीर और उनकी पत्नी के बारे में एक महत्त्वपूर्ण किंवदंती 'दबिस्तान्-ए-मजाहिब' और वारकरी कवि महीपति के 'भक्तविजय' में भी मिलती है।

इन सभी साक्ष्यों को देखते हुए, यह स्वीकार करने के अलावा कोई विकल्प नहीं बचता है कि कबीर विवाहित थे और उनके बच्चे भी थे जिनमें कमाल नामक बेटा था। इस पर और बहस कुछ-कुछ अदालती बहस का रूप ले लेती है। यह उसी तरह से है कि जैसे रोमन कैथोलिक विद्वान जीसस के भाई और बहनों के अस्तित्व से इंकार ही करेंगे।

बाद की रचनाएं

कबीर से संबंधित किंवदंतियों का सबसे पुराना (विद्यमान) संग्रह अनंतदास की कबीर परचई है। इसलिए कबीर परचई की किंवदंतियां बाद के स्रोतों (रचनाओं) से आई किंवदंतियों की अपेक्षा ज्यादा महत्त्वपूर्ण है। इसी तरह बाद की रचनाओं में इन किंवदंतियों का पाठांतर तो और भी महत्त्वपूर्ण है। इसका मतलब यह नहीं कि अनंतदास के संग्रह की किंवदंतियां वर्तमान कबीरपंथियों के लिए बहुत ही आवश्यक हैं। अनंतदास की कबीर परचई कबीरपंथी साधुओं के लिए चूंकि एक अनजानी सी रचना है, इसलिए इसकी किंवदंतियों का उनके लिए बहुत कम महत्त्व है। इसकी अपेक्षा कबीर-मंसूर जैसी लोकप्रिय रचनाओं की किंवदंतियां कबीर पंथ के लिए ज्यादा महत्त्वपूर्ण हैं।

अनंतदास की कबीर परचई का कई दृष्टियों से विशेष महत्त्व है। सबसे पहले तो यह कबीर विषयक किंवदंतियों का सबसे पुराना संग्रह है। यह हमें कबीर के ऐतिहासिक समय (तिथि) के बिल्कुल नजदीक ले जाता है। फिर भी कबीर की ऐतिहासिक जीवनी की पुनर्निर्मिति में इसकी अंतर्वस्तु बहुत कम उपयोगी है।

किंवदंतियों के विचारधारात्मक संदेश को उसके श्रोताओं तक पहुंचाने के लिए अनंतदास के पाठ का उपयोग किया जा सकता है। लेकिन, किंवदंतियों का एक परिकल्पित शाश्वत 'सत्व' होता है। यदि किसी उद्देश्य के लिए किंवदंतियों का एक पाठ उपयोगी होता है तो उसी उद्देश्य के लिए दूसरा पाठ उपयोगी नहीं हो सकता। क्योंकि प्रत्येक किंवदंती का प्रत्येक पाठ (version) अपने ही सामाजिक और ऐतिहासिक संदर्भ में स्थित और विश्लेषित होता है।

कबीर की किंवदंतियों के लिए तो अनंतदास का पाठ उपयोगी है ही, मेरे लिए इसका सबसे बड़ा महत्त्व लंबी समयावधि में कबीर की किंवदंतियों के ऐतिहासिक उद्‌विकास या 'वंशक्रम' (फूको 1904 : 78-79) के पता लगाने में है। इसके परिणामस्वरूप हम किंवदंतियों के विचारधारात्मक संदेश में निहित परिवर्तन के पूर्णबोध को प्राप्त कर सकते हैं जो कि भिन्न ऐतिहासिक युग में, भिन्न लेखकों के द्वारा और भिन्न श्रोताओं के लिए परिवर्तित हुआ है। ऐतिहासिक और सामाजिक प्रभाव की दृष्टि से सबसे महत्त्वपूर्ण किंवदंतियां या उनके रूपांतर (पाठांतर) वे नहीं हैं जो सबसे पुराने हैं, बल्कि वे हैं जो सबसे लोकप्रिय हैं।

कुछ अन्य पाठों की मैं विस्तारपूर्वक चर्चा नहीं करूंगा क्योंकि या तो वे मुझे उपलब्ध नहीं थे या उनकी किंवदंतियों के रूपांतर खास अलग नहीं थे। 1651 ई. में लिखी गई प्रसिद्ध गुजराती रचना 'कबीर-चरित' मुझे उपलब्ध नहीं हो पाई। इसके लेखक मुकुंद गुली हैं (सेठी 1984 : 5, 14, भट्ट 1975 : 21)। नाभादास के भक्तमाल पर प्रियादास की टीका के बाद की बहुत सी टीकाएं मुझे उपलब्ध नहीं हो सकीं। गरीबदास (1717-1778 ई.) द्वारा लिखे गए कबीर के 'चरित' के उन्हीं पदों को मैं प्राप्त कर सका जो कि परमानंददास (1956, 1984) के 'कबीर-मंसूर' और 'कबीर-चरित-बोध' (मुगलानंद 1953 : भाग 11) नामक रचनाओं में उपलब्ध हैं।

'कबीर सागर' नामक रचना मुझे उपलब्ध हुई लेकिन मैं उसका बहुत उपयोग नहीं कर पाया। हिंदी की इस रचना में कबीर से संबंधित सभी महत्त्वपूर्ण पद मिल जाते हैं। यह स्वामी युगलानंद बिहारी द्वारा (1953) संपादित और ग्यारह छोटे-छोटे खंडों में प्रकाशित है।[9] ये रचनाएं अधिकतर अठारहवीं और उन्नीसवीं शताब्दी के समय की प्रतीत होती हैं। उनमें से कई कबीर की विभिन्न किंवदंतियों का जिक्र करती हैं। इस संदर्भ में 'कबीर-चरितबोध' महत्त्वपूर्ण है, जो कि युगलानंद द्वारा बीसवीं शताब्दी के तीसरे दशक के प्रारंभ में लिखी गई (पीताम्बरदत्त बड़थ्वाल, 1978 : 281)। एक और लोकप्रिय रचना 'अनुराग सागर' (युगलानंद, 1953 : भाग 2) है जिसे 'कबीर-सागर' में संग्रहित किया गया है। इसमें कबीर की किंवदंतियों के कई रूपांतर (पाठांतर) शामिल हैं (दुर्भाग्य से अधिकतर किंवदंतियां कबीर के

पूर्व जन्म से संबंधित हैं)। हाल ही में 'अनुराग सागर' का अंग्रेजी में अनुवाद किया गया है (अनुराग सागर, 1984)।

कबीर सागर में संग्रहित अधिकतर रचनाएं कबीर पंथ की धर्मदासी शाखा से संबंधित हैं। कबीर की किंवदंतियों के उनके रूपांतर (पाठांतर) 'कबीर-मंसूर' और 'सद्गुरु श्री कबीर चरितम्' का बहुत हद तक अनुसरण करते हैं। यही बात धर्मदासी शाखा की दो अन्य रचनाओं लहना सिंह उर्फ हरिदास (1962) की 'कबीर कसौटी' (1985 ई.)[10] और श्री तपस्वी (1976) के 'सत्यप्रकाशसटीक' के बारे में कही जा सकती है। इसी तरह कबीर चौरा शाखा की रचना 'श्री सद्गुरु कबीर' है जिसके रचयिता रामानंद दास (1974) है। इसमें किंवदंतियों का रूपांतर (पाठांतर) वैसा ही है जैसा कि गंगाशरण शास्त्री (1976) के 'कबीर-जीवन-चरित' में पाया गया है। कबीर के जीवन पर बहुत चलताऊ ढंग से कबीरपंथ की एक बहुत छोटी शाखा— जगूदास शाखा—से संबंधित शंकरदास की रचना 'श्रीकबीर चरितामृत' (1955) के आधार पर विचार किया जाएगा। यह रचना अस्पष्ट रूप से हंसा साहेब की खोई हुई पाण्डुलिपि पर आधारित होने का दावा करती है जो कि 1582 वि.सं. (1925 ई.) में तैयार की गई है।

संदर्भ एवं टिप्पणियां

1. शारलोत वादिवेल (1974 : 24-48), डेविड स्कॉट (1985), रामकुमार वर्मा (1966, 1971, 1997), केदारनाथ द्विवेदी (1965), के.के. भट्ट (1975), परशुराम चतुर्वेदी (1964 : 132-79), हजारीप्रसाद द्विवेदी (1971), पीताम्बर दत्त बड़थ्वाल (1946 : 79-127), मोहन सिंह (1934), एफ.ई. कीज (1931 : 26-50) और जी.एच. वेस्कॉट (1953, 1-27) आदि विद्वानों ने कबीर की जीवनी की पुनर्निर्मिति के लिए गंभीर प्रयास किया।
2. रामकुमार वर्मा (1983 : 95-107)। 1985 ई. के एक साक्षात्कार में उन्होंने बताया कि एक विद्यार्थी को उन्होंने पांडुलिपि दी थी, जिसे उसने वापस नहीं किया।
3. एल.पी. दुबे (1968 : 30-31); दो अलग-अलग रूपों में यह पद उद्धृत किया गया है। एक में कृष्णदास और विनोदी का नाम छोड़ दिया गया है।
4. रामानंद के 'समय' (तिथि) पर चर्चा के लिए उपुर्यक्त संदर्भ 'एक' के विद्वानों के अतिरिक्त पीताम्बर दत्त बड़थ्वाल (1978 : 197), आर.जी. भण्डारकर (1965 : 66-67), बी.एन. श्रीवास्तव (1957 : 69-98), नाभादास (1969 : 281-96), फर्कुहर (1967 : 323) और श्रीकृष्णलाल (रामानंद, 1955 : 33-50) को देखा जा सकता है।
5. उपर्युक्त संदर्भ-1 को देखें।
6. देखें, बी.एन. श्रीवास्तव (1957 : 155-57), आर. बर्गहार्ट (1978 : 121-39) और रामकुमार वर्मा (1977 : 10-15)। बर्गहार्ट का लेख बी.पी. सिंह (1957) पर आधारित है। बर्गहार्ट और बी.पी. सिंह बारह नामों वाली वंशावली को प्राथमिकता देते हैं। इन नामों

में क्रमभंगता पाई जाती है।

7. मैं 'कबीर-बीजक' के वेंकटेश्वर प्रेस संस्करण की प्रति (फोटोकापी) उपलब्ध कराने के लिए शुकदेव सिंह और लिंडा हेस्स का आभार व्यक्त करता हूं।
8. वादिवेल (1974 : 43-44) का मानना है कि कबीर के पदों में पाए जाने वाले 'लोई' शब्द का आशय शायद 'लोग' है। सिक्ख परंपरा में इसे पत्नी (कबीर की) का नाम बताया गया है। इसी प्रकार 'राम जनीआ' शब्द शायद जेनेरिक शब्द है और इसका अभिप्राय 'राम की दासी' है।
9. यह संग्रह (कबीर सागर) सर्वप्रथम 1930 ई. के आस-पास प्रकाशित हुआ जान पड़ता है। इस संग्रह के कुछ पाठों का सारांश केदारनाथ द्विवेदी (1965), पीताम्बर दत्त बड़थ्वाल (1978), एफ.ई. की (1931) और जी.एच. वेस्कॉट (1953) के यहां पाया जाता है।

   यू. ठुकराल (1979) को भी देखें।
10. 'कबीर कसौटी' की भूमिका से तो यही पता चलता है कि यह ग्रंथ संवत् 1942 (1885 ई.) में रचा गया है। एम.ए. मेकॉलिफ (1963 : भाग 6, पृ. 123) सर्वप्रथम 1909 ई. में उद्धृत करते हैं कि ''कबीर कसौटी पिंजौर के स्वर्गीय लहना सिंह का ग्रंथ है।'' जी. एच. वेस्कॉट (1953 : 3) सर्वप्रथम 1907 ई. में उल्लेख करते हैं कि ''कबीर कसौटी नामक हिंदी का एक परचा (पैंफलेट) 1885 में बम्बई से प्रकाशित हुआ'' जो कि ''कबीर पंथ के पांच सदस्यों द्वारा सामूहिक रूप से तैयार किया गया था।'' वेस्कॉट का मानना है कि कबीर कसौटी में मिलने वाली कबीर से संबंधित किंवदंतियां 1962 के संस्करण में नहीं पाई जाती हैं।

अध्याय तीन

किंवदंतियों में कबीर का जीवन

किंवदंतीपरक आख्यान (Legandary narratives) न तो मिथक होते हैं और न ही इतिहास। लेकिन इसमें मिथक और इतिहास दोनों की विशेषताएं शामिल होती हैं। पॉल स्कॉट ने अपने एक उपन्यास में किंवदंती को एक ऐसी 'फैंटेसी' कहा है जिसकी जड़ तथ्य में स्थित होती है। मिथक के रचयिताओं की तरह किंवदंतियों के मूल रचयिता भी अधिकतर गुमनाम ही होते हैं और किंवदंतियों की रचना में वे अपनी आस्था या कल्पना का धड़ल्ले से प्रयोग करते हैं। इसके बावजूद किंवदंतियां ऐतिहासिक विमर्शों की तरह ही भूतकाल में घटित हुए ऐतिहासिक व्यक्तियों तथा उनसे संबंधित घटनाओं (वास्तविक या कल्पित) से संबंध रखती हैं। कभी-कभी किंवदंतियों के रचयिताओं के लिए स्वतंत्र साक्ष्य—लिखित या मौखिक—जुटाना जरूरी हो जाता है। ऐसा वे किंवदंती की खास परंपरा से बाहर जाकर भी करते हैं। यह भी कहा जा सकता है कि किंवदंतियां ऐसे मिथक हैं जो कि विद्यमान ऐतिहासिक परंपरा की सीमाओं को ध्यान में रखते हुए गढ़ी जाती हैं। दूसरे ढंग से विचार करने पर यह भी कहा जा सकता है कि किंवदंतियां एक ऐतिहासिक रचना (पाठ) जैसी हैं, जिसमें कल्पना का बहुत अधिक प्रयोग किया जाता है। कल्पना की अधिकता उसे ऐतिहासिक रचना नहीं रहने देती बल्कि मिथक की श्रेणी में पहुंचा देती है।

प्रत्येक पुनर्कथन किंवदंती की मौजूदा परंपरा में कुछ न कुछ बदलाव लाता है। इसलिए देर-सबेर किंवदंतियों के ऐतिहासिक 'सार' (सत्व) का कथावाचकों की कहानियों और ब्यौरों में खो जाना अवश्यंभावी है। ये कहानियां कथावाचकों की रचनात्मक सोच से पैदा होती हैं और इन्हीं के द्वारा किंवदंतियां आगे भी बढ़ती हैं। इस अर्थ में किंवदंतियां मिथक की अपेक्षा ज्यादा महीन और अस्पष्ट होती हैं। इसके बावजूद वे एक अर्थ में ऐतिहासिक रूप से सही मानी जाती है जबकि मिथक नहीं माने जाते हैं।

कबीरविषयक किंवदंतियों में बनारस के जुलाहे संत कबीर एक ऐतिहासिक व्यक्तित्व हैं। लेकिन अनंतदास की 'कबीर परचई' (सबसे पुरानी संत-चरितात्मक रचना) में इसके ऐतिहासिक सत्व को मिथकीय व्याख्याओं से ढंक दिया गया है। निर्गुण संत परंपरा में सिर्फ गुरु नानक से संबद्ध किंवदंतियां ही कबीर से संबंधित किंवदंतियों से आगे (पूर्णता और जटिलता के संदर्भ में) निकल पाई हैं। दादूदयाल, हरिदास निरंजनी, पीपा और रैदास जैसे अन्य संतों के बारे में भी विस्तृत संत चरितात्मक लेखन उपलब्ध है।

कबीर से संबद्ध किंवदंतियों का सबसे पहला संग्रह, अनंतदास की कबीर परचई, करीब सोलहवीं शताब्दी के अंत में लिखा गया। प्रियादास ने 1712 ई. में नाभादास के भक्तमाल पर प्रभावशाली टीका लिखी है। इस टीका में कबीर से संबंधित किंवदंतियों के लिए कबीर परचई को ही आधार बनाया गया है। आगे, कबीर से संबद्ध किंवदंतियों के पुनर्कथनों के लिए प्रियादास की टीका ही मुख्य स्रोत का काम करने लगती है।

फिर भी, कबीर से संबद्ध कई महत्त्वपूर्ण किंवदंतियां अनंतदास और प्रियादास के संग्रहों में नहीं पाई गई हैं। इन किंवदंतियों में कई तो कबीर पंथ के साथ पैदा हुई हैं। ये किंवदंतियां इस संसार में कबीर के पदार्पण और अपने मुख्य शिष्यों को पाने जैसे विषयों से जुड़ी हुई हैं। कुछ किंवदंतियां दूसरे संतों के किंवदंती-चक्र से ली गई हैं। ये सीधे कबीर से नहीं बल्कि अन्य संतों से संबंधित थीं। कबीर पंथ की धर्मदासी (शाखा) से संबद्ध किंवदंतियां कबीर के पूर्व जन्मों के बारे में वैसे ही सूचना देती हैं जैसे कि बुद्ध के बारे में जातक कथाएं।

अनंतदास और प्रियादास के बाद कबीर की किंवदंतियों के अधिकतर लेखक कबीरपंथ से जुड़े हुए थे। इसमें सबसे महत्त्वपूर्ण अपवाद 1720 ई. में राघवदास का 'भक्तमाल', और चतुरदास की इस पर टीका (1800 ई.) तथा 1762 ई. में वारकरी लेखक महीपति द्वारा मराठी में लिखा गया 'भक्त विजय' है। राघवदास और चतुरदास दादूपंथ से जुड़े हुए थे। मुख्य कबीरपंथी संग्रहों में परमानंद का भारी-भरकम कबीर मंसूर 1887 ई. में लिखा गया; स्वामी युगलानंद द्वारा ग्यारह खंडों में संपादित 'कबीर सागर' (1953), जिसमें कुछ पाठों खासकर 'कबीर चरितबोध' का समय ज्ञात नहीं है, शायद उन्हीं के द्वारा खुद 1930 ई. में लिखा गया; ब्रह्मलीनमुनि का संस्कृत ग्रंथ 'सद्गुरु श्री कबीरचरितम्' उनकी हिंदी टीका के साथ 1960 ई. में प्रकाशित हुआ; और गंगाशरण शास्त्री का 'कबीर जीवन चरित' पहले-पहल 1976 ई. में प्रकाशित हुआ। इन किंवदंतियों पर सर्वाधिक पूर्ण अकादमिक अध्ययन मेरा 'कबीर लीजेंड्स' है, जिसमें यहां उठाए गए कई प्रसंगों का विस्तार से उल्लेख किया गया है और पूर्ण संदर्भ सूची भी दी गई है।

कई अकादमिक विद्वानों ने इन किंवदंतियों और कबीर के पदों के आत्मपरिचयात्मक संदर्भों की सहायता से उनकी ऐतिहासिक जीवनी निकालने की कोशिश की है (उदाहरण के लिए वादिवेल 1974, चतुर्वेदी 1964)। लेकिन, ऐसा कोई तरीका नहीं है कि किसी स्वतंत्र स्रोत से इन किंवदंतियों के तथ्यों की जांच हो सके। चूंकि किंवदंतियों में अक्सर चमत्कार और दैवीय दखल शामिल होते हैं, इसलिए एक अकादमिक विद्वान के लिए उन पर बहुत अधिक विश्वास करना कठिन हो जाता है। इसलिए हम बस इतना ही कह सकते हैं कि कबीर बुनकरों की जुलाहा जाति से संबंधित थे; बनारस के मुसलमान परिवार में पले बढ़े; उन्होंने कई निर्गुण गीतों और पदों की रचना की, वे निर्गुण-परपंरा के विकास में सहायक रहे; संभवतः वे रामानंदी धार्मिक संप्रदाय के संस्थापक रामानंद के शिष्य थे; संभवतः वे शादी-शुदा थे (कबीरपंथी ऐसा नहीं मानते) और कमाल नाम का उनका पुत्र था; शायद वे सुल्तान सिकंदर लोदी और वीर सिंह बघेल के समकालीन थे; शायद वे रामानंद के अन्य निर्गुणी शिष्यों; खासकर रैदास और सेन को जानते थे और संभवतः सोलहवीं शताब्दी के पूर्वार्द्ध में गोरखपुर के निकट मगहर में उनकी मृत्यु हो गयी।

इस जीवनी के दो पहलुओं पर कुछ अतिरिक्त टिप्पणी की जरूरत है : कबीर का रामानंद से संबंध और कबीर का समय (तिथि)। अनंतदास और नाभादास के समय से ही हिंदू परंपरा में इस बात पर सर्वसम्मति थी कि कबीर रामानंद द्वारा दीक्षित हुए थे। हाल के वर्षों में मैक्लियोड और शारलोत वादिवेल जैसे अकादमिक विद्वानों ने उनके संबंधों के ऐतिहासिक सत्य पर संदेह जताया है। इन विद्वानों का मानना है कि कबीर और रामानंद के बीच का संबंध बहुत संभव है कि कबीर और कबीर के ज्ञान को एक ब्राह्मण गुरु द्वारा वैधता देने के क्रम में गढ़ा गया हो।

इस तर्क ने कई महत्त्वपूर्ण तथ्यों की अनदेखी की है। पहली बात यह है कि हिंदू परंपरा में सर्वसम्मति से कबीर को रामानंद का अनुयायी बताया गया है। इस प्रकार का दावा सबसे पहले अनंतदास और प्रियादास द्वारा किया गया है। दोनों ने यह बात लगभग 16वीं शताब्दी के अंत में, कबीर की मृत्यु के 75 वर्ष बाद से थोड़ा पहले कहा। कबीर और रामानंद के संबंध को बताने वाले आरंभिक लेखक हरिराम व्यास भी सोलहवीं शताब्दी के मध्य में लिख रहे थे।

दूसरा तथ्य यह है कि न तो अनंतदास, न ही नाभादास और न हरिराम व्यास कबीर के कट्टर अनुयायी थे। अनंतदास और नाभादास रामानंदी संप्रदाय से संबंधित थे और दोनों ने ही स्वीकार किया है कि रामानंद सिर्फ कबीर के नहीं बल्कि निम्न जाति के अन्य निर्गुण संतों के भी गुरु थे। इन शिष्यों में अछूत रैदास भी थे। हरिराम व्यास के पंथ के बारे में स्पष्ट जानकारी नहीं है, लेकिन वे 'हितहरिवंश' और स्वामी

हरिदास से जुड़े हुए थे। दोनों रामानंदी लेखकों द्वारा रामानंद और कबीर के गुरु-शिष्य संबंध पर जोर देने का उद्‌देश्य कबीर की तुलना में रामानंद को ज्यादा उच्च ठहराना है। जबकि कबीर की तुलना में रामानंद का धार्मिक और साहित्यिक व्यक्तित्व छोटा था। यह बहुत संभव है कि बाद के कबीरपंथी लेखक, यह स्वीकार कर खुश थे कि कबीर मशहूर ब्राह्मण विद्वान द्वारा दीक्षित हुए थे। यदि यह कहानी गढ़ी भी गई है तो हम कह सकते हैं कि इस कहानी के गढ़ने के पीछे कबीर के अनुयायी नहीं थे।

तीसरा तर्क हमें सुझाव देता है कि कबीर और रामानंद के बीच ऐतिहासिक संबंध संभव है। यह बहुत कुछ रामानंद की रचनाओं से प्रतीत होता है जिनमें ब्राह्मण होने के बावजूद रामानंद का धार्मिक जुड़ाव रेडिकल निर्गुण परंपरा से दिखता है। पीटर फान डेर फीर ने स्पष्टतः दिखाया है कि धार्मिक और सामाजिक अर्थ में आरंभिक रामानंदी संप्रदाय आज की तुलना में ज्यादा उदार था। आरंभिक रामानंदियों का निर्गुणी परंपरा के साथ जुड़ाव रामानंद और निर्गुण संतों के बीच वंशक्रमिक संबंध द्वारा भी स्पष्ट होता है। यह भी महत्त्वपूर्ण है कि अनंतदास ने अपनी रचनाओं के लिए निर्गुण संतों के जीवन-चरितात्मक ब्यौरों को ही चुना है। साथ ही नाभादास ने अपने प्रसिद्ध भक्तमाल के बहुत से पदों को निर्गुण संतों को समर्पित किया है। यह तथ्य और भी महत्त्वपूर्ण है कि नाभादास स्वयं अछूत डोम जाति से संबंधित बताए गए हैं।

उपर्युक्त साक्ष्यों को देखते हुए, मुझे विश्वास है कि कबीर और रामानंद के बीच कुछ न कुछ ऐतिहासिक संबंध जरूर होना चाहिए। यह भी संभव है कि रामानंद के द्वारा कबीर कभी भी औपचारिक रूप से दीक्षित न हुए हों। किंवदंतियों के ब्यौरों से भी गुप्त दीक्षा की बात मिलती है। बहुत संभव है कि वे एक-दूसरे को जानते थे और एक-दूसरे के धार्मिक विश्वासों से उन्होंने परस्पर ज्ञानार्जन भी किया।

कबीर की ऐतिहासिक जीवनी के रास्ते में दूसरा रोड़ा उनके समय (तिथि) का है। कबीर और उनके विख्यात गुरु रामानंद का समय (तिथि) स्पष्टतः ज्ञात नहीं है। इस समस्या के कारण इस पर अतिरिक्त विचार-विमर्श की जरूरत है। मैंने इस विषय पर विस्तार से 'कबीर लीजेंड्स' में विचार किया है और यहां सिर्फ उन बहसों के मुख्य बिंदुओं को ही दोहराऊंगा। कबीरपंथ में कबीर का समय 1398 ई. से 1518 ई. तक (120 वर्ष का लंबा जीवनकाल) स्वीकार किया गया है। कुछ आधुनिक विद्वानों ने कबीर के निधन की पारंपरिक मान्यता वर्ष 1518 ई. स्वीकार किया है तथा उनके जन्म को 15वीं शताब्दी के मध्य में माना है। लेकिन परशुराम चतुर्वेदी और शारलोत वादिवेल जैसे विद्वानों ने कबीर की मृत्यु को ही आधी शताब्दी पहले, लगभग 15वीं शताब्दी के मध्य में माना है।

मैं अपने चार पुख्ता और एक-दूसरे से स्वतंत्र तर्कों के आधार पर कह सकता हूं कि कबीर का समय (तिथि) सोलहवीं शताब्दी के पहले चतुर्थांश में होना चाहिए। ये तर्क आधारित हैं : 1. 1588 ई. में लिखी गई अनंतदास की नामदेव परचई पर। 2. सत्रहवीं शताब्दी के पहले चतुर्थांश या उससे थोड़ा पहले लिखे गए नाभादास के भक्तमाल पर। 3. कबीर और सिकंदर लोदी (488-1512 ई.) की किंवदंतिक समकालीनता पर। 4. कबीर और वीर सिंह बघेल (मृत्यु संभवतः 1530 ई.) की किंवदंतिक समकालीनता पर, जिसका अनंतदास और बाद के स्रोतों में भी उल्लेख किया गया है। दोनों शासकों से कबीर की भेंट की किंवदंती चाहे सही हो या न हो, तो भी इनकी समकालीनता की संभावना बहुत अधिक है। इस बात पर बहुत से विद्वानों का ध्यान नहीं गया है कि वीर सिंह ऐसे ऐतिहासिक व्यक्तित्व हैं, जिनकी तिथियां मोटा-मोटी ज्ञात हैं। लेकिन इस पर ध्यान नहीं दिया गया है कि वे सचमुच ऐतिहासिक व्यक्ति हैं। कबीर और गुरु नानक की किंवदंतिक समकालीनता भी विश्वास करने लायक नहीं है। दादूदयाल के पंथीय वंशक्रम (कैल्वर्त्त) की मदद लेने पर कबीर का समय करीब 50 वर्ष पहले चला आता है। लेकिन ऐतिहासिक रूप से यह भी संदिग्ध है।

उपर्युक्त चारों स्वतंत्र तथ्यों की सहायता से कबीर का समय (तिथि) सोलहवीं शताब्दी का प्रथम चतुर्थांश निकलता है। इससे कबीर की मृत्यु का पारंपरिक समय 1518 ई. सही प्रतीत होता है। इससे रामानंद के समय के बारे में भी स्पष्ट जानकारी मिलती है, जो 15वीं शताब्दी के उत्तरार्द्ध में होना चाहिए, उससे पहले नहीं।

अब कबीर से संबंधित प्रमुख किंवदंतियों का 'सार' प्रस्तुत करना ज्यादा उपयोगी होगा जो कबीर की किंवदंतियों के पूर्ण संग्रह या किंवदंती-चक्र में पाई गई हैं। वे किंवदंतियां जिनकी उत्पत्ति पृथक-पृथक हुई हैं, उनको किसी सुसंगत कथन से जोड़ पाना बहुत कठिन है। तर्कपूर्ण तो यह है कि किसी किंवदंती को कबीर के जन्म और दीक्षा से शुरू होकर उनकी मृत्यु और सशरीर स्वर्गारोहण पर खत्म होना चाहिए। लेकिन इन किंवदंतियों का कोई क्रम नहीं है, ज्यादातर क्रम मनमाना है। आगे मुख्य किंवदंतियों का सारांश दिया जा रहा है जिनका क्रम आधुनिक कबीर पंथी लेखक गंगाशरण शास्त्री (1996) के 'कबीर जीवन चरित' के क्रम पर आधारित है।

कबीर के जन्म के विषय में किंवदंती न तो अनंतदास और न ही प्रियादास के यहां पाई गई है। यह बाद के पुनर्कथनों में प्रमुखता से नजर आती है। इस किंवदंती के बहुत से रूपभेद भी मौजूद हैं। अधिकांश पुनर्कथन कबीरपंथ के प्रसंग में पैदा हुए हैं और इनके पाठांतरों ने कबीर की एक अलग छवि गढ़ने की कोशिश की है। यह कोशिश कबीर की दैवीय छवि गढ़ने के रूप में है और/या उनकी निम्न जाति

की स्थिति और मुसलमानी पैदाइश के अस्वीकार के रूप में है। अधिकतर ब्यौरों में इस बात पर सहमति है कि कबीर बनारस के बाहरी इलाके में लहरतारा नामक तालाब में एक बच्चे के रूप में उतराते हुए या उसके किनारे सुप्तावस्था में पाए गए। मुसलमान बुनकरों में जुलाहा जाति के एक दंपति ने उन्हें पाया और बनारस में अपने घर ले आए। यही जगह आज कबीर चौरा के नाम से जानी जाती है। जुलाहा दंपति ने उसे बेटे की तरह पाला-पोसा और बुनकरी का कौशल भी सिखाया।

बचपन में ही कबीर ने वैष्णव धर्म में बहुत रुचि दिखाई। इस बात से उनके परिवार, खासकर उनकी मां को बहुत आघात पहुंचा। ऐसा भी कहा जाता है कि जब वे बच्चे थे तभी उन्होंने निश्चय कर लिया कि वे प्रसिद्ध ब्राह्मण गुरु रामानंद द्वारा ही दीक्षित होंगे। चूंकि कबीर मुसलमान थे इसलिए रामानंद उन्हें दीक्षा देने के लिए सहमत नहीं होते। इसलिए कबीर भोर के अंधेरे में, उस रास्ते में जाकर लेट गए जिस रास्ते से रामानंद गंगा नहाने जाते थे। अंधेरे में जब रामानंद का पैर कबीर पर पड़ा तो रामानंद राम राम कहने लगे। कबीर ने इसी को अपना दीक्षा मंत्र मान लिया। बाद में रामानंद को यह पता चला कि कबीर उनका शिष्य होने का दावा कर रहे हैं तो उन्होंने कबीर को बुलाकर बहुत फटकारा। कबीर ने नदी के रास्ते की घटना रामानंद को याद दिलाई। साथ ही अपने धार्मिक ज्ञान और अंतर्दृष्टि से गुरु को प्रभावित किया। रामानंद ने तब खुलेआम कबीर को अपना शिष्य स्वीकार कर लिया। कुछ स्रोतों में इसके लिए एक और घटना का उल्लेख किया जाता है। इसमें कबीर बहुत चमत्कारिक ढंग से रामानंद को बताते हैं कि पर्दे के पीछे कौन छिपा हुआ है? और एक वैष्णव मूर्ति के गले में हार डालने की समस्या को कैसे हल किया जाय? कबीर की दीक्षा की किंवदंती सबसे पहले अनंतदास की कबीर परचई के निरंजनी-पंथी पाठ में पाई गई है। यह बाद के सभी किंवदंती-संग्रहों में भी पाई जाती है।

एक दिन कबीर जब कपड़े का एक थान बेचने के लिए बाजार में थे तो एक गरीब ब्राह्मण के वेश में ईश्वर उनकी परीक्षा लेने के लिए आए। ब्राह्मण ने कबीर से कुछ कपड़ा मांगा और कबीर ने तत्काल ही आधा कपड़ा फाड़कर ब्राह्मण को दे दिया। तब ब्राह्मण ने बचे हुए कपड़े को भी मांग लिया और कबीर ने उसे भी दे दिया। कबीर बिना पैसे या बिना कपड़े के घर वापस लौटे तो बहुत लज्जित हुए। इस लज्जा से बचने के लिए कई दिनों तक छिपे रहे (अथवा कुछ पाठांतरणों में समाधिस्थ रहे)। इसी बीच ईश्वर व्यापारी के छद्मवेष में कबीर के घर आए और कबीर की मां को भोज्य-सामग्री से भरी हुई बैलगाड़ी भेंट की। ईश्वर ने कहा कि यह कबीर के लिए उपहार है जिससे वह एक बड़े भोज का आयोजन कर सके। सबसे

पहले यह किंवदंती अनंतदास के यहां पाई गई है। बाद के कई स्रोतों में भी यह मिलती है। लेकिन यह कबीरपंथ में बहुत लोकप्रिय नहीं है शायद इसलिए कि इसमें कबीर को एक गरीब बुनकर के रूप में दिखाया गया है।

कबीर ने तब भक्तों के लिए एक भोज के आयोजन का निश्चय किया। लेकिन यह स्थानीय ब्राह्मणों और संन्यासियों को बहुत नागवार गुजरा, उन्होंने शिकायत की कि कबीर सभी कुछ 'शूद्रों' को दे रहे हैं। कबीर ब्राह्मणों और संन्यासियों को खिलाने के लिए तो राजी हो गए, लेकिन और भोजन खरीदने के लिए उनके पास पैसे नहीं थे, इसलिए जाकर फिर छिप (समाधिस्थ) गए। ईश्वर फिर उनके उद्धार के लिए स्वयं कबीर के वेश में आए और प्रत्येक को 2½-2½ सेर अनाज भोजन के रूप में दिया। यह किंवदंती अनंतदास (भाग-2) और बाद के अन्य लेखकों के यहां भी पाई गई है।

एक दिन योगी गोरखनाथ (या उनका एक अनुयायी) कबीर (या उनके गुरु रामानंद) को शास्त्रार्थ (वाद-विवाद) के लिए चुनौती देने आए। गोरखनाथ ने अपने लोहे के त्रिशूल को जमीन में गाड़ा और उसके शूलों पर जाकर बैठ गए तथा कबीर को शास्त्रार्थ के लिए ललकारा। तब कबीर ने एक धागे को हवा में फेंका और उस पर जाकर बैठ गए। तब कहीं गोरख को अपनी हार का ज्ञान हुआ। यह किंवदंती अनंतदास और प्रियादास के यहां तो नहीं, लेकिन कई कबीरपंथी संग्रहों में पाई जाती है। परमानंद के कबीर-मंसूर में इस तरह की दो और घटनाओं का उल्लेख है। इनमें गोरख, कबीर को चुनौती देते हैं कि वे उन्हें तालाब में ढूंढ़ें। गोरख मेढक में बदल जाते हैं फिर भी कबीर उन्हें पकड़ ही लेते हैं। तब कबीर खुद को पानी में बदलकर तालाब में सफलतापूर्वक छिप जाते हैं। गोरख नहीं ढूंढ़ पाते। दूसरी घटना में, गोरख कबीर को डंसने के लिए दो नागों को भेजते हैं लेकिन कबीर ने उनके साथ मेहमानों जैसा बर्ताव किया और नागों ने उन्हें नहीं डंसा।

जैसे-जैसे कबीर की प्रसिद्धि बढ़ने लगी, उन्हें देखने आने वालों की भीड़ भी बढ़ने लगी। इस भीड़ को रोक पाना कबीर के लिए बहुत कठिन हो गया। इस समस्या से छुटकारा पाने के लिए वे बाजार गए और वहां उन्होंने एक वेश्या को बांहों में लेकर किसी पात्र से शराब पीने का ढोंग किया। जब कबीर अपने लिए हमेशा सम्मान दिखाने वाले राजा वीर सिंह बघेल के दरबार में गए तो राजा ने अच्छा बर्ताव नहीं किया। तभी कबीर पात्र से अपने पैरों पर पानी उड़ेलने लगे। राजा ने पूछा कि उन्होंने ऐसा क्यों किया? उन्होंने बताया कि उसी क्षण, बहुत दूर, पुरी शहर के जगन्नाथ मंदिर में एक पुजारी के पैरों पर उबलते पानी से भरा हुआ बर्तन गिर गया था। कबीर ने पुजारी को जलने से बचाने के लिए ठंडा पानी उड़ेला था। राजा वीर सिंह बघेल को कहानी पर विश्वास नहीं हुआ और उन्होंने जांचने के लिए कुछ

हरकारों को तेज ऊंटों से पुरी भेजा। हरकारों ने वैसा ही किया, और जब बात सही निकली तो राजा को बहुत पछतावा हुआ तथा उसने कबीर से क्षमा मांगी। कबीर ने प्रसन्नतापूर्वक क्षमा किया और कहा—'मेरे मन में क्रोध नहीं है। मेरे लिए यह न तो घृणा और न ही प्रेम का प्रश्न है। मेरे लिए राजा और रंक में कोई अंतर नहीं है।' यह कहानी अनंतदास द्वारा कही गई है (4.9-6.6) और बाद के लेखकों ने भी इसे दोहराया है। लेकिन ब्रह्मलीनमुनि (1960, पेज 481-96) जैसे कुछ कबीरपंथी लेखक वेश्या वाली घटना को चतुराई से छोड़ देते हैं। यह किंवदंती बहुत जटिल है और इसमें कई आश्चर्यजनक सामाजिक और मनोवैज्ञानिक भूमिकाओं का विपर्यय शामिल है (लॉरेंजन 1991, पृ. 29-32)।

मुहसिन फानी रचित माने जाने वाले 'दबिस्तान-ए-मजाहिब' (1843, खंड-दो, पृ. 189-91) और महीपति के 'भक्तविजय' (1982, खंड एक, पृ. 178-85, 398- 400) में एक किंवदंती कबीर, उनकी पत्नी और कामांध व्यापारी के विषय में पाई गई है। कबीरपंथी साधु हमेशा उनके शादीशुदा होने को नकारते हैं, इसलिए यह किंवदंती कबीरपंथी स्रोतों में नहीं पाई गई है। मूलतः यह किंवदंती कबीर के विषय में नहीं बल्कि निर्गुण संत पीपा और उनकी पतिव्रता पत्नी सीता के विषय में प्रतीत होती है (देखें, नाभादास 1969, पृ. 492-521, राघवदास 1963, पृ. 195-217)। 'दबिस्तान-ए-मजाहिब' के अनुसार एक दिन कबीर के घर कुछ दरवेश आए। कबीर ने अपनी पत्नी से कहा कि वह स्थानीय व्यापारी के पास जाकर उधार में कुछ भोजन ले आए। व्यापारी उधार के लिए राजी हो गया, लेकिन शर्त यह रखी कि रात में कबीर की पत्नी उसकी कामेच्छा पूर्ति के लिए आए। कबीर की पत्नी ने उनसे पूछा कि उसे क्या करना चाहिए? कबीर व्यापारी की शर्त पर सहमत हो गए। उस रात अंधड़ और मूसलाधार बारिश से सड़क कीचड़ से भर गई, लेकिन कबीर जब अपनी पत्नी को कंधों पर बिठाकर व्यापारी के पास पहुंचे तो उसे तनिक भी कीचड़ नहीं लगा था। जब व्यापारी ने उससे पूछा कि उसे कीचड़ कैसे नहीं लगा? तो उसने सारी बात बता दी। व्यापारी बहुत लज्जित हुआ, उसने कबीर से क्षमा मांगी और अपनी सारी संपत्ति छोड़कर साधु हो गया।

परमानंद के कबीर-मंसूर (1956, पृ. 155-56) के अनुसार एक दिन कबीर, शेख फरीद और कमाल (कबीर का बेटा), सम्मन नाम के एक गरीब भक्त के घर पहुंचे। चूंकि घर में भोजन नहीं था, इसलिए अपने सम्मानित अतिथियों के भोजन के वास्ते सम्मन और उसका बेटा सिऊ नकबजनी करने निकल पड़े। उन्होंने एक व्यापारी के घर की दीवार में छेद किया और सामान लूटने के लिए सिऊ अंदर चला गया। जैसे ही सिऊ छेद से बाहर निकल रहा था, व्यापारी ने उसके पैर को पकड़ लिया। सिऊ

ने अपने पिता से उसका (सिऊ का) सिर काट लेने के लिए कहा, जिससे कोई यह न जान पाए कि चोरी किसने की। सम्मन की पत्नी ने भोजन तैयार किया और अपने मेहमान को खिलाने के लिए तीन थाली सजा दी। कबीर ने आग्रह किया कि सम्मन, उसकी पत्नी और सिऊ उनके साथ खाए। कबीर ने जब सिऊ को आने के लिए पुकारा तो उसके मुंड ने कहा कि उसका धड़ कहीं और पड़ा है। जब कबीर ने जोर दिया कि वह आए ही तब धड़ दौड़ता हुआ आया और अपना सिर फिर से लगा लिया। तब सभी छहों खाने के लिए बैठ गए। यह किंवदंती मूलतः कबीर से संबंधित नहीं थी। अनंतदास ने बिना कबीर का उल्लेख किए इसे एक अन्य भक्त की परचई का विषय बनाया (1786 fol.73V.–76V.)। महीपति के भक्तविजय (1982, खंड 1, पृ. 98-108) में सम्मन और सिऊ की जगह कबीर और उनके पुत्र कमाल हैं।

कबीर की किंवदंतियों के सभी संग्रहों में पाई जाने वाली और सबसे प्रसिद्ध किंवदंतियों में एक कबीर और सुल्तान सिकंदर लोदी के बीच मुलाकात की किंवदंती है। अनंतदास (6.14-9.10), के अनुसार एक दिन सिकंदर बनारस आया। कबीर के विरोधी जिसमें काजी, मुल्ला, ब्राह्मण, बनिया, और उनकी मां भी थी, उनकी धार्मिक गतिविधियों के संदर्भ में सिकंदर से शिकायत करने आईं। सिकंदर ने कबीर को हुक्म देकर उनके स्वधर्म-त्याग पर पश्चात्ताप करने के लिए कहा। कबीर ने सिर्फ राम में आस्था जताई। सिकंदर ने उन्हें जंजीर से बांधकर गंगा में फेंकने का आदेश दिया। कबीर जैसे ही पानी में फेंके गए, जंजीर खुल गई और वे बिना नुकसान के तैरते रहे। आगे वे एक जलने वाली लकड़ी के लट्ठे में बांधे गये। जब आग जली तो वह ऐसी ठंडी थी जैसे पानी। तब सिकंदर ने उन्हें एक जंगली हाथी से कुचलवाने का आदेश दिया। हाथी ने कुचलने से मना कर दिया। अंततः सिकंदर ने कबीर को सही माना और बहुत सा धन देने का प्रस्ताव किया। कबीर ने उपहार लेने से मना कर दिया और घर लौट गए। इस किंवदंती के अन्य पाठों में और बहुत सी दिव्य परीक्षाएं जुड़ जाती हैं। जैसे कबीर ने कभी सिकंदर को बहुत गंभीर बुखार से निजात दिलाई। किंवदंतियों के इन पाठों (संस्करणों) में शेख तकी के व्यक्तित्व के बारे में भी बताया गया है। शेख तकी कबीर के मुख्य विरोधी थे, और इन्होंने ही कबीर की भयानक दिव्य परीक्षा के लिए सिकंदर लोदी को उकसाया था।

कई कबीरपंथी संग्रहों में उल्लेख है कि कबीर सिकंदर के साथ प्रयाग गए। वहां पर शेख तकी ने कबीर को चुनौती दी कि वे गंगा में उतराते हुए शव को जीवित करें। जब कबीर ने शव को पुकारा तो उसमें जान आ गई और वही कबीर का दत्तक पुत्र कमाल हुआ। कमाल एक ऐतिहासिक व्यक्ति प्रतीत होते हैं। वे स्वयं धार्मिक रचना करने वाले समर्थ कवि हैं। कमाली मूलतः शेख तकी की बेटी कही जाती है।

एक दिन कमाली की मृत्यु हो गई, तब शेख तकी ने कबीर से कहा कि यदि उसे जीवित कर दे तो उनकी आस्था कबीर में हो जाएगी। जब कबीर ने कमाली को जीवित कर दिया तो कमाली ने अपने वास्तविक पिता को त्यागकर कबीर को अपना दत्तक पिता मान लिया। अनंतदास और प्रियादास ने कमाल और कमाली का उल्लेख नहीं किया है।

कबीरपंथी संग्रहों में कबीर की यात्रा से संबंधित कई किंवदंतियां मिलती हैं। इनमें कबीर के गुरुनानक से मिलने और उनके साथ मक्का की यात्रा करने की बात कही जाती है। सिख स्रोतों में यह बात बहुत जानी-पहचानी है। उनमें मक्का की यात्रा के दौरान कबीर की उपस्थिति का उल्लेख नहीं मिलता है। लेकिन कइयों में यह दावा किया गया है कि कबीर और गुरु नानक एक बार जरूर मिले थे। अन्य यात्राओं में कबीर रामदास नामक दक्षिण के ब्राह्मण से मिले, और रामानुज द्वारा स्थापित दक्षिण भारत के तोताद्रि (Totadri) आश्रम की यात्रा की। उन्होंने अफगानिस्तान में बल्ख की यात्रा की, वहां के सुल्तान शाह इब्राहिम अदहम से मिले, जो सूफियों के किंवदंती-चक्र का प्रमुख व्यक्तित्व है। इनमें से किसी भी किंवदंतिक यात्रा के बारे में विस्तार से चर्चा करने की जरूरत नहीं है। इन किंवदंतियों की अधिकतर घटनाएं जो यहां ली गई हैं, वे अन्य धार्मिक व्यक्तित्वों के साथ भी जुड़ी हुई हैं।

एक धार्मिक कवि और संत के रूप में कबीर के बहुत से अनुयायी थे। उनमें से एक कबीर के गुरुभाई रैदास भी थे। अनंतदास की 'रैदास परचई' (1982) में कबीर और रैदास, अपने साथी अनुयायी सेन के साथ ईश्वर की सगुण और निर्गुण अवधारणा के सापेक्षिक महत्त्व पर बहस करते हैं। रैदास की तरफ से विष्णु की दखलंदाजी के बावजूद कबीर निर्गुण अवधारणा की बात बहुत मजबूती से रखते हैं। रैदास हार स्वीकार कर कबीर को अपना गुरु मान लेते हैं। खुद सेन के पदों (1996) में इस बहस का वर्णन किया गया है।

कबीर के बनारस के शिष्य पद्मनाभ का पहली बार नाभादास के भक्तमाल (1969, पृ. 534-6) में उल्लेख किया गया है। गंगाशरण शास्त्री के अनुसार पद्मनाभ ने कोढ़ के मरीज का इलाज किया। पद्मनाभ ने उसे गंगा में नहाने और तीन बार राम का नाम जपने को कहा था। बाद में कबीर ने पद्मनाभ को बहुत फटकारा क्योंकि उन्होंने राम में थोड़ी ही आस्था दिखाई थी। नाम नहीं बल्कि नाम का संकेत ही मरीज को ठीक करने के लिए काफी था।

कबीर के ब्राह्मण अनुयायियों तत्त्वा और जीवा का भी पहली बार नाभादास के भक्तमाल (1969, पृ. 537-40) में ही उल्लेख किया गया है। लेकिन प्रियादास पहले टीकाकार हैं जो स्पष्ट रूप से उन्हें कबीर से जोड़ते हैं। तत्त्वा और जीवा ने यह निश्चय किया था कि उसे ही अपना गुरु स्वीकार करेंगे जो एक निश्चित परीक्षा

में पास हो सकेगा। वे अपने संत अतिथियों के पैर धोकर, उस पानी को जमीन में गड़ी हुई छड़ी पर डालते थे। जिसके पानी से छड़ी में पत्तियां निकल आतीं वही भविष्य में उनका गुरु होता। कबीर के पैर के पानी से वैसा ही प्रभाव उत्पन्न हुआ और तत्त्वा तथा जीवा ने उन्हें अपना गुरु मान लिया। इस पर उनके जाति के लोगों ने बहुत आपत्ति की क्योंकि कबीर एक जुलाहे थे। लोगों ने उनके परिवार में शादी करने से मना कर दिया। जब तत्त्वा और जीवा ने अपने बच्चों की एक-दूसरे के यहां शादी करने की धमकी दी तो लोग नरम पड़ गए। आज तत्त्वा और जीवा कबीरपंथ के फतुहा शाखा के संस्थापक माने जाते हैं।

कबीर के कई अन्य अनुयायी भी कबीरपंथ की महत्त्वपूर्ण शाखाओं के संस्थापक माने जाते हैं। अधिकांश कबीरपंथी स्रोतों के अनुसार उनके चार मुख्य शिष्य थे— धर्मदास, श्रुतिगोपाल, भगवानदास गोस्वामी और जागू साहब। वे क्रमशः दामाखेड़ा— खरसिया (धर्मदासी), कबीर चौरा (मूलगद्दी), धनौती (भगताही) और बिदुपुर-शिवपुर, कबीरपंथी शाखा के संस्थापक माने जाते हैं। अनंतदास और प्रियादास ने किसी का भी उल्लेख नहीं किया है। दो सबसे महत्त्वपूर्ण व्यक्ति धर्मदास और श्रुतिगोपाल हैं।

धर्मदास बुंदेलखंड क्षेत्र में बांधोगढ़ कस्बे के एक धर्मनिष्ठ बनिया व्यापारी थे। वे सबसे पहले कबीर से मथुरा में मिले, जहां कबीर ने उनके समक्ष एक छोटे से चमत्कार का प्रदर्शन किया। अंततोगत्वा धर्मदास और उनकी पत्नी आमिनी देवी उनके अनुयायी हो गई। दोनों मुख्य अनुयायी ही नहीं, अपनी प्रतिभा से प्रमुख धार्मिक रचना करने वाले कवि भी हुए। एक दिन कबीर ने घोषणा की कि धर्मदास का पुत्र मुक्तामणि कबीरपंथ का मुखिया होगा और उसने अपनी गद्दी कुदरमल (जिला बिलासपुर) में स्थापित की। कुदरमल के मठ का अभी भी अस्तित्व है, लेकिन कबीरपंथ के धर्मदासी शाखा की गद्दी कई बार स्थानांतरित हुई है। अब यह विरोधी शाखाओं में बंट गयी है जिसके मुख्य केंद्र खरसिया और दमखेड़ा हैं।

श्रुतिगोपाल (सुरतगोपाल) का वास्तविक नाम सर्वानंद था। वे दक्षिण भारत के एक ज्ञानी पंडित थे। उन्होंने संपूर्ण भारत का भ्रमण किया और शास्त्रार्थ में प्रत्येक विरोधी पंडित को पराजित किया। तब उन्होंने अपनी मां से कहा कि वे उन्हें 'सर्वजीत' पुकारे, क्योंकि उन्होंने सभी को जीत लिया है। उनकी मां ने कहा कि पहले वह कबीर से बहस (शास्त्रार्थ) कर लें। सर्वानंद बनारस आए और कबीर को शास्त्रार्थ की चुनौती दी। शास्त्रार्थ बहुत समय तक चलता रहा लेकिन कबीर सर्वानंद को संतुष्ट नहीं कर पाए। उलटे कबीर खुद सर्वानंद की 'जीत का प्रमाण-पत्र' लिखने के लिए अनमने ढंग से सहमत हो गए। जीत के प्रमाण-पत्र में कहा गया था कि कबीर हार गए हैं। जब सर्वानंद घर पहुंचे तो उन्होंने पाया कि प्रमाण-पत्र में कहा

गया है कि वे स्वयं हार गए हैं। नया प्रमाण-पत्र लेने के लिए वे कई बार बनारस आए। लेकिन प्रत्येक बार घर पहुंचने पर उन्होंने पाया कि प्रमाण-पत्र जादुई ढंग से बदल गया था। अंततः उन्होंने ज्ञान की सभी किताबें त्याग दीं और नया नाम श्रुतिगोपाल अपनाकर कबीर के शिष्य हो गए। कबीर चौरा के साधु विश्वास करते हैं कि कबीर ने अपनी गद्दी के साथ श्रुतिगोपाल को बनारस के करीब कबीरचौरा में अपने घर के पास कबीरपंथ की गद्दी का प्रमुख नियुक्त किया था। आज भी इस जगह पर बहुत बड़ा मठ है।

कबीर से संबद्ध अंतिम तीन महत्त्वपूर्ण किंवदंतियां अनंतदास और प्रियादास के यहां पाई गई हैं। परवर्ती कबीरपंथी संग्रहों में भी इनकी चर्चा अक्सर आती है। इन किंवदंतियों में पहली कबीर के विरुद्ध बनारस के कुछ ब्राह्मणों के षड्यंत्र की चर्चा करती है। बनारस के चार ब्राह्मणों ने निर्गुण साधु के छद्म वेश में विभिन्न दिशाओं की यात्रा की। उन्होंने इन यात्राओं में घोषणा की कि कबीर एक महाभोज का आयोजन कर रहे हैं, जिसमें सभी आमंत्रित हैं। जब लोग नियत दिन पर आना शुरू हुए तो कबीर भागकर छिप गए (या समाधिस्थ हो गए)। ईश्वर (हरि) एक बार फिर कबीर के बचाव में आए, इस बार उन्होंने खुद कबीर का रूप धारण किया। वहां बहुत से कबीर नजर आ रहे थे और प्रत्येक मेहमान का व्यक्तिगत रूप से स्वागत कर रहे थे। उन्होंने सभी साधुओं को भोजन और कपड़े बांटे। आज भी कबीरपंथ के मुख्य मठों में विभिन्न तिथियों पर इस तरह के महाभोज का आयोजन किया जाता है।

दूसरी किंवदंती में, कबीर के ब्रह्मचर्य की परीक्षा लेने के लिए हरि द्वारा भेजी गई एक अप्सरा की बात आती है। कबीर ने बहुत आसानी से उसके पथभ्रष्ट करने के प्रयास का सामना किया। वह स्वर्ग वापस चली गई और हरि (ईश्वर) को सारी घटना कही। हरि बहुत खुश हुए और उन्होंने चारों भुजाओं के साथ (सगुण रूप में) कबीर को दर्शन दिया। उन्होंने कबीर को चमत्कारी शक्ति और अकूत धन-धान्य का प्रस्ताव किया। कबीर ने कहा कि उन्हें इस तरह की चीजों की जरूरत नहीं है। तब हरि ने उन्हें अजर, अमर और अनश्वर बना दिया।

अंतिम किंवदंती कबीर की मृत्यु और उनके सशरीर स्वर्गारोहण से संबंधित है। यह उनके विषय में सबसे प्रसिद्ध किंवदंतियों में से एक है। यह अनंतदास से शुरू होकर अधिकतर संग्रहों में पाई गई है। कबीर के कुछ पदों में भी इसका संकेत मिलता है। जब कबीर की मृत्यु का समय आया तो उन्होंने मगहर जाने का निश्चय किया। मगहर गोरखपुर के निकट बस्ती जिले का एक कस्बा है। उस समय यह प्रसिद्ध धारणा थी कि कोई व्यक्ति यदि मगहर में मरता है तो वह गधे के रूप में जन्म लेता है। कबीर यह सिद्ध करने के लिए वहां गए कि राम किसी की,

कहीं भी रक्षा करते हैं। जब कबीर की मृत्यु हुई तो उनके हिंदू और मुसलमान अनुयायियों के बीच यह विवाद खड़ा हो गया कि शव का क्या किया जाए—जलाया जाए या दफनाया जाए। परवर्ती रचनाओं से पता चलता है कि हिंदुओं के नेता वीर सिंह बघेल और मुसलमानों के नेता नवाब बिजली खान थे। सभी, अंततः शव को फूल से ढंकने के लिए सहमत हुए। बाद में उन्हें शव की जगह सिर्फ फूल ही मिले। अनंतदास, किंवदंती का इस तरह अंत करते हैं कि कबीर स्वर्ग में सभी देवताओं और मुनियों द्वारा सम्मानित हुए। विष्णु ने उनसे कहा—'स्वर्ग आपका है! हमेशा के लिए यहां रहिए।'

इस किंवदंती-चक्र को विभिन्न दृष्टियों से विश्लेषित किया जा सकता है। हम देख चुके हैं कि अधिकतर अकादमिक विद्वानों ने इन किंवदंतियों का उपयोग कबीर का ऐतिहासिक जीवन-वृत्त प्राप्त करने के लिए किया है। लेकिन इस जीवन-वृत्त के लिए तथ्यों की पर्याप्त कमी हमेशा निराशा उत्पन्न करती है। मिसाल के तौर पर शारलोत वादिवेल (1974, पृ. 46) अफसोस जताती हैं कि 'कबीर का किंवदंतिक-जीवन भारतीय संत-चरित के सुपरिचित 'विन्यास' का अनुसरण करता है।' लेकिन यह 'विन्यास' स्वयं एक ऐतिहासिक उत्पाद हैं, जो अपने-आप में एक महत्त्वपूर्ण बात है। यह उस तरह 'सुपरिचित' नहीं हैं जैसा कि वादिवेल का सुझाव है। पहले इन 'विन्यासों' को पहचानने की जरूरत है, उसके बाद ही अन्य परंपराओं के संतों और नायकों के किंवदंतिक-जीवन से तुलना की जानी चाहिए। दूसरा रोचक प्रश्न खुद इन किंवदंतियों का इतिहास है : वे कहां और कैसे पैदा हुईं? मेरे लिए एक और भी रोचक प्रश्न है कि इन किंवदंतियों के द्वारा किस सामाजिक-आर्थिक और धार्मिक विचारधारा की अभिव्यक्ति हुई है? वे अपने कहने और सुननेवालों की धार्मिक, सामाजिक और आर्थिक जरूरत को कैसे अभिव्यक्त करती हैं?

वादिवेल का मानना है कि 'हिंदू-संत-चरित के विन्यास' के भीतर कबीर के किंवदंती-चक्र को रखा जा सकता है। एक अन्य निबंध में मैंने सात निर्गुणी संतों के किंवदंती-चक्र की परस्पर तुलना की है। इन संतों में दादूदयाल, हरिदास निरंजनी, कबीर, नामदेव, गुरुनानक, पीपा और रैदास हैं (लॉरेंजन 1999)। इस तुलना से पता चलता है कि सभी में मुख्य बातें एक जैसी हैं, जो निम्नलिखित हैं—1. सभी संत गैर-ब्राह्मण हैं—तीन क्षत्रिय और चार कामगार जातियों से संबंधित हैं। 2. कम से कम तीन संतों (कबीर, नामदेव और रैदास) की किंदवंतियों में उनके एक या अधिक पूर्वजन्मों का उल्लेख मिलता है। 3. सभी संतों में सिर्फ दो किंवदंतियां, उनके जन्म के विषय में असामान्य घटनाओं का जिक्र करती हैं। 4. सभी संतों में एक (हरिदास) ने बचपन में ही अपनी धार्मिक रुचि का प्रमाण दे दिया था।

5. सभी संतों का किसी न किसी मानव गुरु, दैवीय-छाया या दैवीय-आकाशवाणी से महत्त्वपूर्ण सामना हुआ है जिसकी वजह से उनमें धार्मिक भावों का उदय हुआ है। 6. सभी संत विवाहित थे (यद्यपि कबीरपंथी पाठ में कबीर को अविवाहित कहा गया है) अपने धार्मिक जुड़ाव की वजह से कइयों ने परिवार को छोड़ दिया था या उनकी पत्नियों से हमेशा झगड़ा होता रहा। 7. सभी संतों का याचकों, देवताओं, पशुओं, प्रेतों, चोरों, ब्राह्मणों, बनिया, काजी, मुल्ला और राजा जैसे लोगों से सामना होता है। इनके द्वारा संतों के गुणों और दिव्य शक्तियों की परीक्षा ली जाती है। 8. तीन संतों (दादूदयाल, कबीर और गुरुनानक) ने अपनी मृत्यु से पहले ही अपने उत्तराधिकारी का नाम घोषित कर दिया था। इसमें आश्चर्य नहीं है कि इन्हीं तीनों के अनुयायियों ने सबसे बड़े पंथ- आंदोलन को संगठित किया। 9. इन्हीं तीनों की मृत्यु के विषय में असामान्य घटना की चर्चा मिलती है।

मैं यहां इस 'विन्यास' की तुलना अन्य हिंदू-संतों (जो निर्गुण परंपरा से संबद्ध नहीं हैं) के किंवदंती-चक्र या अन्य धार्मिक और जातीय परंपराओं के संतों और नायकों के किंवदंती-चक्र से नहीं करना चाहूंगा; क्योंकि इनमें भिन्नताएं और समानताएं दोनों ही विद्यमान हैं। सातों निर्गुणी संतों का गैर-ब्राह्मण होना एक ऐसा ऐतिहासिक तथ्य है, जो रूढ़िवादी हिंदू परंपरा के ब्राह्मण-संतों और विद्वानों की श्रेष्ठता का स्पष्ट विरोधी है। सातों निर्गुणी संत विवाहित थे और पूरी तरह से किसी ने भी परिवार को नहीं छोड़ा था जबकि रूढ़िवादी परंपरा के अधिकतर संतों ने संन्यासी जीवन को चुना था। रूढ़िवादी धार्मिक परंपरा के प्रतिनिधियों और सत्ताधारियों द्वारा निर्गुण संतों के मूल गुणों की परीक्षा ली जाती है। रूढ़िवादी हिंदू संतों के यहां ऐसी परीक्षाएं अनुपस्थित नहीं हैं, लेकिन इन परीक्षाओं की अपेक्षा धार्मिक और ईश्वर संबंधी बहसें कुछ ज्यादा हैं। फिर भी निर्गुणी संतों से संबद्ध किंवदंतियों में इन परीक्षाओं की बारंबारता, चमत्कारी स्वभाव और सामाजिक असमानता विशेष रूप से ध्यान देने लायक है।

हम देख चुके हैं कि कबीर की कई किंवदंतियां किन्हीं खास किंवदंतियों के पुनर्कथन हैं, जो खुद कबीर की नहीं हैं। किंवदंतियों के आरंभिक संस्करणों में भ्रमणकारी संत सम्मन और सिऊ सामान्यतः अज्ञात हैं। कबीर के बल्ख के राजा इब्राहिम बिन अदहम से मिलने की बात सूफी स्रोतों से ली गई है। कबीर के गुरु नानक से मिलने और उनके साथ मक्का जाने की बात सिक्ख किंवदंती से ली गई है। कबीर उनकी पत्नी और कामुक व्यापारी की किंवदंती स्पष्ट रूप से पीपा और उनकी पतिव्रता पत्नी सीता से संबंधित है। कबीर की दक्षिण भारत के तोताद्रि (Totadri) आश्रम की यात्रा और उनके द्वारा वेदों के पाठ की किंवदंती संभवतया वारकरी संत ज्ञानेश्वर की किंवदंती से ली गई है। कबीर के शव के विषय में

विवाद और उसके जादुई लोप और उसकी जगह पर फूलों के आ जाने की बात गुरु नानक के बारे में भी कही गई है। लेकिन प्राचीनतम किंवदंती संभवतः कबीर संबंधी ही है। यह किंवदंती पीछे सूफी स्रोतों तक ले जाई जा सकती है।

समान घटनाओं और अभिप्रायों पर आधारित निर्गुणी संतों के किंवदंतिक जीवन और हिंदू संतों के जीवन-विन्यास में (यहां तक कि अन्य समाजों के संतों और नायकों के जीवन-विन्यास में भी) एक समान आख्यानात्मक 'विन्यास' की उपस्थिति एक अखिल भारतीय और सार्वभौमिक आख्यान के 'आद्य-रूप' को प्रकट करती है। आख्यान के इस 'आद्य-रूप' को निश्चय ही ऐतिहासिक विसरण (प्रसार) की प्रक्रिया से स्वतंत्र होना चाहिए। दूसरी तरफ एक संत से दूसरे संत तक कुछ खास किंवदंतियों और उनके मूल भावों का स्थानांतरण यह दिखाता है कि ऐतिहासिक विसरण लगातार हो रहा था। किंवदंती-चक्रों के बनने की प्रक्रिया (जैसे कबीर की) कुछ हद तक जैविक रूप से प्रदत्त आख्यान के आद्य-रूपीय विन्यास और कुछ खास किंवदंतियों और उनके अभिप्रायों के ऐतिहासिक प्रसार पर निर्भर है। ये किंवदंतियां अपनी आरंभिक अवस्था में इन आद्य-रूपों के पारस्परिक प्रभाव से विकसित होती हैं और आगे उन ऐतिहासिक व्यक्तियों के जीवन से तथ्यों को ग्रहण करती हैं, जिनके जीवन को अभिव्यक्त करने का वे दावा करती हैं।

किसी भी धार्मिक आंदोलन द्वारा प्रस्तुत किया गया अधिकतर विमर्श विचारधारात्मक होता है। विमर्श का प्राथमिक उद्देश्य सामाजिक प्रतिष्ठा और आर्थिक व राजनीतिक शक्ति के असमान वितरण को वैधता प्रदान करना अथवा उनका प्रतिरोध करना है। यह खासकर नैतिक विमर्श के लिए सही है ही, किंवदंतियों और अन्य असंगत पाठों—धर्ममीमांसक और कर्मकाण्डीय के लिए भी सही है। इसीलिए उच्च वर्ग के प्रभुत्व वाले धार्मिक आंदोलन और निम्न वर्ग के धार्मिक आंदोलनों में मूलभूत अंतर होता है। व्यवहार में किसी भी धार्मिक आंदोलन का विचारधारात्मक विमर्श समाज के लगातार चलते रहने के लिए समझौते का रूप अख्तियार कर लेता है। इस समझौते के अंतर्गत शक्तिशालियों को उदारता और करुणा का उपदेश दिया जाता है, और उनकी खिल्ली भी उड़ाई जाती है। दूसरी ओर कमजोरों को धीरज, भाग्यवाद और आदेशपालन का पाठ पढ़ाया जाता है। फिर भी विचारधारात्मक संदेश में खास ढंग से बदलने की प्रवृत्ति होती है जो कि किसी भी आंदोलन या संप्रदाय के नेताओं और अनुयायियों के सामाजिक वर्गों पर निर्भर करती है। हिंदू परंपरा के भीतर इस प्रकार का विचारधारात्मक विभाजन निर्गुण और सगुण भक्ति की परस्पर विरोधी प्रवृत्तियों के रूप में उपस्थित है।

कबीर से संबद्ध किंवदंतियां निर्गुण भक्ति की निम्न जाति और गैर-ब्राह्मण

धार्मिक परंपरा के उत्पाद हैं। उनका मुख्य विचारधारात्मक संदेश धनी और सबल के द्वारा निर्बल के शोषण का पुरजोर विरोध करना है। कबीर गरीब और निर्बल के मूर्त रूप हैं। इन किंवदंतियों में धनी और सबल कबीर की परीक्षा लेने या उन्हें सजा देने का प्रयास करते हैं। लेकिन अंत में धनी और सबल हमेशा पश्चात्ताप के लिए मजबूर होते हैं और माफी भी मांगते हैं।

कबीर के जन्म की कहानियां उनकी दैवीय या उच्च जाति की स्थिति को अभिव्यक्त करती हैं। बच्चे या युवा के रूप में वे अपनी चतुराई से गुरु रामानंद को मात दे देते हैं और अपने लिए दीक्षा सुनिश्चित कर लेते हैं। इसके साथ ही अपने साथी अनुयायियों के बीच वे सम्मानित जगह भी बना लेते हैं। ईश्वर द्वारा एक ब्राह्मण भिखारी के वेश में दानशीलता की परीक्षा में कबीर खरे उतरते हैं, और व्यापारी के छद्मवेश में ईश्वर कबीर के घर बहुत सी भोज्य-सामग्री दे जाते हैं। जब कबीर भक्तों को भोज देने की बात करते हैं तो लोभी ब्राह्मण शिकायत करते हैं कि उन्हें अपना हिस्सा नहीं मिल पा रहा है। ईश्वर पुनः कबीर की ओर से हस्तक्षेप करते हैं। कबीर से संबद्ध वेश्या, राजा और जगन्नाथ के पुजारी की किंवदंती में कबीर इन तीनों की सामाजिक भूमिका उलट देते हैं। राजा राजनीतिक शक्ति और पुजारी उच्च सामाजिक स्थिति का द्योतक है। अंत में राजा कबीर के पास पश्चात्ताप के लिए आता है। कबीर उनकी पत्नी और कामांध व्यापारी की किंवदंती एक व्यापारी के द्वारा गरीबों के यौन और आर्थिक शोषण के विरुद्ध विरोध को दर्ज कराती है। अंततः व्यापारी कबीर से क्षमा मांगता है। सम्मन और सिऊ की किंवदंती में भी वैसा ही नैतिक भाव है। कबीर की सिकंदर लोदी से मुलाकात की किंवदंती में कबीर चमत्कारिक ढंग से सिकंदर द्वारा दी गई यातनाओं का सामना करते हैं। सिकंदर ने ये यातनाएं कबीर के उच्चवर्गीय दुश्मनों—हिंदू और मुसलमानों—के उकसावे के कारण दी थीं। अंत में सिकंदर माफी मांगता है। कबीर के अनुयायियों खासकर, तत्त्वा और जीवा, श्रुतिगोपाल और धर्मदास से संबद्ध किंवदंतियां, तीन ब्राह्मणों और एक बनिये के द्वारा उनकी आध्यात्मिक शक्ति (सत्ता) की वैधता को दिखाती है। अप्रत्याशित भोज की किंवदंती कबीर द्वारा पुनः ईश्वर की सहायता से कुछ लोभी ब्राह्मणों को मात देने की बात करती है। अप्सरा की कहानी, जिसमें वह कबीर को पथभ्रष्ट नहीं कर सकी, उनकी कामेच्छा के नियंत्रण को व्यक्त करती है, जबकि निम्न जाति का व्यक्ति अक्सर ऐसा नियंत्रण न कर पाने का अपराधी माना जाता है। सबसे अंतिम किंवदंती में कबीर की मृत्यु के बाद मोक्ष की प्राप्ति और सशरीर स्वर्गारोहण तथा एक हिंदू राजा और मुसलमान नवाब द्वारा उनको श्रद्धांजलि अर्पित किया जाना, उन्हें जीवन भर के कष्ट और अपमान से मुक्त कर, उनकी श्रेष्ठता सिद्ध करता है।

ये सब स्पष्टतः इन किंवदंतियों के मुख्य विचारधारात्मक संदेश को व्यक्त करते हैं, जो ज्यादातर कबीर के निम्न जाति के अनुयायियों की मनोवैज्ञानिक जरूरतों के अनुरूप है। इन किंवदंतियों के अधिकतर रचयिता/वाचक (कम से कम उनके लिखित संस्करणों में) निर्गुणी परंपरा से संबंधित और कबीरपंथी साधु थे, जिनकी जरूरतें इस आंदोलन के सामान्य अनुयायियों की जरूरतों से बहुत मेल खाती थीं। बहुत सी कहानियों में इन रचयिताओं/वाचकों के खास हित समाहित किए गए हैं, जैसे कि कबीर उनकी ही तरह ब्रह्मचारी (अविवाहित) थे। साथ ही इन संतों और साधुओं को भोजन और धन-धान्य देने की बात बराबर दोहराई गई है। कुल मिलाकर ये किंवदंतियां सिर्फ मनोरंजक कहानियां या शिक्षाप्रद धार्मिक नीति कथाएं नहीं हैं, ये भारतीय समाज में सामाजिक प्रतिष्ठा तथा राजनैतिक और आर्थिक शक्ति के चरित्र और बंटवारे के महत्त्वपूर्ण दस्तावेज हैं।

नोट

रामानंद-कबीर विषयक हरिराम व्यास के पद की...पाउवेल्स (1994) ने अच्छी चर्चा की है, हालांकि वे इस पद पर संदेह करने के लिए काफी खींचातानी करती हैं। वास्तविकता यही है कि 'जाकौ सेवक कबीर' कहते हुए हरिराम व्यास कबीर को रामानंद का शिष्य ही बता रहे हैं!

अध्याय चार

निर्गुण संतों का जीवन

भक्ति आंदोलन की निर्गुण और सगुण परंपरा में धर्ममीमांसक या विचारधारात्मक अंतर चाहे जैसा हो, लेकिन दोनों ही परंपराओं में संत-चरित लेखन पर बहुत जोर दिया गया है। यह संत-चरित वस्तुतः संतों के किंवदंतीपरक जीवन पर आधारित है जो कि वैदिक और शास्त्रीय हिंदू परंपरा में नहीं पाया गया है। वैदिक और शास्त्रीय हिंदू परंपरा में संत-चरित की अनुपस्थिति से यह भी पता चलता है कि इस परंपरा में धार्मिक सत्य के स्रोत के रूप में ऐतिहासिक साक्ष्य और व्यक्तिगत प्रज्ञा को महत्त्व नहीं दिया गया है। यह बात वैदिक भाष्य की परंपरा खासकर 'मीमांसा' से तो स्पष्ट ही हो जाती है। सभी धार्मिक सत्य वेद में ही निहित हैं। ये वेद शाश्वत और सभी मानवीय गतिविधियों से स्वतंत्र हैं। किसी भी धर्मज्ञ (सिर्फ ब्राह्मण-पुरुष) का सही कार्य सिर्फ इन ग्रंथों के शाश्वत सत्य को व्याख्यायित करना और आगे बढ़ाना है।

भक्ति परंपरा में आध्यात्मिक सत्य का मुख्य स्रोत ऐतिहासिक साक्ष्य और व्यक्ति-विशेष की धार्मिक सत्ता ही हो जाती है। हालांकि, सगुण-भक्ति में वेदों और ब्राह्मणों की सत्ता में विश्वास किया गया है, फिर भी ईश्वर संबंधी मिथकों की ओर इसका झुकाव लगातार बढ़ता गया है। ये मिथक शिव और विष्णु के प्रसिद्ध अवतारों खासकर विष्णु के राम और कृष्ण अवतारों से संबंधित हैं। बाद में विभिन्न संप्रदायों के संस्थापक-संतों और अन्य प्रसिद्ध भक्तों के जीवन की कहानियां भी इन मिथकों से जुड़ जाती हैं। उत्तर भारत के इन सगुण-भक्तों में मीराबाई, चैतन्य, सूरदास, वल्लभाचार्य, नरसी मेहता, तुलसीदास और तुकाराम हैं।[1] चूंकि नाथ संप्रदाय निर्गुण परंपरा के बहुत करीब है इसलिए नाथपंथी गोरखनाथ और गोपीचंद के जीवन की कहानियां भी इन मिथकों से जुड़ गई हैं।[2]

संत-चरितात्मक साहित्य के आरंभिक विकास में रामानंदी संप्रदाय की मुख्य भूमिका रही है। 1600 ई. के आसपास रामानंदी भक्त नाभादास ने अपने प्रसिद्ध ग्रंथ 'भक्तमाल' (1969) की रचना की। 'भक्तमाल' में सैकड़ों सगुण और निर्गुण

संतों के बारे में पदों की रचना की गई है। उन्हीं पदों से 1712 ई. में टीकाकार प्रियादास ने महत्त्वपूर्ण संतों पर एक विस्तृत 'संत-चरित' का विकास किया। 1600 ई. के ही करीब रामानंदी लेखक अनंतदास ने कई निर्गुण संतों पर संत-चरितात्मक पद्य लिखे जिन्हें 'परचई' कहा गया है।

निर्गुण परंपरा में वेदों की धार्मिक सत्ता तथा उसके ब्राह्मण भाष्यकारों का तीखा विरोध किया गया है जबकि प्रमुख संतों के जीवन और उनकी वाणियों को बहुत महत्त्व दिया गया है। इन संतों में नामदेव, कबीर, रैदास, पीपा, गुरु नानक, दादूदयाल और हरिदास निरंजनी प्रमुख हैं। निर्गुण परंपरा में इन सातों का बहुत महत्त्व है। इस अध्याय में भी इन्हीं के जीवनचरितों का उपयोग मूल स्रोत के रूप में किया जाएगा। मैं धन्ना, सेन, सदना और त्रिलोचन जैसे निर्गुण संतों को भी शामिल करना चाहता था, लेकिन उनके जीवन के एक-दो दृष्टांत या घटनाएं ही उपलब्ध हैं। ये घटनाएं पूर्ण 'संतचरित' न होकर कुछ-कुछ इसाईयों के 'एंग्जेंपला' और सूफियों के तजकिरा की तर्ज पर हैं।

ज्यादातर आधुनिक अकादमिक अध्ययनों में विभिन्न संतों के जीवन की परस्पर तुलना करने की कोशिश नहीं की गई है। प्रत्येक संत के जीवन को एक स्वतंत्र विषय के रूप में विश्लेषित किया गया है। अधिकतम विद्वत्तापूर्ण प्रयास सिर्फ किंवदंतियों के प्रत्येक समूह से एक 'ऐतिहासिक जीवनी' को ही निकालना रहा है। इस दृष्टि से किंवदंतियों के अधिकांश मिथकीय तत्त्व (जो कि विभिन्न संतों में लगभग समान हैं) इस ऐतिहासिक 'सत्य' की खोज में 'बाधक' माने जाते रहे हैं। उदाहरणस्वरूप, सी. वादिवेल (1974, 46), ने अपने ढंग से, कबीर की किंदवंतियों से ऐतिहासिक तत्त्वों को निचोड़ने के बाद उनके बाकी किंवदंतिक जीवन को 'भारतीय संतचरित' के प्रचलित विन्यास के अनुरूप कह कर छोड़ दिया है। दूसरी तरफ स्वयं मैंने अपने कार्य 'कबीर लीजेंड्स' (1991) में यह दिखाने की कोशिश की है कि इन किंवदंतियों में एक विचारधारात्मक 'संदेश' अंतर्निहित है, जो कि खुद ऐतिहासिक महत्त्व का है। क्या घटित हुआ, अथवा नहीं घटित हुआ इससे यह बिल्कुल स्वतंत्र है। कबीर और अन्य निर्गुण संतों का जीवन किस हद तक वादिवेल के 'प्रचलित विन्यास' का अनुकरण करता है, यह देखने की कोशिश नहीं की है। यदि उनका जीवन इस 'प्रचलित विन्यास' का अनुकरण करता भी है तो इस विन्यास की मुख्य विशेषताएं क्या हैं?

जिन संतों के अनुयायियों ने महत्त्वपूर्ण धार्मिक आंदोलनों को संगठित किया है, उन्हीं संतों की एक विस्तृत किंवदंतिक जीवनी मिलती है। फिर भी, दो संत इसके अपवाद हैं—एक नामदेव दूसरे पीपा। नामदेव वारकरी-संप्रदाय के अग्रदूत तो माने ही जाते हैं जिसमें सगुण और निर्गुण दोनों तरह के तत्त्व शामिल हैं साथ ही वे कबीर, रैदास और दादू की निर्गुण परंपरा के भी अग्रदूत माने गए हैं। उनकी

इस महत्ता के बावजूद उनके अनुयायियों ने 'नामदेव पंथ' की स्थापना नहीं की। इसी तरह पीपा के अनुयायियों ने भी 'पीपा पंथ' की स्थापना नहीं की। पीपा के विषय में तथ्यों की कुछ काट-छांट भी की गई है। उनसे संबद्ध कई घटनाओं का उल्लेख मिलता है, लेकिन इसमें उनके जन्म, मृत्यु और बचपन की कहानियों का उल्लेख नहीं है।

इस निबंध के मुख्य स्रोत के रूप में सोलहवीं शताब्दी के अंत में नामदेव, कबीर और रैदास पर लिखी गई अनंतदास 'परचई' (1989, 1982, लॉरेंजन, 1991), नाभादास के 'भक्तमाल' (1969) पर प्रियादास की 'टीका' (1712 ई.), साथ ही उसका सीतारामशरण भगवानप्रसाद रूपकला द्वारा भावानुवाद; राघवदास के 'भक्तमाल' पर चतुरदास की 'टीका' (1800 ई.), साथ ही स्वामी नारायणदास द्वारा उसका आधुनिक हिंदी में भावानुवाद; ऐबट और गोडबोले द्वारा महीपति (1902) के मराठी 'भक्तविजय' (1762 C.E.) का अंग्रेजी अनुवाद; रामस्वरूप सोनी द्वारा प्रस्तुत हरिप्रसाद निरंजनी जीवनचरित (1984); विनांद कैल्वर्त्त (1988) द्वारा प्रस्तुत जनगोपाल की दादू संबंधी रचना तथा डब्ल्यू.एच. मैक्लियोड द्वारा गुरुनानक के जीवनचरितों पर किए गए विभिन्न कार्य जैसे 'जनमसाखी' का अनुवाद (1980 a), 'गुरुनानक' और 'सिक्खधर्म' (1968), आरंभिक सिक्ख परंपरा (1980b) आदि महत्त्वपूर्ण हैं। पीपा और हरिदास के जीवनचरितों की चर्चा भी इस अध्याय के दो परिशिष्टों में की गयी है।

इस अध्याय का मुख्य उद्देश्य किसी संत-विशेष के जीवन की किसी खास घटना का विश्लेषण करना नहीं, बल्कि उन संतों के जीवनचरितों के सामान्य 'विन्यास' पर विचार करना है। जीवनचरितों के 'बाद वाले' रूपों में पहले रूपों की अपेक्षा कुछ नए तत्त्व शामिल हो गए हैं। इन तत्त्वों में किन्हीं खास ऐतिहासिक व्यक्तियों के नाम और स्थान, उपदेशात्मक वार्ताएं और चमत्कार आदि हैं। इनकी वजह से इन कहानियों में 'ऐतिहासिकता' का 'आभास' भी आ गया है। मैक्लियोड ने गुरुनानक के जीवनचरित के संदर्भ में इन प्रारूपिक परिवर्तनों का बहुत बारीकी से विश्लेषण किया है। तुलनात्मक रूप से यह भी देखा जाना चाहिए कि कुछ खास ब्यौरों के जुड़ जाने के बावजूद प्रत्येक संत के परवर्ती पुनर्कथनों में बहुत समानता पाई जाती है।

संतों के जीवन की कहानी चाहे निर्गुणी द्वारा कही गई हो या सगुणी द्वारा, यह बहुत अचरज की बात है कि दोनों में ही उनके जीवन की मुख्य घटनाएं बहुत-कुछ एक-जैसी हैं। अंतर है भी तो बहुत थोड़ा है। अनंतदास और प्रियादास जैसे संतों ने ही निर्गुण संतों के जीवन को अपनी रचना का आधार बनाया है। इससे निर्गुण परंपरा के प्रति उनकी सहानुभूति प्रकट होती है। उत्तर भारत के संतों की वैसी कोई सगुणमार्गियों द्वारा रचित 'अनाधिकारिक' जीवनी नहीं मिलती है जैसी कि वीर

शैव संत बासव के जीवन के बारे में जैनों द्वारा रचित निंदात्मक जीवनियां मिलती हैं। संत-चरित का दूसरा महत्त्वपूर्ण आयाम यह है कि इसमें विभिन्न संतों के जीवन के लोक-कथात्मक प्रसंग एक जैसे हैं। कभी-कभी तो दो या अधिक संतों के जीवन की पूरी घटना ही एक जैसी है। संतों के शवों के लोप होने और उसकी जगह पुष्पों के आ जाने का प्रसंग कबीर, दादू और नानक (और अन्य) के यहां मिलता है। इसी तरह संतों के द्वारा सूखी छड़ी में हरी पत्तियों के उगाने का प्रसंग भी कबीर, दादू और पीपा (राघवदास, 1969, 264-65, 674, 202, 214) के अलावा महात्मा गांधी के संदर्भ में भी मिलता है। (अमीन 1988, 328-30)। इस प्रकार के और भी कई उदाहरण दिए जा सकते हैं।

वे घटनाएं जो दो या अधिक संतों में हू-ब-हू पाई गई हैं, थोड़ी कम तो हैं, लेकिन मिलती जरूर हैं। समन और सेउ की कहानी कबीर और कमाल के बारे में भी कही गई है (लॉरेंजन, 1991, 52-54)। पीपा उनकी पत्नी सीता और कामुक व्यापारी की कहानी (राघवदास 1969, 205-7) कबीर और उनकी पत्नी के विषय में भी मिलती है (लॉरेंजन 1991, 49-50)। बटमार (डाकू) हरिदास निरंजनी और उनके गुरु गोरखनाथ की कहानी (रामस्वरूप सोनी 1984, 1-3) बटमार भोला और गुरु नानक के संदर्भ में भी कही गई है (मैक्लियोड 1980 a 42-45; 1980 b, 122-24)। कबीर और जगन्नाथ के पंडा जैसी ही कहानी (लॉरेंजन 1991, 29-32) पीपा और द्वारका के एक महोत्सव के संदर्भ में मिलती है (राघवदास 1969, 215), एक मूर्ति के गले में हार पहनाने के लिए कबीर के द्वारा रामानंद की मदद करने की कहानी (लॉरेंजन 1991, 25) पीपा और उनके भतीजे-शिष्य श्रीरंग के बारे में कही गई है (राघवदास, 1969, 213-141)। ऐसा भी कहा जा सकता है कि इन कहानियों के परवर्ती संस्करणों में जो परिवर्तन और परिवर्द्धन देखने को मिलता है, वह निर्गुण परंपरा या जीवनचरितों की भारतीय, बल्कि विश्वव्यापी परंपरा के अप्रकट और प्रच्छन्न आद्य-रूपों से उत्पन्न हुआ है। इसे एक ऐसा संरचनात्मक विन्यास मान सकते हैं जो सभी संतचरितों को एक समान 'मॉडल' में ढाल देता है। हालांकि मेरे लिए अचेतन का अस्तित्व, दैवीय या आध्यात्मिक रूप जैसी अनुभव से परे पराभौतिक सांस्कृतिक निर्मितियां स्वीकार्य नहीं हैं। मैं इन समानताओं को बहुत से कारकों के मेल से उत्पन्न मानता हूं। इन कारकों में इन कथाओं के परस्पर ऐतिहासिक प्रभाव, जनसाधारण में ऐतिहासिक विशिष्टताओं को धीरे-धीरे भूलते जाने की प्रवृत्ति और कथावाचकों तथा श्रोताओं की साझी मनोवैज्ञानिक और विचारधारात्मक आवश्यकताएं हैं।

निर्गुणी संतों के जीवन की कहानियों का मूल विन्यास एकदम सरल और एक-जैसा है। यद्यपि इन कहानियों में विन्यास के सभी हिस्से एक साथ नहीं

मिलते हैं। ऐसे विन्यास किंवदंतिक नायकों के जीवन की कहानियों के आद्य-रूप का कुछ-कुछ सरल रूप होते हैं, जैसा कि रैंक, लॉर्ड रैगलन, डुडेंस तथा अन्य विद्वानों ने दिखाया है।[3] सामान्यतः ये विन्यास संतों के जीवन की, खासकर हिंदू संतों के जीवन की कहानियों के बहुत करीब हैं।

निर्गुण संतों के टिपिकल जीवन-विन्यास की रूपरेखा आगे दी गई है। कोई भी पाठक आगे दी गई सारणी-1 में यह देख सकता है कि कैसे सातों संतों (दादू, हरिदास, कबीर, नामदेव, नानक, पीपा और रैदास) के जीवन में इस विन्यास का प्रत्येक भाग आया हुआ है। इन कहानियों में किस हद तक ऐतिहासिक सच्चाई पाई जाती है, यह तय करना बहुत कठिन है। हमारे विश्लेषण के लिए ऐतिहासिकता का होना या न होना वस्तुतः अप्रासंगिक भी है।

इस टिपिकल विन्यास के मुख्य तत्त्व निम्नलिखित हैं :

1. संतों का जन्म असामान्य तरीके से होता है। जन्म की इस कहानी का सीधा लक्ष्य निम्न जाति या मुसलमान परिवार में उनकी पैदाइश के प्रति अविश्वास दिखाना या उसे पूरी तरह से नकारना है। किसी भी तरह से उनका संबंध ईश्वर से होने का दावा किया जाता है—विष्णु के पूर्ण या आंशिक अवतार के रूप में या थोड़ा अमूर्त निर्गुण ब्रह्म 'राम' या 'सत्पुरुष' के रूप में। कभी-कभी संत अपने पालक-पिता द्वारा तालाब या नदी में उतराते हुए पाए गए हैं (जैसे नामदेव, कबीर, दादू)। कई कहानियों में संत पूर्वजन्म या जन्मों में उच्च जाति के बताए गए हैं।
2. संत युवावस्था में ही अपनी धार्मिक योग्यता, अलौकिक शक्ति या पूर्ण देवत्व को प्रदर्शित करते हैं। यह क्षत्रिय संतों के बजाय शूद्र और अछूत संतों के प्रसंग में और भी सही है। क्षत्रिय संत अपने पहले गुरु से मुलाकात के बाद ही धार्मिक जीवन को अपनाते हैं।
3. अपने गुरु और/या ईश्वरीय दिव्यवाणी या दिव्यदृष्टि से उनका ऐसा सामना होता है, जो उनके जीवन को पूरी तरह से बदल देता है। इस अवसर पर वे अपने गुरु से दीक्षा ले भी सकते हैं, नहीं भी ले सकते हैं। इस समय वे बच्चे भी हो सकते हैं या परिपक्व वयस्क भी।
4. वे या तो ब्रह्मचारी तपस्वी या विवाहित व्यक्ति होते हैं। किंवदंती के आरंभिक संस्करण में वे विवाहित हो सकते हैं और बाद के संस्करण में उन्हें एक ब्रह्मचारी तपस्वी के रूप में पेश किया जा सकता है। उन्हें लौकिक या अलौकिक तरीके से संतान की प्राप्ति हो सकती है। अंततः वे धन-दौलत, व्यापार-व्यवसाय को त्याग देते हैं और उनका गृहस्थ जीवन एक घुमंतू योगी के जीवन में बदल जाता है।

सारणी-1

निर्गुणी संतों का जीवन-विन्यास

नाम	जाति/ पेशा	पूर्व जीवन	असामान्य जन्म	आरंभिक धार्मिक अभिज्ञान	गुरु/आकाशवाणी दिव्य दृष्टि से सामना	विवाह और संतान
दादूदयाल	धुनिया	—	हां : जन्म के विषय में तीन तरह की बातें प्रचलित	हां : 11 वर्ष की आयु में	हां : 11 वर्ष की आयु में (गुरु) 18 वर्ष की आयु में (ईश्वर)	शायद कुछ लोग कहते हैं कि 2 पुत्र और 2 पुत्री
हरिदास निरंजनी	सांखला क्षत्रिय	—	—	नहीं : 44 वर्ष की आयु तक डकैत	हां : 44 वर्ष की आयु में गुरु गोरखनाथ से मुलाकात	हां? परिवार को त्याग दिया
कबीर	जुलाहा	हां : कई जन्म और किंवदंतियां	हां : कई तरह की बातें प्रचलित	हां : बीस वर्ष की आयु में या बचपन में ही	हां : आकाशवाणी और गुरु रामानन्द	हां ? दत्तक (?) कमाल और कमाली
नामदेव	दर्जी (छिप्पी)	हां : उद्धव का अवतार	हां : दो तरह की बातें प्रचलित	हां : 5 वर्ष की आयु में	हां : 5 वर्ष की आयु में ईश्वर को दूध पिलाते हैं	हां : पत्नी का नाम राजबाई
नानक	बेदी खत्री	—	हां : स्वर्ग और पृथ्वी पर उत्सव	हां : 5 वर्ष की आयु में	हां : 37 (?) साल की आयु में नदी से स्वर्ग को जाते हैं।	हां : 2 बेटे

पीपा	राजपूत	—	—	हां : करीब 18 वर्ष की आयु में	हां : 18 वर्ष की आयु में देवी ने उनसे रामानन्द के पास जाने के लिए कहा	हां : पत्नी सीता; बच्चों की जानकारी नहीं
रैदास	चर्मकार	हां : पूर्व जन्म में ब्राह्मण	हां : मां के स्तनपान को नकार दिया	हां : जन्म से ही	हां : आकाशवाणी हुई कि रामानंद खुद ही रैदास के पास जाएं	हां : बच्चे हैं, लेकिन अनिश्चित

संतों का जीवन-विन्यास (जारी—)

नाम	याचक (प्रार्थी) से सामना	जानवरों/देवताओं प्रेतों से सामना	ब्राह्मण और बनियों से सामना	काजी और मुल्ला से सामना	राजा से सामना	उत्तराधिकारी तय करना	असमान्य मृत्यु जीवनकाल
दादूदयाल	हां	हां	हां	हां	हां	हां : दादू की मृत्यु के बाद	59-60 की आयु में, 1544-1603
हरिदास निरंजनी	हां	हां	हां	—	—	—	नहीं, आयु 88 वर्ष, 1455-1543?
कबीर	हां	हां	हां	हां	हां	हां, कई मान्यताएं	हां, आयु 120 वर्ष, 1398-1518
नामदेव	हां	—	हां	—	—	—	नहीं, आयु 80 वर्ष, 1270-1350
नानक	हां (अनेक)	हां	हां	हां	हां	हां	हां : आयु 70 वर्ष, 1469-1539
पीपा	हां (अनेक)	हां	हां	—	हां	—	नहीं, 1465? के करीब मृत्यु
रैदास	—	—	हां सिर्फ ब्राह्मण	—	हां	—	नहीं, आयु 120 वर्ष, कबीर के समकालीन

5. गांवों और कस्बों की विभिन्न यात्राओं के दौरान उनका सामना कई तरह के लोगों से होता है। जिनमें उनकी माता और पत्नी, तपस्वी और योगी, काजी और मुल्ला, ब्राह्मण और पंडित, बनिया और अन्य व्यापारी, जंगली जानवर (हाथी, शेर, सांप), राजा और सुल्तान, देवता और प्रेत, देवी और परियां तथा सामान्य भक्त प्रमुख हैं। संतों के प्रति मुलाकातियों के व्यवहार के आधार पर मुलाकात की दो श्रेणियां बनाई जा सकती हैं। ये श्रेणियां निम्नलिखित हैं—

क. ये मुलाकाती याचक (प्रार्थी) हो सकते हैं जो संतों से अपनी समस्याओं के समाधान के लिए मिलने आते हैं या संतों को उपहार देकर सिर्फ आशीर्वाद की इच्छा रखते हैं। हमेशा की तरह संत चमत्कारिक ढंग से उनकी समस्याओं का समाधान कर देते हैं। संत याचक को सीख देने के लिए उसकी परीक्षा भी ले सकते हैं। एक बार जब प्रार्थी का अनुरोध स्वीकार कर लिया जाता है या वह परीक्षा में खरा उतरता है तो प्रायः वह संत का अनुयायी हो जाता है।

गुरु नानक के संत-चरित में धार्मिक विषयों पर कई मुसलमान और हिंदू-ज्ञानियों साधकों से उनका मित्रवत् संवाद मिलता है। इन दोनों से वे समान बर्ताव करते हैं। इन संवादियों द्वारा अधिकतर प्रश्न पूछे जाते हैं और नानक उसकी व्याख्या करते हैं। ये संवाद अधिकतर साहित्यिक रूप में हैं, जिसे मैक्लियोड 'कथात्मक विमर्श' और 'असनातनी विमर्श' कहते हैं।[4]

ख. अन्य मामलों में ये मुलाकाती-व्यक्ति संत के विरोधी या शत्रु होते हैं। ये संतों को कुछ परीक्षा जैसी स्थिति में डालते हैं। यह परीक्षा धर्मशास्त्रीय बहस, चमत्कारिक प्रतियोगिता या कई दिव्य परीक्षाओं के रूप में हो सकती है। कभी-कभी ये विरोधी संतों की सीधी परीक्षा न लेकर राजा या अधिकारी को इसके लिए उकसाते हैं। कम से कम शुरू में, राजा या अधिकारी का व्यवहार संतों के प्रति अपेक्षाकृत तटस्थ रहता है। संत हमेशा जीतते हैं और सकुशल बच जाते हैं। कभी-कभी ईश्वर के दैवीय या मानवीय रूप के सीधे हस्तक्षेप द्वारा भी बचाए जाते हैं। संतों के शत्रु, विरोधी और उनके राजकीय प्रतिनिधि मुश्किल से अपनी हार स्वीकारते हुए घटनाक्रम से बाहर हो जाते हैं या पश्चात्ताप करते हुए उनके अनुयायी हो जाते हैं।

6. जिन संतों के अनुयायी तुरंत या बाद में एक पंथ के रूप में संगठित हुए हैं, उनके विषय में किंवदंतियां हैं कि 'कैसे संतों ने अपने

उत्तराधिकारी के नाम का चुनाव किया या अपने अनुयायियों को अपनी मृत्यु के बाद भी परंपरा को जारी रखने का सुझाव दिया (कबीर, नानक) या अनुयायियों ने स्वयं किस तरह संत की मृत्यु के बाद उसके उत्तराधिकारी का चुनाव किया (दादू)। स्वाभाविक ही है कि उत्तराधिकारी के चयन संबंधी बातें इन किंवदंतियों के परवर्ती, पंथी संस्करणों में ही मिलती हैं।

7. संतों की असामान्य मृत्यु होती है और अक्सर लंबी आयु पाने के बाद। इस मृत्यु में वे सशरीर स्वर्ग जाते हैं और वहां रह रहे कई देवताओं और मुनियों से उनकी मुलाकात होती है और / या सगुण रूप में विष्णु के सीधे दर्शन होते हैं।

यद्यपि यह विन्यास खासकर कथ्यपरक संरचना के स्तर पर सगुणी संतों के जीवन से बहुत मिलता-जुलता है, फिर भी सगुण और निर्गुण संतों के जीवन के बीच बहुत भिन्नता पाई जाती है। उदाहरण के लिए, सगुण संतों के जन्म की कहानियों में शायद ही उनकी निम्न जाति की पैदाइश को नकारने की कोशिश की गई है। इसका कारण बहुत स्पष्ट है। अधिकतर सगुणी संत ब्राह्मण हैं, जबकि अधिकांश निर्गुण संत कारीगर या 'निम्न-क्षत्रिय' जातियों से आते हैं। इसी कारण सगुण संतों का उनके विरोधियों से बहुत कम सामना होता है। अक्सर निम्नवर्गीय संत ही धार्मिक और राजनीतिक सत्ता के घमण्डी शासकीय प्रतिनिधियों द्वारा अन्यायपूर्ण परीक्षा के विषय बनते हैं। राजा अक्सर सगुण संतों के प्रति सहानुभूतिशील होता है, जबकि उनके विरोधी या तो ब्राह्मण (जिसके साथ वे शिष्टतापूर्ण बहस करते हैं) या नीच 'विधर्मी' होते हैं, जो कि शक्ति के द्वारा खत्म कर दिए जाते हैं (या तो संतों की चमत्कारिक शक्ति द्वारा या उनके राजकीय सहयोगियों की भौतिक शक्ति द्वारा)।

अधिकतर निर्गुण संत कामगार और क्षत्रिय जाति से तथा सगुण संत ब्राह्मण जाति से हैं लेकिन इस नियम के कुछ अपवाद भी हैं। उदाहरण के लिए, कबीर के दो मुख्य शिष्य धर्मदास और सुरतगोपाल क्रमशः वैश्य और ब्राह्मण जाति के थे। एक दूसरे महत्त्वपूर्ण संत पलटू साहब वैश्य जाति से थे। सगुण परंपरा में, वारकरी संत चोखामेला और तुकाराम क्रमशः अछूत और वैश्य जाति के थे, जबकि मीराबाई राजपूत परिवार की राजकुमारी थीं। इस प्रकार के सगुणी अछूतों और क्षत्रियों तथा निर्गुणी ब्राह्मणों और वैश्यों की कहानिया नियम को सिद्ध करने वाले अपवादों के रूप में ही हैं। सभी कहानियों में यह ध्यान देने योग्य है कि निर्गुणी गरीब-श्रमिक और शासकों का सगुण व्यापारी और पुरोहित के विरुद्ध गठजोड़ मिलता है। क्या यह देखना अस्वाभाविक है कि ये गठबंधन समकालीन भारत (आज के) के

राजनीतिक गठबंधन से आश्चर्यजनक रूप से समान हैं—एक तरफ कांग्रेस और जनता दल का सामाजिक आधार (धनी किसान, अछूत, गरीब-श्रमिक और मुसलमान) है तो दूसरी तरफ भारतीय जनता पार्टी का सामाजिक आधार (व्यवसायी और व्यापारी, छोटे किसान और कई सफेदपोश पेशेवाले)।

इसी कारण सगुण और निर्गुण संतों की जातिगत और वर्गगत भिन्नता, सिर्फ एक ऐतिहासिक दुर्घटना नहीं मानी जा सकती। जाति और वर्ग की यह भिन्नता ही इन आंदोलनों द्वारा प्रसारित धार्मिक और सामाजिक विचारधारा का मूलभूत तत्त्व और स्रोत भी है। यह विचारधारात्मक भिन्नता संतों के जीवन की व्यक्तिगत घटनाओं में ज्यादा मुखरता से अभिव्यक्त हुई हैं और इसी से उनके जीवन की कहानियां भी गढ़ी गई हैं। सामाजिक विचारधारा के इस अंतर को अभिव्यक्त करने वाले उपदेशात्मक प्रवचन मूल आख्यानों में पाए गए हैं। मैं इन दोनों बिंदुओं पर अन्यत्र विचार कर चुका हूं।[5] यद्यपि संत-चरितात्मक कहानी के वे दोनों आयाम (सगुणी और निर्गुणी संतों की जातिगत और वर्गगत भिन्नता) इस अध्याय के संरचनात्मक विश्लेषण में शामिल नहीं है। फिर भी यह ध्यान देना जरूरी है कि असली व्यवहार में इन भिन्नताओं के तत्त्व प्रायः स्थिर हैं, जो कि सगुणी और निर्गुणी संत-चरितात्मक वृत्तांत में बहुत स्पष्ट भेद करते हैं।

अधिकतर आधुनिक विद्वानों ने हिंदू संत-चरित के विन्यास में पाई जाने वाली इस समानता का व्यवस्थित अध्ययन नहीं किया है। महत्त्वपूर्ण अपवाद ए.के. रामानुजन हैं। उन्होंने महिला संतों की किंवदंतियों पर अपने लेख में इन कहानियों के एक-समान मनोवैज्ञानिक और धार्मिक विन्यास पर बहुत जोर दिया है। साथ ही, उन्होंने यह भी माना है कि इन कहानियों का एक महत्त्वपूर्ण सामाजिक आयाम भी है (1902, 316) :

> ''उच्च जाति के पुरुष संत तथा अछूत पुरुष संत, साथ ही उच्च जाति के पुरुष संत तथा सभी महिला संतों के जीवन-विन्यास में महत्त्वपूर्ण अंतर पाया जाता है। मनु के धर्मशास्त्र में व्यक्त आदर्श हिंदू दृष्टिकोण और भक्ति परंपरा में उच्च जाति के पुरुष-संत के दृष्टिकोण में बहुत विरोधाभास है। मनु के अनुसार स्त्री पुरुष के अधीन है और अछूत व्यक्ति उच्च जाति के व्यक्ति के अधीन है। लेकिन भक्ति परंपरा के संतों के जीवन में 'अंतिम ही पहला हो जाता है' : पुरुष अपनी मर्दानगी छोड़ने की इच्छा रखता है और एक स्त्री होना चाहता है, उच्च जाति का पुरुष अभिमान, सुख-सुविधा और धन-दौलत को त्यागने की इच्छा रखता है और अपयश तथा आत्मतिरस्कार खोजता है। साथ ही वह अछूत-भक्त से ज्ञान प्राप्त करना चाहता है।''

रामानुजन ने अपने लेख में महिला संतों के जीवन-विन्यास के विपर्यय की चर्चा की है। यह विपर्यय संतों की विभिन्न श्रेणियों : स्त्री और पुरुष, उच्च जाति

और निम्न जाति के पुरुष के बीच भी पाया जाता है, लेकिन रामानुजन इन वियर्ययों के सामाजिक और मनोवैज्ञानिक आयामों में भेद नहीं कर पाते हैं।

उच्च जाति के पुरुष संतों के जीवन-विन्यास में पाए गए विपर्यय तथा महिला संतों (और निम्न जाति के पुरुष) के विपर्यय में क्या अंतर है? अंतर यह है कि इसमें उच्च जाति का पुरुष संत, महिला और निम्न जाति के पुरुष की अस्थायी भूमिका निभा रहा है, जबकि महिला संत और निम्न जाति का पुरुष सामाजिक स्थिति में स्थायी बदलाव के प्रति प्रतिबद्ध है। और जब इस मनोवैज्ञानिक भूमिका की अदाकारी खत्म होती है तो उच्च जाति का पुरुष संत अपनी मूल सामाजिक परिधि में बहुत सुरक्षित लौट सकता है। सिर्फ थोड़े समय के लिए वे ऐसा व्यवहार करते हैं मानो इस प्रकार की सामाजिक विषमता का कोई महत्त्व नहीं है। लेकिन वे पूर्ण रूप से कभी भी अपनी असली सामाजिक अस्मिताओं या ऊंच-नीच के मानदंडों को नहीं छोड़ते, जिनसे कि उन्हें वैधता प्राप्त होती है।

स्त्री और निम्न जाति के उपासक के लिए 'उच्च जाति के पुरुष की भूमिका अदा करना' व्यावहारिक रूप से असंभव तथा तार्किक रूप से बहुत हास्यास्पद होगा। इस निम्न स्थिति में उच्च जाति के पुरुष की आवाजाही बिना ज्यादा नुकसान उठाए भी हो सकती है। लेकिन कोई स्त्री या निम्न जाति का उपासक 'एक दिन का राजा' की भूमिका अदा करने की हिम्मत करता था तो उसे सामाजिक और आर्थिक बहिष्कार के साथ-साथ सीधे शारीरिक क्षति का भी खतरा रहता था। इस नुकसान की भरपाई किसी भी अस्थायी मनोवैज्ञानिक सांत्वना से नहीं हो सकती है। इस प्रकार का सांत्वनापरक-व्यवहार आई. एम. लेविस (1971) ने संसार के कई भागों में पाए जाने वाले स्त्रियों के लोकप्रिय 'आनंदोन्मत्त' संप्रदायों में पाया है।

रामानुजन (1982, 317) ने महिला संतों के किंवदंतिक जीवन-विन्यास के मुख्य-विपर्ययों में पाया है कि इन महिला संतों के आदर्श भारतीय महिला के पारंपरिक आदर्श के एकदम विपरीत हैं। भारतीय महिला संतों ने सीता और सावित्री जैसे मिथकीय चरित्रों के रूप में स्त्रीत्व के पारंपरिक आदर्श को बिल्कुल उलट-पलट कर उखाड़ दिया है और इससे अलग एक भिन्न विन्यास का चुनाव किया है। यहां तक तो रामानुजन का विश्लेषण गलत नहीं हो सकता। लेकिन आगे जब वे महिला संतों के इस स्थायी विपर्यय को उच्च जाति के पुरुष संतों में पाए जाने वाले अस्थायी मनोवैज्ञानिक विपर्यय 'जैसी संरचना का ही दूसरा पहलू मानते हैं', तो सहमत नहीं हुआ जा सकता। एक बार जब मीराबाई जैसी महिला संत धर्माचरण के लिए अपना घर-बार छोड़ देती है तो कभी भी पति और परिवार के पास वापस नहीं लौट सकती। महिला संत का यह विपर्यय बिल्कुल स्थायी और हमेशा के लिए है।

दोनों तरह के विपर्ययों को एक साथ मिला देने के बाद रामानुजन के पास कुछ नहीं बचता। इसलिए वे महिला संतों (और निम्न जाति के पुरुषों) के जीवन-विन्यास में पाए गए स्थायी सामाजिक विपर्यय के लिए एक समानांतर मनोवैज्ञानिक व्याख्या खोजते हैं (1982, 324) :

> ''उच्च जातियों के पुरुष भक्ति भावना से वशीभूत हो स्त्री का व्यक्तित्व ओढ़ लेते हैं, वे पुरुष देवता के प्रति स्त्रियों जैसा व्यवहार करते हैं। ईश्वर के समक्ष सभी पुरुष स्त्री हैं। लेकिन कोई भी स्त्री संत जो कि पुरुषों के बनाए हुए सामाजिक संबंधों को चुनौती देती है, कभी भी पुरुष का व्यक्तित्व धारण नहीं करती। यह ऐसा ही है जैसे कि स्त्री होने के कारण भगवान के समक्ष कुछ भी परिवर्तित होने की आवश्यकता नहीं है। अछूत और निम्न जाति के संतों की भांति उसे कुछ भी त्याग करने की आवश्यकता नहीं है। क्योंकि उसके पास त्याग करने के लिए कुछ है ही नहीं : न तो शारीरिक शक्ति, न सामाजिक शक्ति, न ही आध्यात्मिक दंभ। वह वही है, जो उसे होना चाहिए अर्थात दंभरहित और शरणागत।''

फिर तो सभी महिला संतों और अछूत तथा निम्न जाति के संतों को भी केवल यही करना है कि वे अपने सहज स्वभाव में ही रहें। तो फिर उनका जीवन उच्च जाति के पुरुषों की सामाजिक धार्मिक प्रभुता और मानदंडों के प्रति एक गंभीर और सतत् चुनौती क्यों बन जाता है? स्त्री और निम्न जाति के संतों तथा उनके अनुयायियों की पर्याप्त उपस्थिति में ऐसा सामाजिक विपर्यय निहित है जिसे उच्च जाति के पुरुष (और स्त्री भी) एक धार्मिक और सामाजिक विद्रोह की तरह स्वीकार करते हैं। एक ऐसा 'विद्रोह' जिससे भारतीय समाज के पदानुक्रमिक वर्णाश्रमधर्मी विचारधारा के संपूर्ण ढांचे को खतरा है। दूसरी ओर, उच्च जाति के पुरुष संतों में मनोवैज्ञानिक भूमिका का विपर्यय—उनकी अपनी मानवता की खोज में—मनोवैज्ञानिक प्रेरणा से थोड़ा अधिक जान पड़ता है। निस्संदेह यह एक सराहनीय लक्ष्य है लेकिन इन्होंने कभी भी सामाजिक मान्यताओं के विरुद्ध उस तरह नहीं उकसाया जैसे महिला संत मीराबाई और निम्न जाति के कबीर और रैदास जैसे संत उकसाते हैं। इन संतों का किंवदंतिक जीवन भारतीय समाज की स्त्रियों और निम्नवर्गीय समूहों के लिए एक गरिमामय और समानतापूर्ण जीवन की इच्छा को व्यक्त करता है। उनके लिए इससे भी अधिक महत्त्वपूर्ण उसी समाज में दूसरों के द्वारा खुद को मान्य और स्वीकार करवाना है।

मैं इस अध्याय का समापन जुलाहा संत कबीर के विषय में अनंतदास के उस उद्धरण से करना चाहूंगा, जिसमें कबीर का विरोध करने वाले उच्च जाति के मुसलमान और हिंदू, दोनों यह बताते हैं कि किस प्रकार कबीर का निर्गुण धर्म ब्राह्मणवादी हिंदू परंपरा तथा अभिजन के प्रभुत्व के लिए एक बहुत बड़ा खतरा

है। एक बार जब मुसलमान सुल्तान सिकंदर लोदी बनारस आता है तो वहां के बनिया, ब्राह्मण, काजी, मुल्ला और कबीर की मां भी उसके पास कबीर को दंडित करने के लिए अनुरोध करने गई। सिकंदर ने पूछा 'भाई उसने किया क्या है? क्या उसने गांव और जिले को छीन लिया है? शिकायत करने वाले इस पर जवाब देते हैं (अनंतदास, 1991, 165-67) :

कहै सिकंदर क्या है भाई।
गांव प्रगना लीया छिंनाई॥
गांव प्रगनां नाहीं लीया।
जुलहै ऐक अमारग कीया॥ 1॥
मुसलमांन की छोड़ी रीती।
अरु हिंदू की भांनैं छीती॥
निंदै तीरथ निंदै बेदू।
निंदै नवग्रह सूरज चंदू॥ 2॥
निंदै संकर निंदै माई।
निंदै सारद गणपति राई॥
निंदै ग्यारस होम सराध्य।
निंदै बांभन जग आराध्य॥ 3॥
निंदै मातापिता की सेवा
बहन भांणजी अरु सब देवा॥
निंदै सकल धरम की आसा।
षट दरसन अरु बारह मासा॥ 4॥
अैसी विधि सब लोक बिगारा।
हिंदू मुसलमांन तैं न्यारा॥
ता तै हमैं न मांनैं कोई।
जब लग जुल्हा कासी होई॥ 5॥

परिशिष्ट (क) : राजा पीपा

जहां तक मुझे ज्ञात है, गगरोन के राजा, पीपा के विषय में किंवदंतियां अंग्रेजी में जॉन हाली (1907, 63-66) द्वारा सिर्फ एक सारांश के रूप में तथा महीपति के भक्तविजय (1982, 1; 406-14) में वर्णित कुछ घटनाओं के अनुवाद के रूप में ही उपलब्ध हैं। हिंदी में महत्त्वपूर्ण आरंभिक स्रोतों में अनंतदास की अप्रकाशित पीपा परचई (1590 ई.), नाभादास के 'भक्तमाल' (1969) पर प्रियादास की टीका

(1712) और राघवदास के 'भक्तमाल' पर चतुरदास की टीका (1800) प्रमुख हैं। चतुरदास की टीका के नारायणदास द्वारा हिंदी भावानुवाद के कुछ अंश भी महत्त्वपूर्ण हैं। इनमें कामुक व्यापारी की घटना भी है जो कि कबीर के बारे में भी बताई गई है। द्वारका में आग बुझाने में पीपा के हाथ के काले होने की घटना भी कबीर और जगन्नाथपुरी के पंडा की कहानी के समान है। एक मूर्ति के गले में हार डालने के लिए पीपा द्वारा श्रीरंग की मदद करने की कहानी भी कबीर और रामानंद के संदर्भ में भी कही गई है। चतुरदास की टीका के कुछ महत्त्वपूर्ण अंशों (राजा पीपा से संबंधित) का नारायणदास द्वारा हिंदी भावानुवाद :

राजपूताने के आग्नेय कोण में अर्वली पहाड़ की पंक्तियों से घिरा हुआ एक 'गागरोन' नामक गढ़ है, जो सैनिक दृष्टिकोण से और प्राकृतिक दृष्टिकोण से अनुपम है। यह स्थान अंग्रेजों के शासनकाल में झालावाड़ राज्य में था। पीपाजी यहां ही के राजा थे। आपका जन्म चैत्र शु. 15 बुध को हुआ था। आप अपनी परंपरा के अनुसार शक्ति के उपासक थे। आपने बारह वर्ष शक्ति की उपासना करके मुक्ति की याचना की थी। तब देवी ने इनको यथार्थ वचन कहा—मुक्ति चाहते हो तो, मन लगाकर हरि की भक्ति करो। तब पीपा ने स्वामी रामानन्दजी को गुरु धारण करके अति अनुपम रीति से भजन किया था। आपके परिचय से पद सुप्रसिद्ध हैं। आपने अपने हृदय में संत का स्वरूप धारण किया है अर्थात् परम प्रेम से संतों की सेवा करते थे। आपके पीछे भी आप के शिष्य परश जी बहुत ही सरस हुए हैं और प्रकट हैं। आपने सिंह को भी उपदेश दिया था यह बात जगत में अति प्रख्यात है।

पीपाजी की उपासना से प्रसन्न होकर देवी प्रत्यक्ष में प्रकट हो गई और दयालु होकर वरदान देने के लिए बोली—'हे पीपा! जितना तेरा मन चाहता है, उतना ही राज्यादिक ऐश्वर्य मांग ले। देवी के उक्त वचन पर देवी के भक्त पीपा के मुख से सुंदर जवाब निकला—हे माता सतदीपा! मुझे मुक्त कर दो। यह सुनके दुर्गा देवी दीन होकर अपने मुख से बोली—'मोक्ष को तो मैं छल के द्वारा भी नहीं छू सकती, देना तो दूर रहा। यदि तुम मोक्ष चाहते हो तो ज्ञानमार्ग से चलो अर्थात् आत्मज्ञान के साधनों को अपनाओ और उनके लिए काशी में स्थित स्वामी रामानंद जी के पास जा कर राम भजन की युक्ति सीख कर भजन करो।

पीपा जी दक्षिण के 'गागरोन' गढ़ के राजा के बड़े पुत्र थे। (इस भक्तमाल के रचयिता स्वामी राघवदास जी के निवासस्थान 'उदेही' जो गंगापुर के पास है उससे गागरोनगढ़ दक्षिण की ओर ही है इसे पद्य में दक्षिण देश कहा है) आपका कुल महान् था और राम की प्राप्ति के कार्य भजनादि के करने में तो आप बड़े ही वीर थे। राजपूती का बल और प्रताप आपमें प्रकट रूप में भासता था। आपने अजन्मा

परमात्मा के वंश भक्त जनों की प्रिय छाप का तेज प्रकट किया था। अर्थात् द्वारका में जो छाप लगाई जाती है, वह छाप आप ही भगवान से लाये थे। आपके हृदय में काम जन्य क्लेश और पाखंड ने तो प्रवेश भी नहीं किया था। रात-दिन सीता जी पास रहती थीं तो भी आप निर्विकार ही रहे थे। आप भजनानन्दियों में तो अच्छे वीर माने जाते हैं। आपने राम नाम रूपी तलवार से—काम, क्रोध, लोभ, मोह, ईर्ष्या, द्वेष, वासना, भय, भेद रूपी नौ खंड को जीता था।

पीपा 'गागरोन' गढ़ के राजा हुए हैं। देवी की उपासना करते हुए ही इनको भगवद् भक्ति का रंग लगा था। एक दिन देवी जी के यहां कोई विशेष बोलारी की कड़ाही का उत्सव था। इससे अधिक भोग की व्यवस्था की गई थी। उसी दिन संतों की विशाल मंडली भी वहां आ गई थी। देवी के लिए अन्न नियत हुआ था उसी में से संतों को दिया गया। संतों ने बनाया, भगवान् को भोग लगाया और जीम में विचर गये। रात्रि में राजा को स्वप्न हुआ, उसमें एक भूत ने राजा का पलंग उलट कर राजा को पछाड़ा। जागने पर राजा भयभीत हुआ और रोते हुए देवी के मंदिर में गया। देवी ने प्रत्यक्ष में दर्शन दिया और इच्छानुसार वर मांगने को कहा, किंतु आपको अब भोग ऐश्वर्य अच्छे नहीं लग रहे थे। भोगों से मन उपराम हो गया था अतः इनने कहा—मुझे मुक्ति दो। देवी ने इनका वैराग्य देखकर इनको प्रणाम किया और कहा—अब तुम्हारा भाग्योदय हुआ है। तुम स्वामी रामानंदजी के शिष्य होकर भक्ति करो। 'राम रसिकावलि भक्तमाल' में रीवां नरेश रघुराज सिंह जी ने लिखा है—संतों द्वारा भगवान् के भोग लगा लेने से देवी को भोग प्राप्त नहीं हुआ, देवी रात्रि को राजा के पास आई और उसको पलंग से नीचे गिराकर कहा, मैं भूखी हूं। राजा ने कहा—भोग तो भेजा था। देवी—उसका भोग तो राम के लग गया मुझे नहीं मिला। राजा—राम तुम से अधिक हैं क्या? देवी—राम तो विश्वपति हैं, मैं उनके समान नहीं हूं। राजा—मैं आपकी उपासना मुक्ति के लिए करता था। देवी—मुक्ति तो राम की भक्ति पूर्वक ज्ञान से होगी। तुम स्वामी रामानंद जी के शिष्य होकर भगवान् की भक्ति करो, मुक्त हो जाओगे।

उक्त स्वप्न की घटना से राजा की स्थिति कुछ विलक्षण सी हो गयी थी। लोग समझते थे कि इनको उन्माद हो गया है किंतु जब राजा ने स्वामी रामानंद जी के पास काशी जाने की तैयारी की तब सबने जाना कि राजा की बुद्धि ठीक हो गई है। आप काशी पहुंचकर जब श्रेष्ठ गुरु स्वामी रामानंजी के पास भीतर जाने लगे तो द्वार के सुरक्षक सज्जनों ने उनको भीतर जाने से रोक दिया और कहा—हम स्वामी जी से आज्ञा मांगते हैं, वे आज्ञा दे दें तब भीतर जाना। द्वारपाल ने आकर स्वामी जी से कहा—गढ़ गागरोन का राजा पीपा आपके पास आना चाहता है। स्वामी जी ने कहा—हमें मायिक राजसी ठाठ वालों से क्या काम है? हम तो

आप ही ऐसे व्यक्तियों से उपराम रहते हैं। द्वारपाल ने स्वामी जी के वचन ज्यों के त्यों पीपा को सुना दिये। पीपा ने अपने राजसी ठाठ-बाट को स्वामी जी के दर्शन में विघ्न समझकर उसे अति शीघ्र लुटाकर द्वारपाल से कहा—अब आप मेरी स्थिति स्वामी जी से कहो। द्वारपाल ने जाकर स्वामीजी से कहा—पीपा ने अपना सारा ऐश्वर्य जो उनके साथ था वह सब साधु, ब्राह्मण, दीन गरीबों को बांट दिया है, अब वह साधारण स्थिति में आकर आपका दर्शन करना चाहता है। स्वामीजी ने कहा—बांट दिया तो भी क्या? पड़े कुआं में, मुझे तो अच्छा नहीं लगता। स्वामीजी का उक्त वचन सुनकर राजा उसी क्षण कूप में पड़ने को दौड़े तब सेवकों ने उनको पकड़ लिया और स्वामी के पास ले गए। अब स्वामी जी पीपा पर अति प्रसन्न थे।

स्वामी रामानंद जी ने पीपा को शिष्य बना लिया। उनके सिर पर हाथ धरके उनके हृदय को राम नाम से परिपूर्ण किया, फिर कुछ दिन पश्चात् वे बोले—तुम अपनी राजधानी को ही जाओ। वहां अपना धन धाम देकर अतिथि संतों की सेवा करना। वे संत जन यहां आकर तुम्हारी कीर्ति हमारे आगे कहेंगे तब हम आप ही आ जायेंगे। गुरुजी की ऐसी आज्ञा होने से पीपा अपने पुर में आ गये और गुरुजी ने जो कहा था वैसा ही किया। संतों से अत्यधिक प्रीति करते थे। अपने राज्य मार्गों पर अतिथि सेवा के सब प्रकार से पूर्ण प्रबंध कर दिये थे। काशी जाने वाले संत तथा साधारण यात्री जो स्वामी जी के दर्शन करने जाते थे, वे पीपा जी की गुणगाथा अवश्य गाते थे। इधर पीपाजी ने भी विनय पत्र लिखा—अब आप यहां पर पधार कर अपना वचन सत्य करिये। तब स्वामी रामानंदजी ने 40 संतों के साथ गढ़ गागरोन को प्रस्थान किया।

आपके साथ कबीर, रैदास आदि चालीस संत थे। जब पीपा जी को ज्ञात हुआ कि गुरुदेव अपने चालीस कृपापात्रों के साथ शहर के समीप ही आ गये हैं, तब सजी हुई सुंदर सुखपाल (पालकी) लेकर जनसमूह के साथ गुरुजी के पास पहुंचे और दंडवत करके तथा चरणस्पर्शपूर्वक सबको प्रणाम किया। फिर गुरु देव को पालकी में बैठाकर धन लुटाते हुए, नगर में लाये। नित्य मेवा, मिठाई आदि से सेवा करते हुए संगीत द्वारा गुरु गुणगान करते थे किंतु गुरु रामानंदजी के गुण इतने थे कि—जिह्वा के द्वारा कहे भी नहीं जाते थे। पीपाजी की श्रेष्ठ भक्ति देखकर सभी संत आनंद में निमग्न हो गये थे। स्वामी रामानंदजी ने इनकी भक्ति देखकर कहा— यदि तुम इसी प्रकार भगवद्भक्ति करते रहो तब तो, तुम्हारे लिये राज्य त्यागना और घर बराबर है। अतः घर में ही रह कर भक्ति करो। गुरु जी के ऐसा वचन कहने के साथ ही, पीपा जी दौड़ कर गुरुजी के चरणों में आ पड़े। उनका आशय था, मुझे चरण-कमलों में ही रखिए अर्थात् राज्य का त्याग ही मेरे लिए

कल्याणकारी है। तब गुरुजी ने कहा—बहुत अच्छा है।

पीपा जी की बारह रानियों को ज्ञात हुआ कि राजा राज्य छोड़ विरक्त होकर स्वामी रामानंद जी के साथ जा रहे हैं। तब वे भी साथ चलने को तैयार हो गईं। मार्ग का कष्ट बता कर, डरा कर, डांट कर निषेध करने पर भी नहीं मानीं तब पीपा ने कम्बल फाड़कर अलफियां देते हुए कहा—यदि आपके मन को चलना ही प्रिय लगता है तो, पहले अपने वस्त्र और आभूषणों को उतार कर ये पहन लो। यह सुनकर वे रानियां आपस में एक दूसरे को देखने लगीं और रोकर एक ओर चली गईं। किंतु सब से छोटी रानी सीता ने अपने वस्त्र, भूषण उतार कर कम्बल की अलफी पहन ली। तब पीपा जी ने गुरु जी को संकेत किया, यह एक तो साथ ही रह जाएगी। उनके संकेत को समझकर गुरुजी ने कहा—साधुओं को कभी कंबल की अलफी भी नहीं मिलती है, नग्न भी रहना पड़ता है। इसलिए इसको भी छोड़ दो। तब सीता जी ने वह भी निकाल कर फेंक दी। सभा में सर्वथा नग्न खड़ी हो गई। तब गुरु ने उसे कंठ लगाया और पीपा को कहा—यह सीता तुम्हारी साधना में बाधक न हो करके उलटी सहायक बनेगी। इसे साथ चलने दो।

पीपाजी ऐसे शूरवीर थे कि शरीर के विषय में तो कुछ शंका नहीं करते थे अर्थात् संग्रह न रखने से शरीर का निर्वाह कैसे होगा, ऐसा विचार किंचित भी नहीं करते थे। वे बड़े तेजस्वी थे, उनका यश जम्बूद्वीप के नव खण्डों में गाया जाता है। सीता महारानी थीं तो भी वह राज-महल को त्याग कर तथा साध्वी का भेष बनाकर पति के साथ हो गईं और उसने काम का मान-मर्दन किया था अर्थात् काम को जीत लिया था। वह गुरु वचन से कम्बल त्याग कर सभा में नग्न होकर नाची थी अर्थात् प्रसन्न हुई थी, नग्न होने का दुःख नहीं माना था। उनका वैराग्य महान था। तभी तो लोक में उनकी प्रशंसा की जाती है। सीताजी ने सुंदर भोजन आदि छोड़ दिये थे। वह रानी होने पर साध्वी बनकर तथा सब कुछ छोड़कर अपने पति पीपाजी के साथ चली गई थी। कमर में कंबल बांधकर और शिर पर कम्बली ओढ़ कर भिक्षा मांगकर खाती थीं। पीपाजी रूप पारस के किंचित अंग स्पर्श से तथा उनके संग से अनन्तों का उद्धार हुआ था, ऐसा संतजन बताते हैं।

पीपा जी ने बारंबार गुरुजी से प्रार्थना की कि मुझे इनको साथ ले चलना अच्छा नहीं लगता, आप इन पर इतनी दया करते हैं तो किसी अन्य आप के कृपा पात्र को आप दे दें। मैं इनको साथ नहीं रखूंगा, यह सत्य ही कहता हूं। जब स्वामी रामानंद जी ने शपथ करके कहा—इससे तुम्हें कुछ भी हानि नहीं है, तब सीता को साथ लिया। किंतु चलते समय अन्य रानियों ने उनको रोकने के लिए एक षड्यंत्र रचा। एक ब्राह्मण जो राजपुरोहित के साथ कुछ संबंध रखता था उसको कहा—यदि तुम किसी भी प्रकार महाराजा को रोक लो तो तुमको उन्नीस

सौ रुपये देंगी। इस शर्त पर वह ब्राह्मण हलाहल खाकर संतों के आगे पृथ्वी पर पड़कर मर गया। इससे पीपाजी बहुत डरे। किंतु स्वामी रामानंद जी ने उसी क्षण जीवित कर दिया और जो इस प्रकार विघ्न करने वाले थे उनको लौटा दिया। फिर वह मंगलमय संत समाज वहां से चलकर मार्ग के लोगों को कृतार्थ करते हुए हरि धाम द्वारका में आ पहुंचा। पीपाजी ने द्वारका में कुछ दिन गुरुजी के साथ रहकर सत्संग का लाभ उठाया। जब गुरुजी समाज सहित काशी जाने लगे तब पीपाजी गुरुजी से आज्ञा मांगकर द्वारका में ही रह गये। आपने किसी से सुना सच्ची द्वारका समुद्र में है, उसी में भगवान श्रीकृष्ण सदा रहते हैं। आपको भगवद् दर्शन की तीव्र इच्छा थी। दर्शन करने की बात को या सच्ची द्वारका समुद्र में है इसको दृढ़ता से धारण करके, सीताजी के साथ समुद्र में कूद पड़े। भगवान् तो सर्वव्यापक हैं ही, जहां भक्त की भावना हो वहां ही मिल जाते हैं।

जैसे ही पीपा सीता जी के साथ समुद्र में कूदे वैसे ही भगवान् श्रीकृष्ण ने उनको लाने के लिए एक अपना सेवक भेज दिया। उसके बताये हुए मार्ग से इनने द्वारकापुरी का दर्शन किया, फिर भगवान श्रीकृष्ण से जा मिले। भगवान ने इनका बहुत सत्कार किया। वहां ये स्वर्णनिर्मित अनेक महलों में क्रीड़ा करते हुए सात दिन तक उत्तम आनंद को प्राप्त करते हुए रहे। फिर भगवान् ने कहा—अब आप बाहर चले जाइये। किंतु पीपा जी बाहर जाना अच्छा नहीं मानते थे। कारण वे तो वहां हरि के रूप को देखकर उनके ध्यान के आनंद में निमग्न हो रहे थे। भगवान् ने समझाया कि जहां आप रहेंगे वहां ही इस मेरे स्वरूप के ध्यान में निमग्न रहेंगे। आपके नहीं जाने से भक्त डूब कर मर गया, यह अपकीर्ति होगी। सो नहीं होनी चाहिए। तब पीपाजी भगवद्वियोग व्यथा से व्याकुल हो, भगवान की आज्ञा नहीं मानने से भय होगा। इसलिए आज्ञा मानकर वहां से चले तब भगवान ने उनको एक छाप दी और साथ चले।

पीपा जी को पहुंचाने के लिए भगवान् उनके साथ कुछ दूर गये। फिर प्रभु-प्रेम से बंधे हुए भक्त पीपा सीता जी के साथ बाहर आये। समुद्र तट पर आने पर लोगों ने इनको पहचान लिया। किंतु एक महान् आश्चर्य देखा, इनके वस्त्र तो भीगे हुए थे और शरीर सूखा था। इनने भगवान् के पुजारी को छाप देकर कहा—यह भगवान ने दी है और कहा है, इससे प्राणियों के पाप दूर करो (वही छाप द्वारका में लगाई जाती है)। फिर दर्शन के लिए आने वालों की भीड़ देख कर पीपा जी ने सीता जी को बताया—अब यहां मान बड़ाई को बढ़ाने वाली भीड़ हुआ करेगी। इसलिए यहां से उठकर शीघ्र ही वन को चलना चाहिए। सीता जी ने भी कहा—चलिये। वहां से दोनों चल दिये। वन में छः मील जाने पर एक दुष्ट लुटेरा पठान मिला। वह सीता को छीन कर ले गया। सीता जी ने भगवान की प्रार्थना की—

प्रभो! शीघ्र छुड़ाइये, देर करने से तो ठीक नहीं रहेगा। भगवान एक वीर के भेष में प्रकट हुए। पठान को मार कर सीता को छुड़ा लिया। पीपा जी ऐसी ही भगवत् इच्छा समझकर एकांत में बैठे भजन कर रहे थे। भगवान् सीता को पीपाजी के पास पहुंचाकर वहां ही अंतर्धान हो गये।

पीपा जी ने कहा—देखो! कैसे-कैसे उपद्रव सामने आते हैं। नारी को भय रहता ही है। तुम अब भी घर चली जाओ तो अच्छा रहेगा। सीताजी ने कहा—आप रक्षक राम को नहीं जानते, मैंने तो अभी अपने रक्षक राम को प्रत्यक्ष रूप में देखा है। वे सदा साथ हैं कोई भय नहीं है। उक्त प्रकार सीता जी का निश्चय सुना तब पीपा जी ने अपने हृदय की बात खोलकर कहा—मैं तुम्हारी परीक्षा लेता था। वैसे तो मैं तुम्हारे उत्तम हरि-प्रेम को और दृढ़ता को जानता हूं। फिर उस मार्ग को छोड़कर दोनों ने दूसरा मार्ग पकड़ा। कुछ आगे जाने पर एक सिंह इनके सामने आया। उसे आते देखकर पीपाजी ने उसे उपदेश दिया। अरे पहले तो तूने पाप किये उनका फल तो इस योनि में आकर भोग रहा है, फिर भी निर्दोषियों को मारता है। मारना छोड़कर भजन कर। इस प्रकार उपदेश करके वहां जो उसके भय से हल्ला मच रहा था, उसको मिटा दिया। उपदेश उसके लग गया। उसने पशु मारना छोड़ दिया। तब भूखों मरता मर कर दूसरे जन्म में नृसिंह महता नामक भक्त हुआ। उससे आगे धनेर ग्राम में शेषशायी भगवान् का दर्शन करने आये। वहां एक मनुष्य बांस की लाठियां बेच रहा था। उससे एक लाठी मांगी थी। उसने कहा बंसबाड़ी से काट ला। पीपा ने कहा— बहुत अच्छा। फिर उसकी वे सूखी लाठियां अपने आप ही भूमि में जड़ पकड़ के हरे हरे बांस हो गई। पीपा ने उनमें से एक लाठी काट ली। फिर वहां ही चींधड़ छौली भक्त का नाम सुनके उससे मिलने के लिए उसके यहां गये।

इन भक्तों को देखकर चींधड़ अपनी धर्मपत्नी के सहित बड़े प्रसन्न हुए। चींधड़ ने पत्नी से कहा—सीता के सहित पीपाजी पधारे हैं, इनके भोजन की व्यवस्था करो। पत्नी ने पति को कहा—घर में तो कुछ भी नहीं है। तो भी उसने बड़ी प्रीति की और परम प्रेम से जो पहने थी वह वेश उतारकर दे दिया, आप नग्न हो छिपकर बैठ गई। चींधड़ उसको बेचकर अन्न लाये और पीपाजी को कहा—आप भोजन बनावें। इधर अपनी पत्नी को तो छिपा ही दिया था। इससे वह तो कुछ भी सहयोग नहीं दे सकती थी। भोजन तैयार हो गया, भगवान के भोग लगाकर जीमने बैठे तब पीपा जी ने कहा—तुम भी पति पत्नी हमारे साथ ही भगवान का प्रसाद ले लो। चींधड़ ने कहा—आपके जीमने के पीछे जो आपका प्रसाद रहेगा वह हमें प्रिय लगेगा इसलिए हम पीछे जीमेंगे। पीपाजी ने आग्रह किया, यदि तुम हमारे साथ जीमों तो हम जीमेंगे। नहीं जीमोगे तो हम भी नहीं

जीमेंगे। इतना आग्रह करने पर भी पत्नी नहीं आ रही थी। तब सीता भीतर गई तो देखा भक्त की पत्नी तो सर्वथा नग्न बैठी है।

सीता ने पूछा—आपके वेश कहां हैं? चींधड़ की पत्नी ने कहा—हम तो ऐसे ही रहती हैं। संत जन कृपाकर के आते हैं तब अपार आनंद होता है। संतों की सेवा में ही हम कल्याण मानती हैं। वेश भी संतों के भोजन के निमित्त बेच दिया गया है। संत सेवा होनी चाहिए शरीर तो कैसे भी रहे, इसकी क्या चिंता है। हमें शरीर को अच्छी तरह रखने की बात प्रिय नहीं लगती, संत सेवा ही प्रिय लगती है। चींधड़ की पत्नी के उत्तम भावना युक्त वचनों का प्रभाव सीताजी के हृदय पर अत्यधिक पड़ा। उनने तत्काल अपना आधा वस्त्र फाड़कर चींधड़ की पत्नी को दिया और कहा—इसे आप कमर के बांध लें। बांध लेने पर हाथ पकड़कर खैंचते हुए बाहर ले आई। भोजन हो जाने के पश्चात् सीता विचार करती है, हम भक्त कहलाते हैं किंतु वास्तव में भक्त तो ये हैं। फिर उनने अपने स्वामी पीपा जी को कहा—इनके पास कुछ नहीं है, और तो क्या पत्नी के शरीर को ढंकने के लिए भी वस्त्र नहीं है। कम से कम शरीर निर्वाह का साधन तो होना ही चाहिए। अतः हम ही कहीं से कुछ लाकर इनको दें। पीपा जी ने कहा—ठीक है।

सीताजी ने कहा—मेरा इस समय यही धर्म है कि वेश्या का अभिनय करके धन लाकर चींधड़ के घर धर दूं, जिससे इनके शरीर का निर्वाह होता रहे। चींधड़ के घर से दो कोस दूर एक अच्छा नगर था। उसकी धान्य मंडी में जाकर बैठ गई। पीपा जी भी एक और बैठ गये। सीताजी सुंदर थीं ही। जो भी युवक आते थे, वे अपने काम रूप रोग से व्यथित होकर उनके ऊपर अपने नेत्रों की दृष्टि डालते थे और बारंबार अपनी दृष्टि को फेर कर उनके रूप को देखने, रूप भोग को चाहते थे। तुम कौन हो ऐसे पूछने पर सीता जी ने कहा—मैं पातरी हूं और यह मेरा भड़वा है। यह सुनने पर कामी युवकों के तो काम की बेड़ी पड़ गई अर्थात् काम के अधीन हो गये किंतु वृद्ध और भक्त देर तक विचार करके उन्हें पहचान गये कि ये तो पीपाजी और सीताजी हैं। फिर तो क्या था बात की बात में, बहुत से रोकड़ी रुपये नाज आदि सभी सामग्री का ढेर लग गया। वह सभी सामग्री चींधड़ भक्त के घर भेज दी। उसके उसी दिन पांच सौ साधु आये थे। उसने उसी दिन सब संतों को खिला कर समाप्त कर दिया, कुछ भी नहीं रखा।

भक्त चींधड़ छौली से आज्ञा लेकर पीपाजी सीताजी के साथ टोडा ग्राम को चले, मार्ग में कहीं भोजन की व्यवस्था नहीं भी हुई तो भूखे ही चलते रहे। टोडा आकर रहने लगे। एक दिन पीपाजी स्नान करने गये। वहां उनको धन मिला, पृथ्वी में गड़ा हुआ, मोहरों से भरा हुआ एक चरुवा उन्हें दिखाई दिया। वे तो उसको वहां ही छोड़कर चले आये। रात को उनके यहां कोई चोर आ गये थे। उनके हित की दृष्टि

से उनने अपनी पत्नी सीता को यह बात कही कि—गत दिन मैं स्नान करने गया था तब अमुक स्थान पर धन का चरुवा देखा था। सीता ने कहा—आप अब उधर नहीं जाना, स्नान दूसरे तालाब पर कर आया करो। चारों ने उनकी बात सुनी और वहां जाकर खोदा तो चरुवा अवश्य मिला। उसे खोलते ही सर्प की फुकार सुनाई दी। सर्प को देखकर उन्होंने सोचा वह हमें सर्प द्वारा मरवाना चाहता था, इससे उसी के घर में इसे डालो, जिससे वह उसे ही खाए और वही मरे। उन्होंने ले जाकर वह माया पीपाजी के घर में डाल दी और भाग गये। पीपाजी ने देखा मोहरें हैं। प्रातः गिनने पर 720 हुई। एक-एक मोहर पांच-पांच तोले की थी। ऐसा ही भक्तजन कहते हैं।

अब पीपा जी के द्वार पर जो भी आता उसे पूरा भोजन कराते थे और अनन्त संतों को निमंत्रण देकर बुलाते थे। इस प्रकार उक्त धन को शीघ्र ही खिला दिया तथा तीन दिन में ही सारा धन लुटा दिया। वहां का राजा सूर्यसेन मल्ल आपका नाम सुनकर आया। पीपाजी के दर्शन करके अति प्रसन्न हुआ और दंडवत प्रणाम करके प्रार्थना करी। आप मुझे दीक्षा दीजिए। मुझको यही बात, विशेष करके प्रिय लग रही है। पीपाजी ने कहा—पहली शिक्षा यही है कि विरक्त होना चाहिए। राजा ने कहा—अब जो भी आपके मन में आवे वही कीजिए। पीपाजी ने कहा—अपनी सब संपत्ति और रानी को लाकर मुझे भेंट दे दें। राजा ने वैसा ही किया। संपत्ति और रानियों को ले आया।

राजा सूर्यसेन मल्ल की परीक्षा लेकर उसे शिक्षापूर्वक भगवान का नाम रूप मंत्र दिया और जो रानी तथा संपत्ति भेंट की थी वह भी यह कहकर कि—ये सब हमारे हैं तुम इनके व्यवस्थापक हो ठीक तरह व्यवस्था करते रहो, लौटा दिया। रानी को देते समय कहा—संतों से पड़दा नहीं करना। राजा ने संपत्ति रखने का बहुत आग्रह किया तब कुछ संतों ने भोजनार्थ रख लिया और राजा से कहा—राजन! निर्मान होकर राम का भजन करना। सूर्यसेन मल्ल के भ्राताओं ने सुना कि राजा पीपा का शिष्य हो गया है और रानी तथा संपत्ति पीपा को भेंट कर दी है। इससे वे जल मरे। किंतु भक्त पीपा का प्रताप महान था, इसलिए वे क्रोधपूर्वक उनके पास जाकर कुछ भी नहीं कर सके अर्थात् उनके पास जा भी नहीं सके अपने क्रोध से आप ही जल कर रह गये। एक बनिजारा बैल खरीदने टोडा के पास आया था। दुष्ट मनुष्यों ने उससे हंसी के रूप में कहा भक्त पीपा के बैल बहुत हैं उनसे ले लो।

दुष्टों के बहकाने से बनिजारा पीपाजी के पास गया और बोला—आपके पास अच्छे-अच्छे बैल हैं, उनकी यथा योग्य कीमत लेकर मुझे देने की कृपा करें। ये पांच सौ रुपये मैं पहले आपको साई के देता हूं, पीछे जितने के बैल लूंगा और दे दूंगा। पीपाजी यह समझकर कि यह दुर्जनों का बहकाया हुआ है बोले—अभी तो सब

गांव में हैं। कल ग्यारह बजे आना और जितने चाहिए उतने ले जाना। पीपाजी ने आसपास के सब संतों को भोजन का निमंत्रण देकर बुलवा लिया और बनिजारे के पांच सौ रूपये भंडारे में लगा दिये। संत जीम रहे थे तब वह बनिजारा आ पहुंचा और बैलों की चर्चा चलाई। पीपा जी ने कहा—मेरे इन्हीं बैलों का व्यापार है तुम अपने मन की इच्छा के अनुसार ले जाओ। भक्तों को जीमते देखकर बनिजारे के हृदय में भक्ति उत्पन्न हो गई। उसने उसी समय वस्त्र मंगवाकर अपने हाथों संतों को ओढ़ाये। पीपाजी एक दिन घोड़े पर चढ़कर तालाब पर स्नान करने गये। घोड़े को अपनी छड़ी भूमि में गाड़ कर बांध दिया और स्नान करने के लिए तालाब में घुस गए। पीछे से किसी दुष्ट ने घोड़े को वहां से ले जाकर अपने यहां बांध लिया किंतु पीपाजी स्नान करके बाहर आये त्यों ही भगवान ने घोड़े को वहां पहुंचा दिया।

सूर्यसेन मल्ल ने पीपाजी को एक झगड़े के न्याय के लिए बुलवाया था। इससे पीपाजी वहां गये थे। पीछे से आश्रम पर संत जन पधारे थे। सीताजी ने सादर उनके आसन लगवा दिये, किंतु संतों के भोजन के लिए अन्न नहीं था। सीता ने सोचा भोजन तो संतों को कराना ही चाहिए। कहीं जाकर लाऊंगी। एक विषयी बनिया था, वह सुंदर स्त्री को देखकर ललचाता था। दैव योग से सीता जी ने उसी से जा मांगा। उसने कहा—रात्रि में तुमको अपने पास रखूंगा, यह आप को स्वीकार हो तो, जो भी चाहिए सो सब ले जाओ। सीताजी महासती थीं, उन्हें आत्मविश्वास था कि इसका अन्न संत लोग जीमेंगे तो इसका मन पवित्र हो जाएगा। वे स्वीकार करके ले गई। जब संत जीम रहे थे तब पीपाजी उक्त न्याय करके आश्रम पर आ पहुंचे। संत जीम कर अपने आसनों पर पधार गये तब पीपा जी ने पूछा—इतना अन्न तो नहीं था, आपने संतों के भोजन की व्यवस्था किस प्रकार करी, कहां से लाये? सीताजी ने सच्ची बात कहते हुए कहा—रात्रि को मैं जाऊंगी। पीपाजी महात्मा थे तत्काल होनहार को जानकर बोले अच्छा किया, संतों का भोजन हो गया, इससे अच्छा ही होगा। सीता रात्रि को वस्त्रादि पहनकर जाने लगी, तब झिरमर झिरमर वर्षा बरस रही थी। पीपाजी ने कहा—तुम्हारे पैर कीचड़ में हो जाएंगे और वस्त्र भीग जाएंगे। तुम कंबल ओढ़ लो और मेरे कंधे पर बैठ जाओ, मैं उसके यहां पहुंचा दूंगा। उसने दुकान के ऊपर झरोखे में बुलाया था वहां सीताजी को पहुंचा दिया। जिस झगड़े के न्याय के लिए पीपाजी सूर्यसेन मल्ल की सभा में गये थे वह यह है—एक तालाब पर किसी पथिक की सुंदर स्त्री के पास कोई अनजान पुरुष आकर कहने लगा—यह स्त्री मेरी है। यह झगड़ा सूर्यसेन मल्ल की सभा में गया। साक्षी के अभाव से राजा और मंत्री चक्कर में पड़ गये, कुछ भी न्याय नहीं कर सके। तब पीपाजी को बुलवाया। पीपाजी ने

अपनी दिव्य दृष्टि से जान लिया कि यह प्रेत है। पीपाजी ने लोहे के छोटे बड़े कई मंजूषे और ताला मंगवाकर एक लोहे की बोतल और उसका पेच एक बलवान वीर के हाथ में देकर राजा से कहा—दोनों मनुष्यों में से जो इस बोतल में आधे घंटे तक रह सकेगा वही इस स्त्री का पति समझा जायगा। यह सुनकर एक तो चुप रहा, दूसरा यह कहकर कि मैं बोतल के भीतर जाता हूं, अदृश्य हो गया। पीपाजी ने वीर को पेच के चढ़ाने की आज्ञा देकर बोतल सबसे छोटे मंजूषा में रख दिया और ताला लगा दिया और कहा—यह मनुष्य नहीं है, प्रेत है। यदि इससे निकल गया तो उपद्रव करेगा। कोई कहते हैं उसको भूमि में गाड़ दिया और कोई कहते हैं पीपाजी ने उसकी सुगति कर दी। जो चुप रह गया था, वह उस स्त्री का पति था। स्त्री उसको दे दी।

पीपाजी ने सीता को ऊपर भेज दिया और आप नीचे बैठ गये। बनिया की दृष्टि इनके पैरों पर पड़ी, पड़ते ही उसकी कामुकता नष्ट हो गई। वह बोला—हे माता! आप सूखे पैरों किस मार्ग से आई हो। वर्षा में पैर तो भीगे बिना नहीं रहते। सीता ने कहा—मेरे स्वामी कंधे पर चढ़ा कर लाये हैं। बनिया ने पूछा—आप सम्यक् बतावें वे कहां हैं? सीता बोली—नीचे बैठे हैं। यह सुनकर बनिया शीघ्रता से नीचे जाकर, पीपाजी के चरणों में आ लगा। पीपाजी ने कहा, तुम अपना काम करो। मन में डरो मत, तुमने तो माल देकर मोल ली है। पीपाजी का उक्त वचन सुनकर वह लज्जा के मारे भूमि में गड़ा जाता था। उसके मुख से वचन नहीं निकल रहा था और आंखों से अश्रुधारा बह रही थी। पीपाजी ने जाना कि अब यह पवित्र हो गया। तब उसे उपदेश देकर उसके हृदय में दृढ़ हरि भक्ति स्थापन कर दी। अब वह बनिया पीपाजी की कृपा से पवित्र हृदय का संत बन गया।

नारी को कंधे पर चढ़ाके बनिया के पहुंचाया, यह बात राजसभा में राजा के पास पहुंच गई। ब्राह्मणों ने एकत्र होकर कहा—यह अति विपरीत है। आप ऐसे को गुरु मानते हैं, यह अनुचित है। राजा की बुद्धि भी कम थी। वह यह नहीं जान सका कि यह भक्ति बढ़ाने का काम किया है अर्थात् किसी वैश्य को भक्त बनाया है। एक दिन राजा को ज्ञानोपदेश देने के लिए स्वयं ही पीपा जी राजा के पास गये। द्वार पर पहुंचने पर किसी ने राजा को कहा—पीपाजी आये हैं। राजा ने उसको कहा—उनको कह दो कि राजा तो सेवा-पूजा कर रहे हैं। जब पीपाजी को उस मनुष्य ने आकर कहा कि राजा तो सेवा-पूजा कर रहे हैं। तब पीपाजी ने कहा—वह तो मोचियों के घर खड़ा खड़ा जीन बनवा रहा है, सेवा-पूजा कहां कर रहा है? पीपाजी का यह वचन उस मनुष्य ने जाकर राजा को कहा। राजा उस समय अपने मन में सोच रहा था कि घोड़े की जीन दो बार ठीक कराई है किंतु ठीक नहीं हुई। अब मैं स्वयं मोची के घर जाकर खड़ा रहकर कहूंगा, ऐसा

कर, तब कैसे ठीक नहीं होगी। यह मन की बात पीपाजी ने जान ली। इससे राजा पीपाजी के वचन को सत्य मानकर शीघ्र उठकर पीपाजी के चरणों में पड़ गया। पीपाजी ने कहा—गुरु का अनादर और भगवत् पूजा के समय मन को अन्य जगह जाने देना, यह कौन-सी रीति-नीति है। यह पद्धति तो भगवत् प्राप्ति की नहीं है।

टोडा के राजा सूर्यसेन मल्ल के एक रानी रूपवती और बांझ थी। पीपाजी ने उसे मांगा और कहा—उसको शीघ्र मेरे पास ले आओ। राजा ने कह तो दिया लीजिए, किंतु देने का मन नहीं था। राजा उसको लाने के लिए अंतःपुर की ओर चला किंतु आगे सिंह बैठा देखा, तब भय से न तो आगे जा सकता था और न पीछे लौट सकता था। इतने में ही सिंह रूप पीपाजी अंतर्धान हो गये। राजा रानी के पास पहुंचा तो उसके पास एक नवीन बालक खेल रहा था। यह अद्भुत प्रभाव देखकर राजा ने पीपाजी को शीश नमाकर प्रणाम करते हुए कहा—आप की महिमा जानना कठिन है, कृपा कीजिए। तब पीपाजी ने बालक रूप छिपा कर निज रूप में राजा को दर्शन दिया और कुछ कुपित होने का-सा अभिनय कर डांटते हुए राजा को कहा—जिस दिन शिष्य बना था वह भाव अब तेरा कहां गया, अब तो वैसा भाव नहीं है। राजा ने कहा—भूल क्षमा करके अब भी मुझे दास करके ही मानें, अब मैं अंत तक उस दिन जैसे ही भाव का निर्वाह करूंगा।

पीपाजी ने उपदेश देकर टोडा नरेश सूर्य सेन मल्ल की कुभावना हटाकर उसका हृदय शुद्ध कर दिया। राजा ने पुनः पूर्ववर्त ही साधु सेवा और भगवद् भक्ति का नियम धारण कर लिया। तब प्रसन्न होकर पीपाजी अपने आश्रम पर पधार गए। एक नाम तथा भेष मात्र का बना हुआ भक्त और वास्तव में दुराचारी मनुष्य पीपा जी के पास आकर बोला—सीता को एक रात्रि के लिए मुझे दे दें। पीपाजी ने कहा— ले जाइये। उसने सीता जी को कहा—मेरे साथ दौड़ती चलो। आज्ञानुसार सीताजी दौड़ती रही। इस प्रकार वह रात्रि को दौड़ता ही रहा, इच्छानुसार सीता जी को प्राप्त नहीं कर सका। प्रातःकाल होते ही सीता जी यह कहकर कि मुझे महाराज ने एक रात्रि की ही आज्ञा दी थी, अब मैं नहीं चलूंगी, एक स्थान पर बैठ गई। वह हार मान कर अगले ग्राम में पालकी लाने गया तो उसने प्रत्येक घर पर सीता जी को आगे ही देखा। संतों की कृपा रूप इस आश्चर्य से उसकी बुद्धि ठीक हो गई, काम-भावना नष्ट हो गई तथा सीताजी में उसका गुरु भाव हो गया। फिर उसने आकर सीताजी को प्रणाम किया और बोला—माताजी! चलो अब आपको आपके आश्रम पर रख आऊं।

एक दिन विषयी कुटिलों ने संत भेष बनाकर पीपाजी से सीता को मांगा। पीपाजी ने कहा—जाओ उस कमरे में श्रृंगार करके अकेली है और तुम्हारे आने की प्रतीक्षा में अकुला रही है। तुम जाकर क्रीड़ा करो। उन चारों ने उस कमरे के

द्वार पर जाकर देखा कि एक सिंहनी खाने को आ रही है किंतु प्रभु के प्यारे संतों का भेष धारण कर रक्खा है, इसलिए खाती नहीं है। ये सब भयभीत होकर भागे और पीपाजी के पास जाकर कुपित हो बोले—तुमने तो कपट द्वारा हम लोगों के प्राण लेने के लिए कमरे में सिंहनी बैठा रखी है। पीपाजी ने कहा—तुम अपने भाव को देखो, जैसा तुम्हारा विचार था वैसा ही तुमको भोग मिलेगा। यह वचन सुनकर तथा मानकर फिर शुद्ध भाव से गये। तब सीता जी ने उनको दर्शन दिया और पीपाजी के पास भेज दिया। वे पीपाजी के चरणों में पड़कर उनके शिष्य होकर राम राम कहने लगे।

एक दिन पीपा जी को संतों ने कहा—आज तो भगवान के दही का भोग लगना चाहिए। कुछ देर में भगवत् कृपा से एक गूजरी दही लेकर वहां आ पहुंची। उससे लेकर पीपाजी ने संतों को दही पिलाया। गूजरी ने उसकी कीमत 'तेरदुगांनी' तेरह दो आनी 26 आना मांगा। पीपाजी ने सच्ची बात कह दी। इस समय तो नहीं है किंतु आज जो भेंट आयेगी वह सब तेरी ही होगी। कुछ देर पीछे पीपाजी का एक भक्त आया। उसने जो माल भेंट के रूप में चढ़ाया, वह चार सौ रुपयों के परिणाम का था। वह सब उस गुजरी को देते थे किंतु वह ले नहीं रही थी तो भी उसको बुलाकर तथा समझाकर दे दिया। फिर उसने अपने पास से कुछ और मिला कर संतों को जिमाया तथा दर्शन कर अति प्रसन्न हुई।

एक देवी के भक्त ब्राह्मण ने घर पर देवी की बोलारी के अनुसार कड़ाही की थी। जीमने योग्य सभी साधु ब्राह्मणादि मनुष्यों को निमंत्रण दिया था। पीपाजी ने कहा—हमतो तब आवें देवी से पहले रामजी के भोग लगाओ। ब्राह्मण ने पीपाजी को श्रेष्ठ संत जान कर स्वीकार कर लिया। फिर गये तब कहा—जो बने हैं सो सर्व प्रकार के पदार्थ थोड़े-थोड़े ले आओ। लाने पर रामजी के भोग लगाकर पीपाजी ने सब संतों के सहित भोजन किया। रात्रि को देवी ने रुष्ट होकर ब्राह्मण को कहा—आज मैं भूखी रही हूं। ब्राह्मण ने कहा—आज तो बहुत अधिक भोग लगाया गया था। देवी—उस ऋद्धि का भोग तो ईश्वर को लगा है। पार्षदों ने मुझे तो मंदिर के बाहर निकाल दिया था। ब्राह्मण—तुम्हारे भोग में विघ्न किया उनको क्यों नहीं मारती हो? देवी—उन पर मेरी शक्ति नहीं चलती। यह सुनकर प्रातः उस ब्राह्मण ने अपने परिवार के सहित देवी की उपासना छोड़ दी और पीपाजी का शिष्य होकर भगवद् भक्ति करने लगा।

एक दिन एक अति सुंदरी तेलिन 'तेल लो तेल लो' करती आ निकली। पीपाजी ने उसे कहा—तुम अपने सुंदर मुख से राम राम बोला करो। तेलिन ने कहा—भक्त जी आप विचार करके क्यों नहीं बोलते। राम राम तो जिसका पति मर जाता है, वह शोक से जलती हुई बोलती है। पीपाजी ने कहा—अच्छा तो तुम भी जब

तेरा पति मर जाय तब ही राम राम बोलना। वह घर आई तब उसका पति भीतर जाने लगा कि नाक पर चौकठ की चोट लगी, जिससे गिर कर मर गया। उसे श्मशान में ले जाने लगे तब वह भी राम राम कहती हुई सती होने जा रही थी। उसे पीपाजी ने कहा—अब तो राम राम कहती है। वह पीपाजी के चरणों में पड़कर बोली—आपने मेरे पति को मारा है। पीपाजी ने कहा—यदि तुम जीवन भर रात्रि-दिन दोनों राम राम करो तो, तेरे पति को राम कृपा से जिवा दिया जायगा। उसने कहा—आपकी आज्ञानुसार हम राम राम करेंगे, जिवा दीजिये। पीपाजी ने तेली को जिवा दिया। दोनों पीपा जी के चरणों में पड़कर शिष्य बन गये और जन्म भर भजन कर के प्रभु को प्राप्त हुए।

टोडा नरेश सूर्यसेन मल्ल ने दूध पीने के लिए पीपाजी को एक अच्छी भैंस दी थी। वह वन में चरकर स्वयं ही आश्रम आ जाती थी। दूध दोहन कर जमा के मन्थन करते थे, संतों को पिलाते थे। छांछ बच जाती थी तो उसकी राब बना लेते थे। एक दिन उस भैंस को चोर ले जाने लगे, तब पीपाजी ने उनको ले जाने दिया किंतु पाड़ी रह गई। तब आप पाड़ी को खोलकर साथ ले उनको आवाज दी कि—पाड़ी ले जाओ न, पाड़ी बिना दूध कैसे देगी। वे लोग आवाज सुनकर विचार में पड़ गये और पूछा—तुम कौन हो? पीपाजी ने कहा मुझे पीपा कहते हैं। यह सुनकर वे लौटे और पीपा के चरणों में गिरकर भैंस और पाड़ी को खूंटों में बांध दिया और आपके शिष्य होकर भजन करने लगे।

एक समय टोडा में अधिक भीड़ रहने से उपराम होकर एकांत निवास के लिए सीता सहित पीपा जी किसी अन्य गांव चले गये थे। वहां भी कोई भक्त आ गया। उसने एक गेहूं की गाड़ी भरकर तथा अन्य खाने-पीने का सामान और कुछ मोहरें पीपा जी को भेंट की थीं। उसी दिन कुछ लुटेरे आये और सब सामान ले चले। पीपा देखते रहे। वे लेकर कुछ दूर चले गये तब पीपा जी ने पीछे से दौड़ कर कहा—भाइयो! तुम मोहरों को तो छोड़ ही गये। यह भी लेते जाओ काम आयेंगे। यह सुनकर लुटेरों ने आपका नाम पूछा। तब इनने कहा—मुझे पीपा कहते हैं। नाम सुनते ही वे लोग पीपाजी के चरणों में पड़कर क्षमा मांगने लगे और जो भी सामान छीना था वह सब जहां का तहां धर दिया और पीपा जी के शिष्य बन गये। भेंट में एक पाड़ी सहित भैंस दी। जब सब सामान और भैंस पाड़ी पीछे ही आ गई तब सीता जी नाराज होकर बोली—इस बीमारी को पीछे ही काहे को लाये हो? तब पीपा जी ने कहा—संतों के काम आयेगी।

एक दिन एक साथ ही पांच ग्रामों से निमंत्रण आये। आपने पांचों के ही मान लिये। इतने में आश्रम पर कुछ संत पधार गये। आप उनको सेवा द्वारा प्रसन्न करने में लग गये। फिर पांचों प्रेमियों का मन रखने के लिए, पांच शरीर धारण करके

पांचों के पधार पर उनके उत्सव में विराजे। एक ग्राम में पीपाजी की कंडेरा जाति की दो कंडेरिनी शिष्या थीं, वे पीपाजी का दर्शन करके उनके चरणों में प्रणाम करने लगीं। उनको पीपाजी के दर्शन से महान आनंद प्राप्त हुआ। फिर प्रातः होते ही पीपाजी ने अपना शरीर छोड़ दिया। उस ग्राम के लोगों ने उनका दाह संस्कार कर दिया। इस घटना से उक्त दोनों शिष्याओं को दुःख हुआ। वे उदास होकर हरि ध्यान करते हुए यह सूचना सीताजी को देने के लिए टोडा की ओर चलीं। मार्ग में दूसरे ग्राम में भी अपना शरीर छोड़ा था। वहां भी दाह संस्कार कर रहे थे। इसी प्रकार पंच स्थान पर जलते देखा।

ये बापुरी दोनों कंडेरिनी चलकर टोडे आई तब सीता के पति पीपाजी को देखा। देखते ही उनके नेत्र शीतल हो गये। एक बात और सुनो, पीपाजी साधु सेवा बहुत करते थे। साधु सेवा के लिए एक बनियां से सामान उधार लेते थे। एक दिन वैश्य ने बताया—आप में सात सौ रुपये हो गये हैं। यह देखिए आपके हिसाब का कागज। कागज पीपाजी के हाथ में दिया और कुछ कुपित-सा होकर बारंबार रुपये मांगे। पीपाजी के पास उस समय कुछ भी न था। पीपाजी ने कहा—कोई भेंट आयेगी तब दे दिया जायेगा। बनियां को इस बात से संतोष नहीं हुआ। उसने वह कागज पंचायत में रखकर कहा—महाराज में बहुत रुपये चढ़ गये हैं किंतु देते कुछ नहीं। पंचों ने बही देखी तो कोरा कागज था, पीपाजी के नाम कुछ भी नहीं था। इस पर पंचों ने उसे दंड देना चाहा। यह देख बनियां को बड़ी चिंता हुई, उसका मुख सूख गया। यह सुनकर पीपाजी ने कहला भेजा, बनियां के रुपये हैं किंतु यह कड़ाई करता हुआ शीघ्र मांगता था। इसी से भगवान की इच्छा से उसकी बही कोरी दिखाई दी है। बनियां पीपाजी के चरणों में पड़कर गिडगिड़ाने लगा। इतने में एक महाजन आ पहुंचा। उसने उसके सब रुपये देकर उसे शोक रहित कर दिया और उस से भरपाई लिखा ली।

पीपाजी ने एक दिन सीता को कहा—इस घर का त्याग कर दो। यही बात ठीक समझकर मन में धारण करो। प्रपंच से निवृत्त होकर जहां तहां बैठकर तथा भिक्षा मांग कर अपना निर्वाह करते हुए हरि का ध्यान धरना चाहिए। घर में संपत्ति तो बहुत थी किंतु सब को छोड़कर चल दिये। फिर तीन दिन में सर्व सामग्री को लोग लूट ले गये। आप पीपा के साथ एक ऊजड़ गांव में जाकर रहने लगे। वह स्थान भी एक संन्यासियों की जमात से भर गया।

एक ब्राह्मण से गोहत्या हो गई थी, ब्राह्मणों ने उसे जाति पांति से निकाल दिया था। वह ब्राह्मण पीपाजी के पास आया और उनको अपनी सब बात कहकर कहा— मैं गंगा स्नान कर आया हूं और अब पकवान्न बनाकर जाति को जिमाने के लिए तैयार हूं, तो भी ब्राह्मण मुझे जाति में नहीं लेते। पीपाजी ने कहा—

तुम सब सामग्री यहां लाकर जिमाओ, तुम्हारा पाप भगवान दूर कर देंगे, यह सत्य है। फिर उसने पीपाजी के यहां ब्राह्मण, साधु, संन्यासी आदि को खिलाया। सब की पंक्ति बैठी। पीपाजी ने उसे भगवत् प्रसाद चरणोदक दिया और तू पवित्र हो गया ऐसा कहकर विदा किया किंतु कट्टर ब्राह्मणों ने उसे जाति में नहीं लिया। पीपाजी ने उन को पूछा—आप इसको पवित्र कब मानेंगे। उन्होंने कहा—इसके हाथ का भोजन हनुमानजी जीम लें तो हम इसे पवित्र मान लेंगे। पीपाजी ने उसी ब्राह्मण के हाथ से हनुमान जी के भोग धराकर पड़दा डाल दिया और प्रार्थना की यदि ब्राह्मण भगवत् प्रसाद चरणोदक लेने और संतों को जिमाने से पवित्र हो गया हो तो आप भोजन जीम लें। कुछ देर पश्चात् पड़दा हटाया। तब सब ने देखा हनुमान जी ने प्रसाद पा लिया था। यह देखकर उन ब्राह्मणों ने उसको पवित्र मान लिया। फिर पीपाजी का जय घोष हुआ।

बहुत समय व्यतीत होने पर टोडा नरेश सूर्यसेन मल्ल को पीपाजी के दर्शन की अति अभिलाषा हुई। राजा ने पीपाजी को खोजने के लिए घुड़सवारों को इधर उधर भेजा। बीस दिन मार्ग चलने पर एक घुड़सवार को पीपाजी का दर्शन हुआ। राजा की अभिलाषा और प्रार्थना घुड़सवार ने पीपाजी को सुनाई। पीपाजी ने कहा—हमने राजा की अभिलाषा जान ली थी, अभी जाने वाले ही थे। घुड़सवार को आने की स्वीकृति का पत्र लिखकर दे दिया और आप सीता के सहित उसी क्षण राजा के पास पहुंच गये। राजा ने बहुत-सी संपत्ति आदि भेंट की। एक दिन पीपाजी किसी महोत्सव में अन्य ग्राम को गये थे। पीछे से एक साधु ने सीता के पास आकर कहा—मेरी लड़की कुमारी है, उसके विवाह के लिए मुझे धन दो। सीताजी ने जो घर में संपत्ति थी सो सब दे दी और ऐसी प्रसन्न हुई, मानो बहुत प्राप्त हो गया हो तथा पीपाजी भी यह जानकर अति प्रसन्न हुए।

अनन्तानंद जी के शिष्य और पीपाजी के भतीजे शिष्य श्रीरंग जी दौसा ग्राम में रहते थे। उनने पीपाजी को पत्र देकर दौसा अपने यहां पधारने की प्रार्थना की थी, तब आप भक्त के द्वारा दौसा में पधारे। पीपाजी ने देखा श्रीरंग जी बैठे हुए मन में हरि का ध्यान कर रहे थे। फिर वे भावमय पूजा करने लगे। जब भाव रूप हार भगवान को पहनाने लगे तो वह कान के पास अटक गया। तब श्रीरंग का मन चंचल होकर सोचने लगा, अब क्या करें। पीपाजी ने श्रीरंग के मानसपूजन में विघ्न देखकर कहा—भगवान के शृंगार में मन लगाओ। हार छोटा है तो गांठ खोलकर गले में बांध दो। यह सुनकर श्रीरंग जी को बड़ा आश्चर्य हुआ कि इसने मेरे मन की बात कैसे जान ली। अवश्य यह कोई संत होंगे। पूजन को छोड़कर अति शीघ्र पीपा जी के पास आकर पूछा—आप कौन हैं? आपका नाम क्या है? तब पीपाजी ने कहा मुझे पीपा कहते हैं।

पीपा जी श्रीरंग को अपना नाम बता कर ज्ञानोपदेश करने लगे। फिर श्रीरंग ने कहा—बाग में पधारिये। बाग में पधार गये तब श्रीरंग बाजे और जनसमूह को साथ लेकर बाग में बड़ी धूमधाम के साथ पीपा जी को घर पर लाया। वह संतों पर पूर्ण विश्वास करता था। इससे पीपा जी को अपने घर पर रखकर सब प्रकार की बातें करी। फिर पीपा जी ने कहा—चलें गेटोलाव ताल पर रहेंगे। जब आप गेटोलाव पर थे तब कड़ी चुनती हुई रूपवती दो कंडेरिनी उधर आ निकलीं। उनको देखकर पीपा जी ने श्रीरंग को कहा—ये दोनों अति सुंदरी होकर भी कंडा चुनती हैं, इनको तो राम-भजन करना चाहिए। मैं इनको अभी उपदेश करके भक्त बनाता हूं। उनको अपने पास बुलाकर बोले—ऐसा सुंदर शरीर प्राप्त करके भी कंडे चुनती हो, भगवान की भक्ति करो। भगवान का नाम देकर उनको शिष्या बना लिया।

उनके हृदयों में भक्ति भाव भर के राम नाम धर दिया। घर वाले उनसे रुष्ट हो गये। इससे वे दोनों तीर्थयात्रा करके टोडा आ गईं और पीपा जी के पास ही रहने लगीं। दोनों भागवत् यश गाया करती थीं। पांच के लगभग व्यक्तियों का समूह बांस की भारियां ले जा रहा था। पीपाजी ने उनसे कहा—एक छड़ी हमको दो, वे नट गये और इनकी हंसी भी उड़ाई। फिर बांसों की भारियों को खड़ा करके जल पीने गये तब वे बांस भूमि में गड़कर अठारह हाथ बढ़ गये और वहां हरे हो गये। एक ब्राह्मण मार्ग में दुखी होकर पुकार रहा था। पीपाजी ने पूछा—भैया तुम्हें क्या दुःख है क्यों पुकारते हो।

ब्राह्मण ने कहा—मेरी पुत्री कुंवारी है और घर में धन नहीं है। पीपा जी ने कहा—मेरे साथ चलो, तुम्हें धन दिलवा दूंगा। उसका मूंड मुंडवा कर साधु का भेष बनवा दिया और कहा—बोलना नहीं। राजा के पास ले जाकर तुमको पुजा दूंगा। भक्त पीपा जी उसे लेकर राजमहल में गये और राजा को कहा—इनकी पूजा करो। इनका परिचय रूप भेद मैं बताता हूं। ये हमारे गुरुदेव के समान हैं। तुम ऐसे ही जानो। तब राजा ने बहुत सी संपत्ति भेंट दी। धन मिलने के पश्चात् पीपाजी ने कहा—चलो तुम्हें तुम्हारे ग्राम पहुंचा दिया जाय।

एक एकादशी की रात को राजा सूर्यसेन मल्ल के सामने जागरण कीर्तन हो रहा था। पीपाजी अकस्मात् समाज के मध्य खड़े होकर हाथ मलने लगे। सबने देखा उनके हाथ काले हो गये हैं। राजा भी पास ही थे, कारण पूछा—तब पीपा जी ने कहा— द्वारका में जागरण का उत्सव हो रहा है। भगवान् के चंदवा के चिराग लग जाने से चंदवा जलने लगा था। उसको हाथों से मलकर बुझाया है। उसी से हाथ काले हुए हैं। पीपा जी ने सब लोगों को यह बात कही किंतु लोग मानते नहीं थे और आश्चर्य करते थे कि यह कैसे हो सकता है? फिर राजा ने शीघ्रगामी सांडिनी का सवार द्वारका भेजकर पता मंगवाया। तब उक्त घटना सत्य

निकली। द्वारका वालों ने कहा—उस एकादशी की रात को चंदवा जलने लगा था और पीपाजी ने बुझाया था। पीपाजी प्रति एकादशी के जागरण में यहां रहते हैं।

एक दिन पीपाजी स्नान करने गये थे। वहां एक ब्राह्मण रोता हुआ पीपाजी से बोला अन्न उत्पन्न करने के लिए मुझे एक बैल चाहिए। आप किसी से दिलवा दीजिये। बैल बिना हम सब भूखों मरेंगे। उसी समय एक तेली का लड़का अपने बैलों को पानी पिलाने आया था। उसी बैल को नाथ पीपाजी ने ब्राह्मण के हाथ में पकड़ा दी और कहा—जा कर अन्न उत्पन्न करो। तेली का लड़का रोता हुआ घर गया। तब उसका पिता सूर्यसेन मल्ल के पास जाकर पुकारा। राजा ने कहा तुम पीपाजी के पास ही जाओ। तेली आकर पीपाजी के चरणों में पड़ गया। पीपाजी ने कहा—तेरा बैल तेरे घर पर ही है जाकर देख। उसने आकर घर पर देखा तो बैल घर पर ही सदा की भांति बंधा है।

वि.सं. 1520 का अकाल पड़ा था, उस समय अन्न की कमी से बड़े उपद्रव होने लगे थे। भूख से सब लोग मर रहे थे। पीपाजी के मन में तो अति दया थी। उन्होंने सदाव्रत देना आरंभ कर दिया था। सबको भोजन व वस्त्रादि देते थे। उन दिनों भगवत् कृपा से भूमि में गड़ी हुई बहुत-सी धनराशि उनको मिल गई थी। उनने उस को भूखों को खिलाने और वस्त्रादि देने में खर्च कर दिया था। पास कुछ भी नहीं रक्खा था। जितने उनके चरित्रों का परिचय हमको अपने श्रवणों में सुनने को प्राप्त हुआ है, वे सब तो कह दिये हैं। बाकी पीपाजी के गुण तो अपार हैं, उनका पार तो कौन पा सकता है।

परिशिष्ट (ख) : हरिदास निरंजनी

हरिदास निरंजनी के जीवन का संक्षिप्त वर्णन भी अंग्रेजी में उपलब्ध है। नाभादास के 'भक्तमाल' (1969) में उनका उल्लेख नहीं है। राघवदास के 'भक्तमाल' (1969) में उनके बारे में सिर्फ दो पद (681-82) मिलते हैं। लेकिन चतुरदास की टीका में उस पर कोई टिप्पणी नहीं मिलती है। नारायणदास की आधुनिक हिंदी टीका में उनके जीवन का सारांश दिया गया है (वही, 794-805)। लेकिन यह भी मंगलदास स्वामी के आधुनिक अध्ययन (1962) पर ही आधारित है। निरंजनी पंथ के रामस्वरूप सोनी (1984) के आधुनिक लेख के आधार पर उनके जीवन का सारांश दिया जा रहा है। हरिदास द्वारा डाकू रूपी जीवन को छोड़ने की घटना गुरु नानक के भोला नामक शिष्य के बारे में भी मिलती है।

बताया जाता है कि हरिदास निरंजनी डीडवाना कस्बे के निकट कापड़ौद गांव में 1455 ई. में पैदा हुए थे। उनकी जाति सांखला क्षत्रिय की थी। उनका मूल नाम

हरिसिंह था। वे अपने भाई के साथ डाका डालकर जो भी पाते थे उसी से अपने परिवार का भरण-पोषण करते थे। चवालीस वर्ष तक इसी प्रकार जीवनयापन चलता रहा। एक बार उन्होंने गोरखनाथ नाम के एक घुमंतू साधु को पकड़ा। गोरखनाथ ने हरिसिंह से कहा कि वे अपने परिवार वालों से पूछें कि कोई उनके इस बुरे कर्म के पाप में हिस्सा लेने के लिए तैयार है? हरिसिंह ने यह बात अपने परिवार से पूछी तो सबने मना कर दिया। उसके बाद वे घर-परिवार को छोड़कर गोरखनाथ के शिष्य हो गए। उन्होंने 'हरिदास' नाम अपना लिया। खोसल्या नामक कुएं में अपना हथियार फेंककर एक संन्यासी का जीवन बिताने के लिए तीखली-डुंगरी पहाड़ी पर चले गए। योग साधना और ब्रह्म या 'राम' से जुड़ाव के कारण वे 'सिद्ध' हो गए। उनकी धार्मिक उपासना का आधार योग और निर्गुण भक्ति है।

किसी समय गाधाजी नामक व्यक्ति ने उनके लिए भोजन का जिम्मा लिया। गाधाजी वहां से तीन कोस दूर डीडवाना के रहने वाले थे। गाधाजी प्रत्येक दिन उनके लिए भोजन और पानी लाते थे। एक दिन गाधाजी पहाड़ी पर चढ़ते समय फिसल गए और पानी का बर्तन टूट गया। उन्होंने हरिदास के लिए भोजन तो बचा लिया लेकिन पानी का जो हुआ, वह उन्हें कह सुनाया। हरिदास ने कहा 'हो सकता है आपसे गलती हुई हो, एक बार जाकर देखो।' गाधाजी गए और पाया कि बर्तन टूटा नहीं था बल्कि पूरी तरह पानी से भरा था।

गाधाजी बूढ़े थे और उनके कोई संतान नहीं थी। प्रतिदिन तीन कोस जाना और आना उनके लिए बहुत कठिन था। हरिदास उन्हें दो वरदान देने को राजी हो गए। हरिदास डीडवाना चले गए और वहां एक पीपल के पेड़ के नीचे ठहरे। आज यह स्थान पीपली मंदिर के नाम से जाना जाता है। बाद में हरिदास इस कस्बे के उत्तर की ओर जंगल में चले गए। गाधाजी ने वहां एक कुआं खुदवाया जो आज गोमती कुआं के नाम से जाना जाता है। 52 बीघा जमीन इस स्थान के नाम है। इसी स्थान पर हरिदास की समाधि बनायी गई है। आज इसे गाधा-धाम के नाम से जाना जाता है। गाधाजी के संतान की इच्छा की पूर्ति थोड़ी अस्पष्ट है। फिर भी, हरिदास ने उनसे कहा कि 'आपका नाम युगों-युगों तक चलता रहेगा।' एक दिन हरिदास भिक्षा मांगने के लिए कस्बे में घूम रहे थे। उस जगह, जहां वे रुका करते थे, एक घर बन गया था। मकान बनाने वाला वैश्य था और वह इस पर बहस कर रहा था कि पीपल को काटा जाय या न काटा जाय। हरिदास ने कहा कि पीपल काट देने पर आगे नहीं उग सकेगा। यदि उसने इसे काटा तो उसके परिवार की भी उन्नति नहीं होगी। वैश्य ने इसे नहीं काटा और उसका परिवार उन्नति करता रहा।

एक बार हरिदास राठौर क्षत्रिय द्वारा शासित नागौर कस्बे में गए। रास्ते में उपद्रवी भूतों ने तालाब के पास उन्हें रोक लिया। भूतों ने हरिदास को डराने का बहुत

प्रयास किया किंतु अंततः हारकर उनसे क्षमा-प्रार्थना की। इस मौके पर हरिदास ने अपना पहला पद उच्चरित किया—'ब्रह्म की स्तुति करो' यह सुनकर भूतों को बुरे जन्म से छुटकारा मिल गया।

हरिदास मुसलमानों (यवनों) द्वारा शासित शहर पुष्कर और अजमेर गए। वे अजमेर के बाहर रुके, जहां आज दौलतबाग है। वहां एक ईर्ष्यालु हिंदू योगी ने एक हाथी को उनके ऊपर आक्रमण करने के लिए भेजा। आक्रमण के बजाय हाथी ने अपना मस्तक हरिदास के चरणों में रख दिया। लोगों ने वहीं पर हाथी की मूर्ति स्थापित की, जिसे आज हाथी-भाटा के नाम से जाना जाता है।

अजमेर को छोड़कर हरिदास एक गांव में वहां के एक प्रसिद्ध चारण के यहां रुके। उन्होंने चारण को शिक्षा दी और एक ग्रंथ की रचना की जिसे 'बारहपदी जोगग्रंथ' के नाम से जाना जाता है। हरिदास तब तोड़ा राय सिंह गए। वहां पर उन्होंने सांप के बिल के ऊपर अपना ठिकाना बनाया। सांप खजाने की पहरेदारी कर रहा था। रात में जब सांप बाहर आया तो उसने हरिदास को समाधिस्थ मुद्रा में देखकर नहीं डंसा। हरिदास ने सर्प को शिक्षा दी और कहा कि इस खजाने को अच्छे कार्य में खर्च करो। सर्प को ज्ञान की प्राप्ति हुई और वह बुरे जन्म से मुक्त हुआ।

हरिदास वहां से उत्तर की ओर गए। रास्ते में उन्होंने 'आइस' नाम के एक योगी के बारे में सुना। हरिदास उससे मिलने गये। 'आइस' ने हरिदास की परीक्षा लेने के लिए मूर्खतापूर्ण ढंग से शेर का रूप धारण कर लिया। हरिदास पहचान गए और उसे गदहे (खर) के नाम से पुकारा। 'आइस' खर में बदल गए। कुछ दिनों बाद आइस के शिष्य उनसे मिलने आए। तब हरिदास उन्हें एक योगी के रूप में बदलने को राजी हुए।

हरिदास जोबनेर गए और वहां गांव के बाहर रुके। एक वैष्णव उनके आने से खुश नहीं हुआ। उसने हरिदास के पास एक बर्तन में जहर मिला हुआ पानी भेजा और कहा कि यह उनके लिए गुरु गोरखनाथ का प्रसाद है। हरिदास सच्चाई जान गए। फिर भी उन्होंने पानी पी लिया। वैष्णव ने सोचा कि हरिदास उस रात मर गए होंगे। हरिदास अभी तक जीवित थे और सुबह समाधिस्थ मिले। वैष्णव ने उनसे क्षमा मांगी और अपना सभी धन-दौलत संतों के बीच लुटाकर हरिदास का अनुयायी हो गया।

हरिदास जोबनेर से आमेर (जयपुर) गए, उस समय आमेर कछवाहों के अधीन था। हरिदास ने अपना ठिकाना शहर से दूर एक पहाड़ी पर बनाया जो शेर और चीतों से भरी था। एक शेर वहां आया। लेकिन जैसे ही हरिदास की नजर उस पर पड़ी उसकी मांसाहारी प्रवृत्ति का लोप हो गया। कुछ समय तक वह वहां बैठा फिर चला

गया। लोगों ने जान लिया कि क्या घटित हुआ और हरिदास से इस खतरनाक जगह को छोड़ देने के लिए प्रार्थना की, लेकिन उन्होंने मना कर दिया।

वहां से हरिदास खेतड़ी आए। कई लोग उन्हें देखने आए जिनमें एक अपाहिज ब्राह्मण भी था। हरिदास ने उससे कहा—'खड़े हो जाओ' ब्राह्मण रोगमुक्त होकर चलने लगा।

खेतड़ी से हरिदास सिंघाना गए। लोग प्रतिदिन सबेरे-सबेरे उनसे मिलने के लिए आते थे। एक दिन उनकी महिला अनुयायी शाहाजी का इकलौता बेटा मर गया। उसी समय हरिदास किसी और के यहां भोजन के लिए जा रहे थे, जब उन्हें इस बात का पता चला, तो वे शाहा जी के घर आए और शव से बोले 'तुम सो क्यों रहे हो? उठो!' लड़का उठ बैठा।

हरिदास सिंघाना से उसी रास्ते डिडवाना लौट आए। वे लगभग पांच वर्षों (1522-27 ई.) तक यात्रा करते रहे। 1543 ई. के फाल्गुन महीने में शुक्ल पक्ष के छठवें दिन उनकी मृत्यु हुई। आज भी डीडवाना में इस दिन उत्सव मनाया जाता है।

संदर्भ एवं टिप्पणियां

1. सगुण संतों और उनके चरित से संबंधित आधुनिक अध्ययन के लिए देखें, चैतन्य पर एस.के.डे. (1961), वल्लभाचार्य पर आर.बर्ज (1976), सूरदास पर जे.एस. हॉली (1985), मीराबाई पर एच. गोट्ज (1966) और तुकाराम पर पी. शर्मा (1957)।
2. इन संतों के साथ ही नाथ परंपरा के अन्य संतों के लिए भी देखें, ए.जी. गोल्ड 1992
3. ओ. रैंक द्वारा संपादित पुस्तक (1990) देखें। इस पुस्तक में रैक का 'मिथ ऑफ दि बर्थ ऑफ दि हीरो'; लॉर्ड रेग्लन का 'हीरो : ए स्टडी इन ट्रेडीशन, मिथ एण्ड ड्रामा, पार्ट-2', ए डुंडेस का 'हीरो : पैटर्न एण्ड दि लाइफ ऑफ जीसस' नामक लेख और आर.ए. सेगल द्वारा इसकी नई भूमिका देखें।
4. 11 सिख जनमसाखियों में उपलब्ध सामग्री को मैक्लियोड पांच रूपों में बांटते हैं—कथा, कथात्मक उपदेश, प्रत्यक्ष उपदेश, परंपरा विरुद्ध (हेट्रोडॉक्स) उपदेश और अनुशासन की विधियां। कथाप्रसंगों को वे फिर नीतिप्रधान, चमत्कार प्रधान, भक्तिपरक, मोक्षपरक किंवदंतियों में बांटते हैं। मेरी राय में इस रूप निर्धारण के लिए मैक्लियोड द्वारा अपनाए गए प्रतिमानों में इतनी अधिक विविधता है कि तार्किक सुसंगति समाप्त-सी होने लगती है।
5. 'कबीर लीजेंड्स' (1991) नामक अपनी पुस्तक में मैंने कबीर के जीवन से संबद्ध अलग-अलग घटनाओं में निहित विचारधारात्मक संदेश को जानने की कोशिश की है। प्रह्लाद की कहानी के सगुण और निर्गुण रूपांतरों पर एक निबंध में मैंने उपदेशात्मक 'विज्ञापन' की चर्चा की है जो प्रह्लाद के मिथकीय आख्यान के भिन्न-भिन्न पाठों के लिए उत्तरदायी है।

अध्याय पांच

संत-चरित की सामाजिक विचारधारा
शंकर, तुकाराम और कबीर

हिंदू धार्मिक नेताओं और विचारकों के जीवन से संबद्ध संत-चरितात्मक ब्यौरे भारतीय भाषाओं में बहुत अधिक मात्रा में उपलब्ध हैं। इनकी ओर विद्वानों का ध्यान बहुत कम गया है क्योंकि इनमें विश्वसनीय ऐतिहासिक तथ्यों की बहुत कमी है। अधिकतर साहित्य उन पंथों द्वारा लिखा गया है जिनसे इन करिश्माई व्यक्तियों का संबंध है या उनके नाम से ही पंथ की स्थापना हुई है। चूंकि ये रचनाएं जीवनी के रूप में हैं इसलिए इन व्यक्तियों के सामाजिक व्यवहार को व्याख्यायित करती हैं और इसी प्रक्रिया में इनके रचयिताओं के सामाजिक विचारों को भी उद्घाटित करती हैं।

शंकर, कबीर और तुकाराम का संत-चरित एक ही हिंदू परपंरा के भीतर निर्मित हो रहा है लेकिन तीनों के अनुयायियों का सामाजिक स्तर बिल्कुल अलग-अलग है। आश्चर्य नहीं है कि इन पाठों की सामाजिक विचारधारा एकदम भिन्न-भिन्न हो। शंकर वास्तव में ब्राह्मणों के ब्राह्मण माने जाते हैं जो वैदिक उपनिषदों पर आधारित अखिल भारतीय शास्त्रीय परंपरा का प्रतिनिधित्व करते हैं। दूसरी तरफ तुकाराम, महाराष्ट्र के बहुत ही लोकप्रिय धार्मिक कवि-गायक और उस भक्ति-परंपरा के प्रतिपादक हैं जो पीछे भगवद्गीता से होकर ज्ञानदेव में आ मिलती है। कबीर बनारस के मुसलमान जुलाहे, कवि, बहुत प्रतिभाशाली लेकिन भक्ति की एक और ही परंपरा से—जिसके अधिकतर अनुयायी निम्न हिंदू जातियों से आते हैं। इनमें से प्रत्येक अपनी रचनाओं में एक विश्वदृष्टि (साथ ही धार्मिक और सामाजिक दृष्टि) को अभिव्यक्त करता है जो ब्रह्माण्ड में व्यक्ति के अस्तित्व तथा उसके ईश्वर और अन्य व्यक्तियों से संबंध को स्पष्ट करती है। यह संबंध हमेशा रहा है और आज भी उनके अनुयायियों के हृदय में बना हुआ है। इस अध्याय में शंकर, तुकाराम और कबीर की विश्वदृष्टि के सामाजिक पहलुओं पर विचार किया जाएगा।

खासकर उनके जीवनचरितात्मक ब्यौरों के रचयिताओं की व्याख्याओं के आधार पर। इन रचयिताओं (लेखकों) की सामाजिक विचारधारा जरूरी नहीं है कि उन व्यक्तियों की विचारधारा के अनुकूल ही हो, जिनका जीवनचरित वे लिख रहे हैं। फिर भी इन लेखकों का एक विचारधारात्मक स्वर है जो इन धार्मिक व्यक्तित्वों के अनुयायियों के बीच बार-बार गूंजता है।

प्रारंभिक रूप से उनके द्वारा रचित मानी गयी रचनाओं में शंकराचार्य सामाजिक विषयों पर अधिक नहीं कहते। वे बहुत हद तक कर्म और संसार की शास्त्रीय, ब्राह्मणवादी धार्मिक मान्यताओं को स्वीकार करते हैं जिनकी रूढ़िवादी सामाजिक विचारधारा उच्च वर्ग के पक्ष में बहुत अधिक झुकी हुई है। छांदोग्य-उपनिषद् (5-10.7) पर शंकर का भाष्य इस धर्मशास्त्रीय मान्यता का स्पष्ट उदाहरण है। वे मंत्र में कही गयी बात को दोहरा भर देते हैं, जो इस प्रकार है— "जो अच्छे आचरण वाले हैं वे अच्छी योनि में पैदा होंगे। बिना किसी कठिनाई के अपने कर्म के अनुसार या तो एक ब्राह्मण के रूप में या एक क्षत्रिय के रूप में या एक वैश्य के रूप में जन्म होगा। इसके विपरीत जो बुरे कर्म वाले हैं वे बुरी योनि में जन्म लेंगे। अपने कर्म के अनुसार या तो एक कुत्ते के रूप में या एक सुअर के रूप में या एक चंडाल के रूप में जन्म होगा।"[1]

> ते रमणीयां क्रौर्यादिवजितां योनिमापद्येरन्प्राप्नुयुर्ब्राह्मणयोनिं व क्षत्रिययोनि वा वैश्ययोनिं वा स्वकर्मानुरूपेण। अथ पूनर्ये तद्विपरीताः कपूयचरणोपलक्षितकर्माणोऽशुभानुशया अभ्याशो ह यत्ते कपूयां यथाकर्म योनिमापद्येरन्कपूयामेव धर्मसम्बन्धवर्जितां जुगुप्सितां योनिमापद्येरन् श्वयोनिं वा सूकरयोनि वा चण्डालयोनिं वा स्वकर्मानुरूपेणैव।

इसी प्रकार भगवद्गीता की अपनी टीका (4.13) में शंकर चतुर्वर्ण की रचना के पारंपरिक व्याख्या को असंदिग्ध रूप से स्वीकार करते हैं—'चारों वर्णों की सृष्टि मेरे (ईश्वर के) द्वारा गुण और कर्म के अनुसार हुई है। गुण तीन हैं : सत्त्व, रजस और तमस। ब्राह्मण जिसका मूल स्वभाव सत्त्व है उसका कर्म संयम, भावनाओं पर नियंत्रण और तपश्चर्या है। क्षत्रिय का मूल गुण प्राथमिक रूप से शौर्य (रजस्) और फिर प्रजापालन है। उसका कर्म शूर-वीरता और उत्साह आदि है। वैश्य जिसका मूल गुण प्राथमिक रूप से शौर्य (रजस) और द्वितीयक रूप से अज्ञान (तमस) है, उसका कर्म खेती आदि है। शूद्र जिसका मूल गुण प्राथमिक रूप से अज्ञान (तमस्) और द्वितीयक रूप से शौर्य (रजस) है उसका कर्म दूसरों की सेवा करना है।'[2]

> चातुर्वर्ण्यमिति। चातुर्वर्ण्यं चत्वार एव वर्णाश्चातुर्वर्ण्यं मयेश्वरेण सृष्टमुत्पादितं 'ब्राह्मणोऽस्य मुखमासीत्' (ऋ. 10.90.12) इत्यादि-श्रुतेः, गुणकर्मविभागशो गुणविभागशः कर्मविभागशश्च। गुणाः सत्त्वरजस्तमसि।

तत्र सात्त्विकस्य सत्त्वप्रधानस्य ब्राह्मणस्य 'शमो दमस्तपः' (गी. 18. 42) इत्यादीनि कर्माणि। सत्त्वोपसर्जनरजः प्रधानस्य क्षत्रियस्य शौर्यतेजःप्रभृतीनि कर्माणि। तमउपसर्जनरजः प्रधानस्य वैश्यस्य कृष्यादीनि कर्माणि। रजउपसर्जनरजःप्रधानस्य शूद्रस्य शुश्रूषैव कर्मेत्येवं गुणकर्माविभागश- श्चातुर्वर्ण्ये मया सृष्टमित्यर्थः। तच्चेदं चातुर्वर्ण्यं नान्येषु लोकेष्वतो मानुषे लोक इति विशेषणम्। हन्त तर्हि—चातुर्वर्ण्यसर्गादिः कर्मणः कर्तृत्वात्तत्फलेन यज्युसेऽतो न त्वं नित्यमुक्तो नित्येश्वरश्च इति—उच्यते। यद्यपि मायासंव्यवहारेण तस्य कर्मणः कर्तारमपि संतं मां परमार्थतो विद्धयकर्तारम्। अत एवाव्ययमसंसारिणं च मां विद्धि॥ 13॥

जातियों की उत्पत्ति के संदर्भ में शंकर पारंपरिक सिद्धांत को ही मानते प्रतीत होते हैं कि वे विभिन्न वर्णों के व्यक्तियों के बीच संयोग की उपज हैं। बृहदारण्यक उपनिषद् (IV.3.22) में बताया गया है कि ब्रह्मज्ञान से उत्पन्न मस्ती की अवस्था में डूबे व्यक्ति के लिए एक चोर, चोर नहीं है, एक भ्रूण हत्यारा, हत्यारा नहीं है, चाण्डाल, चाण्डाल नहीं है, पौल्कस, पौल्कस नहीं है, श्रमण, श्रमण नहीं है और एक तापस, तापस नहीं है। शंकर बताते हैं कि इस प्रकार 'चांडाल सिर्फ अपने वर्तमान जन्म (प्रत्युत्पन्न) से ही छुटकारा नहीं पाता बल्कि जन्मजात स्वभाव से भी छुटकारा पा लेता है। जन्मजात स्वभाव ही उसके निम्न जाति में जन्म का कारण है।' चांडाल 'शूद्र पिता और ब्राह्मण मां से पैदा हुआ है' जबकि पौल्कस 'शूद्र पिता और क्षत्रिय मां से पैदा हुआ है।'

अत्र स्तेनो ब्राह्मणसुवर्णहर्ता भ्रूणघ्ना
सह पाठादवगम्यते। स तेन घोरेण कर्मणैतस्मिन्काले विनिमुक्तो भवति येनायं कर्मणा महापातकी स्तेन उच्यते। तथा भ्रूणहाऽभ्रूणहा। तथा चाण्डालो न केवलं प्रत्युत्पन्नेनैव कर्मणा विनिर्मुक्तः, किं तर्हि, सहजेनापि अत्यन्तनिकृष्टजातिप्रापकेणापि कर्मणा विनिर्मुक्तः, किं तर्हि, सहजेनापि अत्यन्तनिकृष्टजातिप्रापकेणापि विनिर्मुक्त एवायम्। चाण्डालो नाम शूद्रेण ब्राह्मण्यामुत्पन्नः, चाण्डाल एव चाण्डालः। स जातिनिमित्तेन कर्मणाऽसम्बद्धत्वादचाण्डालो भवति। पौल्कसः पुल्कस एव पौल्कसः शूद्रेणैव क्षत्रियायामुत्पन्नः। सोऽप्यपुल्कसो भवति। तथा आश्रमलक्षणैश्च कर्मभिरसम्बद्धो भवतीत्युच्यते। श्रमणः परिव्राट् यत्कर्मनिमित्तो भवति स तेन विनिर्मुक्तत्वादश्रमणः। तथा तापसो वानप्रस्थोऽतापसः। सर्वेषां वर्णाश्रमादीनां उपलक्षणार्थमुभयोर्ग्रहणम्।

लेकिन सबसे ज्यादा रोचक वे अंश हैं जहां शंकर ब्रह्मज्ञान के लिए शूद्र की

अयोग्यता की चर्चा करते हैं। शंकर ने ब्रह्मसूत्र की अपनी टीका (1.3.34-38) में पूर्वपक्ष से कहलवाया है कि शूद्र और द्विज दोनों ही विद्या-प्राप्ति का दावा कर सकते हैं, "क्योंकि इस बात की संभावना हो सकती है कि शूद्र विद्या या ज्ञान-प्राप्ति की प्रार्थना करें और वे इसे पाने के योग्य भी हों। श्रुति में भी ऐसा कोई निर्देश नहीं है कि शूद्र-ज्ञान प्राप्ति के योग्य नहीं है, न ही श्रुति में इस बात का कोई निर्देश है कि शूद्र यज्ञ करने के योग्य नहीं है।"[3]

> तत्र शूद्रस्या प्यधिकारः स्यदिति तावत्प्राप्तम्। अर्थित्वसामर्थ्ययोः संभवात्। 'तस्माच्छूद्रो यज्ञेऽनेवत्कृप्तः' (तै. सं. 7/1/1/6) इतिवत् 'शूद्रो विद्यायामनवत्कृप्तः' इति च निषेधाश्रवणात्।

पूर्वपक्ष का यह भी कहना है कि छांदोग्य उपनिषद् (4.2.3 और 5) में रैक्व ऋषि के शिष्य बने राजा को स्पष्टतया शूद्र कहा गया है। स्मृतियों में भी शूद्र माताओं से उत्पन्न विदुर जैसे व्यक्तियों के असाधारण ज्ञान की चर्चा मिलती है। शंकर अपने उत्तर में शूद्रों के ज्ञान की मांग और उसमें समर्थ होने की बात को स्वीकार करते हैं। लेकिन आगे वे कहते हैं कि शूद्र अयोग्य इसलिए हैं क्योंकि 'शूद्र ने वेदाध्ययन नहीं किया है; वेदाध्ययन के पहले उपनयन संस्कार की जरूरत होती है', 'जिसके लिए शूद्र अयोग्य हैं।'

> न शूद्रस्याधिकारः, वेदाध्ययनाभावात्। अधीतवेदो हि विदितवेदार्थो वेदार्थेष्वधिक्रियते। नच शूद्रस्य वेदाध्ययनमस्ति, उपनयनपूर्वकत्वा-द्वेदाध्ययनस्य। उपनयनस्य च वर्णत्रयविषयत्वात्।

आगे, शंकर का कहना है कि रैक्व का शिष्य शूद्र नहीं, निश्चय ही क्षत्रिय रहा होगा। स्मृति का उल्लेख करने वाले तर्क के प्रतिवाद में स्मृतियों के ही उन अंशों को रेखांकित करते हैं, जिनमें शूद्रों के वेदाध्ययन का निषेध किया गया है। शंकर, विदुर और वाल्मीकि जैसे अपवादों को स्वीकार भी करते हैं, साथ ही शूद्रों के इतिहास और पुराणों के ज्ञान प्राप्त करने के अधिकार को भी मानते हैं। लेकिन विदुर जैसे अपवाद की उनकी व्याख्या बहुत विलक्षण है। इस मामले में शंकर कहते हैं कि 'ज्ञानोत्पत्ति पूर्व कर्मों के संस्कार से होती है', इसमें आगे जोड़ते हैं कि 'इन व्यक्तियों में फलोत्पत्ति (ज्ञानोत्पत्ति) को रोक पाना संभव नहीं है क्योंकि ज्ञान का फल अचर (अपरिवर्तनीय) है।'

> येषां पुनः पूर्वकृतसंस्कारवशाद्विदुर धर्मव्याधप्रभृतीनां ज्ञानोत्पत्तिस्तेषां न शक्यते फलप्राप्तिः प्रतिषेद्धुं, ज्ञानस्यैकान्तिकफलत्वात्।

वृहदारण्यक उपनिषद् के अपने भाष्य (III 5.1 और IV 5.15) में वे इस तर्क को एक कदम और आगे ले जाते हैं और कहते हैं कि केवल ब्राह्मणों को ही संन्यासी होने का अधिकार है। लेकिन उनके अनुयायी और टीकाकार सुरेश्वर को यह बात

मान्य नहीं है। चूंकि ब्रह्मज्ञान के लिए संन्यास (व्यावहारिक अर्थ में) एक पूर्व शर्त है इसलिए शंकर मोक्ष की संभावना को अकेले ब्राह्मण तक सीमित कर देते हैं।

इन बहसों में शंकर व्यावहारिक जगत की बात कर रहे हैं। वे बहुत बड़े बौद्धिक हैं लेकिन सामाजिक रूप से रूढ़िवादी ब्राह्मण भी हैं : जो कि गैर ब्राह्मणों की बौद्धिक और मनोवैज्ञानिक क्षमता को स्वीकार करते हुए शूद्रों को भी ब्रह्म-ज्ञान-प्राप्ति और इसीलिए मोक्ष-प्राप्ति का बौद्धिक स्तर पर अधिकार मानता तो है लेकिन तकनीकी आधार पर उन्हें अयोग्य भी घोषित कर देता है। शूद्र ब्रह्मज्ञान नहीं प्राप्त कर सकता है क्योंकि उसके लिए उपनयन संस्कार की मनाही है और इसीलिए वह वेदाध्ययन भी नहीं कर सकता। क्षत्रिय और वैश्य तकनीकी रूप से ब्रह्मज्ञान के अधिकारी हैं लेकिन संन्यास के लिए उनकी अयोग्यता (व्यावहारिक रूप से) उन्हें भी मोक्ष से दूर कर देती है।

शंकर की पारंपरिक सामाजिक विचारधारा 'व्यावहारिक' जगत की सच्चाइयों के बहुत करीब है, लेकिन उनके अपने 'पारमार्थिक' सत्य की दृष्टि से वह अप्रासंगिक हो जाती है। परम्-सत्य के संदर्भ में यह बिल्कुल अप्रासंगिक हो जाती है क्योंकि परम सत्य की स्थिति में संसार का 'व्यावहारिक सत्य' एकात्मक ब्रह्म के द्वारा ढंक लिया जाती है। ऐसी स्थिति में सामाजिक विभेद के लिए कोई जगह नहीं है। वृहदारण्यक उपनिषद् (IV. 3.22) के उपरोक्त उद्धरण में इस प्रकार के विभेद को नहीं माना गया है : ब्रह्मसूत्र भाष्य की अपनी भूमिका में 'अध्यास' संबंधी उनका विमर्श पूरी स्पष्टता के साथ बताता है कि जाति जैसी सामाजिक संरचनाएं अंततः अवास्तविक हैं। यहां वे बताते हैं कि वैदिक यज्ञ करवाने के योग्य कौन है, यह वेदांत के ज्ञान पर निर्भर नहीं करता। क्योंकि वेदांत यह बताता है कि आत्मा भूख आदि से या ब्राह्मण और क्षत्रिय के बीच तथाकथित विभेद से या किसी भी सांसारिक वस्तु से ऊपर की चीज है। आत्मा का किसी सांसारिक वस्तु या संरचना से संबंध ही नहीं है।'[4]

न वेदान्तवेद्यमशनायाद्यतीतमपेतब्रह्मक्षत्रादिभेदमसंसार्यात्मतत्त्वमधिकारेऽपक्ष्यते

संस्कृत में उपलब्ध शंकर के संतचरितों को मूलतः दो श्रेणियों में रखा जा सकता है। पहली श्रेणी श्रृंगेरी मठ से संबंधित है तो दूसरी कांची मठ से। अगर प्रकाशित सामग्री (रचनाओं) को देखें तो अनंतानंदगिरि की 'शंकर विजय' कांची केंद्र की अकेली महत्त्वपूर्ण रचना है। श्रृंगेरी परंपरा की मुख्य रचना माधव की 'शंकर दिग्विजय' या 'संक्षेप-शंकरजय' है। इस कार्य के लिए कई पूर्ववर्ती रचनाओं के पदों का उपयोग किया गया है और 1650 से 1800 ई के बीच इसे संकलित किया गया है। 19वीं शताब्दी के मध्य में इसका पुनः संकलन हुआ।[5] यह अब शंकर के अनुयायियों के बीच आधिकारिक रचना के रूप में स्वीकृत है। इस अध्याय के लिए मैं इसी रचना को आधार बनाऊंगा।

माधव के ग्रंथ में चित्रित शंकराचार्य के सामाजिक संबंधों के बारे में जो बात सबसे ज्यादा उभरकर सामने आती है वह यह है कि ऐसे संबंध शुद्ध रूप से अन्य ब्राह्मणों के साथ ही हैं। एकाध मामले में ये जैन भिक्षुओं के साथ हैं, जिनकी जातिगत पृष्ठभूमि स्पष्ट नहीं की गई है। शंकर का कापालिकों जैसे कई वेद विरोधी हिंदू संप्रदायों से भी सामना होता है जिनकी जाति स्पष्ट नहीं है लेकिन वे गैर ब्राह्मण प्रतीत होते हैं। स्त्रियों में उनका वास्ता बस अपनी मां और मंडन मिश्र की पत्नी उभयभारती से ही पड़ता है। इन पाठों का कथ्यपरक अभिप्राय एक तरफ घरेलू जीवन के स्त्रियोचित प्रतीक और विष्णु की पूजा के बीच तो दूसरी तरफ संन्यासियों के पुरुषोचित प्रतीक और शिव की पूजा के बीच सामाजिक-धार्मिक संवाद से है।[6]

सामाजिक विचारधारा की दृष्टि से उभयभारती की घटना बहुत ही रोचक है। उभयभारती एक स्त्री है, इसलिए पारंपरिक रूप से उसे वैदिक ज्ञान का कोई अधिकार नहीं है। फिर भी वह शंकर को धर्मशास्त्रीय बहस के लिए ललकारती है और सत्रह दिनों तक बराबरी पर रोके रखती है। उससे बहस के मुकाबले पर शंकर आपत्ति करते हैं कि (9.59) 'भद्र जन (इस प्रकार के विषय पर) स्त्रियों के साथ बहस नहीं करते।' उभयभारती उनकी आपत्ति का उत्तर उपनिषद् परंपरा के उदाहरण से देती है। (9.60-61) :

''महोदय! जो अपने सिद्धांत के प्रति पूर्णतः समर्पित है, वह जो भी उनके सिद्धांत के विरुद्ध खड़ा होगा, उसे परास्त करने की निश्चय ही कोशिश करेगा। चाहे वह व्यक्ति पुरुष हो या स्त्री। इसी कारण महान मुनि याज्ञवल्क्य ने गार्गी के साथ और जनक ने सुलभा के साथ शास्त्रार्थ किया। क्या वे भद्र पुरुष नहीं थे?''

स्वमतं प्रमेत्तुमिह यो यतते
स वधूजनोऽस्तु यदि वाऽविस्त्वतरः ॥
यतितव्यमेव खलु तस्य जये
निजपक्षरक्षणपरैर्मगवन् ॥ 60 ॥
अत एव गार्ग्यमिधया कलहं
सह याज्ञवल्क्यमुनिराडकरोत ॥
जनकस्तथा सुलभयाऽबलया
किमिभी भवन्ति न यशोनिधयः ॥ 61 ॥

माधव के अनुसार शंकर उभयभारती के उत्तर से बहुत प्रसन्न हुए और बहस (शास्त्रार्थ) के लिए अपनी सहमति दे दी। सत्रह दिनों के बाद उभयभारती ने बहस को उस दिशा में मोड़ने की कोशिश की जिसमें उसको पर्याप्त बढ़त हासिल थी : प्रेम और काम। इस विषय में बात करने के लिए शंकर कुछ मोहलत मांगते हैं, और अपने शरीर को छोड़कर अमरूक के मृत राजा के शरीर में प्रवेश कर जाते

हैं, जिससे इस क्षेत्र की जानकारी ले सकें क्योंकि संन्यासियों के लिए इस क्षेत्र की मनाही है। स्पष्टतया यह कहानी गोरखनाथ और उनके गुरु मत्स्येन्द्रनाथ की कहानी पर आधारित है। माधव की रचना में इसके संकेत भी हैं (9.79-88)। मत्स्येन्द्रनाथ की ही तरह शंकर भी अपने शिष्यों के द्वारा राजा के शरीर और उससे जुड़ी कामनाओं के जाल से निकाले जाते हैं और पुनः अपने शरीर में लौटकर उभयभारती से बहस करते हैं। इसी बिंदु पर कहानी ऐसा मोड़ लेती है जो एक स्त्री के साथ शंकर की बहस में निहित उदार सामाजिक नैतिकता को विकृत कर देती है। मालूम पड़ता है कि उभयभारती कोई और नहीं बल्कि ज्ञान की देवी सरस्वती की अवतार हैं। शंकर स्वयं शिव के अवतार कहे गए हैं। जब वे लौटते हैं तो उभयभारती उनसे कहती है कि (10.67) :

''जब आपने मुझे सभा में पराजित किया और ऐसा दर्शाया कि जैसे आप कामशास्त्र में निपुण हो गए हैं, तब बस लीला ही कर रहे थे।''

वह हार मानकर ब्रह्मलोक लौट जाती है। पीछे रह जाते हैं उसके पति मंडन मिश्र जो संन्यास लेकर शंकर के अनुयायी बन जाते हैं। कहानी का ऐसा ऐंटी-क्लाइमेक्स तत्त्ववेत्ता विदुषी स्त्री होने की धारणा के प्रति ब्राह्मण लेखकों की असुविधा को ही प्रकट करता है।

इसी प्रकार की बात और आख्यानात्मक संरचना एक और घटना से प्रतीत होती है (6.20-52), जब शंकर का एक अछूत (श्वपच) से सामना होता है। जब शंकर बनारस में थे तो एक दिन एक शिकारी (बहेलिया) अपने चार कुत्तों के साथ उनकी ओर चला आ रहा था। उन्होंने उस शिकारी को एक तरफ तब तक खड़ा रहने के लिए कहा जब तक वे और उनके शिष्य रास्ते को पार न कर जाएं। रुकने के बजाय शिकारी अकाट्य धर्मशास्त्रीय आपत्ति करता है (6.28) :

''(जब आप यह कहते हैं कि) मैं रास्ते से दूर हट जाऊं तो हे ऋषि आप मेरे शरीर को दूर रखना चाहते हैं या आत्मा को, एक शरीर जिस पदार्थ से बना हुआ है, उसी पदार्थ से बने हुए दूसरे शरीर से कैसे भिन्न है? और एक कोई जो स्व (आत्मा) को अनुभूत कर रहा है तो दूसरे के अनुभूत करने में कैसे भेद कर सकता है? आप आत्मा को ब्राह्मण और अछूत की धारणा से कैसे जोड़ सकते हैं जब सूरज की किरणें गंगाजल और मदिरा पर समान रूप से चमकती हैं तो इससे स्पष्ट होता है कि ईश्वर की दृष्टि में पवित्रता और अपवित्रता का कोई भेद नहीं है।''

गच्छ दूरमिति देहमुताह्यौ
देहिनं परिजिहीर्षसि विद्वन् ॥
विद्यतेऽन्नमयतोऽन्नमयं किं
साक्षिणश्व यातिपुंगव साक्षी ॥ 28 ॥

ब्राह्मणश्वपचभेदविचारः ॥
बिम्बितेऽम्बरामणौ सुरनद्या
मन्तरं किमपि नास्मि सुरायाम् ॥ 29 ॥

शंकर अछूत की बातों की सत्यता पर गौर करते हैं और कहते हैं (6.36) कि— "वह जो इसकी पक्की समझ रखता है और सदा इस संसार का आत्मा पर आधारित होना स्वीकार करता है, वह वंदनीय है, चाहे वह ब्राह्मण हो या श्वपच।"

माति यस्य तु जगद्धृढबुद्धेः
सर्वमप्यनिशमात्मतयैव ॥
स द्विजोऽस्तु श्रवतु श्वपचो वा
वन्दनीय इति में दृढिनिष्ठा ॥ 36 ॥

जैसे ही शंकर उसकी प्रशंसा करना समाप्त करते हैं श्वपच अपने आपको स्वयं शिव के रूप में प्रकट कर देता है और उसके चारों कुत्ते चार वेद होते हैं। उभयभारती की कहानी की तरह ही यहां भी इस 'मुकाबले' के उदार या क्रांतिकारी सामाजिक प्रभावों को ईश्वरीय अवतार के चमत्कार के नीचे दबा दिया जाता है। फिर भी सैद्धांतिक स्तर पर ही सही श्रेणीबद्ध सामाजिक व्यवस्था में भी सहज मानवीय समानता का अस्तित्व है इतना तो ब्राह्मणवादी रूढ़िवादिता से जुड़े हुए लेखन और परंपरा के इस बौद्धिक उदाहरण में भी मान लिया गया है।

कई दृष्टियों से महाराष्ट्र का वारकरी-संप्रदाय मध्यकालीन भारत के भक्ति आंदोलन में बहुत जटिल और रोचक है। ऐतिहासिक रूप से यह ज्ञानदेव की आध्यात्मिक परंपरा (वंशावली) से होते हुए पीछे नाथपंथ तक जाता है और नामदेव के कारण यह कबीर और नानक की उत्तर भारतीय संत-परंपरा से जुड़ जाता है। इसका संबंध महानुभाव-संप्रदाय, दत्त-संप्रदाय, समर्थ-संप्रदाय और अन्य धार्मिक आंदोलनों से भी है। समाजशास्त्रीय रूप से वारकरी आंदोलन विभिन्न जातियों के बहुत बड़े भाग से अपने नेताओं और अनुयायियों को शामिल करता है। लेकिन नेताओं में ब्राह्मण ही सर्वाधिक हैं और अनुयायियों में मध्यवर्ती जातियों से लेकर निम्न जातियों (गैर-अछूत) तक के लोग शामिल हैं। धार्मिक रूप से यह एक ओर ज्ञानदेव के क्लासिकल-संस्कृत भगवद्गीता के मराठी भावानुवाद का आश्रय लेता है तो दूसरी ओर तुकाराम जैसे निरक्षर कवि-गायक के भक्तिमय गीतों की शरण में जाता है।

अपने लंबे जटिल इतिहास के कारण वारकरी-संप्रदाय की सामाजिक विचारधारा की मूल बातों को चिन्हित और विश्लेषित कर पाना बहुत कठिन है। इसके सामाजिक आधार में विभिन्न जातियों की बहुलता के कारण यह और भी कठिन

हो जाता है। क्या इस आंदोलन को महाराष्ट्र के सामान्य लोगों के बीच भक्तिमय लहर के उत्पाद के रूप में देखा जा सकता है? या उच्च जातियों, खासकर ब्राह्मणों के प्रयास की उपज के रूप में, जो 'ऊपर से' धार्मिक सुधार के जरिये अपने सामाजिक आधार को बढ़ाना चाहते हैं। इनमें से कोई भी लक्षण आंदोलन की सभी ऐतिहासिक और बौद्धिक विविधताओं को नहीं समेट सकता। फिर भी तुकाराम के गीतों में अभिव्यक्त सामाजिक-धार्मिक विचारधारा पर एक चयनात्मक दृष्टि डालने पर यह स्पष्ट हो जाता है कि वारकरी संप्रदाय की विचारधारा 'नीचे से' लोकप्रिय लहर के बजाय 'ऊपर से' सुधार के मॉडल के ज्यादा करीब है। यही बात महीपति द्वारा तुकाराम के जीवन पर लिखे गये संत चरित से भी सिद्ध होती है।

तुकाराम (1607-49) एक बहुत साधारण व्यक्ति हैं : शूद्र वर्ण और कुनबी जाति के निरक्षर दुकानदार। वारकरी संप्रदाय के इतिहास में की जाति की स्थिति की तुलना यदि आंदोलन के अन्य प्रमुख व्यक्तियों से तुलना की जाए तो वे सबसे निचले पायदान पर खड़े नजर आयेंगे। दिल्यूरी द्वारा दी गई इस आंदोलन के 21 प्रमुख व्यक्तियों की सूची में दस ब्राह्मण, नौ गैर-ब्राह्मण हैं और दो की जाति स्पष्ट नहीं है।[7] गैर ब्राह्मणों में सिर्फ एक चोखामेला ही अछूत (महार) हैं। दो ब्राह्मण महिलाएं और दो गैर-ब्राह्मण महिलाएं भी हैं। जाति और लिंग का कुछ ऐसा ही बंटवारा तमिलनाडु के आरंभिक भक्ति आंदोलन के बारह आलवारों और चौंसठ नायनारों में भी मिलता है। इन संप्रदायों की सामाजिक विचारधारा भी वारकरियों से मिलती-जुलती है।

औपचारिक शिक्षा की कमी के बावजूद तुकाराम निश्चित ही भारत के महानतम धार्मिक कवियों में से हैं। अपनी कवि-सुलभ कल्पना और बिंबों तथा रूपकों के प्रयोग में वे सभी से ऊपर ठहरते हैं। इसमें वे मीरा, सूरदास और कबीर को भी मात दे देते हैं। अपनी प्रखर कल्पना और बुद्धिमत्ता को वे कभी-कभार ही सामाजिक संदर्भों (विषयवस्तु) की ओर ले जाते हैं। वह एक भाव-प्रवण कवि हैं, जो ईश्वर के प्रेम में डूबा हुआ है और संसार की चीजों में उसकी बहुत ही कम रुचि है। फिर भी उनके कुछ आत्मकथात्मक गीत सामाजिक प्रसंगों से जुड़े भावों को व्यक्त करते हैं। तुकाराम के लिए एक भक्त का सबसे महान गुण ईश्वर और संतों के सम्मुख उसकी दीनता (विनयशीलता) है। यहां तक कि तुकाराम का निम्नजाति में जन्म लेना भी एक गुण है क्योंकि यही उन्हें दम्भ से बचाता है।[8]

अच्छा किया प्रभु कुनबी बनाया।
वरना मर गया होता दंभ से।
आपने प्रभु, सही किया,
उल्लसित तुका, चरणों पर मस्तक नवाता है।
यदि मैं ज्ञानी होता,

यह ज्ञान मुझे घमंडी बना देता।
मैं संतों की सेवा करने से रह जाता।
बिना कुछ किये मैं नष्ट हो जाता।
मैं अभिमान से भरा होता,
मैं मृत्यु की तरफ बढ़ता जाता।
कहे तुका, महानता,
अभिमानी बनाकर,
व्यक्ति को नरक की ओर ले जाती है।

यदि विनयशीलता या दीनता सबसे बड़ा गुण है तो जाहिर है कि अभिमान सबसे बड़ा अवगुण है, चाहे वह जन्म का अभिमान या ज्ञान का अभिमान हो। तुकाराम उनकी आलोचना करने से संकोच नहीं करते जो धार्मिक अधिकारों का दावा प्रभु की सच्ची भक्ति के बिना सिर्फ जन्म या ज्ञान के आधार पर करते हैं।[9]

यदि आप पंडित होते, तो पुराण सुनाते।
लेकिन यह नहीं जानते कि आप कौन हैं।
आप ग्रंथों को ढोने वाले 'ज्ञान-गर्दभ' होते।
आप वह कभी नहीं सीख पाते जो एक गुरु सिखा सकता है।
तुका कुनबी का बेटा है। वह धर्मग्रंथों को नहीं जानता।
लेकिन एक चीज वह कभी नहीं भूलता
पंढरी के स्वामी, प्रभु को।

जिस तरह शंकर के लिए वैदिक ज्ञान और (इस प्रकार) जन्मना ब्राह्मण होना मोक्ष के लिए आवश्यक पूर्व शर्त है उसी तरह तुकाराम के लिए ये दोनों ही गैर जरूरी हैं, यहां तक कि मोक्ष में बाधक हैं। फिर भी उनकी विनयशीलता, दीनता और समर्पण कबीर जैसी आक्रामक आलोचनात्मक दृष्टि के अनुरूप नहीं है। निम्नलिखित पद में तुकाराम के दृष्टिकोण का बहुत आदर्श रूप पाया गया है। इस पद में वे धार्मिक उपलब्धि और योग्यता के लिए जाति को अप्रासंगिक मानते हैं। यह अप्रासंगिकता रेखांकित करने के लिए वे बहुत से प्रसिद्ध संतों का उदाहरण देते हैं[10] :

पवित्र वह कुल पावन वह देस।
जहां हरि के दास पैदा होते॥
वर्ण के गर्व से कौन भया पावन।
बताओ बंधुजन कोई मुझे॥
अंत्यज करे जो हरि का भजन।
पुराण चारण बन जाएं॥
वैश्य तुलाधार गोरा जो कुम्हार।

धागा है चम्हार रोहिदास॥
कबीर मोमिन लतीफ मुसलमान।
सेना नाई कौन विष्णुदास॥
कान्होपात्रा मूर्तिकार दादू पिंजियारा।
अभेद भक्ति धारा हरिचरण॥
चोखा मेला बंका जाति के महार।
उनका सर्वेश्वर ऐक्यरूप॥
नामया की जनी कैसा उसका भाव।
जीमे पंढरिराव साथ-साथ॥
विष्णुदास नहीं माने जातिधर्म।
ऐसा ही निर्णय वेदों का है॥
तुका कहता है, देखो अपने ग्रंथों में
असंख्य, अगणित निम्न जो मोक्ष को प्राप्त हुए।

तुकाराम और अधिकांश वारकरी संतों के द्वारा जिस ईशभावना का प्रतिपादन किया गया है, वह एक ऐसे संप्रदाय के लिए है जो अपने सामाजिक आधार को मध्यवर्ती जातियों से जोड़ता है। वह पूर्वजन्म में किए गए कर्म के अनुसार अच्छे या बुरे भाग्य की शास्त्रीय मान्यताओं को स्वीकार करता है लेकिन संसार से मुक्ति और मोक्ष के लिए वैदिक ज्ञान की जरूरत को नकारता है। मोक्ष के लिए सिर्फ ईश्वर की कृपा (प्रसाद) ही काफी है और इस कृपा की प्राप्ति के लिए ईश्वर के प्रति भक्ति और समर्पण (प्रपत्ति) जरूरी है। कुछ प्रोटेस्टेंट ईसाइयत की तरह ही यह हिंदुओं के लिए सिर्फ ईश्वर की कृपा (प्रसाद) पर जोर देता है, किसी मंदिर या वेदज्ञ ब्राह्मण मंडली पर नहीं। यह भक्त और भगवान के बीच किसी बिचौलिये को अस्वीकार करता है। एक प्रभावशाली गीत में तुकाराम किसी भी यज्ञ, व्रत, यौगिक क्रियाओं और वैदिक ज्ञान के द्वारा भी मुक्ति की संभावनाओं को नकारते हैं।[11]

जाड़े में और गर्मी में, जंगल में और गुफा में,
यौगिक मुद्रा और समाधि लगाइए।
न तपस्या, न तीर्थयात्रा, न भिक्षा, न व्रत, न यज्ञ,
न दार्शनिक विचारों से, इनमें
कोई नहीं बचा सकता, आपको सुख और दुख से,
जन्म से, जरा से, गरीबी, बीमारी से।
रखें तृष्णा, क्रोध और अभिमान वश में,
और पाएं इस जीवन में, अविनाशी ईश्वर को।
वेदों का रटना, तुममें भर देगा अभिमान

नियमों और बंधनों से तुम जाओगे बंध।
तर्क करोगे, आलोचना करोगे,
यह बन जाएगा, एक स्थायी दोष,
तुका कहता है, उपलब्धि पाप की जड़ है।
छोड़ो अपनी झूठी लज्जा को,
पूरे मन से संतों की शरण में जाओ,
जिस दशा में इच्छा हो, उस दशा में रहो।

फिर भी तुकाराम के धर्म में ब्राह्मण पुजारी की पूर्णतः मनाही नहीं है। इनकी भक्ति सगुण है और यह पंढरपुर के मंदिर में स्थापित बिट्ठल-कृष्ण को समर्पित है। बौद्धिक रूप से यह ज्ञानदेव द्वारा व्याख्यायित भगवद्गीता की ईशभावना पर आधारित है। इसमें न तो संस्कृत पुराणों के शास्त्रीय मिथकों पर बहुत जोर दिया गया है—जिस प्रकार कि सूरदास, तुलसीदास, चैतन्य के अनुयायियों आदि की कविताओं में है—न ही इनको पूरी तरह से नकारा गया है, जिस प्रकार कि कबीर जैसे निर्गुणी कवि-संतों के यहां है। ब्राह्मण, पंढरपुर के मंदिर के प्रमुख होते हैं और ब्राह्मण-पुरोहित, वारकरी संप्रदाय में आने वाली अधिकतर जातियों के गृह-पुजारी होते हैं। इसके साथ ही संस्कृत की धर्मशास्त्रीय परंपरा और वेदांत परंपरा का ज्ञान, ज्ञानदेव और एकनाथ जैसे विद्वान ब्राह्मण-संतों से होता हुआ वारकरी-संप्रदाय तक पहुंचा। ब्राह्मण और उनकी संस्कृतबद्ध 'महान सांस्कृतिक परंपरा' ही वारकरी आंदोलन के धार्मिक दृष्टिकोण में अंतिम निर्णायक की हैसियत रखते हैं।

महीपति (1715-1790) द्वारा रचे गये तुकराम और अन्य संतों के चरितों से यह बात बिल्कुल स्पष्ट हो जाती है कि वारकरी-संप्रदाय में ब्राह्मण और उसकी धार्मिक परंपराओं का बहुत सम्मान है। महीपति स्वयं संस्कृत में पारंगत एक देशस्थ ब्राह्मण थे। नाभादास के भक्तमाल (C. 1600), मानदेश निवासी उद्धवचिद्घन की रचना और अन्य स्रोतों के आधार पर महीपति ने मराठी में विस्तृत संत-चरितों की रचना की है। ब्राह्मण परिवार में जन्मे होने के बावजूद वे अपवित्रता और अस्पृश्यता पर आधारित जातिवादी चेतना और व्यवहार के सख्त आलोचक हैं। वारकरी संप्रदाय के एकनाथ और अन्य ब्राह्मण संतों की तरह वह भी एक भद्र (कुलीन) सुधारक कहे गए हैं।[12] उनकी रचनाओं 'भक्त विजय' (1762) और 'भक्तलीलामृत' (1774) से तुकाराम के जीवन के विषय में जानकारी मिलती है। दोनों रचनाओं का अंग्रेजी में अनुवाद हो चुका है।[13]

महीपति द्वारा वर्णित तुकाराम की मुख्य विशेषताओं में उनकी (अद्भुत) उदारता और विनयशीलता तथा पंढरपुर के बिट्ठल के प्रति अनन्य भक्ति है। यह उदारता और विनयशीलता ब्राह्मणों के प्रति तो खासतौर पर स्पष्ट है। दुनिया की

चीजों के प्रति उनकी अनासक्ति के कारण यह उदारता पैदा हुई है। साथ ही यह दुकानदार के लालचीपन की प्रचलित मान्यता के बरक्स एक सहज भोलेपन को भी अभिव्यक्त करती है। इस उदारता और भोलेपन की वजह से वह और उनका परिवार बराबर आर्थिक कठिनाइयों की चपेट में आता है। उनका व्यवसाय नष्ट हो जाता है। उनकी बड़ी पत्नी और पुत्र के निधन में, अकाल के साथ, कुछ भूमिका तुकाराम के उदार भोलेपन की भी है। यह भोलापन तुकाराम और उनकी दुनियादार दूसरी पत्नी के बीच झगड़े का भी एक कारण रहा है। दूसरी तरफ बिट्ठल के प्रति अनन्य भक्ति से उन्हें अंततः आर्थिक और धार्मिक समृद्धि की प्राप्ति हुई। यह भी न सिर्फ पत्नी के साथ बल्कि रूढ़िवादी और लालची ब्राह्मणों के साथ भी लगातार झगड़े का कारण बनता है, क्योंकि धर्म पर ब्राह्मणों के एकाधिकार को तुकाराम तोड़ते हैं। अपने ब्राह्मण विरोधियों के साथ प्रत्येक मुकाबले में तुकाराम की उदारता और दीनता—कभी-कभी छोटे चमत्कार की मदद से—उन्हें विजय दिलाती है। विरोधी उनके समर्थक हो जाते हैं। यहां तक कि उनकी पत्नी भी कभी-कभी उनके धर्माचरण से समझौता कर लेती है।

तुकाराम के जीवन की सबसे प्रसिद्ध घटना—जिसमें उनके गीत-संग्रहों को नदी में फेंक दिया जाता है—वारकरी संप्रदाय के सामाजिक-धार्मिक विचारधारा के कई पहलुओं को स्पष्ट करती है। 'भक्तविजय' और 'भक्तलीलामृत' में विस्तार से दोनों ही रचनाओं में इस घटना का उल्लेख मिलता है। साथ ही तुकाराम के एक गीत में भी इसकी ओर संकेत किया गया है।[14] 'भक्तलीलामृत' में बताया गया है कि रामेश्वर भट्ट नामक एक विद्वान किंतु रूढ़िवादी ब्राह्मण तुकाराम की बढ़ती हुई प्रसिद्धि से नाराज हो गया और पुणे के शासकीय प्रतिनिधि से उनकी शिकायत की।[15]

> ''तुका शूद्र जाति का है, फिर भी वह सार्वजनिक रूप से वेद का प्रवचन करता है ॥ 37 ॥ इसके अतिरिक्त हरिकीर्तन करके वह भक्तों के चरित्र को भ्रष्ट करता है, यहां तक कि ब्राह्मण भी उसे प्रणाम करते हैं ॥ 38 ॥ वह सभी कर्तव्यों, नियमों को ताक पर रखकर, सबसे ऊपर ईश्वर के नाम-जाप पर जोर देता है। उसने 'भक्ति' के मार्ग को विकसित किया है, जो कि मेरी नजर में विधर्मी है।''

जब तुकाराम रामेश्वर के सम्मुख लाए गए तो इस ईर्ष्यालु ब्राह्मण ने उन्हें गीतों की रचना जारी रखने से मना किया। तुकाराम ने बिना किसी सवाल के रामेश्वर के आदेश को मान लिया। ''आप ब्राह्मण हैं, ईश्वर की छाया, आपने मुझे आदेश दिया, अब से मैं कभी-भी अपने पदों को नहीं गाऊंगा।'' तुका अपनी पांडुलिपियों को इंद्रायणी नदी में फेंकने के लिए तैयार हो गए। लेकिन ऐसा करने के बाद

वह अवसाद से भर गए और विष्णु के स्थानीय मंदिर के द्वार पर प्रायोपावेश (कर्जदार के दरवाजे पर लेनदार द्वारा किया जाने वाला आमरण अनशन) करने बैठ गए। अंततः ईश्वर उनकी व्यथा का अनुकूल जवाब देते हैं और तेरह दिनों के बाद पांडुलिपि नदी में सुरक्षित उतराती हुई दिख जाती है। इसी दौरान रामेश्वर एक समाधिस्थ मुसलमान फकीर को परेशान करने लगता है। क्रुद्ध होकर फकीर रामेश्वर को शाप देता है, जिसके कारण उसके पूरे शरीर में जलन होने लगती है। रामेश्वर बहुत घमंडी था, इसलिए वह फकीर से क्षमा नहीं मांग सकता था। वह मानता था कि 'मैं उच्च जाति का ब्राह्मण और वह फकीर निम्न जाति का मुसलमान। मैं निश्चय ही उसके पास नहीं जाऊंगा।'[16] जलन जारी रहने पर रामेश्वर वारकरी ब्राह्मण ज्ञानेश्वर की समाधि पर प्रार्थना करने के लिए अलंदी जाता है। ज्ञानेश्वर उसे स्वप्न में कहते हैं कि वह तुकाराम से जाकर क्षमा मांगे। रामेश्वर तुकाराम को एक पत्र लिखता है और तुकाराम जवाब में एक पद लिख भेजते हैं। इस पद को उन्होंने रामेश्वर के लिए ही रचा है। गीत का अंतिम छंद कहता है : "यदि किसी के हृदय में सब के लिए एक जैसा प्रेम है, अपने से भी ज्यादा दूसरों के लिए स्नेह है, तो ईश्वर (प्रभु) उन्हें दया की दृष्टि से देखेगा और हृदय में इसकी अनुभूति भी होगी।"[17] जब रामेश्वर इस गीत को पढ़ता है तो जलन तुरंत ही ठीक हो जाती है। वह तुकाराम के पास जाता है और उनका शिष्य हो जाता है।

यह कहानी वारकरी भक्ति आंदोलन के प्रति रूढ़िवादी ब्राह्मणों की मूल आपत्ति को उद्‌घाटित करती है कि : यह उच्च जाति के धर्म में, उनके पारंपरिक पेशेवर एकाधिकार और उनके कठिन तापसी तथा धर्मशास्त्रीय कौशल को अप्रासंगिक बनाकर आगे निकल जाता है। तुकाराम की प्रतिक्रिया भी उतनी ही महत्त्वपूर्ण है : वे रामेश्वर के आदेश पर बहुत विनम्रतापूर्वक अपने जीवन भर के कार्यों को फेंकने के लिए तैयार हो जाते हैं। वह इसे दैवीय आदेश ही मानते हैं और क्षतिपूर्ति की चाह में सिर्फ ईश्वर की शरण में जाते हैं। जब रामेश्वर उनसे क्षमा चाहता है तो उसका भी उत्तर तुकाराम एक खास पद के साथ, उपदेश के रूप में देते हैं कि सभी के साथ प्रेम और विनय से ईश्वर की कृपा प्राप्त होती है। वह खुद ब्राह्मणों के साथ कोई झगड़ा नहीं चाहते हैं।

रूढ़िवाद का वारकरी दृष्टिकोण से कुछ अधिक तीखा मूल्यांकन मुकुंदराज रचित 'विवेकसिंधु' (1188 ई.) के अनुयायी किसी ब्राह्मण के साथ तुकाराम के टकराव की कथा में मिलता है। 'विवेकसिंधु' मराठी की प्राचीनतम रचना मानी जाती है और कहा जाता है कि इसका रचनाकार नाथपंथी था।[18] ब्राह्मण धर्मशास्त्री तुकाराम के विचार को तुच्छ समझता है, उसका कहना है : ईश्वर तो हृदय में निवास करता है उसकी खोज के लिए क्या घूमना?[19] वह तुकाराम को मुकुंदराज का पाठ सुनाना

चाहता है। 'ब्राह्मण के प्रति सम्मान दिखाने के लिए' तुकाराम उसे सुनने के लिए राजी हो जाते हैं। जब वह पढ़ने लगता है तो तुकाराम अपने को एक कम्बल से ढंक लेते हैं। ब्राह्मण कई घंटों तक पढ़ता रहा लेकिन तुकाराम ने एक भी हुंकारी नहीं भरी। अंततः ब्राह्मण उनके कंबल को उघाड़ता है तो पाता है कि 'वे कानों में उंगली डालकर भगवान के नाम का जाप कर रहे थे।'[20] ब्राह्मण इस पर बहुत क्रोधित हुआ और उनसे जवाब तलब किया। तुकाराम अद्वैत वेदांत की आलोचना करते हुए उत्तर देते हैं कि[21] :

"मैं अपने चिंतन को भगवान के नाम और रूप पर एकाग्र कर चुका हूं...जिससे मेरा हृदय तृष्णा से मुक्त हो गया है। यह 'अहंब्रह्मास्मि' की अवस्था ही तो है ॥ 35 ॥ इसलिए मैं कभी भी अद्वैत मत को नहीं मानूंगा। मानने का मतलब भगवान और उसके भक्त के बीच अलगाव होगा... ॥ 40 ॥ हमें तीन देवों का बोध होना ही उनके सगुण रूप के कारण हैं। इकट्ठा करने में समर्थ है, जब तक कि वे सगुण हैं। यह हमारी सीमा है। अद्वैत का उपदेश व्यर्थ है।"

ब्राह्मण तुकाराम से ऐसी ज्ञान की बात सुनकर उनका अनुयायी हो जाता है।

उपरोक्त गद्यांश में तुकाराम प्रचलित अद्वैतवादी तर्क को खुद अद्वैतवादियों के विरुद्ध ही मोड़ने की कोशिश करते हैं। इस मोड़ का सामाजिक निहितार्थ स्पष्ट है। शंकर और उनके अनुयायियों का मानना है कि भिन्न स्तर की दार्शनिक समझ रखने वालों के लिए भिन्न-भिन्न किस्म के व्यवहार उपयुक्त हैं। वह बौद्धिक अभिजात जो निर्गुण ब्रह्म के ज्ञान द्वारा मोक्ष प्राप्त करना चाहता है उसे संन्यास और ज्ञान के रास्ते का अनुसरण करना चाहिए। अन्य सभी को सगुण ईश्वर की भक्ति करनी चाहिए और अनुष्ठानिक कर्तव्यों और रिवाजों का पालन करना चाहिए। 'ये संकरे रास्ते मोक्ष तक नहीं ले जा सकते, लेकिन वे स्वर्ग और श्रेष्ठ योनि में पुनर्जन्म की ओर ले जा सकते हैं।'[22] तुकाराम कहते हैं कि यह बात सही नहीं है, सगुण भक्ति ही भक्ति का ऐसा रास्ता है जो सभी के लिए खुला है, इसके लिए किसी तरह की बौद्धिक और जातिगत शर्त नहीं लागू होती।[23]

तुकाराम के विषय में महीपति की दूसरी कहानी 'भक्तिविजय' से है। इस कहानी में 'अपवित्रता' की धारणा की बहुत तीखी प्रतीकात्मक आलोचना की गई है।[24] एक दिन एक ठठेरा अपने बीमार बेटे को घर में छोड़कर तुकाराम का कीर्तन सुनने आया। इसी दौरान बच्चे की मृत्यु हो गई और उसकी दुखियारी मां ने बच्चे की लाश को कीर्तन की जगह लाकर वहीं बीच फर्श पर रख दिया। इस व्यवहार से दर्शक बहुत खिन्न हुए, 'जैसे एक भिखारी कुछ खाना शुरू करे और खाने पर ढेर-सारी मिट्टी गिर जाए' तुकाराम ने दर्शकों से कहा कि वे 'बिट्ठल-बिट्ठल' जाप करें, जिससे मृत शरीर में जीवन लौट सके। जैसे-जैसे लोगों ने ईश्वर का

नाम जपना शुरू किया, उन्होंने एक-दूसरे में बिट्ठल की ही छवि देखी'। उपस्थित लोगों की भिन्न-भिन्न जातियों पर उनका ध्यान गया ही नहीं। बच्चा तब पुनर्जीवित हो उठा और उसकी मां तुकाराम का गुणगान करने लगी।

यहां पर मृत शरीर को अपवित्रता मात्र के प्रतीक के रूप में लिया गया है। जब भक्तों की धार्मिक तन्मयता उन्हें जाति की चेतना से ऊपर उठा देती है तो बच्चा पुनर्जीवित हो उठता है और अपवित्रता नष्ट हो जाती है। वारकरी संप्रदाय के स्वभाव के अनुरूप यहां भी जाति व्यवस्था के वैचारिक आधार की ही अप्रत्यक्ष आलोचना की गई है। व्यवहार के धरातल पर तो तुकाराम का आचरण हमेशा शास्त्रसम्मत ही होता है। धर्म के क्षेत्र में वे आनुष्ठानिक समारोहों और वेदाध्ययन के लिए ब्राह्मणों के एकाधिकार पर कभी उंगली नहीं उठाते। उनकी आपत्ति सिर्फ ईश्वर की भक्ति का उपदेश देने और उसकी कृपा प्राप्त करने में ब्राह्मण के एकाधिकार के दावे को लेकर है।

15वीं शताब्दी के बनारस निवासी मुसलमान बुनकर कबीर उत्तर भारतीय संत-परंपरा के सबसे महान कवि-गायक हैं और उनका व्यक्तित्व, अवर्णाश्रमी हिंदू धर्म की परंपरा (जाति-निरपेक्ष हिंदू परंपरा) का जीता-जागता उदाहरण है। इस परंपरा की चर्चा मैंने अन्यत्र की है। उनके पदों में हिंदुओं और मुसलमानों के सामाजिक-धार्मिक कर्मकांडों की बहुत तीखी आलोचना की गई है। तुकाराम और महीपति के विपरीत—जो कि रूढ़िवादी ब्राह्मणों के विचारों की बहुत शिथिल आलोचना करते हैं—कबीर उनके धार्मिक व्यवहारों पर कड़ा प्रहार करते हैं। उसी प्रकार वे मुसलमान काजियों और ब्राह्मण-पंडितों को बराबर फटकार लगाते हैं।

शंकर के समान और तुकाराम के विपरीत कबीर निर्गुण के पुजारी हैं—सगुण अथवा मानवरूपी-परमब्रह्म के विपरीत। लेकिन तुकाराम के समान और शंकर के विपरीत कबीर का विश्वास है कि इस परमब्रह्म तक ब्राह्मणों के लिए आरक्षित वैदिक ज्ञान के बगैर भी पहुंचा जा सकता है। बीजक में कबीर ब्राह्मणों की वैदिक रचनाओं के बारे में कहते हैं[25] :

1. वेद की पुत्री स्मृति भाई सो जेवरि कर लेतहि आई॥
2. आपुहि बरी आपु गर वंधा झूठा मोह काल को फंदा॥
3. बांधत बंधा छोरि नहि जाई विषय सरूप भूलि दुनियाई॥
4. हमरे देषत सकल जग लूटा दास कबीर राम कहि छूटा॥
5. रामहि राम पुकारते जिभ्या परिगौ रोस।
   सुध जल पीये नहिं षोदि पिअन के हौस॥

हम देख चुके हैं कि तुकाराम भी कभी-कभी पाखंडपूर्ण धार्मिक कर्मकांडों की दो टूक आलोचना करते हैं लेकिन वह कुछ बाह्याचारों को स्वीकार भी करते हैं

बशर्ते वे पूरी आस्था (भक्ति) के साथ संपन्न किए गए हों। सबसे महत्त्वपूर्ण यह कि वे पंढरपुर की छमाही या मासिक तीर्थयात्रा और बिट्ठल-कृष्ण के मंदिर में मूर्ति की पूजा पर जोर देते हैं। लेकिन कबीर किसी भी रूप में कर्मकाण्ड या मूर्तिपूजा का तिरस्कार करते हैं। बीजक के एक अन्य पद में वे कहते हैं[26] :

- संतो देषत जग बौराना।
  सांच कहों तो मारन धावै झूठे जग पतियाना॥
1. नेमी देषा धरमी देषा प्राप्त करै असनाना।
   आतम मारि पषानहि पूजै उनमें कछु नहिं ग्याना॥
2. बहुतक देषा पीर औलिया पढ़ै किताब कुराना।
   कै मुरीद तदवीर बतावै उनमें उहै जो ग्याना॥
3. आसन मारि डिंभ घर बैठे मन में बहुत गुमाना।
   पीतर पाथर पूजन लागै तीरथ गर्भ भुलाना॥
4. टोपी पहिरे माला पहिरे छाप तिलक अनुमाना।
   साषी सब्दहि गावत भूले आतम षबरि न जाना॥
5. हिंदू कहे मोहि राम पियारा तुर्क कहै रहिमाना।
   आपस में दोऊ लरि मूये मर्म न काहू जाना॥
6. घर घर मंतर देत फिरत है महिमा के अभिमाना।
   गुरु के सहित सिष्य सब बूड़े अंत काल पछिताना॥
7. कहैं कबीर सुनो हे संतो ई सब गर्भ भुलाना।
   केतिक कहों कहा नहिं मानै सहजै सहज समाना॥

पशुबलि देने वाले ब्राह्मणों की खबर तो कबीर अपने सबसे चुनिंदा कटाक्षों से लेते हैं[27] :

- संतो पांडे निपुन कसाई।
  बकरा मारि भैंसा पर धावे दिल में दर्द न आई।
1. करि अस्नान तिलक दै बैठे विधि से देवी पुजाई।
   आतम मारि पलक में बिनसे रुधिर कि नदी बहाई॥
2. अति पुनीत ऊंचे कुल कहिये सभा मांहि अधिकाई।
   इन्हते दीक्षा सब कोई मांगै हंसि आवै मोहिं भाई॥
3. पाप कटन को कथा सुनावै कर्म करावै नीचा।
   बूडत दोउ परस्पर देषा यम लाये हैं षींचा॥
4. गाय बधे तेहि तुरका कहिये इन्हते वै क्या छोटे।
   कहैं कबीर सुनो हो संतो कलि में ब्राह्मण षोटे॥

जाति व्यवस्था के मूल तर्क पर भी उनका प्रहार ऐसा ही कठोर है। पारंपरिक

दृष्टि से द्विज का उपनयन संस्कार—जो कि सिर्फ पुरुषों के लिए ही आरक्षित है—उसे ब्राह्मण का दर्जा प्रदान करता है। कबीर की टिप्पणी है कि[28] :

- काजी तुम कौन किताब बषानी।
  झंषत बक्त रहो निसि बासर मति एकौ नहिं जानी॥

1. सक्ति अनुमाने सुनति करत हौं मैं न बदोंगा भाई।
   जो षोदाय तेरा सुनति करत है आपहि काटि न आई॥
2. सुनति कराय तुर्क जो होना औरत को क्या कहिये।
   अर्ध सरीरी नारि बषानी ताते हिंदुइनि रहिये॥
3. पहिर जनेउ जो ब्राह्मन होना मेहरि क्या पहिराया।
   कीय जन्म की सुद्रिन परसै तुम पांडे क्यों षाया॥
4. हिंदू तुर्क कहति आया किन्ह यह राह चलाई।
   दिल में षोज देष षुजादे भिस्त कहां से आई॥
5. कहैं कबीर सुनो हो संतो जोर करतु है भाई।
   कबिर न ओट राम की पकरी अंत चले पछहारी॥

एक अन्य दृष्टिकोण से, अस्पृश्यता जन्मजात होती है और यह पिछले जन्म के कर्म से आती है। कबीर प्रतिदिन विधर्मी और अछूत (अस्पृश्य) होने का कलंक ढोते हैं। वे इसे आधारहीन ही नहीं, बल्कि एक क्रूर मजाक मानते हैं[29] :

- पंडित देषहु मन में जानी।
  कहु धौं छूति कहां से उपजी तबहिं छूति तुम मानी॥

1. नादे बिंदु रुधिर के संगै घरही में घट सपचै।
   अस्ट कमल होय पुहुमी आया छूअत कहां से उपजै॥
2. लष चौरासी बहुत बासना सो सब सरि भौ माटी।
   एकहि पाट सकल बैठाये छूति लेत धौ काटी॥
3. छूतिहि जेवन छूतहि अचवन छूतिहि जग उपजाया।
   कहैं कबीर ते छूति विविर्जित जाके संग न माया॥

कबीर का जीवन बहुत सी प्रसिद्ध किंवदंतियों का विषय है। दुर्भाग्यवश, शंकर और तुकाराम के विपरीत कबीर के जीवनचरितों में से कोई उनके अपने समय का नहीं है। उनके जीवन के सबसे पुराने ब्यौरों में अनंतदास की कबीर परचई (? 1588)[30], नाभादास का भक्तमाल (1600) और प्रियादास द्वारा इसकी टीका (1712 ई.), मुबादशाह (? 1650) रचित फारसी ग्रंथ दबिस्ताने-मजाहिब, गरीबदास (1717-1778) की एक अप्रकाशित रचना, महीपति के भक्तिविजय (1762) के विवरण और राघवदास का भक्तमाल हैं। इन रचनाओं में गरीबदास के अपवाद को छोड़कर कोई भी सीधे कबीर पंथ से नहीं जुड़ी हुई है। कबीर का संभवतः

सबसे पुराना कबीरपंथी जीवनचरित 'कबीर मंशूर' 1807 ई. में परमानंददास द्वारा उर्दू में लिखा गया। कुछ आधुनिक कबीरपंथी संत-चरितों में कबीर कसौटी, ब्रह्मलीनमुनि का संस्कृत में 'सद्गुरु श्री कबीरचरितम' (1960) और गंगाशरण शास्त्री का 'कबीर जीवनचरित' (1976) प्रमुख है। इन रचनाओं में पहली दो रचनाएं कबीर पंथ की धर्मदासी शाखा और अंतिम कबीर चौरा शाखा से संबंधित हैं। 'कबीर-मंशूर' भी धर्मदासी शाखा की रचना है।

कबीर के जीवन से संबंधित किंवदंतियां लगभग सभी रचनाओं में पाई गई हैं। ये उन आरंभिक रचनाओं में भी पाई गई हैं जो सीधे कबीर पंथ से नहीं जुड़ी हुई हैं। 1. मुसलमान और अछूत होते हुए भी, उनका ब्राह्मण गुरु रामानंद का शिष्य होना। 2. काजी और ब्राह्मणों से उनका संघर्ष, जिसकी वजह से उन्हें मुसलमान शासक सिकंदर द्वारा ली गई परीक्षाओं से गुजरना पड़ा। 3. पुण्य-स्थली बनारस में घर होने के बावजूद मृत्यु के लिए मगहर नामक स्थान को चुनना। अंतिम दो घटनाओं का संकेत कबीर के कुछ पदों में भी मिलता है। बाद की अधिकतर रचनाओं में एक मुसलमान दंपति द्वारा नवजात शिशु या बच्चे के रूप में उनको गोद लेने की बात कही गई है। यह किंवदंती कई रूपांतरणों में उपलब्ध है।[31] महीपति के 'भक्तविजय' और सिख स्रोतों से कबीर की पत्नी या पत्नियों और उनके पुत्र कमाल के विषय में जानकारी मिलती है। आदि ग्रंथ में पाए गए कबीर के गीतों में इन घटनाओं के संकेत उपलब्ध हैं। लेकिन कबीरपंथी साधु मानते हैं कि कबीर अविवाहित वैरागी थे।

अवर्णाश्रमधर्मी या 'जाति-निरपेक्ष हिंदू परंपरा' की सामाजिक विचारधारा के दृष्टिकोण से कबीर द्वारा गुरु के रूप में रामानंद के चुनाव के साथ ही साथ ब्राह्मणों, काजियों तथा सिकंदर लोदी से उनके संघर्ष खासे रोचक हैं। सरलता के लिए मैं, परमानंद दास के कबीर मंशूर का उपयोग करते हुए चर्चा को इन दो घटनाओं तक ही सीमित रखूंगा।[32]

कबीर मुसलमान जुलाहा परिवार में पैदा या कम-से-कम पालित थे।[33] इस प्रकार वे गैर-हिंदू और अछूत दोनों ही थे। ऐसे में रामानंद जैसे ब्राह्मण गुरु से दीक्षा पाने की उनकी चाह घोर दुस्साहस भरा कार्य था। किन्हीं कारणों से कई विद्वानों को इस संबंध की ऐतिहासिकता पर संदेह है। लेकिन वर्तमान संदर्भ में इस पर चर्चा करने की जरूरत नहीं है। 'कबीर-मंशूर' (पृ.107-108) के अनुसार रामानंद से मिलने से पहले ही युवा कबीर ने राम के प्रति अभिरुचि प्रकट की थी। एक दिन उन्होंने वैष्णव तिलक और जनेऊ भी धारण कर लिया। मुसलमान जुलाहे के इस दुस्साहस पर ब्राह्मणों ने उन्हें खरी-खोटी सुनाई। कबीर ने उत्तर दिया (पृ. 108) :

'सूत को हम करघे पर बनाते हैं, तो फिर इस जनेऊ को तुम अपना ही क्यों

बनाए हुए हो? गोविंद, राम हमारे हृदय में निवास करते हैं, पर तुम्हारे राम कहां निवास करते हैं? तुम गीता का पाठ तो करते हो लेकिन सांसारिक चीजों को पाने के लिए हमेशा धनवानों के दरवाजे पर दौड़े जाते हो।''

इस उत्तर से उन्हें संतों के बीच बहुत आदर प्राप्त हुआ। लेकिन कबीर ने माना कि बिना गुरु के उनकी धार्मिक प्रतिभा नष्ट हो रही थी। कबीर ने रामानंद के पास जाकर इसके लिए अनुरोध किया लेकिन गुरु ने उत्तर दिया (पृ. 108) कि 'मैं शूद्रों को दीक्षा नहीं देता।' तब कबीर भोर के धुंधलके में जब रामानंद गंगा स्नान के लिए जा रहे थे, उनके रास्ते में लेट गए। जब गुरु की खड़ाऊं कबीर के सिर में लगी तो वे चिल्ला उठे। रामानंद ने कबीर के सिर पर हाथ फेरा और कहा (पृ. 109) : 'मत रो मेरे बच्चे! राम-राम कह।' कबीर ने इसे ही अपना दीक्षामंत्र मान लिया। अगले दिन कबीर ने वैष्णव तिलक लगाकर राम नाम जपना शुरू किया। जब लोगों ने उनसे पूछा कि कैसे वे वैष्णव हो गए, तो उन्होंने रामानंद द्वारा दीक्षा देने की बात कही। कई संन्यासियों और वैरागियों ने रामानंद के पास जाकर यह शिकायत की कि उन्होंने ऐसी कुरीति क्यों की? रामानंद ने उत्तर दिया कि उन्होंने कभी भी किसी जुलाहे को दीक्षा नहीं दी है। कबीर रामानंद के सम्मुख पेश किए गए। उन्होंने क्रोधित रामानंद को गंगा की सीढ़ियों पर घटी सारी घटना की याद दिलाई।

कबीर के विद्वत्तापूर्ण तर्कों और एक छोटे से चमत्कार से प्रभावित रामानंद युवा जुलाहे को अपना शिष्य मानने के लिए तैयार हो गये। रामानंद के अन्य शिष्यों ने भी उन्हें अपना गुरुभाई मान लिया।

इस घटना में ब्राह्मणवादी रूढ़िवादिता के प्रति कबीर का रुख उनके पदों में व्यक्त रुख की तुलना में काफी नरम लगता है। यह नरमी संस्कृतीकरण के प्रति रुझान को व्यक्त करती है। ब्राह्मण 'मॉडल' की ओर बढ़ने का यह रुझान कबीरपंथी रचनाओं और आजकल के बहुत-सारे कबीरपंथी साधुओं के व्यवहारों और विचारों में दिखाई देता है। फिर भी यह घटना 'जातिपरक' और 'जाति-निरपेक्ष' हिंदू परंपरा के बीच सामाजिक-धार्मिक संघर्ष को उजागर तो करती ही है। इससे यह साफ पता चलता है कि कबीर, तुकाराम जैसे उदार धार्मिक सुधारक की अपेक्षा ब्राह्मणवादी कट्टरता को चुनौती देने के लिए ज्यादा उत्सुक और सक्रिय हैं।

दूसरी घटना, जिसका मैं उल्लेख करना चाहता हूं वह कबीर और उनके कट्टरपंथी विरोधियों (हिन्दुओं और मुसलमानों) के बीच वैचारिक संघर्ष को और भी स्पष्टता से व्यक्त करती है। जैसे-जैसे कबीर की प्रसिद्धि बढ़ी, वैसे-वैसे रामानंदियों से अलग रूढ़िवादी ब्राह्मणों तथा काजियों, मुल्लाओं की उनके प्रति चिढ़ भी बढ़ने लगी।[34] सिकंदर लोदी जब बनारस आया तो वह तीव्र ज्वर से पीड़ित था। कबीर

के विरोधियों ने सुल्तान को सुझाव दिया कि कबीर ही उसे ठीक कर पाएंगे। उनका मुख्य उद्देश्य कबीर के विरुद्ध एक मौके को तलाशना था। जब कबीर सिंकदर के समक्ष लाए गए तो सिकंदर का बुखार तुरंत ही गायब हो गया। इसके बावजूद उनके हठधर्मी विरोधी पंडित और काजी कबीर पर आरोप लगाते हैं कि (पृ. 113) ''आलमपनाह! कबीर नास्तिक है। इसका आचरण हिंदुओं और मुसलमानों के धार्मिक नियमों के विरुद्ध है। यह कहता चलता है कि ''मैं खुदा हूं, संपूर्ण संसार का अकेला प्रभु हूं। इस प्रकार यह हमेशा 'नास्तिकता' की बातें करता रहता है।'' जब सिकंदर ने कबीर से पूछा कि, क्या यह आरोप सही है? तो कबीर ने निडरता से जवाब दिया (पेज 113), ''मैं प्रभु हूं, संपूर्ण ब्रह्मांड का विधायक।'' तब सिकंदर ने एक गाय मंगवाई और कबीर के सामने उसे मरवा दिया, ''तुम वास्तव में यदि ईश्वर हो, तो इस गाय को जीवित करो।'' कबीर ने चुटकी बजाई और गाय उठ खड़ी हुई। उसके थन दूध से भर गए जो कि सभी के पीने के लिए पर्याप्त था।

इसके बाद सिकंदर के पीर शेख तकी कबीर से ईर्ष्या करने लगे। जब उन्होंने सिकंदर से कबीर की शिकायत की तो सुल्तान ने कहा : ''आप मेरे पीरो-मुर्शीद हैं और कबीर दरवेश। आप ही तो कहते हैं कि आलिम-फाजिल और फकीर दोनों ही ईश्वर के ही रूप हैं। तब आप और कबीर एक ही हैं।'' सुल्तान द्वारा कबीर का पक्ष लेने से शेख तकी और क्रोधित हो गए। वे कबीर की शिकायत करने वाले ब्राह्मणों और मुल्लाओं से मिले। दोनों ही कबीर से चिढ़ते थे क्योंकि कबीर हिंदुओं और तुर्कों दोनों के विश्वासों पर बहुत चोट करते थे। पशु बलि करने के कारण कबीर इन लोगों को कसाई भी कहते थे। इन लोगों की यह भी शिकायत थी कि लोग उनकी अपेक्षा कबीर का ज्यादा सम्मान करने लगे थे। शेख तकी ने उनको बताया कि, उनकी इच्छा है कि कबीर को (पृ. 115)—''नदी में डुबा दिया जाए, आग में जला दिया जाए, दीवार में चुनवा दिया जाए, काटकर शोरबा बना दिया जाए, गहरे कुएं में धकेल दिया जाए और जंगली हाथी से कुचलवा दिया जाए।'' ब्राह्मण और मुल्ला शेख तकी के विचारों से बहुत खुश हुए और सिकंदर के पास इस मांग के साथ गए कि कबीर की दिव्य परीक्षा ली जाए। कबीर उन परीक्षाओं में चमत्कारिक ढंग से बच गए। सिकंदर और शेख तकी क्षमा मांगने के लिए मजबूर हुए। कबीर ने सिकंदर को माफी दे दी लेकन शेख तकी को बताया कि वह अपने बुरे कर्मों का फल भोगेगा।

इसके बाद भी ब्राह्मणों का विरोध जारी रहा। कबीर को बदनाम करने के लिए कुछ ब्राह्मणों ने साधुओं का छद्म-वेश धारण किया और दूर-दूर तक कहलवा दिया कि कबीर एक बड़े भंडारे का आयोजन कर रहे हैं। भोजन के लिए जब बहुत बड़ी

भीड़ पहुंच आई तो कबीर प्रार्थना करने जंगल की ओर चले गए। उसी समय स्वर्ग से सहायता पहुंची और सभी लोगों ने छककर भोजन किया। परमानंद दास की रचना में इस घटना का अंत (6.11.42, पेज 121) 'देवी भागवत' के इस कथन से किया गया है : "वे जो त्रेता और द्वापर में राक्षस थे, इस कलियुग में उन्होंने ब्राह्मण का रूप धारण किया।"

रूढ़िवादी ब्राह्मणों और मुसलमानों के द्वारा घोर विरोध जो इस घटना में व्यक्त है, उस पर अतिरिक्त टिप्पणी की जरूरत नहीं है। कबीर के जीवन संबंधी किंवदंतियों से संबद्ध सभी पुराने ग्रंथों में इस घटना के कई रूपों के होने और खुद कबीर के कहे जाने वाले गीतों से पता चलता है कि यह कहानी उस समय की ऐतिहासिक स्मृति को व्यक्त करती है जब कबीर और उनके अनुयायियों ने इस्लाम और हिन्दू धर्म से अलग एक स्वतंत्र धार्मिक आंदोलन प्रारंभ करने की कोशिश की होगी। जो हो, इस किंवदंती की निरंतर लोक-स्वीकृति से उस दूरी का तो पता चलता ही है जो एक तरफ कबीर-पंथ सरीखे निम्नजाति संबद्ध धार्मिक आंदोलनों और दूसरी तरफ शांकर मतानुयायी स्मार्तो सरीखे रूढ़िवादी ब्राह्मण संबद्ध आंदोलनों तथा तुकाराम के 'ऊपर से' लोकांदोलन करने वाले वारकरी संप्रदाय जैसे आंदोलनों के बीच आज तक बनी हुई है।

संदर्भ एवं टिप्पणियां

1. 'टेन प्रिंसिपल उपनिषद्स विद शंकरभाष्य' (दिल्ली : मोती लाल बनारसीदास, 1978)। उपनिषदों पर शंकर के भाष्य के सभी अनुवादों के लिए इसी संस्करण का उपयोग किया गया है।
2. 'भगवद्गीता : विद दि कमेंट्री ऑफ श्री शंकराचार्य', संपादक—दिनकर विष्णु गोखले (द्वितीय संस्करण : पूना ओरियंटल बुक एजेंसी, 1950)।
3. 'ब्रह्मसूत्र—शंकरभाष्य', संपादक (हिंदी टीका सहित) हनुमानदास (वाराणसी : चौखंभा विद्याभवन, 1964)।
4. 'बृहदारण्यक-भाष्य' II 4.6; उपदेश शाह श्री, II 1.23-24
5. देखें, डब्ल्यू. आर. अंतरकर, "संक्षेप-शंकर जय ऑफ माध्वाचार्य..." जर्नल ऑफ दि युनिवर्सिटी ऑफ बाम्बे, XLI (1972), 1-23, एफ. डब्ल्यू क्लथी और जे.बी. लांग द्वारा संपादित 'एक्सपीरियंसिंग शिवा' (कोलंबिया, मो. : साउथ एशिया बुक्स, 1983) में मेरा लेख 'दि लाइफ ऑफ शंकराचार्य' देखें। माधव के ग्रंथ के प्रामाणिक पाठ के लिए आनंदाश्रम प्रेस (पूना : 1915) संस्करण देखें।
6. मैंने 'दि लाइफ ऑफ शंकराचार्य' में इस प्रतीकात्मक संवाद के बारे में ज्यादा विस्तार से चर्चा की है।
7. जे.ए. दिल्यूरी, 'दि कल्ट ऑफ विठोबा' (पूना डेक्कन कॉलेज, 1960), पृ. 222

8. इस गीत के साथ-साथ दो अन्य गीतों को भी शंकर गोपाल तुलपुले और अन्ने फैल्धौस ने मेरे लिए अनुवाद किया। (इंदु प्रकाश संस्करण, संख्या 320)
9. शंकर गोपाल तुलपुले और अन्ने फैल्धौस (इंदु प्रकाश संस्करण, संख्या 4393) द्वारा अनुवाद।
10. शंकर गोपाल तुलपुले और अन्ने फैल्धौस (इंदु प्रकाश संस्करण, संख्या 4299) द्वारा अनुवाद। हिंदी अनुवाद : 'भारतीय साहित्य के निर्माता शृंखला', भालचंद नेमाड़े कृत 'तुकाराम', अनुवादक चंद्रकांत पाटिल, साहित्य अकादमी, 2009, 52
11. शंकर गोपाल तुलपुले और अन्ने फैल्धौस (इंदु प्रकाश संस्करण, संख्या 1210) द्वारा अनुवाद। इसमें पहली पंक्ति और 'टेक' को छोड़ दिया गया है। यहां तीर्थयात्रा को निरर्थक बाह्याचारों से जोड़कर देखना बहुत रोचक है क्योंकि वारकरियों के बीच तीर्थयात्रा बहुत ही लोकप्रिय है।
12. जयंत लेले द्वारा संपादित 'ट्रेडीशन एण्ड मॉडर्निटी इन भक्ति मूवमेंट्स' (लीडेन : ई. जे. ब्रिल, 1981 पृ. 136-56) में ई. जेलियट का 'चोखामेला एण्ड एकनाथ : टू भक्ति मोड्स ऑफ लेजिटिमेसी फॉर मॉडर्न चेंज' नामक लेख देखें।
13. जे.ई. ऐबट और एन. आर. गोडबोले द्वारा अनूदित—'स्टोरीज ऑफ इंडियन संत्स' (भक्तिविजय) के दो भागों में पहला भाग (दिल्ली : मोतीलाल बनारसीदास, 1982 (सर्वप्रथम 1933 में प्रकाशित) और जे.ई. एबोट द्वारा ही अनूदित 'लाइफ ऑफ तुकाराम' (भक्त लीलामृत) के अध्याय 25 से 40 तक (दिल्ली : मोतीलाल बनारसीदास, 1980 (सर्वप्रथम 1930 में प्रकाशित)
14. ऐबट और गोडबोले द्वारा अनूदित—महीपति का 'भक्त विजय', अध्याय 52, भाग-2, पृ. 289-93; एबोट द्वारा अनूदित—महीपति का 'भक्तलीलामृत', अध्याय 35, पृ. 202-220; और जी.ए. दिल्यूरी द्वारा तुकाराम का अनुवाद 'सोम द पेलरे' (पेरिस : गलीमर्ड, 1956), पृ. 102 (संख्या 5., इंदु प्रकाश संस्करण, संख्या 2493)
15. ऐबट द्वारा अनुवाद, पृ. 203
16. वही, पृ. 210
17. वही, पृ. 219
18. विनयमोहन शर्मा, 'हिंदी को मराठी संतों की देन' (पटना : बिहार राष्ट्रभाषा परिषद 1957), पृ. 58
19. भक्तलीलामृत, अध्याय 38, पृष्ठ संख्या 261, एबोट द्वारा अनूदित।
20. वही, पृ. 262
21. वही, पृ. 262-63। मुकुंदराज 'नाथ' और 'अद्वैतवादी' दोनों ही प्रतीत होते हैं।
22. शंकर के कई भक्तिमय स्तोत्रों की संदिग्धता को सही ठहराने के लिए इस तर्क का उपयोग किया गया है। यह बात शंकर द्वारा अपनी मरणासन्न मां को 'शंकर दिग्विजय' में दी गई शिक्षा से भी जाहिर होती है। शंकर दिग्विजय अध्याय 14 श्लोक 20-55 और लॉरेंजन 'दि लाईफ ऑफ शंकराचार्य', पृ. 171
23. वारकरी संतों के विचारों का अद्वैत विचारों से संबंध जानने के लिए अभी और पड़ताल की जरूरत है। बी.पी. बहिरट ('द फिलॉसफी ऑफ ज्ञानदेव', बाम्बे पापुलर बुक डिपो, 1961) इस निष्कर्ष पर पहुंचते हैं कि ज्ञानदेव की विश्वदृष्टि 'शंकर के मायावाद या अविद्यावाद पर कड़ा प्रहार करती है', जबकि विजयमोहन शर्मा (पृ. 73, 73) जैसे अन्य

विद्वानों का मानना है कि वारकरी मुख्यतः अद्वैतवादी ही है। इस तथ्य के आलोक में बहिरट का दृष्टिकोण ज्यादा उपयुक्त है।

24. भक्तविजय, अध्याय 48, 183-203; एबोट और गोडबोले द्वारा अनूदित, पृ. 215-17
25. बीजक, रमैनी 33, लिंडा हेस्स और शुकदेव सिंह द्वारा अनूदित 'दि बीजक ऑफ कबीर' (सैन फ्रांसिस्को : नार्थ प्वाइंट्स प्रेस, 1983) में पृ. 84; सबसे अच्छा पाठ शुकदेव सिंह द्वारा संपादित 'कबीर बीजक' (इलाहाबाद : नीलाभ प्रकाशन, 1972) है।
26. बीजक, सबद 4, अनुवाद—हेस्स और सिंह, पृ. 42
27. बीजक, सबद 11, अनुवाद—हेस्स और सिंह, पृ. 46-47
28. बीजक, सबद 87, अनुवाद—हेस्स और सिंह, पृ. 69-70
29. बीजक, सबद 41, अनुवाद—हेस्स और सिंह, पृ. 55
30. इस ग्रंथ को अभी प्रकाशित होना है। इसकी पांडुलिपियां बनारस में 'नागरीप्रचारिणी सभा' के पुस्तकालय और 'इंडिया ऑफिस लाइब्रेरी', लंदन में पाई गई हैं। त्रिलोकी नारायण दीक्षित के 'परिचई साहित्य' (लखनऊ : विश्वविद्यालय हिंदी प्रकाशन, 1959), पृ. 425, 103-111 में इसकी विषयवस्तु का सार दिया गया है। इन किंवदंतियों से संबंधित अन्य पुराने ग्रंथों का एक उपयोगी सर्वेक्षण शारलोत वादिवेल के 'कबीर' भाग-एक (ऑक्सफोर्ड : क्लरेन्डन प्रेस, 1974), अध्याय दो, में मिलता है।
31. मैंने संस्कृतीकरण के एक उदाहरण के रूप में इस घटना के अन्य रूपों की 'कबीर पंथ : हेरेटिक्स टू हिंदूज' में चर्चा की है।
32. इसका मूल उर्दू पाठ तो अप्राप्य है, लेकिन अन्य पाठ सहज उपलब्ध हैं। 'कबीर मंशूर' (बड़ौदा : पंडित श्री मोतीदास जी चेतनदासजी, 1956) के नाम से सुधादास द्वारा किया गया हिंदी अनुवाद कबीरपंथियों के बीच बहुत पढ़ा जाता है। मैं अपनी बहस के लिए इसी अनुवाद को आधार बनाऊंगा।
33. पीतांबर दत्त बड़थ्वाल, 'ट्रेडीशन ऑफ इंडियन मिस्टिसिज्म', (दिल्ली : हेरिटेज पब्लिशर्स, 1978), हजारीप्रसाद द्विवेदी ('कबीर', दिल्ली : राजकमल प्रकाशन, 1971) और अन्य विद्वानों का अनुमान है कि कबीर के परिवार का नाथ परंपरा से कुछ न कुछ ऐतिहासिक संबंध जरूर रहा होगा। इससे सभी सहमत हैं कि उनके माता-पिता मुसलमानी परंपरा को मानने वाले थे।
34. परमानंद दास, पृ. 112-121। सिकंदर लोदी का बनारस दौरा वि.सं. 1545 (1488 ई.) में हुआ। रामानंद से मुलाकात जैसी घटनाओं के आलोक में इस बात की ऐतिहासिकता संदिग्ध है।

अध्याय छह

भक्त दानव प्रह्लाद

भक्त दानव प्रह्लाद की कहानी धार्मिक और सामाजिक श्रेणियों के अतिक्रमण की कहानी है।[1] प्रह्लाद दानव राजा हिरण्याकश्यप का पुत्र और उसका उत्तराधिकारी है। लेकिन संयोगवश वह देवताओं के आराध्य विष्णु का भक्त हो गया। वह अपने परंपरागत, धार्मिक और सामाजिक आदर्शों के विरुद्ध कार्य करने लगा। इस रवैये को उसके पिता और गुरु लगातार सुधारने की कोशिश करते रहे, लेकिन सफल नहीं हुए। अंत में हिरण्याकश्यप ने अपने पथभ्रष्ट बेटे को मारने का निश्चय किया। लेकिन उसी जगह खम्भे से विष्णु का नृसिंह अवतार प्रकट हुआ और दानव राजा की छाती को नाखूनों से फाड़कर मार दिया।

यह कहानी पौराणिक साहित्य की बहुत ही लोकप्रिय कहानियों में से है। मुख्य पुराणों में यह कहानी अलग-अलग रूपों में पाई जाती है। इसका सबसे प्रसिद्ध और प्रभावी रूप भागवत् पुराण का है। भागवत् पुराण या इस पर आधारित अन्य रचनाओं के माध्यम से यह कहानी भक्ति आंदोलन का मूल आधार बन जाती है। उत्तर भारत में यह कहानी अवतारी और मानवरूपी देवों की पूजा करने वाले सगुण भक्तों के बीच ही लोकप्रिय नहीं है बल्कि 'अनिवर्चनीय परमूब्रह्म' की पूजा करने वाले निर्गुण भक्तों के बीच भी बहुत लोकप्रिय है।

निर्गुणी चरित लेखकों द्वारा प्रह्लाद की कहानी का चुनाव थोड़ा अटपटा लगता है क्योंकि यह असुर भक्त प्रह्लाद ईश्वर की सगुणी अवधारणा की विशुद्ध अभिव्यक्ति, विष्णु के नृसिंह अवतार के द्वारा बचाया गया है। कबीर, रैदास, भीखासाहब, गुरु अमरदास, रज्जब और जनगोपाल जैसे निर्गुणी-संतों ने सिर्फ चलताऊ ढंग से प्रह्लाद का उल्लेख नहीं किया है बल्कि उनके पूरे के पूरे गीत और चरित्रों में उसकी कहानी छाई हुई है। निर्गुण संतों को प्रह्लाद की कहानी क्यों आकर्षित करती है? और इस कहानी को निर्गुणी संदर्भ में स्वीकार करने के लिए उन्होंने इसके रूप में क्या-क्या बदलाव किए?

महाराष्ट्र के लोकप्रिय संत-कवि नामदेव एक ऐसे व्यक्तित्व हैं जिनके गीतों का सगुणी और निर्गुणी दोनों परंपराओं के अनुयायियों के बीच बहुत सम्मान है। अधिकतर विद्वानों का विश्वास है कि उनका समय चौदहवीं शताब्दी के पूर्वार्द्ध का है लेकिन उसके बाद की भी तिथि संभव है। उनके कई गीतों में प्रह्लाद का संदर्भ आया हुआ है जिसमें तीन गीत तो पूरी तरह से प्रह्लाद की ही कहानी कहने के लिए रचे गये हैं। इन में से सर्वाधिक विख्यात गीत का प्राचीनतम रूप 'गुरु ग्रंथ साहिब' में मिलता है। नामदेव के इस गीत में वर्णित विषय तथा प्रयोग की गई खास शब्दावली से पता चलता है कि इस गीत ने बाद के निर्गुणी संतों के प्रह्लाद विषयक गीतों के लिए एक उदाहरण या आदर्श का काम किया है।[2]

संडा मरका जाइ पुकारे॥ पड़ै नहीं हम ही पचि हारे॥
रामु कहै कर ताल बजावै चटीआ सभै बिगारै॥ 1॥
राम नामा जपिबो करै॥ हिरदै हरि जी की सिमरनु धरै॥ 1॥
वसुधा वसि कीनी सभ राजे बिनती करै पटरानी॥
पुतु प्रहिलादु कहिआ नही मानै तिनि तउ अउरै ठानी॥ 2॥
दुसट सभा मिलि मंतर उपाइआ करसह अउध घनेरी॥
गिरि तर जल जुआला भै राखिओ राजा रामि माइआ फेरी॥ 3॥
काढि खड़गु कालु भै कोपिओ मोहि बताउ जु तुहि राखै॥
पीत पीतांबर त्रिभवण धणी थंभ माहि हरि भाखै॥ 4॥
हरनाखसु जिनि नखह बिदारिओ सुरि नर कीए सनाथा॥
कहि नामदेउ हम नरहरि धिआवह रामु अभै पद दाता॥ 5॥ 3॥ 9॥

प्रह्लाद के विषय में किसी पूर्णतया निर्गुणी कवि द्वारा रचित सबसे पुराना गीत संत कबीर का एक पद है। राजस्थानी 'कबीर ग्रंथावली' और सिक्ख 'गुरु ग्रंथ साहिब' में यह कुछ पाठगत भिन्नता के साथ मिलता है। यह गोपालदास की सरवंगी में भी पाया गया है। साथ ही कबीर और अन्य निर्गुणी संतों के अनेक गीतों को शामिल करने वाली कई अप्रकाशित पांडुलिपियों में भी पाया गया है। कबीर भजनों के आधुनिक संग्रह में यह एक अलग रूप में मिलता है।[3] कबीर ग्रंथावली में यह निम्नलिखित रूप में पाया जाता है :

नहीं छाड़ौ बाबा रांम नांम।
मोहि और पढ़न सूं कौन कांम॥ टेक॥
प्रह्लाद पधारे पढ़न साल, संग सखा लीयैं बहुत बाल॥
मोहि कहा पढ़ावै आलजाल, मेरी, पाटी मैं लिखि दे श्रीगोपाल॥
तब संनामुरका (सँठै भरकै) कह्यौ जाइ, प्रहिलाद बंधायौ बेगि आइ॥
तूं राम कहन की छाड़ि बांनि बेगि छुड़ाऊं मेरौ कह्यौ मांनि॥

मोहि कहा डरावै बार बार, जिनि जल थल गिर कौ कियौ प्रहार॥
बांधि मारि भावै देह जारि, जे हूं रांम छाड़ौ तौ मेरे गुरहि गारि॥
तब काढ़ि खड़ग कोप्यो रिसाई, तोहि राखनहारौ मोहि बताइ॥
खम्भा मैं प्रगट्यौ गिलारि, हरनाकस मार्‌यो नख बिदारि॥
महापुरुष देवाधिदेव, नरस्पंघ प्रकट कियौ भगति भेव॥
कहै कबीर कोई लहै न पार, प्रहिलाद ऊबार्‌यौ अनेक बार॥

कबीर के अन्य गीतों में निम्नलिखित गीत सिर्फ 'गुरु ग्रंथ साहिब' में ही पाया गया है[4] :

सरब सुखा का एकु हरि सुआमी सो गुरि नामु दइओ॥
संत प्रह्लाद की पैज जिनि राखी हरनाखसु नख बिदरिओ॥ 3॥

तथ्य यह है कि कबीर पंथ के 'निर्गुणी-कबीर बीजक' में इन दोनों गीतों में से किसी का भी स्पष्टतः न पाया जाना अर्थपूर्ण है। लिंडा हेस्स (1987 : 111-41) दिखा चुकी हैं कि सगुण भक्ति के प्रति 'बीजक' की तुलना में 'कबीर ग्रंथावली' और 'गुरु ग्रंथ साहिब' ज्यादा उदार हैं। ऐसा भी प्रतीत होता है कि राजस्थान के कई निर्गुण भक्त भागवत् पुराण से बहुत अच्छी तरह परिचित थे और इसकी कहानियों का (प्रह्लाद-चरित सहित) अपने उद्देश्य के लिए उपयोग करते रहे। आगे इस पर विस्तार से चर्चा की जाएगी।

प्रह्लाद के बारे में एक बड़ी रचना (13-15 पद, प्रत्येक चार पंक्ति का) कबीर के गुरुभाई रैदास की है। कभी-कभी इसे 'प्रह्लाद चरित' भी कहा जाता है। डब्ल्यू. एम. कैल्वर्त्त और पी.जी. फ्रीडलैंडर ने इसका अनुवाद और संपादन किया है।[5] इस रचना में हिरण्याकश्यप को मुल्तान शहर का राजा और प्रह्लाद को उसका पुत्र कहा गया है। पिता अपने पुत्र से पूछता है कि उसने विद्यालय में क्या सीखा है? पुत्र (प्रह्लाद) उत्तर देता है कि सीखने लायक सिर्फ 'राम का नाम' ही है बाकी सब सांसारिक झमेले में उलझाने वाली माया है। इस उत्तर ने हिरण्याकश्यप के गुस्से को भड़का दिया और उसने प्रह्लाद से कहा कि वह राम की भक्ति छोड़ दे। ऐसा करने से प्रह्लाद ने मना कर दिया। हिरण्याकश्यप अपने दरबारियों को बुलवाकर उनसे सलाह लेता है। वे प्रह्लाद को मारने की सिफारिश करते हैं। उसके बाद प्रह्लाद को आग में झोंका गया, कुएं में डाला गया, लेकिन वे सुरक्षित बचते गये। तब हिरण्याकश्यप अपने वरदान का घमंड करता है कि वह रात या दिन, धरती या आकाश, कहीं भी नहीं मारा जा सकता। प्रह्लाद हिरण्याकश्यप से कहते हैं कि राम मुझमें, तुममें, सभी में हैं। वह जवाब देता है कि 'यदि राम सभी जगह, इस खम्भे में भी है तो तुम्हें छुड़ाते क्यों नहीं?' तभी सांझ के धुंधलके में नृसिंह ने हिरण्याकश्यप को जमीन से उठाकर अपने जंघों पर रखा और नाखूनों से फाड़ कर मार डाला।

प्रह्लाद की कहानी पंजाब में शुरू से ही सिक्खों के बीच बहुत लोकप्रिय थी। 'गुरु ग्रंथ साहिब' में उल्लिखित नामदेव और कबीर के प्रह्लाद विषयक गीतों के साथ ही तीसरे गुरु अमरदास के तीन गीतों में भी प्रह्लाद की कहानी कही गई है।[6] गुरु अमरदास और अन्य सिक्ख गुरुओं के कई गीतों में प्रह्लाद की कहानी का सामान्य उल्लेख मिलता है। सिक्खों के 'दशम ग्रंथ साहिब' (1983-86; 1:388-95) में भी यही कहानी पुनः दोहराई गई है। अमरदास के पहले पद में नामदेव और कबीर के प्रह्लाद-विषयक पदों से रोचक समानता दीखती है :

मेरी पटीआ लिखहु हरि गोविंद गोपाला ॥
दूजै भाइ फाथे जम जाला ॥ सतिगुरु करे मेरी प्रतिपाला ॥
हरि सुखदाता मेरै नाला ॥ 1 ॥
गुर उपदेसि प्रहिलादु हरि उचरै ॥ सासना ते बालकु गमु न करै ॥ 1 ॥ रहाउ ॥
माता उपदेसै प्रहिलाद पिआरे ॥ पुत्र राम नाम छोडहू जीउ लेहु उबारे ॥
प्रहिलादु कहै सुनहु मेरी माइ ॥ राम नामु न छोड़ा गुरि दीआ बुझाइ ॥ 2 ॥
सडा मरका सभि जाइ पुकारे ॥ प्रहिलादु आपि बिगड़िआ सभि चाटड़े बिगाड़े ॥
दुसट सभा महि मंत्रु पकाइआ। प्रह्लाद का राखा होइ रघुराइआ ॥ 3 ॥
हाथि खड़गु करि धाइआ अति अहंकारि ॥ हरि तेरा कहा तुझु लए उबारि ॥
ख़िन महि भैआन रुपु निकसिआ थंम्ह उपाड़ि ॥ हरणाखसु नखा बिदारिआ प्रह्लादु लीआ उबारि ॥
संत जना के हरि जीउ कारज सवारे ॥ प्रह्लाद जन के इकीह कुल उधारे ॥
गुर कै सबदि हउमै बिखु मारे ॥ नानक राम नामि संत निसतारे ॥ 5 ॥10 ॥ 20 ॥

गुरु अमरदास के चौथे पद में प्रह्लाद के बारे में कहा तो थोड़ा सा ही गया है, सिर्फ दो पंक्तियों में प्रह्लाद के विषय में लेकिन इस पद की दो पंक्तियां निर्गुण संतों के प्रह्लाद-विषयक आकर्षण को समझने में बहुत सहायक हैं। इन पंक्तियों में प्रह्लाद की दैत्य अस्मिता की तुलना कबीर और नामदेव की निम्न जाति की अस्मिता से की गई है।[7]

नामा छीबा कबीरु जोलाहा पूरे गुर ते गति पाई ॥
ब्रह्म के बेते सबदु पछाणहि हउमै जाति गवाई ॥
सुरि नर तिन की बाणी गावहि कोइ न मेटै भाई ॥ 3 ॥
दैत पुतु करम धरम किछु संजम न पड़ै दूजा भाउ न जाणै ॥
सतिगुरु भेटिऐ निरमलु होआ अनदिनु नामु बखाणै ॥
एको पड़ै एको नाउ बूझै दूजा अवरु न जाणै ॥ 4 ॥

प्रह्लाद-विषयक सभी निर्गुणी आख्यान दैत्य और निम्न जाति की स्थिति की समानता को रेखांकित करते हैं। भागवत् पुराण जैसे रूढ़िवादी आख्यान में भी

समानता का यह रेखांकन देखा जा सकता है।

यद्यपि पूर्वी भारत के निर्गुणी पद संग्रहों में प्रहलाद का चलताऊ उल्लेख मिलता है, फिर भी उनके विषय में विस्तृत विवरण थोड़ा दुर्लभ है। हां, भुड़कुड़ा (जिला गाजीपुर) परंपरा के संत कवि भीखा साहेब (1760-91 ई. के बीच गद्दी पर) के एक गीत में ज़रूर उनका विस्तृत उल्लेख किया गया है। मैंने इस गीत को एक पूर्वी संग्रह में पाया है[8] :

राम जी कृपा करहु अब ऐसी,
तुम करत आयो सदा हो जैसी॥
हरिनाकुश सुत बहुत कष्ट दियो,
नाम प्रहलाद दृढ़ धारो॥
खर्ग उपारि क्रोध करि मारन चलेउ,
रूप नरसिंह धरि उदर फारो॥

निर्गुण पंथियों में, राजस्थान के दादूपंथी अनुयायियों के बीच प्रहलाद की कहानी बहुत लोकप्रिय है। हमने पहले ही देखा है कि कबीर ग्रंथावली (कबीर के पदों का दादूपंथी संग्रह) में प्रहलाद-विषयक गीत शामिल हैं। इसी तरह आरंभिक दादूपंथी कवि रज्जब ने भी प्रहलाद का उल्लेख किया है। रज्जब के निम्नलिखित छप्पय में प्रहलाद से ली गई क्रूर परीक्षाओं की चर्चा की गई है[9] :

जल जोखिम नहिं सांच, भूमि प्रहलाद न पीरा।
गिरिवर गिरत न मीच, विविध संकट नहिं नीरा॥
गरुड़द्वार मुख नाम, जहर का जोर न हूआ।
कंचन विधि प्रहलाद, अग्नि घूंघचि तन भूआ॥
खड्ग खंभ मांही निकस, वैरी बाप सु मारिया।
'रज्जब' कहं दर्शन दशा, बालक लघु सु उबारिया॥ 2॥

प्रहलाद की कहानी का बहुत ही महत्त्वाकांक्षी और लोकप्रिय निर्गुणी आख्यान 'प्रहलाद चरित' है। यह सत्रहवीं शताब्दी के आरंभ में राजस्थान में रहने वाले दादूपंथी साधु जनगोपाल द्वारा रचित है। इसके अलावा जनगोपाल की 'ध्रुव चरित', 'जड़ भरत चरित', दादूदयाल की संतचरितात्मक जीवनी और कई छोटी रचनाएं भी मिलती हैं। राजस्थान के पांडुलिपि संग्रहों में इन रचनाओं की बहुत सी पांडुलिपियां— खासकर तीन 'चरित्रों' की—पायी जाती हैं। 'प्रहलाद चरित' का आलोचनात्मक संस्करण और उसका अनुवाद इस पाठ के अंत में दिया गया है।

जनगोपाल जैसा दादूपंथी चरित-लेखक, जो कि निर्गुणी परंपरा का एक महत्त्वपूर्ण हस्ताक्षर है सिर्फ प्रहलाद ही नहीं बल्कि ध्रुव और जड़ भरत की भी कथा क्यों कह रहा है? ये तीनों पौराणिक आख्यान सगुणी परंपरा से बहुत गहरे जुड़े हुए

हैं। 'ध्रुव चरित' में जनगोपाल स्पष्ट रूप से कहते हैं कि उनका (ध्रुव-विषयक) ब्यौरा 'भागवत पुराण' में दिए गए मूल कथानक पर आधारित है। जनगोपाल के 'प्रह्लाद चरित' और 'जड़ भरत' के कथानक और कई अन्य अंशों से यह स्पष्ट होता है कि इन दोनों का भी मुख्य स्रोत भागवत पुराण ही है।

जनगोपाल की अपनी जीवनी से इसके संकेत मिलते हैं कि रचना के लिए उन्होंने इन तीन सगुणी नायकों को ही क्यों चुना? भले ही ये संकेत बहुत छिट-पुट हैं। इस जीवनी से हमें यह पता चलता है कि दादू से मिलने से पहले वह एक भिक्षाटन करने वाले साधु थे और उनका जन्म एक वैश्य परिवार में हुआ था। इन तथ्यों से यह संकेत मिलता है कि वे मूलतः सगुण वैष्णव परंपरा के अनुयायी थे। साथ ही दादू का अनुयायी होने से पहले संभवतः भागवत् पुराण से खूब परिचित थे। दादू का अनुयायी होने के बाद भी इस सगुणी पृष्ठभूमि का उनके धार्मिक विश्वासों और प्राथमिकताओं पर प्रभाव बना रहा।

प्रह्लाद की कहानी की तरफ जनगोपाल के आकर्षण का दूसरा कारण सगुणी और निर्गुणी परंपराओं में इसकी एकसमान लोकप्रियता भी है। यह कहानी पश्चिमी भारत में तो विशेषकर लोकप्रिय है। थोड़ा कम ही सही पर ध्रुव की कहानी की तरफ भी सगुणी और निर्गुणी कवि बराबर आकर्षित हुए हैं। यद्यपि निर्गुणी संग्रहों में प्रह्लाद की तरह ध्रुव के विषय में पूरे के पूरे पद नहीं मिलते फिर भी इन दोनों मिथकीय भक्तों का उसमें बारंबार उल्लेख किया गया है। हाल ही में विनांद कैल्वर्त और बार्त्त ओप 'दे बेक (1991) द्वारा प्रकाशित दादू, कबीर, नामदेव, रैदास, हरदास, सुंदरदास और गोरखनाथ के गीतों के संग्रह की एक पूर्ण शब्द-अनुक्रमणिका में प्रह्लाद के 27 संदर्भ (नामदेव 9, कबीर 7, रैदास 4, हरदास 2, दादू 1, सुंदरदास 4) और ध्रुव के 22 संदर्भ (नामदेव 9, कबीर 2, रैदास 2, हरदास 3, दादू 2, सुंदरदास 4) मिलते हैं। अक्सर दोनों का साथ-साथ उल्लेख किया गया है।

इस आकर्षण का तीसरा कारण इन दोनों चरितों के मूल स्रोत भागवत पुराण द्वारा समर्थित सामाजिक विचारधारा से संबंधित है। इसी विचारधारा के कारण भागवत जनगोपाल द्वारा रचित प्रह्लाद, ध्रुव और जड़ भरत की कहानियों के निर्गुण पुनराख्यान के लिए मुख्य स्रोत बन सका। सगुण भक्ति के संदर्भ में देखा जाए तो भागवत पुराण की सामाजिक विचारधारा काफी ज्यादा उदार है। यह अन्य सगुण रचनाओं की अपेक्षा निर्गुण विचारधारा के ज्यादा नजदीक है। टॉमस जे हॉपकिंस (1968) के एक बहुत ही अच्छे लेख में भागवत् पुराण से ऐसे कई उद्धरणों को उठाया गया है जिससे यह उदारता प्रमाणित होती है। लेकिन हॉपकिंस इस मामले को थोड़ा बढ़ा-चढ़ाकर कहते हैं।[10] यद्यपि भागवत् में शूद्रों, स्त्रियों और अछूतों को भी मुक्ति का अधिकारी माना गया है, लेकिन इसमें वर्णाश्रमधर्मी सामाजिक विचारधारा का

बहुत जोर-शोर से समर्थन भी किया गया है।

भागवत् पुराण के सातवें स्कंध का अधिकांश प्रह्लाद की ही कथा कहता है। यह स्कंध पंद्रह अध्याय में बंटा हुआ है और इसमें कुल मिलाकर 750 श्लोक हैं।[11] सातवें का वह भाग जो सीधे प्रह्लाद की कहानी से ज़ुड़ा है दसवें अध्याय के 47वें श्लोक पर खत्म होता है जो कि कुल मिलाकर 492 श्लोक होते हैं। जनगोपाल के 'प्रह्लाद चरित' का मेरा आलोचनात्मक संस्करण अठारह भागों में बंटा हुआ है (विभिन्न पांडुलिपियों में विभागों का बंटवारा कुछ अलग-अलग है)। आधार ग्रंथ में कुल 207 पद हैं जबकि प्रक्षिप्त सहित यह ग्रंथ 304 और तीन चौथाई पदों का है।[12] दूसरे शब्दों में, 'प्रक्षिप्त-सहित-प्रह्लाद चरित' की अपेक्षा इस कहानी के भागवत् पुराण संस्करण में कुछ ज्यादा पद मिलते हैं। यह देखा जा चुका है कि भागवत् पुराण में वर्णित प्रह्लाद की कहानी ही जनगोपाल के 'प्रह्लाद चरित' का मुख्य स्रोत है। 'प्रह्लाद चरित' की अंतर्वस्तु भागवत् पुराण के कथात्मक विन्यास के काफी करीब है। साथ ही खास घटनाओं का क्रम भी दोनों का मिलता-जुलता है। 'प्रह्लाद-चरित' के उपदेशात्मक भाग में भागवत् पुराण के समानांतर उद्धरणों की उपस्थिति भी इस पर निर्भरता का संकेत देती है।[13]

'प्रह्लाद चरित' की ही तरह नामदेव, कबीर, रैदास, गुरु अमरदास, रज्जब और भीखासाहेब के गीतों का भी प्रह्लाद-विषयक स्रोत भागवत पुराण ही है। हालांकि ये संत कवि अपने गीतों की विषयवस्तु को दूसरे संतों से भी ग्रहण करते हैं। इस कतार में नामदेव के गीत सबसे पहले आते हैं। संत-कवि अब अप्राप्य देशज और मौखिक स्रोतों से भी कहानियों को उठाते हैं। यद्यपि भागवत पुराण से सीधा संबंध बताने के लिए इनके गीतों के कथा-प्रसंग बहुत कम हैं फिर भी इन गीतों में उल्लिखित सभी घटनाएं भागवत् पुराण में पाई जाती हैं। एक महत्त्वपूर्ण अपवाद जो कबीर, रैदास, गुरु अमरदास और जनगोपाल में तो पाया जाता है लेकिन किसी भी संस्कृत-पुराण में नहीं पाया गया है, वह है प्रह्लाद द्वारा पाठशाला में अपनी तख्ती पर विष्णु के एक या कई नामों को लिखना। संस्कृत ग्रंथों में प्रह्लाद की कहानी को कई ढंग से देखने का प्रयास किया गया है। पॉल हैकर (1959), मेदेलीन बादरो (1975) और देबोरा ए. सोइफर (1991) द्वारा इसका विश्लेषण ऐतिहासिक, संरचनात्मक और धार्मिक संदर्भों में किया गया है। इन सभी पुनराख्यानों में एक सामान्य विशेषता पाई जाती है जिसके बारे में शेल्डन पॉलक ने एकदम सटीक लिखा है, 'एक सुव्यवस्थित पुराकथात्मक विन्यास : सृष्टि चक्र में कुछ अशुभ घटित होने की आशंका, दैवीय हस्तक्षेप और इस दैवीय हस्तक्षेप का कुछ चमत्कारी विशिष्ट रूप धारण करना, जो वरदान को विशिष्ट व्यक्ति तक सीमित कर देता है...।'

जहां से भागवत् पुराण, प्रह्लाद चरित और प्रह्लाद-विषयक निर्गुणी गीत बहुत

नाटकीय अंदाज में कथा के पौराणिक विन्यास; इस कहानी के आरंभिक रूप से अलग होते हैं वहीं से भक्त दानव प्रह्लाद का विरोधाभासी व्यक्तित्व केंद्रीय भूमिका निभाने लगता है।[14] इस कहानी के ज्यादातर आरंभिक संस्करणों में हिरण्याकश्यप और नृसिंह के बीच ही संघर्ष का वर्णन मिलता है। इन में कई प्रह्लाद की भूमिका को या तो छोड़ ही देते हैं या नाममात्र का उल्लेख करते हैं। दूसरी ओर भागवत या विभिन्न निर्गुणी पुनराख्यानों में नृसिंह नहीं बल्कि प्रह्लाद ही कहानी के 'उत्पीड़ित' और नायक दोनों ही होते हैं। नृसिंह सिर्फ अंत में प्रह्लाद के कष्ट को दूर करने के लिए अंतिम कारण के रूप में आते हैं।[15]

भागवत् पुराण (1971, 7.1-10) के अनुसार प्रह्लाद की कहानी जय और विजय के शापित होने से शुरू होती है। जय और विजय स्वर्ग में विष्णु के परिचारक हैं और ब्रह्मा के पुत्र सनकसनंदन द्वारा उन्हें शाप दिया जाता है। जय और विजय पहले असुर हिरण्याकश्यप और हिरण्याक्ष के रूप में फिर राक्षस रावण और कुम्भकर्ण के रूप में और अंत में क्षत्रिय दुराचारी शिशुपाल और दंतवक्त्र के रूप में पैदा होने के लिए शापित हुए। इनमें प्रत्येक विष्णु के एक अवतार द्वारा मारा जाता है : हिरण्याक्ष वराह अवतार द्वारा[16], हिरण्याकश्यप नृसिंह अवतार द्वारा, रावण और कुम्भकर्ण राम द्वारा तथा शिशुपाल और दंतवक्त्र कृष्ण द्वारा।

विष्णु के वराह अवतार द्वारा अपने भाई हिरण्याक्ष के मारे जाने के बाद हिरण्याकश्यप ने विष्णु और उनके भक्तों के विरुद्ध युद्ध करने का निश्चय किया। हिरण्याकश्यप सबसे पहले मंदराचल पर्वत पर तपस्या करने के लिए जाता है। इसी बीच इंद्र असुरों के राज्य पर चढ़ाई कर देते हैं और हिरण्याकश्यप की गर्भवती पत्नी का हरण कर लेते हैं। इंद्र द्वारा हत्या किए जाने से मुनि नारद उसे बचा लेते हैं और अपने आश्रम में ले आते हैं जहां वे उसको दिव्यज्ञान की शिक्षा देते हैं। अंततः वह इन शिक्षाओं को भूल जाती है लेकिन उसका गर्भस्थ शिशु यह सुनता रहता है और विष्णु के महान भक्त के रूप में पैदा होता है। यह बच्चा ही प्रह्लाद है। हिरण्याकश्यप की तपस्या से ब्रह्मांड में उथल-पुथल मच जाती है। देवता उसके विरुद्ध ब्रह्मा को चेतावनी देने जाते हैं कि क्या हो रहा है? ब्रह्मा हिरण्याकश्यप के पास जाते हैं और उसके समक्ष एक वरदान मांगने का प्रस्ताव रखते हैं, हिरण्याकश्यप एक वरदान मांग लेता है, जिससे वह अपने को अमर और अजेय समझता है। हिरण्याकश्यप के घर लौटने पर, नारद उसकी पत्नी को सौंप देते हैं और प्रह्लाद का जन्म होता है।

इसके बाद हिरण्याकश्यप देवताओं पर चढ़ाई कर देता है। इंद्र को जीतकर स्वर्ग पर कब्जा कर लेता है। देवता भागकर विष्णु के पास शिकायत करने पहुंचते हैं। तब विष्णु उनसे कहते हैं कि परेशान मत हों (वही, 7.4.28) : 'जब असुर अपने महात्मा पुत्र प्रह्लाद को कष्ट पहुंचाने की कोशिश करेगा....तो मैं उसका वध कर दूंगा...'

स्वसुताय महात्मने। प्रह्लादाय यदा द्रुह्येद्धनिष्येऽपि

हिरण्याकश्यप ने अपने गुरु शुक्र के दो बेटों षंड और मक्र को प्रह्लाद और अन्य असुर बालकों को पढ़ाने के लिए नियुक्त किया। एक दिन हिरण्याकश्यप प्रह्लाद को अपनी गोद में बिठाकर पूछता है (वही, 7.5.4.5) : 'बताओ, बेटा तुम्हें क्या अच्छा लगता है? प्रह्लाद ने उत्तर दिया कि 'वन में जाकर हरि नामस्मरण करना।'

प्रह्लाद अपने दोनों गुरुओं के पास इस चेतावनी के साथ वापस भेज दिए गए कि वे उसका अच्छी तरह से निरीक्षण करें और सिखाएं। (वही, 7.5.7)

द्विजातिभिः विष्णुपक्षैः प्रतिच्छन्नैर्न भिद्येतास्य धीर्यथा।

प्रह्लाद पर इसका कोई असर नहीं हुआ। जब दोबारा वे अपने पिता के पास लाए गए तो एक बार फिर विष्णु का गुणगान किया। इस बार हिरण्याकश्यप ने क्रोधित होकर उन्हें मारने का आदेश दिया। प्रह्लाद को मारने का प्रयास असफल रहा क्योंकि प्रह्लाद के गुरुओं ने असुर राजकुमार को उचित शिक्षा देने के लिए हिरण्याकश्यप से एक मौका और मांगा।

एक दिन जब उनके दोनों गुरु बाहर थे तो प्रह्लाद अपने सहपाठी असुर बच्चों को विष्णु की भक्ति का पाठ पढ़ाने लगे। असुर-बच्चे उनके पाठ को पढ़ते हैं लेकिन उनसे पूछते हैं कि इसे उन्होंने कैसे सीखा? तब प्रह्लाद ने अपनी गर्भवती मां का इंद्र द्वारा अपहरण और मुनि नारद के यहां रुकने की कहानी बताई, एक ऐसा भेद जिसे उन्होंने अपने गुरुओं और पिता को नहीं बताया था।

दोनों गुरुओं ने प्रह्लाद के इस बुरे आचरण के जारी रहने की जानकारी हिरण्याकश्यप को दे दी। हिरण्याकश्यप ने फिर प्रह्लाद को बुलाया और पूछा 'किस शक्ति से तुम मेरे आदेश का उल्लंघन करते हो? ...यदि (विष्णु) सभी जगह उपस्थित हैं तो वह इस खम्भे में क्यों नहीं दिखता?' (वही, 7.8.7, 13)

मेऽभीतवन्मूढ शासनं किम्बलोऽत्यगाः

कासौ यदि स सर्वत्र कस्मात् स्तम्भे न दृश्यते।

इसी समय नृसिंह खंभे से प्रकट होते हैं, हिरण्याकश्यप से लड़ते हैं, उसे अपनी गोद में रखते हैं, (जैसे कि हिरण्याकश्यप प्रह्लाद को अपनी गोद में रखता था) और उसकी छाती को नाखूनों से फाड़ डालते हैं।

हिरण्याकश्यप की मृत्यु के बाद नृसिंह की विनाशकारी शक्ति देवताओं के मन में भय पैदा करती है। ब्रह्मा प्रह्लाद से नृसिंह को शांत करने के लिए कहते हैं जिससे प्रह्लाद उनकी स्तुति करना शुरू करते हैं। नृसिंह प्रह्लाद को वरदान मांगने का वचन देते हैं। प्रह्लाद सभी कुछ मना करके सिर्फ यही वचन मांगते हैं कि उनके पिता हिरण्याकश्यप की सभी पापों से मुक्ति हो जाए। नृसिंह प्रह्लाद से कहते हैं कि— 'अपने पिता का अंतिम संस्कार करो और तब अपने पिता के राजसिंहासन

पर बैठो, अपना ध्यान मुझमें लगाओ, मेरी उपासना करो, वैसे ही कार्य करो जैसे ब्रह्म के अनुयायियों के लिए मान्य है।' (वही, 7.10.23)

पिंयं च स्थानमातिष्ठ यथोक्तं ब्रह्मवादिभिः।
प्रय्यावेश्य मनस्तात कुरु कर्माणि मत्परः।

प्रह्लाद ने वैसे ही किया और नृसिंह भगवान अंतर्धान हो गए।

कहानी को यदि असली घटनाओं के संदर्भ में देखा जाय तो 'प्रह्लाद चरित' में इन घटनाओं के पुनराख्यान अधिकतर एक से ही हैं। लेकिन 'प्रह्लाद चरित' की विशिष्टता अनेक चीजों से परिलक्षित होती है : कुछ ब्योरों का विलोपन; प्रह्लाद ने जिन यातनाओं को सहा उनका विस्तृत वर्णन; अधिक उपदेशात्मक प्रसंगों का विलोपन (जैसे कि प्रह्लाद और प्रमुख पात्रों के लम्बे-लम्बे उपदेश), और बचे हुए उपदेशात्मक प्रसंगों में महत्त्वपूर्ण धर्ममीमांसक और विचारधारात्मक परिवर्तन।

'भागवत पुराण' और 'प्रह्लाद चरित' दोनों की ही कहानियों में पिता और पुत्र के बीच संघर्ष का मनोवैज्ञानिक रूपक एक जैसा है। यदि वास्तव में कोई भारतीय ईडिपस है तो प्रह्लाद वह होने का मजबूत दावा रखते हैं।[17] यह भी देखा जाना चाहिए कि इस कहानी में प्रह्लाद की मां बहुत छोटी भूमिका में है। हालांकि नामदेव और गुरु अमरदास के गीतों (उपर्युक्त) में वह बेटे को मनाने की कोशिश करती है कि प्रह्लाद अपने पिता की आज्ञा मानकर खुद को बचाए। प्रह्लाद का सिर्फ एक 'अच्छे' पिता तुल्य व्यक्तित्व, विष्णु से ही लगाव प्रतीत होता है। यहां हिरण्याकश्यप और विष्णु तथा इंद्र (जो प्रह्लाद को मारना चाहते हैं) और नारद (जो प्रह्लाद को बचाते हैं) के रूप में बुरे पिता/अच्छे पिता के रूपों का दोहराव भी उपस्थित है।

लेकिन प्रह्लाद यहां एक अन्यायपूर्वक दण्डित किए गए पुत्र भर नहीं हैं। यह भी महत्त्वपूर्ण है कि प्रह्लाद एक दैत्य हैं अर्थात् एक ऐसी श्रेणी जो देवताओं और मनुष्यों से भिन्न है। जैसा शेल्डन पॉलक (1995b 68) देखते हैं कि भारतीय मिथकों का दैत्य ''पारंपरिक भारत में 'अन्य' का द्योतक है।'' प्रह्लाद की असुर अस्मिता खुद-ब-खुद उन्हें एक 'अन्य' बना देती है। एक ऐसा बाहरी, जो देवताओं के दैवीय समाज और धरती पर इसके प्रतिरूप वर्णाश्रमधर्मी मानवीय समाज के विपरीत है।

फिर भी यह ध्यान देना महत्त्वपूर्ण है कि, प्रह्लाद उस तरह से कोई 'विदेशी— 'अन्य' नहीं है जिस तरह से रावण या रामायण के अन्य राक्षस प्रतीत होते हैं।' प्रह्लाद सामाजिक श्रेणी के अंदर ही 'अन्य' हैं, इसके बाहर नहीं। खासकर प्रह्लाद चरित जैसी निर्गुण रचनाओं में प्रह्लाद स्पष्ट रूप से एक ऐसे चरित्र के रूप में उभरते हैं जिसके साथ हिंदू समाज के निचले तबके के लोग अभिन्नता महसूस करते हैं। यह असुर भक्त मानव समाज के सभी पीड़ित और

हाशिए के लोगों के लिए एक रूपक के रूप में आता है। यह उन भक्तों और नैतिक व्यक्तियों का रूपक है जो धनी और शक्तिशाली व्यक्तियों द्वारा सताए हुए हैं। इसी वजह से वह निर्गुणी परंपरा के निम्न जाति के अनुयायियों के लिए एक आदर्श पीड़ित-नायक बन जाता है। लेकिन बात इतनी सपाट भी नहीं है।

असल में, प्रह्लाद की दैत्य-स्थिति उन लोगों की सामाजिक स्थति का द्योतक है जो हाशिये पर हैं जो उसकी कहानी को सुनते हैं और उसके साथ अपने को जोड़ते हैं। स्वयं कथा में इस प्रकार की सीधी साम्यता दिखाने वाला कोई उपदेशात्मक कथन नहीं मिलता। फिर भी हमने देखा है कि कम से कम एक रचना में इस प्रकार की साम्यता स्पष्ट रूप से दिखाई देती है। गुरु अमरदास के गीत में प्रह्लाद की दैत्य-स्थिति की कबीर और नामदेव की सामाजिक स्थिति के साथ निकटता (साम्यता) दिखाई गई है।

असुर और निम्न जाति के व्यक्तियों के रूपकीय समीकरण को खोलने का दूसरा तरीका एक तरफ देवता और असुरों तथा दूसरी तरफ उच्च जाति और निम्न जाति के व्यक्तियों के बीच गहरी समानता के रूप में भी हो सकता है। देवता और उच्च जाति के व्यक्ति सामान्यतः भद्र, ईमानदार, सदाचारी, बहादुर, शाकाहारी और शुद्ध कहे गए हैं और असुर तथा निम्न जाति के व्यक्ति ओछे, बेईमान, व्यभिचारी, कायर, मांसाहारी और अशुद्ध कहे गए हैं।

यह भी सच है कि असुर समाज के भीतर भी जाति व्यवस्था की नकल की गई है। रावण और हिरण्याकश्यप जैसे महाअसुरों का राजा के रूप में वर्णन किया गया है और शायद वे असुर समाज के क्षत्रिय हैं।[18] दूसरी ओर प्रह्लाद के असुर गुरुओं, शुक्र, षंड और मर्क को खासतौर पर ब्राह्मण कहा गया है। इनके बावजूद, इस बात से इंकार नहीं किया जा सकता है कि देवों की तुलना में दानवों को उसी परिप्रेक्ष्य में रखा जाता है जैसे कि निम्न जाति के व्यक्ति को उच्च जाति के व्यक्ति की तुलना में। वास्तव में निम्न जाति के व्यक्तियों द्वारा उच्च जाति की रीतियों का अनुकरण बिल्कुल वैसा ही है जैसा लुई डूमां और मिशेल मोफा ने दक्षिण भारत के गांवों के समाजों में पाया है।[19]

इस प्रसंग में भागवत पुराण में मिलने वाली जय और विजय की कहानी महत्त्वपूर्ण है जो प्रह्लाद की कहानी को 'ऐतिहासिक' पृष्ठभूमि प्रदान करती है। ब्रह्मा के मानस पुत्रों के विरुद्ध बुरे आचरण के कारण स्वर्ग के परिचारक जय और विजय पहले राक्षस हिरण्याक्ष और हिरण्याकश्यप, फिर राक्षस रावण और कुम्भकर्ण और अंत में 'राक्षसीय'-मानव क्षत्रिय शिशुपाल और दंतवक्त्र के रूप में पैदा होने के लिए शापित हुए। दूसरे शब्दों में जिस प्रकार से एक बुरा आचरण एक बुरे कर्म को पैदा करता है जो कि एक उच्च जाति के व्यक्ति के निम्न जाति में पैदा होने का कारण

बनता है उसी प्रकार एक बुरा कार्य देवता के भी एक राक्षस के रूप में पुनर्जन्म का कारण होगा।

अंत में उत्तरी भारत के गढ़वाल क्षेत्र में भैंसों की बलि के संबंध में विलियम साक्स द्वारा किए गए मानववैज्ञानिक अध्ययन से भी हम एक समरूपी उदाहरण हासिल कर सकते हैं। गढ़वाल और भारत में अन्यत्र भी भैंस की बलि का कर्मकांड महिषासुर और देवी के बीच संघर्ष को पुनःप्रस्तुत करता है। 'देवी महात्म्य' और अन्य कई रचनाओं में इस कथा का वर्णन किया गया है। इस कथा के स्थानीय संस्करण में साक्स (Sax) ने यह पाया कि इसके बारे में बोलने वाले लोग अक्सर महिष के 'असुर जाति' होने का उल्लेख करते हैं। साक्स इस निष्कर्ष पर पहुंचते हैं कि (1991, 128) : 'महिषासुर के मिथक का सरोकार मुख्यतः जाति-संबंधों से है। 'महिष' सिर्फ निम्न जाति के ही नहीं कहे गए हैं बल्कि भैंसे की बलि द्वारा निम्नजातियों की हीन स्थिति को पुनः प्रस्तुत किया गया है।' अन्य जगहों की तरह यहां भी असुर की स्थिति निम्न जातियों की स्थिति के लिए एक रूपक का काम करती है।

इसलिए, रामायण पर बहस के संदर्भ में किए गए पॉलक के दावे (1991b : 70) के प्रति मैं कुछ संशय में हूं। उनका कहना है कि ''इतनी स्पष्ट ऐतिहासिक पहचान की बात, राक्षसों के संदर्भ में नहीं की जा सकती। महाकाव्य के अपने कल्पना जगत में राक्षस कौन थे—यह समझने में इससे बाधा उत्पन्न होती है।'' मुझे लगता है कि प्रह्लाद की हिंदू समाज के निम्न वर्ग के रूपक के रूप में पहचान भले ही 'प्रह्लाद चरित' तक में स्पष्ट न होती हो, लेकिन भागवत् पुराण और प्रह्लाद चरित के लेखकों का संकेत है ऐसी ही पहचान की ओर—और यही इन रचनाओं की कथा के केंद्र में है। अंततः यह कहानी वास्तविक और बहुत खास मानव समाज को व्यक्त करती है। यह बात कथा के साथ चलने वाले उपदेशात्मक विवरण से साफ हो जाती है। पॉलक (1991b : 71) बहुत जोर देकर कहते हैं कि इन कथाओं में राक्षस 'अपने प्रबल अर्थ में' 'सामान्यीकृत काल्पनिक प्रतीक, किसी महत्त्वपूर्ण मानवीय समस्याओं के व्यापक सांकेतिक उत्तर' मात्र हैं, तो वे बहुत अमूर्त और साहित्यिक बात कर रहे होते हैं। कम से कम प्रह्लाद की कहानी के संदर्भ में तो सच यही है।

यद्यपि पॉलक असुर समाज के 'अन्यत्व' पर बहुत जोर देते हैं, लेकिन इस ओर भी इशारा करते हैं : असुर सामान्यतः दूसरी दुनिया के प्राणी जैसे असांसारिक नहीं हैं।' (74-75)। असुर देवताओं के विरोधी हैं, लेकिन एकदम उनके उलटे नहीं। पॉलक (75-82) असुरों के चरित में पाए जाने वाले मुख्य तीन विचलनों की पहचान करते हैं : पहला उनकी हिंसा की प्रवृत्ति, दूसरा रूप बदलने की माया में व्यक्त होने

वाला उनका संदिग्ध स्वभाव तथा तीसरा उनकी असंयमी और उग्र कामुकता। दूसरी ओर हिरण्यकश्यप जैसे असुर तपस्या करने में (यद्यपि प्राप्त किए हुए वरदान को मुख्यतः देवताओं के विरुद्ध ही उपयोग किया) वेदाध्ययन में और एक स्तर तक चरित्र की श्रेष्ठता को बनाए रखने में सक्षम रहे।

हमने देखा है कि असुर समाज में भी वर्ण-विभाजन मौजूद है। भागवत् पुराण और प्रह्लाद चरित दोनों में ही प्रह्लाद के असुर गुरु शुक्र तथा उनके दोनों बेटे ब्राह्मण कहे गए हैं।

हिरण्यकश्यप असुरों का राजा और शायद क्षत्रिय है। हालांकि 'प्रह्लाद चरित' और भागवत् पुराण दोनों में ही ऐसा (क्षत्रिय) नहीं कहा गया है। यह ध्यान देना महत्त्वपूर्ण है कि 'प्रह्लाद चरित' और भागवत् पुराण (थोड़ा अस्पष्ट ढंग से) सामान्यतः हिंदू समाज के निम्न वर्गों के हितार्थ लिखे गए हैं। चाहे जो हो, इसमें संदेह नहीं है कि प्रह्लाद की कहानी में प्रह्लाद उत्पीड़न के शिकार बनते हैं। यह भी महत्त्वपूर्ण है कि प्रह्लाद के सबसे प्रबल उत्पीड़क, कहानी के खलनायक, उसके 'ब्राह्मण' गुरु और 'राजा' पिता ही हैं। अपने पूरे अस्वीकार्य व्यक्तित्व में असुर ब्राह्मण और असुर राजा, मानव-ब्राह्मण और मानव-राजा को अभिव्यक्त करते हैं, जो समाज की प्रतिष्ठा, धन और शक्ति के अन्यायपूर्ण बंटवारे को अनुचित ढंग से उचित ठहराए हुए हैं।

प्रह्लाद की कहानी एक मिथक है। ऐसी अन्य रचनाओं की तरह यह भी समाज की मूल विचारधाराओं की संकल्पना को प्रस्तुत करती है। मिथक को निम्नवत व्याख्यायित करते हुए पॉलक (1991a, 41) ऐसा ही कहना चाह रहे हैं :

> ''जब मैं मिथक शब्द का प्रयोग करता हूं तो मिथक शब्द से मेरा आशय विश्व के एक सुव्यवस्थित प्रतिचित्र के रूप में होता है। यानी विश्व के बारे में एक ऐसा प्रतिनिधि चित्रण जो संस्कृति के लिए अपनी निरंतरता में बड़ा जीवंत महत्त्व रखता है। यह प्रतिचित्रण एक संकल्पनात्मक बुनियाद तैयार करता है जो अपने बहुमुखी और बदलते हुए रूप में अनुभवों को कई तरह से कहने और सोचने की गुंजाइश पैदा करता है। वस्तु यथार्थ को कहने और विश्लेषित करने (वस्तु यथार्थ से मेरा आशय सामाजिक यथार्थ से है) की इसी अनिवार्य शक्ति की अनदेखी रामायण की कई पूर्ववर्ती व्याख्याओं में हुई है।''

पॉलक शायद यह जोड़ना भूल जाते हैं (लेकिन रामायण में राजाधिकार की उनकी बहस में जो ज्यादा स्पष्ट है) कि वर्गों में बंटे हुए भारतीय समाज जैसे समाजों में बहुत से मिथक सहज ढंग से और अक्सर इरादतन किसी खास वर्ग के 'पक्ष' में तो कुछ खास वर्गों के 'विरोध' में होते हैं। लेकिन इसके बावजूद, आगे चल कर उसी मिथक का भिन्न रूप बिल्कुल अलग धार्मिक मत और सामाजिक विचारधारा को अभिव्यक्त करने के लिए उसी संकल्पनात्मक बुनियाद का उपयोग कर सकता है।

'भागवत पुराण' और 'प्रह्लाद चरित' में प्रह्लाद के मिथक और पुनराख्यानों का कुछ ऐसा ही मामला है।

'भागवत पुराण' और 'प्रह्लाद चरित' के लेखक अपने धार्मिक मत और सामाजिक विचारधारा को धार्मिक, नैतिक, सामाजिक बहसों तथा टिप्पणियों में स्पष्ट कर देते हैं। यह खासकर भागवत् पुराण के लिए सही है, जहां इस तरह के उपदेशात्मक उद्धरण पूरी की पूरी कहानी को तो गढ़ते ही हैं, कहानी में मूल प्रसंग के रूप में भी आते हैं। मैं सोचता हूं कि इस तरह के उद्धरण एक वाणिज्यिक संदेश या विज्ञापन की तरह हैं जो स्वयं कहानी के मनोरंजन का शुल्क चुकाने का काम करते हैं। भागवत् पुराण और प्रह्लाद चरित द्वारा समर्थित धार्मिक और वैचारिक संदेश की भिन्नता की तुलना किसी मनोरंजन कार्यक्रम के स्पांसर के बदल जाने से भी की जा सकती है।

हैकर, बारदो और सॉइफर के अध्ययनों की एक खास विशेषता यह है कि वे इन उपदेशात्मक उद्धरणों की पूरी तरह से अनदेखी करते हैं। हालांकि, उनके ऐतिहासिक, संरचनात्मक और धार्मिक विश्लेषण के क्रम में इस प्रकार की अनदेखी सही भी हो सकती है। लेकिन इन रचनाओं के लेखकों के इरादे को विश्लेषित करने के लिए ये अंश बहुत महत्त्वपूर्ण स्रोत का काम करते हैं।

प्रह्लाद के मिथक के विषय में भागवत पुराण और 'प्रह्लाद चरित' के कुछ और उपदेशात्मक अंशों की तुलना करने पर सगुण और निर्गुण भक्ति के बारे में भी कुछ बातें उद्‌घाटित होती हैं। इस तुलना के द्वारा सगुण और निर्गुण भक्ति से संबंधित धार्मिक आंदोलनों की धार्मिक और सामाजिक योजनाओं में व्याप्त मूल अंतर का पता चलता है। मैं इस अंतर पर कहीं और विस्तार से चर्चा कर चुका हूं (लॉरेंजन 1987a; 1987; 1995a)। यहां मैं मूलतः 'ब्रह्म' की निर्गुण और सगुण धारणा पर बात करना चाहता हूं। साथ ही प्रह्लाद के मिथक के इन दोनों रूपों (भागवत् पुराण और प्रह्लाद चरित) में स्त्री और निम्न जाति के व्यक्तियों के लिए प्रस्तावित मोक्ष की धारणा पर भी विचार करना चाहता हूं।

कुछ हद तक 'ब्रह्म' की निर्गुण और सगुण धारणा का चुनाव यादृच्छिक है, लेकिन यह पूरी तरह से यादृच्छिक नहीं। यह महत्त्वपूर्ण है कि सगुण भक्ति आंदोलन आलवारों और नायनारों के भक्तिमय भजनों के साथ सबसे पहले तमिलनाडु में प्रसिद्ध होता है। गंगा की घाटी और उससे जुड़े हुए उत्तरी भारत के अन्य इलाकों में पहुंचने से पहले यह कर्नाटक, आंध्र और महाराष्ट्र की ओर फैलता है। दूसरी तरफ, निर्गुणी आंदोलन उसके काफी बाद, रामानंद और कबीर जैसे उनके अनुयायियों के साथ प्रसिद्ध होता है। चूंकि निर्गुणी आंदोलन अधिकतर सगुणी आंदोलन (सगुणी अवतार और पौराणिक मिथकों सहित) के विरोध में पैदा हुआ था, इसलिए इसका

ब्रह्म की निर्गुण अवधारणा में आश्रय लेना एक तर्कसंगत कदम था। इस प्रकार की अवधारणा का प्रतिपादन पहले ही अद्वैत दार्शनिक शंकराचार्य द्वारा किया जा चुका था। कबीर और उनके आरंभिक अनुयायी कोई व्यवस्थित दार्शनिक नहीं थे, लेकिन अद्वैत तत्त्वमीमांसा की महान प्रतिष्ठा ने निस्संदेह उनके चुनाव को प्रभावित किया।

दूसरा कारण था इस्लाम की उपस्थिति। भले ही अल्लाह का एक निश्चित व्यक्तित्व है लेकिन इस्लाम में बहुत कड़ाई के साथ उनकी किसी अवतारवादी या मूर्तिपरक अभिव्यक्ति को नकारा गया है। कबीर, दादू, रज्जब और अन्य आरंभिक निर्गुणी संत मुसलमान परिवारों में पले-बढ़े थे। लेकिन संत और सूफियों के संबंध भी विवादास्पद हैं। कुछ विद्वान मानते हैं कि इनके बीच कोई मेल-मिलाप नहीं था।

ब्रह्म की निर्गुण संकल्पना के चुनाव के पीछे तीसरा कारण यह था कि जाति और वर्ग-भेद की सच्चाई को नकारने के लिए भी इसका प्रयोग किया जा सकता है। यदि सब कुछ ब्रह्म में स्थित है और संसार माया है तो ब्राह्मण और शूद्र के बीच भेद भी अंततः माया (भ्रम) ही है। इस दलील का निर्गुण कवियों और रचनाकारों (संतों) के द्वारा लगातार उपयोग किया गया है। यद्यपि ब्रह्म की धारणा का यह समतावादी सिद्धांत वेदांत के सिद्धांत के लिए बहुत उपयुक्त जान पड़ता है, लेकिन शंकराचार्य और उनके अनुयायी इस बात पर बहुत जोर देते हैं कि यह धारणा पूर्ण ज्ञानोदय के संदर्भ में ही स्वीकृत है। रोजमर्रे के जीवन पर इसका कोई असर नहीं होता (लॉरेंजन, 1987b)।

'भागवत् पुराण' और 'प्रह्लाद चरित' में प्रह्लाद की भूमिका मिथक के आरंभिक संस्करणों (रूपों) में पाई जाने वाली नृसिंह की भूमिका को विस्थापित कर देती है। इन रचनाओं के नायक प्रह्लाद ही हैं, नृसिंह नहीं। लेकिन महत्त्वपूर्ण बात तो यह है कि यहां ईश्वर पूरी तरह सगुण अवतार के रूप में प्रकट होते हैं। भागवत पुराण के लिए यह समस्या नहीं है लेकिन जनगोपाल के लिए यह प्रश्न कुछ ज्यादा जटिल है।

अधिकतर निर्गुण रचनाकार की तरह जनगोपाल भी देव-समूह—जिसमें ब्रह्मा, विष्णु और शिव भी शामिल हैं—को निर्गुण ब्रह्म की लघु उत्पत्तियां स्वीकार करते हैं। वह इन देवताओं से ऊपर एक दैवीय-सत्यता को स्वीकारते हैं जिसे राम (लेकिन कभी 'हरि', 'गोपाल' और अन्य नामों से भी) के नाम से जाना जाता है। यद्यपि ये सभी नाम वैष्णव परंपरा के साथ बहुत गहराई से जुड़े हुए हैं लेकिन निर्गुणी परंपरा को मानने वालों के लिए 'राम' या 'हरि' विष्णु के अवतार नहीं बल्कि एक असीम/ निराकार परम देवत्व के प्रतीक हैं। जनगोपाल या अन्य निर्गुणी कवि ईश्वर का जो भी नाम लेते हैं वह खुद देवत्व के समरूप ही होता

है। प्रह्लाद चरित में इस निराकार निर्गुण ब्रह्म की सबसे अधिक प्रभावशाली अभिव्यक्ति एक भजन में मिलती है। निर्गुण ब्रह्म की महिमा गाने वाले इस भजन में उसकी व्याख्या सिर्फ इन शब्दों में की गई है कि वह क्या नहीं है ?[20]—

अगाध अबाध। कहै सब साध॥
अतीत अजीत। कहै सब रीत॥
अनंत अगनंत। कहै सब संत।
अगाहु अथाहु। कहै जु अलाहु।
अलेष अदेष। कहै सुर सेष॥
अभेद अछेद। कहै, सब बेद॥
अपार अधार। कहै निरकार,
अडोल अतोल। कहै जु अमोल॥
अद्वीत अभीत। कहै गुन गीत।
अजाप अथाप। कहै जु अमाप॥
अदेह अछेह। कहै जु अग्रेह॥
अनंग असंग। अभंग अभंग॥

हालांकि सगुण परंपरा के परम् ब्रह्म का भी एक अनुभवेतर स्वरूप अर्थात् 'नेति-नेति' के रूप में वर्णन किया जाता है। लेकिन इस प्रकार की व्याख्या भागवत पुराण जैसे ग्रंथ के परिप्रेक्ष्य में नहीं चलती। भागवत पुराण में परम् ब्रहम की प्रशस्ति बहुत लम्बी है और यह अनेक विषयों को समाहित किए हुए है। इसका एक मुख्य उद्देश्य विष्णु के साकार अवतारों की स्तुति (प्रशंसा) करना है जो कि जनगोपाल की निर्गुणी रचना के संदर्भ में नहीं चल सकती।

व्यावहारिक रूप से निर्गुणी और सगुणी भक्ति आंदोलन के बीच मूल अंतर उनकी तत्त्वमीमांसा का नहीं बल्कि जाति-भेद और सामाजिक पदानुक्रम के प्रति उनके रवैये का है। यह भी ध्यान रखना चाहिए कि निर्गुण और सगुण दोनों ही भक्ति आंदोलन अद्वैत, वेदांत, मीमांसा और अन्य पारंपरिक दर्शनों के अनुयायी रूढ़िवादी हिंदुओं (खासकर ब्राह्मणों) तथा वेद, वेदांगों और धर्मशास्त्रीय विद्वानों की तुलना में अधिक उदार सामाजिक दृष्टिकोण के पोषक हैं। इन रूढ़िवादी हिंदुओं में महत्त्वपूर्ण अपवाद विशिष्टाद्वैत और द्वैत वेदांत के प्रतिपादक रहे हैं और उनमें कइयों ने सगुण भक्ति परंपरा के दार्शनिक व्यवस्थापन में महत्त्वपूर्ण भूमिका अदा की।

जाति और पदानुक्रम के प्रति सगुणी भक्त कवियों और धर्मशास्त्रियों का रवैया ऐतिहासिक गहनता और भौगोलिक विस्तार को देखते हुए स्वाभाविक रूप से बहुत जटिल और विविध है। लेकिन एक बात पर सभी सहमत हैं कि अनन्य भक्ति से किसी को भी—यहां तक कि शूद्रों और स्त्रियों को भी—मोक्ष की प्राप्ति हो

सकती है। इस दृष्टिकोण का आधार भगवद्गीता है जहां कृष्ण कहते हैं कि (9. 32) 'अर्जुन, जो भी मेरी शरण में आता है, यहां तक कि स्त्री, वैश्य और शूद्र भी जो कि पापपूर्ण जीवन को भोग रहे हैं, उन सभी को मोक्ष की प्राप्ति होगी।[21]

मां हि पार्थ व्यपाश्रित्य येऽपि स्युः पापयोनयः।
स्त्रियो वेश्यास्तथा शूद्रास्तेऽपि यान्ति परां गतिम ॥

प्रह्लाद-विषयक भागवत-पुराण के कई अंशों में इस प्रकार की भावनाओं को अभिव्यक्त किया गया है। सबसे अधिक महत्त्वपूर्ण तो दैत्य बच्चों के समक्ष प्रह्लाद द्वारा दिया गया उपदेश है। (7.7.51-55) :

'हे असुर-संतति न तो द्विज, न तो देव, न तो मुनि और न ही अच्छा व्यवहार, न ही ज्ञान, न ही दान, न ही तपस्या, न ही प्रार्थना, न ही धार्मिक शुद्धता और न ही धार्मिक व्रत मुकुन्द को प्रसन्न करने के लिए पर्याप्त है। हरि सिर्फ सच्ची भक्ति से प्रसन्न होते हैं। इसके अलावा सब धोखा है। इसीलिए हे असुरों, तुम्हें हरि की भक्ति करनी चाहिए। हरि सभी प्राणियों की 'आत्मा' हैं, इसलिए सभी प्राणियों को अपने समान ही देखो। इसीलिए दैत्य, यक्ष, राक्षस, स्त्री, शूद्र, ग्वाले, पक्षी, जंगली जानवर और बुरे व्यक्ति भी मोक्ष की प्राप्ति करते हैं। सदा याद रखो कि गोविन्द की अनन्य भक्ति से तात्पर्य है उसी को सर्वत्र व्याप्त देखना।'

नालं द्विजत्वं देवत्वमृषित्वं वासुरात्मजाः।
प्राणीनाथ मुकुन्दस्य न वृत्त न बहुज्ञता
न दानं न तपो नेज्या नः शौचं न व्रतानि च।
प्रीयतेऽमलया मक्त्या हरिरन्यद् विडम्बनम्
ततो हरौ भगवति भक्तिं कुरुत दानवाः।
आतमौपम्येन सर्वत्र सर्वभूतात्मनीश्वरे
दैतेया यक्षरक्षांसि स्त्रियः शूद्राः ब्रजौकृतः।
खगा मृगाः पापजीवाः सन्ति ह्यच्युततां गताः
एतावानेव लोकऽस्मिन् पुंसः स्वार्थः परः स्मृतः।
एकान्तभक्तिगोविन्दे यत् सर्वत्र तदीक्षणम्।

शंकराचार्य जैसे रूढ़िवादी विचारकों की तुलना में इस प्रकार के उद्धरण मोक्ष के लिए कुछ ज्यादा समावेशी और उदार दृष्टिकोण को अभिव्यक्त करते हैं। शंकराचार्य मोक्ष के अधिकार और योग्यता को सिर्फ ब्राह्मण पुरुष के लिए या कम से कम द्विज पुरुष तक सीमित मानते हैं। जबकि उपरोक्त उद्धरण में स्त्री और निम्न जाति के व्यक्तियों के प्रति एक संरक्षणकारी दृष्टिकोण का उद्घाटन होता है : मोक्ष प्राप्त किया जा सकता है, यहां तक कि स्त्री और शूद्रों के द्वारा भी।

भागवत पुराण में प्रह्लाद विषयक पुनराख्यान के अन्य उद्धरणों से यह स्पष्ट

होता है कि लेखक (या लेखकों) ने वर्णाश्रमी ब्राह्मणवादी विचारधारा का बहुत दृढ़ता से समर्थन किया है। सबसे महत्त्वपूर्ण यह है कि इसमें ब्राह्मणों को सम्मान और दान देने पर बहुत जोर दिया गया है। भागवत पुराण के सातवें स्कंध के अंतिम पांच अध्यायों (11-15) में प्रह्लाद की कहानी चलती है, जिसमें वर्णाश्रम धर्म के गुणों पर नारद और युधिष्ठिर के बीच का लंबा संवाद शामिल है।

दूसरी ओर जनगोपाल के प्रह्लाद चरित से निर्गुणी रचनाओं को अधिक प्रेरणा मिलती है। इस रचना के पहले भाग के तीसरे पद में चारों वर्णों और आश्रमों के प्रति अनमनी श्रद्धा मिलती है और दूसरे पदों में बहुत संक्षेप में वेदों, गाय और ब्राह्मणों के प्रति सम्मान प्रकट किया गया है। जनगोपाल की निम्नलिखित टिप्पणी, बहुत ही ठेठ टिप्पणी है, जिसमें इंद्र ने नारद से कहा कि यह कैसे हुआ कि महान भक्त प्रह्लाद असुरों के परिवार में पैदा हुआ[22]—

ब्रह्म अंतिजु ऐक रस। कनक भिन नहीं होइ।
जन गोपाल जगदीस कै। कुल कारण नहीं कोई।

भक्तों की दृष्टि से तो असुर बच्चों के समक्ष दिया गया प्रह्लाद के भाषण का अंतिम पद भी यही दावा करता है[23] :

हरि सेवा कौ कहूं न चहिए।
अन धन बस्त्र समप्यौ लहिये।
सेवा सामग्री नहीं चाहै।
एकै भगति प्रेम निरबाहै
देवा दुजा नहीं अधिकारी।
छत्री बैस सुद्र तै न्यारी॥
राम भगति कौ सब अधिकारी।
ब्रह्म अंतिजु लेहु बिचारी॥
प्रेम सहत हरि के गुन गावै।
सब तैं दुर्लभ सो पद पावै॥
असुर कुवार भगति मन लावै।
जन प्रहिलाद हि गुर करि ध्यावै।

यहां ये शब्द भागवत पुराण के 'प्रह्लाद विषयक' प्रसंग से बहुत मिलते हैं और भगवद्गीता के प्रसंग से भी उनकी बहुत समानता है। लेकिन यहां पर संरक्षणकारी शब्द 'यहां तक कि' (यहां तक कि स्त्री, वैश्य, और शूद्र) गायब है। यहां सभी वर्णों के साथ समान बर्ताव किया गया है।

प्रह्लाद चरित और भागवत पुराण के प्रह्लाद-विषयक पुनराख्यानों की (कई प्रसंगों में) तुलना करने पर इस परिकल्पना की कड़ी परीक्षा होती है कि सगुण और

निर्गुणी परंपरा की भिन्नता धर्मतत्त्व और सामाजिक विचारधारा दोनों संदर्भों में जमकर प्रकट होती है। एक ओर हम एक ऐसा निर्गुणी रचनाकार पाते हैं जिसके द्वारा इस कहानी का चुनाव तथा उसकी जाति और धर्म की पृष्ठभूमि हमें बताती है कि निर्गुणी परंपरा के प्रति उसकी प्रतिबद्धता कुछ अनिश्चित थी। दूसरी ओर हम एक ऐसी क्लासिक सगुणी रचना पाते हैं जो अपने उदार सामाजिक दृष्टिकोण के लिए विशेष रूप से जानी जाती है। इसने (भागवत ने) ही जनगोपाल की कहानी के लिए मुख्य स्रोत का काम किया। फिर भी जैसा कि यहां मैंने यह दिखाने की कोशिश की है कि इन दोनों रचनाओं के लेखक देवत्व की संकल्पना; निम्न जाति के व्यक्तियों और स्त्रियों के मोक्ष की संभावना; (यद्यपि दोनों इस संभावना को स्वीकार करते हैं) और वर्णाश्रमधर्मी सामाजिक विचारधारा के संदर्भ में स्पष्ट रूप से अलग-अलग सोच रखते हैं। मैं सोचता हूं कि यह भिन्नता सगुण और निर्गुण परंपराओं के बीच धर्मशास्त्रीय और विचारधारात्मक विरोध की सूचक है। यह भिन्नता अंततः दो समूहों की अलग-अलग धार्मिक, सामाजिक और मनोवैज्ञानिक जरूरतों को अभिव्यक्त करती है। एक तरफ है—नियंत्रण करने वाला वर्चस्वशील समूह, दूसरी तरफ है—नियंत्रित समूह।

परिशिष्ट

निम्नलिखित 'प्रह्लाद चरित' रैदास द्वारा रचित माना जाता है। यह 'राजस्थान प्राच्य विद्या संस्थान' (जोधपुर) की पाण्डुलिपि संख्या 1882 (पृ. संख्या 69-70) से लिया गया है। यह बहुत कुछ कैल्वर्त्त और फ्राइडलांडर (1992, 224-25) द्वारा उद्धृत 'प्रह्लाद चरित' जैसा ही है।

राग धनसी॥ अथ प्रह्लाद चरित लिष्यते॥
पूर म(?) ढ(?)न[24] मुलतांन तहां हिरनांकुस राजा।
पुत्र भये प्रह्लाद सरै सबहिन के काजा॥
जोसी जाय र पूछी यौ भये सुत राज
कुमार या बालक सम को नहीं ऐ असुर सिंघारन काज॥ 1॥
कै धैं रै प्रह्लाद कहा गुन तू पढ्यौ॥ टेक॥
पढ्यौ रांम कौ नांम आंन हिरदै नहि आंनौ
र रौ म मौ दोय आंक और तीजौ नहिं जांनौ॥
कहा पढावै बावरे और सकल जंजाल॥
भौ सागर जम लोक मैं मोहि कौंन उतारै पार॥ 2॥
राम गुण मैं पढ्यौ॥ टेक॥

सुनि राजा परजरयौ रोस मन मैं अति कीनौं॥
मेरौ बैरी रांम सो तैं हिरदै धरि लीनौं।
ए पढिबौ तू छाडि दै रे कह्यौ हमारो मांनि॥
टूक टूक करि डारि हौ रे जब र सुनौं हरि कांनि॥ 3॥
जौ बरजै सौ बार कहौ तेरौ नहि मांनौ॥
छांडि सिंघ की सरन गीध कै गवनिन(?) लागौ॥
पूरन ब्रह्म सकल मई जा कौ ऐ। बिसतार॥
जा कै रांम सहाय हैं ताहि कौन सकगौ(?) मारि॥ 4॥
सभा लई बुलाइ कहौ धौ कहा बिचारौ॥
लै देषौ परतीति जाय गिर वर तैं डारौ॥
सकल सभा मिलि लै चले लै गये सैल चढाय।
पंछी हू की गम नहीं तहां दीयौ छिटकाय॥ 5॥
जब पिरथी अधीन दीन होय दुरसन आई॥
मस्तक चरन छुवाई लीये हिरदा सौ लाई॥
कहा भगत कौ त्रास है आदि अंति नहिं और॥
अब कै सेवा चूकि हौ तौ नहि तीन लोक मैं ठौर॥ 6॥
हसत हसत प्रह्लाद पढन जब साल पधारै॥
उचरत रं रं कार सकल तजि सव परहारे॥
परषि लेत परचौ भयौ मु(?) नि उपज्यौ बिसवास।
सकल सभा आनंद मई इक राजा फिरत उदास॥ 7॥
असुर भयौ मति हीन जाय लै पावक दीनौ॥
अंगि ज्वाला परजरी तहां द्रिढ़ आसन कीनौ॥
सकल देव रिछ्या करैं पावक निकट न जाय॥
पठयौ सीत सहाय कौ(?) मांनौ मीन मकर मैं न्हाय॥ 8॥
ना जांणौ कछु जंतर मंतर नट नाटिक कीनौं
अज हूं न समझत अंध जाय लै कूपै दीनौं॥
सुर नर मुनि जन जांनहीं ध्रु (?) व नारद सै साषि।
जा कै रांम सहाय है रे ताहि कौ हौ लै राषि॥ 9॥
प्रफुलित ह्वै प्रह्लाद मंदिर मांहीं जब आये।
षोजत षोजंत असुर, जाय प्रह्लाद संताये॥
तो कौ राषै जो कहां अब र छाडि हूं नांहि।
कोमल बचन कुंवर जब बो(?) ल्यो मो पति षंभा मांढि(?हि)॥ 10॥
रे मो मृत अब हू न आय षडग बांण नहिं भेदै॥

जल ज्वाला मैं मरौं जुध कोउ जिंद न छेदै ॥
छाया माया नां मरौं नां मरौं धरनि अकास ॥
मति ब्रह्मा की कहा कहै रे सोचत त्रिभवन नाथ ॥ 11 ॥
रे ऐ तौ कहा है गरब राम है गरब प्रहारे ॥
सब देव तुम से बलि हिरणाछि आदि बराहा सिंघरे ॥
सब देवन कौ देव है सब ईसन कौ ईस।
मो मै तो मैं षडग षंभ मैं पूरि रह्यौ जगदीस ॥ 12 ॥
कर गहि लीनौं षडग कोपि सनमुष भयौ ठाट(?) ॥
देषौ जै है भगि षंभ सौ कीनों गाढ़(?) ॥
बार बार तो सौ कहौ एह अंदेसो मोहि ॥
जे षंभ मैं राम है। तौ क्यौ न छुड़ावै तोहि ॥ 13 ॥
असत भयौ है भांन उदौ रजनी जब कीनौं।
अधर बिंब कि छांह उठाय जंघन परि लीनौ।
नष सुं उदर बिंदारियौ तिलक दीयौ प्रह्लाद ॥
सप्त दीप नव षंड मैं भई तीन लोक मैं गाज ॥ 14 ॥
जहां जहां संकट परे संत के कारज सारे।
हम से अधम उधारि कीये नरकन सौ न्यारे ॥
सुर नर मुनि गंध्रब रटैं सब कौ सुष निवास
मनसा वाचा करमना। ए गावै जन रैदास ॥ 15 ॥

संदर्भ एवं टिप्पणियां

1. संस्कृत में प्रह्लाद् का नाम 'प्रहलाद' उच्चारित होता है। हिंदी पाठों में इसे 'प्रहिलाद' या 'प्रहृलाद' लिखा जाता है। लेकिन मैंने 'प्रह्लाद' के रूप में मानकीकरण कर दिया है। अन्य व्यक्तिवाचक नामों की वर्तनी का भी इसके संस्कृत रूप के करीब मानकीकरण कर दिया है।
2. गुरु ग्रंथ साहिब एन डी, 1165 (मेरा अनुवाद)। मेकालिफ (1963, 6.67-68) और गुरु वचन सिंह तलीब (गुरु ग्रंथ साहिब 1984-90, 4 : 2359) के अनुवाद को भी देखें। इसके कुछ भिन्न संस्करण का अनुवाद तथा संपादन कैल्वर्त्त और लेथ 1989, 213-14, 327-28 (सं. 118) द्वारा। प्रह्लाद की कहानी कहने वाले नामदेव के दो अन्य गीत भी इसी संस्करण में पाए गए हैं, 143-44, 254-55 (संख्या 3) और 218, 333 (संख्या 127)। गुरु ग्रंथ साहिब के गीतों के दो अन्य संस्करण भी पाए गए हैं। वानखड़े गुरूजी 1970, 11-11 (संख्या 46) और 168-69 (संख्या 254)
3. 'कबीर ग्रंथावली' पाठ कबीर 1985, 370 (वसंत 2ए) में; गुरु ग्रंथ साहिब संस्करण जो कि नागरी में छपा है वह कबीर 1966, 233-34 (प्रामाणिक संस्करण पृ. 1194) में;

'सरवंगी' संस्करण गोपालदास 1993, 303 (59.3) में; और आधुनिक भजन संस्करण कबीर 1988, 41-42 में पाया गया है। कबीर ग्रंथावली संस्करण के अन्य पाठ कबीर 1989, 16-17 और कबीर 1981, 200 में प्रकाशित हो चुके हैं। कबीर के पदों की अप्रकाशित पांडुलिपि संस्करण जोधपुर में राजस्थानी, प्राच्यविद्या प्रतिष्ठान संख्या 12378 (पृ. 48) और कबीर चौरा पुस्तकालय की पांडुलिपि संख्या 002 (पृ. 155-57), 005 (पृ. 341बी-42ए), 006 (पृ. 395-96), 083 (पृ. 1-2) (लॉरेंजन 1994) हैं।

4. कबीर 1966, 155; गुरु ग्रंथ साहिब एन. डी. 856।
5. 'दि लाइफ एण्ड वर्क्स ऑफ रैदास' (1992, 157-59, 224-25)। कैल्वर्त्त और दे बेक 1991, 447-48 को भी देखें। मैंने जोधपुर के राजस्थान प्राच्यविद्या प्रतिष्ठान में 19वीं शताब्दी की एक शीर्षक रहित पाण्डुलिपि (संख्या 1882 पुस्तिका 68-69) की तुलना प्रह्लाद चरित से की है। पांडुलिपि संस्करण के सिर्फ 2 पदों को छोड़कर दोनों पाठ लगभग समान हैं। दुर्भाग्य से सभी पाठ कुछ न कुछ दोषयुक्त हैं। पांडुलिपि पाठ की एक प्रतिलिपि इस अध्याय के परिशिष्ट के रूप में दी गई है। इस पाठ की दो अन्य प्रतियां जोधपुर प्राच्य विद्या प्रतिष्ठान के कैटलॉग में सूचीबद्ध हैं : संख्या 13765 (1780 वि.सं.) और 13497 (19वीं वि.सं.)। अन्य प्रकाशित संस्करण के लिए रामानंद शास्त्री और वीरेंद्र पाण्डेय (1956) तथा जोगींदर सिंह (1972) को देखें। इनमें से कोई भी मुझे उपलब्ध नहीं हो सका।
6. इन गीतों में से दो गीत गुरु ग्रंथ साहिब में पाए जाते हैं। एन. डी., 1133 और तीसरा भी वही है, 1154। मैंने पहले गीत का अनुवाद आगे कर दिया है।
7. गुरु ग्रंथ साहिब, एन. डी., 67 (मेरा अनुवाद)। मैकालिफ (1963, 2 : 160) और गुरू बचन सिंह तलब (गुरू ग्रंथ साहिब 1984-90, 1 : 140-41) के अनुवाद को भी देखें।
8. महात्माओं की बाणी 1933, 85। एक रोचक बात है कि यहां 'ब्रस्ट' शब्द के लिए 'फारो' शब्द आया है। जबकि प्रह्लाद से संबंधित पश्चिमी पांडुलिपियों में इसी के लिए 'बिदराना' शब्द का प्रयोग हुआ है।
9. रज्जब 1967, 1390 । संपादक—भाष्यकार नारायण दास का मानना है कि धूंधचि शब्द का आशय 'होलिका' से है। जनगोपाल द्वारा कही गई कथा में भी 'धूंधचि' का अभिप्राय 'होलिका' ही है। (देखें अध्याय दो, 13.14)। मैंने अंतिम पंक्ति में 'दशा' शब्द के स्थान पर 'दरशा' पढ़ा है।
10. हापकिंस (1980, 20) का एक बहुत रोचक दावा है कि प्रह्लाद एक स्थान (7.9.12) पर खुद को 'निम्न उत्पत्ति' का मानते हैं। दुर्भाग्य से यह दावा गलत अनुवाद पर आधारित है। यह प्रह्लाद नहीं बल्कि 'एक व्यक्ति' (पुमान) है जो कि 'निम्न' (नीचा) है। यह भी सही नहीं है कि 'भागवत में मुनि नारद शूद्र प्रतीत होते हैं'। श्लोक 1.5.23 में पूरी स्पष्टता से कहा गया है कि नारद सिर्फ अपने 'पूर्वजन्म' (पुरातीत भवे) में ही शूद्र थे।
11. पंद्रह अध्यायों में श्लोकों की संख्या निम्नलिखित है : 1(47), 2(61), 3(38), 4(46), 5(57), 7(55), 8(56), 9(55), 10(71), 11(35), 12(31), 13(46), 14(42), 15(80)।
12. अठारह खंडों में श्लोकों की संख्या निम्नलिखित है (मूल और प्रक्षिप्त पाठ) : 1(8+10), 2(17+13½), 3(13+11), 4(18+7¼), 5(11+7½), 6(21+10), 7(7+1), 8(8+3½), 10(11+3½), 11(8+2), 12(10+3) 13(15+5), 14(10+7), 15(9+1), 16(9+2), 17(9+9), 18(11+4½)।

13. इन समानांतर उद्धरणों में एक बहुत ही रोचक बात कही गई है कि हमारा आधा जीवन सोने में ही चला (नष्ट) जाता है। बाकी बचा हुआ जीवन बुढ़ापे और गृहस्थी के झंझटों में। यही बात भरथरी के 'शतकत्रयी' और चीन के ताओवादी ग्रंथ लीजी में बहुत परिष्कृत ढंग से कही गई है। (लॉरेंजन और मेथ, 1979)
14. भक्त दानव के बारे में जानकारी के लिए देखें—हैकर, बारदी और सोइफर के कार्य के साथ-साथ—अल्फ हिल्तेवेतल द्वारा संपादित—'क्रिमिनल गॉड एण्ड डेमन डिवोटीज' (1989)
15. यह कहना शायद ज्यादा सही है कि सभी मुख्य अवतार अपने मिथकीय अवतार में इस प्रकार की छोटी भूमिका अदा करते हैं। राम, कृष्ण और शायद बुद्ध ही इसके अपवाद हैं।
16. जय और विजय के श्राप की कहानी तथा वराह अवतार द्वारा हिरण्याक्ष के हार की बात भागवत-पुराण (1971) के तीसरे स्कंध के 15-19 अध्याय में विस्तार से कही गई है।
17. ए.के. रामानुजन (1903) का एक महत्त्वपूर्ण लेख भारतीय मिथक और किंवदंतियों में 'इडिपस' जैसे व्यक्तित्वों की बात करता है। रामानुजन इसमें प्रह्लाद का उल्लेख करते हैं। शायद कारण यह हो कि प्रह्लाद अपने पिता की मृत्यु के लिए उत्तरदायी है चाहे अनजाने ही। यही बात रामानुजन के तर्क के बिल्कुल विरुद्ध जाती है क्योंकि इडिपस में पुत्र की उसके पिता द्वारा सीधे हत्या की जाती है या करवायी जाती है।
18. भागवत पुराण (7.2.20-60; 7.3.23-38) में यह बहुत रोचक बात है कि हिरण्यकश्यप को एक महान दार्शनिक और तपस्वी के रूप में दिखाया गया है। ऐसा लगता है कि वह ब्राह्मण था।
19. देखें, मोफा 1979। मैंने डूमां और मोफा के अनुकरण सिद्धांत की कई बातों की कहीं-कहीं आलोचना की है। (लॉरेंजन, 1987ए)। लेकिन यहां मेरी आलोचना पूरी तरह से लागू होती है क्योंकि दानव समाज, दानव समाज नहीं बल्कि पुराणों के रचयिता, उच्च जाति के लोगों की निर्मिति है। यहां तक कि मिथकों में भी हम देख सकते हैं कि दानवों की मूल्य व्यवस्था देवताओं की मूल्य व्यवस्था का अनुकरण नहीं, बल्कि उसके एकदम उलट है।
20. देखें अध्याय दो (16.1-6) मोनिका बोहम—टेटलबाख ने मुझे जानकारी दी है कि यह स्तोत्र दादू पंथ में नित-वंदना का एक भाग है। इसी प्रकार का एक स्तोत्र (नेति-नेति) प्रह्लाद चरित (18.1-8) में भी पाया जाता है। हिंदी पाठ के लिए इस अध्याय को भी देखें।
21. माम् ही पार्थ व्यापाश्रित ये 'पी श्युह पापयोनायाह।/स्त्रियो वेश्यास् तथा शूद्रास ते पी यांति पराम गतिम्' ॥
22. देखें अध्याय 2 (2.17)
23. देखें अध्याय 2 (6.16-18)
24. शायद यहां पट्टन के लिए पटन है।

अध्याय सात

संत-संकीर्तन

उत्तर भारत की भक्ति परंपरा, खासकर निर्गुण भक्ति के बहुत से संत-कवियों ने अपने गीतों में पूर्ववर्ती संतों का गुणगान किया है। इन संत-कवियों में नामदेव, कबीर, रैदास, गुरु अमरदास, मीराबाई, दादूदयाल और पलटू साहब मुख्य हैं। इन गीतों की परिधि में पूर्ववर्ती युग के मिथकीय भक्त प्रह्लाद तो हैं ही, कलियुग के ऐतिहासिक व्यक्तित्व भी शामिल किए गए हैं। इस प्रकार के गीतों में संतों के जीवन की बहुत लोकप्रिय घटनाओं को ही शामिल किया गया है। लोकप्रिय घटनाओं के अलावा उनसे जुड़ी हुई अन्य घटनाओं का विवरण अपवादस्वरूप ही है। इनमें पहले से ही कवि यह मानकर चलता है कि सुनने वाले कहानी को जानते हैं। इसलिए वह किसी व्यक्ति की पूरी जीवन कथा कहने की बजाय कुछ घटनाओं की ओर ही संकेत करता है। ये गीत संत-चरितात्मक तो हैं, लेकिन संत-चरित नहीं हैं।[1]

इस अध्याय में मैंने इन चरितात्मक गीतों के विषय या प्रकृति के आधार पर इन्हें तीन श्रेणियों में बांटने का विचार किया है। प्रशस्तिपरक, साक्ष्यपरक और तीसरी समतापरक। हो सकता है कि एक ही गीत में उपर्युक्त में से एक से अधिक थीम्स एक साथ उपस्थित हों, लेकिन प्रमुखता किसी एक थीम की ही होती है।

संत-चरितात्मक गीतों की तीनों श्रेणियों को स्पष्ट करने के लिए विभिन्न स्रोतों से उदाहरण लिए गए हैं। इन स्रोतों में हैं कैल्वर्त्त और ओप डि बेक द्वारा दादू, कबीर, नामदेव, रैदास, हरिदास, गोरखनाथ और सुंदरदास के पदों का संग्रह (1991), मंगलदास द्वारा हरिदास और अन्य निरंजनपंथी संतों के गीतों का संग्रह (1962) गंगाशरण शास्त्री द्वारा कबीर चौरा मठ के पुस्तकालय की विभिन्न पांडुलिपियों से कबीर के भजनों का संग्रह (1988), कवि-संत यारी साहब, बुल्ला साहब, गुलाल साहब, भीखा साहब और भुड़कुड़ा (गाजीपुर के पास) मठ के अन्य कवि-संतों के गीतों का संग्रह (महात्माओं की वाणी, 1933), निरंजनी पंथ के खेमदास द्वारा संपादित विभिन्न संतों के गीतों का संग्रह (1989), अजमेर के नारायणदास द्वारा

रज्जब (1967) और सुंदरदास (1989) के गीतों का संग्रह, रज्जब की 'सर्वंगी' (1990), गोपालदास की सर्वंगी (1993), मीराबाई के गीतों का संकलन (1966, 1972, 1988), गुरुग्रंथ साहिब, हाल ही में बेलवेडियर प्रेस द्वारा पुनर्प्रकाशित धर्मदास (1985), धरनीदास (1976), दूलनदास (1985), गरीबदास (1985), जगजीवन साहब (1983-90), कबीर (1987-89), मलूकदास (1988), पलटू साहब (1987-90) आदि तथा भुड़कुड़ा के कवि संतों के गीत और पद। मैंने तुलसीदास, सूरदास और वल्लभ संप्रदाय के कवियों पर बहुत जोर नहीं दिया है क्योंकि इन कवियों की रचनाओं में संत-चरितात्मक गीत बहुत ही कम पाए गए हैं। मैंने मराठी में लिखे गए संत- चरितात्मक गीतों को शामिल नहीं किया है और न ही अन्य भाषाओं में लिखे गए उन संत-चरितात्मक गीतों को लिया है जो देवनागरी अेर गुरुमुखी के अलावा दूसरी लिपियों में लिखे गए हैं।

मेरी जानकारी में इस प्रकार के संत-चरितात्मक गीतों के बारे में महत्त्वपूर्ण अकादमिक अध्ययन सिर्फ जे.एस. हॉली का 'सूरदास के विनय-पदों की रचनात्मक व्याख्या' नामक निबंध है (1992)। इस निबंध में हॉली ने सूरदास के उन तीन पदों का बहुत अच्छा विश्लेषण किया है जिनमें पूर्व युग के मिथकीय भक्तों की सूची शामिल है। हॉली ने यह दिखाया है कि सूरदास ने किस तरह से संतों का बहुत ही वस्तुनिष्ठ विवरण दिया है और फिर उसमें अपने जीवन के संदर्भों को भी जोड़ दिया है। इससे सूरदास का अपना वैयक्तिक भक्ति अनुभव पूरी कलात्मक दक्षता के साथ प्रकट हुआ है।

जिन संत-चरितात्मक गीतों को मैं यहां प्रस्तुत करना चाहता हूं उनमें कई उल्लेखनीय कलात्मक दक्षता वाले हैं, जबकि बाकी गीत कला की बजाय अंतर्वस्तु के कारण रखे गए हैं। यहां मेरा उद्देश्य उनका साहित्यिक मूल्यांकन करना नहीं बल्कि उनकी अंतर्वस्तु पर विचार करना है। इस संदर्भ में मैं अपना मत भी प्रस्तुत करना चाहता हूं कि इस प्रकार के गीत भक्ति आंदोलन के अनुयायियों में क्यों इतने लोकप्रिय हुए।

इन गीतों की एक महत्त्वपूर्ण बात यह भी है कि इनके रचयिता मिथकीय या ऐतिहासिक संतों को एक साथ मिला देते हैं। इन रचयिताओं के लिए हिंदू परंपरा के सभी प्रसिद्ध संत और ऋषि-मुनि ऐतिहासिक व्यक्ति ही थे। महत्त्वपूर्ण यह है कि आज इतिहास (या किंवदंती) और मिथक के बीच किए जाने वाले भेद के समान ही इनमें भी एक पारंपरिक भिन्नता पाई जाती है। यह भिन्नता पूर्व युग के संतों और ऋषि-मुनियों तथा आज कलियुग के संतों और ऋषि-मुनियों के बीच है। भक्तों द्वारा कलियुग से पहले के माने गये संतों और मुनियों को आज के अकादमिक विद्वान मिथकीय व्यक्तित्व कहेंगे जबकि भक्तों द्वारा कलियुग के बताए गए संत और मुनियों

को आज ऐतिहासिक (या किंवदंतिक) व्यक्तित्व कहा जाएगा।

इन गीतों में वर्णित पूर्व-युग के बहुत से संत श्रीमद्भागवत की कथाओं के नायक हैं। प्रत्यक्ष या अप्रत्यक्ष रूप से भागवत पुराण ही वह प्राथमिक स्रोत है जहां से ये नाम लिए गए हैं। बाकी नाम रामायण और महाभारत की कहानियों से लिए गए हैं। इन गीतों (पदों) के सिर्फ कुछ ही रचनाकार संस्कृत जानते थे; इसलिए निश्चय ही उन्होंने देशी भाषा में इनका पुनर्कथन सुना होगा। यह पुनर्कथन संस्कृत पाठ की मौखिक व्याख्याओं अथवा एक स्वतंत्र पाठ के रूप में उपस्थित रहा होगा।

इन गीतों में पूर्व युग के जिन संत और भक्तों के नाम का उल्लेख है उनमें ध्रुव और प्रह्लाद, विभीषण और रावण, अजामिल, नारद, शुकदेव, अंबरीश, ब्रह्मा के मानस पुत्र सनक और उनके तीनों भाई दत्तात्रेय, जड़ भरत, भील-शबरी, वेश्या जीवंती, विदुर, सुदामा, द्रौपदी, मगरमच्छ हुहु, राजा-हाथी और गिद्ध-जटायु प्रमुख हैं। इनमें से कई जन्मजात सहज अथवा व्यावहारिक दोषों से युक्त हैं। इनमें दैत्य, जानवर, स्त्री, पापी और कंगाल शामिल हैं। ये सभी भगवान विष्णु के किसी न किसी रूप के भक्त हैं, यहां तक कि, रावण राम से घृणा द्वारा जुड़ा हुआ है और वेश्या जीवंती तथा दुष्ट ब्राह्मण अजामिल की भक्ति अनजाने ही है। अंत में चाहे वे अच्छे हों या बुरे हों, उनकी भक्ति जानकर की गई हो या अनजाने हो गई हो, भगवान सभी भक्तों पर कृपा करते हैं।

कभी-कभी विष्णु अपने विभिन्न अवतारों में भक्त की रक्षा करते हैं। जैसे प्रह्लाद की रक्षा नृसिंह करते हैं तो राम शबरी, जटायु और रावण का (वध के द्वारा) उद्धार करते हैं।[2] और कभी-कभी विष्णु खुद, हरि, राम और नारायण के नाम से संतों या भक्तों की रक्षा करते हैं। कई मामलों, खासकर, राम और कृष्ण से संबंधित सगुण-गीतों में उनके अवतार की कहानी ही गीत का मुख्य विषय हो जाती है। इस प्रकार के गीत जीवनीपरक हैं लेकिन उन्हें संत-चरित नहीं कहा जा सकता क्योंकि उनका विषय संत नहीं बल्कि स्वयं ईश्वर ही है। यहां तक कि, कबीर और नानक भी कभी-कभी 'सद्गुरु' की दिव्य सेवा के असली अवतार ही मान लिए गए हैं। इस तरह के दो किस्म के गीतों के बीच अंतर करना मुश्किल हो जाता है। बहरहाल इस अध्याय में विष्णु के पारंपरिक अवतार रामचंद्र और कृष्ण से संबंधित गीतों की चर्चा नहीं की जाएगी।

मेरी सबसे अधिक दिलचस्पी उन गीतों में है, जिनमें वर्तमान कलियुग के ऐतिहासिक व्यक्तित्व शामिल हैं। इस प्रकार के ज्यादातर गीत सगुण परंपरा की अपेक्षा निर्गुण-परंपरा के हैं।[3] गीतों में वर्णित बहुत से संत उसी संप्रदाय के होते हैं जिसका कि उनका रचयिता होता है। जैसे, दादूपंथी लेखक अक्सर दादूपंथी कवि-भक्तों का उल्लेख करता है और भुड़कुड़ा का लेखक भुड़कुड़ा संप्रदाय के कवि-संतों

का उल्लेख करता है।

लेकिन कुछ संतों और भक्तों का उल्लेख बिल्कुल भिन्न-भिन्न पंथों से संबंधित रचनाओं में भी मिलता है। इन संत-भक्तों में जयदेव, गोरख, नामदेव, कबीर, रैदास, धन्ना, सेन, सदना, पीपा, नानक प्रमुख हैं। कहीं-कहीं रामानंद, दादू, मीरा, सूर, नरसी मेहता, रंका और बंका, त्रिलोचन, गोपीचंद, मत्स्येंद्र, भरथरी आदि का भी उल्लेख मिलता है।

एक महत्त्वपूर्ण प्रश्न यह है कि प्रसिद्ध संतों और भक्तों के व्यक्तित्व पर इतना बल निर्गुण-भक्ति में ही क्यों प्रमुख है जबकि शास्त्रीय और वैदिक-हिंदू-परंपरा के साहित्य से यह लगभग गायब ही है। इसका मूल कारण ब्राह्मणवादी हिंदू परंपरा में धार्मिक प्रभुत्व को ऐतिहासिक रूप से वैध ठहराने के विरुद्ध गहरा पक्षपात प्रतीत होता है। खासकर, मीमांसा चिंतक इसी बात पर जोर देते हैं कि वेद और शास्त्रों का कोई कर्ता नहीं है—न मनुष्य, न ही ईश्वर। ये ग्रंथ शाश्वत हैं और कलियुग से बहुत पहले वैदिक ऋषियों के द्वारा उद्घाटित किए गए। इन शाश्वत, दैवी ज्ञान के उद्घाटक ग्रंथों के ऐतिहासिक रचनाकारों का असली कार्य सिर्फ एक टिप्पणीकार का है।[4]

दूसरी तरफ, भक्ति परंपरा में, कबीर, नानक, मीरा और दादू जैसे प्रसिद्ध ऐतिहासिक संतों ने खुद के प्रयास से ही 'सत्य' की खोज की थी। उनके शब्द (वाणी, सबद) धार्मिक 'सत्य' का जीता-जागता उदाहरण हैं। संतों द्वारा संत-चरितात्मक गीतों का रचयिता जब निवेदन प्रस्तुत करता है तो वह इन मिसालों से ही अपनी रचना के लिए ऐतिहासिक आधार और साक्ष्य जुटा लेता है। क्योंकि ये साक्ष्य उन संतों के हैं जिन्होंने स्वयं सत्य को पा लिया है। सगुण-परंपरा में इस प्रकार के गीत (पद) बहुत ही कम पाए जाते हैं। इससे यह भी पता चलता है कि इस परंपरा में वैदिक और शास्त्रीय मान्यताएं अभी तक स्वीकार्य हैं। लेकिन निर्गुण परंपरा में इन मान्यताओं को अस्वीकार किया गया है।[5]

निर्गुण गीतों में मिलने वाली संत और भक्तों की सूची में मुसलमान संतों की अनुपस्थिति कुछ अप्रत्याशित है। अपवादस्वरूप शेख फरीद और इब्रहिम बिन अदहम का ही उल्लेख मिलता है। यह अनुपस्थिति इसलिए भी अप्रत्याशित है क्योंकि कबीर, दादू, रज्जब, यारी साहब, बुल्ला साहब, बाजिद और रतनबाई जैसे कई निर्गुण संत शायद मुसलमान परिवार में ही पैदा हुए और पले-बढ़े। साथ ही, यह भी संभव है कि निर्गुण परंपरा पर सूफी आंदोलन का बहुत प्रभाव पड़ा था। बावजूद इसके कि निर्गुण कवियों ने शायद ही इस प्रभाव को स्वीकार किया है।[6] फिर भी अधिकतर निर्गुण भक्त मुसलमान-सूफी कवि-संतों के गीतों या पदों से परिचित थे। रज्जब की सर्वंगी और गोपालदास की सर्वंगी में भी सूफी कवियों—शेख फरीद, काजी महमूद

तथा शेख बहावदी के गीत शामिल हैं। फरीद के गीत तो गुरु ग्रंथ साहिब में भी पाए गए हैं।

निर्गुण-परंपरा के परवर्ती कवियों के गीतों में कलियुग के संत और भक्तों का उल्लेख बारंबार आता है। पंद्रहवीं शती के अंत और सोलहवीं शती के प्रारंभ के निर्गुण कवि-संत—रामानंद, कबीर, रैदास, नानक, पीपा और धन्ना आदि धार्मिक और भाषायी अर्थों में नयी परंपरा के सर्जक थे। उत्तर भारत में इन संतों से पहले ऐसे बस इक्का-दुक्का ही ऐतिहासिक व्यक्तित्व मौजूद थे जिन्हें इनकी परंपरा का पूर्ववर्ती माना जा सकता है। इन पूर्ववर्ती व्यक्तित्वों में नामदेव, गोरख और जयदेव प्रमुख हैं। कबीर अपने गीतों में पूर्ववर्ती युग के कई मिथकीय संतों के साथ इन तीनों संतों का उल्लेख करते हैं। यह बहुत आश्चर्य की बात है कि कबीर ने अपने गीतों में गुरु रामानंद, रैदास, पीपा या धन्ना जैसे समकालीनों और किसी भी सूफी कवि का उल्लेख लगभग नहीं किया है,[7] जबकि रैदास, पीपा और धन्ना ने अपने गीतों में कबीर का उल्लेख किया है। इसी तरह से वे (रैदास, पीपा, धन्ना) नामदेव और गोरख का भी उल्लेख करते हैं। दूसरी तरफ, सोलहवीं शताब्दी के अंत में तथा सत्रहवीं और अठारहवीं शताब्दी के निर्गुण-कवियों के गीतों में कलियुग के संतों की लंबी सूची पाई जाती है।

प्रशस्तिपरक संत-चरितात्मक गीतों में किसी खास संत के किंवदंतिक जीवन की एक या उससे अधिक घटनाओं का वर्णन किया गया है। कुछ प्रशस्तिपरक गीत मिथकीय नायकों के जीवन की घटना से संबंधित हैं। ऐसा हम, प्रह्लाद और ध्रुव जैसे मिथकीय नायकों के संदर्भ में पहले ही देख चुके हैं। अन्य प्रशस्तिपरक गीत आत्मकथात्मक हैं जो अपने रचयिता के किंवदंतिक जीवन की घटनाओं के बारे में बताते हैं। इस श्रेणी के पदों में नामदेव, कबीर और मीराबाई के पद हैं।[8] एक अन्य प्रकार के प्रशस्तिपरक गीतों में प्रसिद्ध संतों के किंवदंतिक जीवन की घटनाओं का वर्णन मिलता है। ये संत ऐतिहासिक माने गए हैं और स्वयं ये इन गीतों के रचयिता नहीं हैं। यहां अधिकतर मैं इसी प्रकार के गीतों की चर्चा करना चाहता हूं।

इन गीतों में घटनाओं का ज्यादा विवरण नहीं दिया गया है। ये किसी कहानी को सिलसिलेवार कहने के बजाय सिर्फ उसकी ओर इशारा करते हैं। हालांकि ऐसे संपूर्ण संत चरितात्मक विवरण भी उपलब्ध हैं जिनसे लगता है कि वे गाने के लिए ही रचे गए हैं। नामदेव, कबीर और अन्य संतों पर लिखी गई अनंतदास की परचइयां, इसका अच्छा उदाहरण हैं।[9] इस प्रकार की रचनाएं (परचई) इन प्रशस्तिपरक गीतों से बहुत बड़ी हैं और ये कई अध्यायों में बंटी हुई हैं। प्रत्येक अध्याय में संतों के जीवन की एक या अधिक घटनाओं का वर्णन मिलता है।[10]

उत्तर भारतीय देशज भाषाओं के कई आरंभिक प्रशस्तिपरक गीत नामदेव के

विषय में हैं। तीन पद सिक्खों के गुरुग्रंथ साहिब (1604 ई.) में पाए गए हैं। ये तीनों स्वयं नामदेव माने जाते हैं।[11] नामदेव द्वारा रचित दो अन्य पद भी कैल्वर्त्त और लाठ के द्वारा संपादित नामदेव पदावली में पाए गए हैं[12] निम्नलिखित गीत सगुण-कवि हरिराम व्यास द्वारा रचित है, जिनकी मृत्यु सोलहवीं शताब्दी के अंत में हुई थी[13] :

सांची भक्ति नामदेव पाई।
कृष्न-कृपा करि दीनी जाकों, लोकन-बेद बड़ाई॥
प्रीति जानि पय पियौ कृपानिधि, छांनि छबीलैं छाई॥
चरन पकरि सठ के हठ बल, ज्यों हरि सों बात कहाई॥
जाके हित हरि मंदिर फेर-यौ, चित दै गाइ जिवाई॥
जिन रोटी घी चुपरि स्याम कों अपने हाथ खवाई॥
जाकी जाति-पांति-कुल बीठल, संतजना सब भाई॥
ताकी महिमा 'व्यास' कह कहै, जाकें सुबस कन्हाई॥

कबीरपंथियों के बीच कबीर के विषय में दो महत्त्वपूर्ण प्रशस्तिपरक गीत पाए गए हैं। ये गीत उनके चौका-कर्मकाण्ड के समय गाए जाते हैं। एक गीत धर्मदासी-संप्रदाय के चौका-कर्मकाण्ड के समय तो दूसरा कबीर चौरा संप्रदाय के चौका-कर्मकाण्ड के समय गाया जाता है।[14] करीब-करीब यही गीत वेलवेडियर प्रेस के 'धर्मदास के गीतों का संग्रह' (धर्मदास 1985, 3-4) में मिलता है। महत्त्वपूर्ण बात यह है कि चौका-कर्मकाण्ड में शामिल दोनों प्रशस्तिपरक संत-चरितात्मक गीतों से पंथ के अनुयायियों के बीच कबीर के जीवन की महत्ता की स्पष्ट झलक मिलती है।

कबीर के विषय में दूसरा प्रशस्तिपरक गीत मलूकदास (1574-1682) का है। यह कबीर के विषय में उन किंवदंतियों की ओर इशारा करता है जिनमें, उनकी मृत्यु मगहर में हुई थी, उन्होंने जगन्नाथ के पंडा को जलने से बचाया था तथा जगन्नाथ के मंदिर की खुद समुद्र से रक्षा की थी (लॉरिंजन, 1991)। इसी तरह की एक-दो किंवदंतियों की और भी चर्चा है जिन्हें आसानी से नहीं पहचाना जा सकता[15] :

जपो रे मन केवल नाम कबीर॥ टेक॥
काशी में गुरु प्रगट भयो है, ऐसा ज्ञान गंभीर॥
तजि काशी मगहर को आये, दोउ दीनन के पीर॥
कोई गाड़े कोई अग्नि जरावै, काहु न धरती धीर॥
चारि दाग से सतगुरु न्यारी, अजर अमर शरीर॥
एक समय गुरु बेंन बजाये, कालिन्दी के तीर।
सुर न मुनि सब छकित भये हैं छकि गये जमुना नीर॥
नवो नाथ चौरासी सिद्धा, हटि गये वाबन वीर।
हरि के पंडा जरत उबारे, अपने चरण ढारे नीर॥

जगन्नाथ को मंदिर थाप्यो, हटि गये सागर नीर ॥
दास मलूक सलोक कहतु हैं, खोजहु खसम कबीर ॥

कबीर के विषय में एक और प्रशस्तिपरक गीत जिसका मैं जिक्र करना चाहता हूं, वह राजस्थान के संत-कवि हरिदास-निरंजनी का है। यह गीत सिकंदर लोदी द्वारा कबीर की परीक्षा के विषय में है[16] :

जन हरीदास आनंद इहै, मन अपणां परमोधि ॥
करड़ा पंथ कबीर का, सो हम लीया सोधि ॥ 1 ॥
पीठि दई संसार सूं, परमेश्वर सूं प्रीति ॥
जन हरीदास कबीर की, याह कछु उलटी रीति ॥ 2 ॥
उलटै पैंडे परम सुष, परम साध तहां जाहि ॥
हरीदास जन यूं कहै, निगुरा पहुंचै नांहि ॥ 3 ॥
अगनि न जालै जल नहिं बूडै, झड़ि झड़ि पडै जंजीर ॥
जन हरीदास गोविंद भजै, निरभै मतै कबीर ॥ 4 ॥
मारि मारि काजी करैं, कुंजर बंदै पांव ॥
जन हरीदास कबीर कूं, 'लगै' न ताती बाब ॥ 5 ॥
राषणहारा एक तूं, मारंणहारा कोड़ि ॥
जन हरिदास कबीर का, कोई मता सक्या नहिं मोडि ॥ 6 ॥

स्वयं कबीर द्वारा रचित माना गया एक पद बल्ख-बुखारा के सुल्तान के बारे में है। निश्चित रूप से यह नयी रचना है। कबीरपंथी किंवदंतियों में यह दावा किया गया है कि कबीर ने सुल्तान के मन को राज्य से हटाकर धर्म की ओर मोड़ दिया था। लेकिन यह सुल्तान कोई और नहीं बल्कि बहुत पहले का सूफी संत इब्राहिम बिन अदहम (730-778) है[17] :

सुल्तान बलख बुखारे का ॥
जिनके ओढ़न साल दुसाला, नवो तार दस तारे का।
सो तो लागे भार उठावन, नव मन गुदरा भारे का ॥
जिनके खाना अजब सराहन, मिसरी खांड़ छुहारे का।
अब तो लागे बखत गुजारन, टुकड़ा सांझ सकारे का ॥
जाके संग कंटक दल बादल, नौ सै घोड़ कंधारे का।
सो सब तजि के भये औलिया, रस्ता धरे किनारे का ॥
चुनि चुनि कलियां सेज बिछावै, डासन न्यारे न्यारे का।
सो मरदों ने त्याग दिया है, देखो ज्ञान बिचारे का ॥
सोलह सै सहेलरि छाड़े, साहब नाम तुम्हारे का।
कहै कबीर सुनो औलिया, फक्कर भये अखाड़े का ॥

साक्ष्यपरक संत-चरितात्मक गीतों की संख्या बहुत अधिक है। इन गीतों की मूल संरचना बहुत सहज है। पूर्व-संतों के नाम, ईश्वर की दयालुता की गवाही के रूप में लाए गए हैं। ये नाम धर्म-साधना और भक्ति से लाभ की भी गवाही देते हैं। किस संत का नाम लिया जाएगा, इसका कोई निश्चित नियम नहीं है। एक ही गीत में बहुत से मिथकीय और ऐतिहासिक, सगुण और निर्गुण मुनि और संतों के नाम परस्पर मिले हुए हैं। सत्संग के विषय में किसी अज्ञात लेखक का निम्नलिखित भजन उतना कलापूर्ण तो नहीं पर बहुत ही सहज है। इस प्रकार के भजनों का यह आदर्श नमूना है[18] :

भजन-52

सतसंग की हरि ने नाव बनाई जी ॥ टेर ॥
ध्रुव बैठा प्रह्लाद बैठा हरीशचंद्र भी माही जी।
जिन नौक में बैठा मोरध्वज, बैठ लिया था जामें सदना कसाई जी ॥ 1 ॥
नाम देव और धन्ना बैठा परसा खाती माहीं जी ॥
जिस नौका में बैठा नरसी, बैठ लिया था जिसमें सैना भी नाई जी ॥ 2 ॥
सूरदास और तुलसी बैठा, करमा बैठी माही जी ॥
जिस नौका में बैठी भीलनी, बैठ लई थी मीरा भी बाई जी ॥ 3 ॥
सब भक्तों को मांहि बैठा के, सत की बल्ली लगाई जी ॥
उस नौका को एसी चलाई, अपने तो हाथ हरि ने, पार लघाई जी ॥ 4 ॥

कबीर के एक बहुत ही पुराने साक्ष्यपरक गीत में कलियुग और उससे पहले के संतों को साथ-साथ रखा गया है। इस गीत की लोकप्रियता इस बात से भी सिद्ध होती है कि यह आरंभिक संग्रहों जैसे कबीर-बीजक (पद 92), कबीर-ग्रंथावली (पद 33), रज्जब सर्वंगी (पद 49.1), गोपालदास की सर्वंगी (पद 63.44) और थोड़े अलग रूप में गुरुग्रंथ साहिब (गौड़ी 36) में पाया जाता है। कुछ हद तक इस गीत को नकारात्मक साक्ष्य के रूप में देखा जा सकता है, क्योंकि इसमें शुकदेव और तीनों नाथों को छोड़कर—सभी मुनि और संतों को मन (मस्तिष्क) की सच्चाई को जानने में अक्षम बताया गया है।[19]

ता मन कौं खोजहु रे भाई।
तन छूटे मन कहां समाई ॥ टेक ॥
सनक, सनंदन जैदेव नांमां। भगति करी मन उनहुं न जाना ॥
सिब बिरंचि नारदमुनि ग्यानीं। मन की गति उनहूं नहीं जानीं ॥
ध्रू प्रहिलाद बभीषन सेषा। तन भीतर मन उनहूं न देषा ॥
ता मन का कोइ जानै भेव। रंचक लीन भया भये सुखदेव ॥

गोरख भरथरी गोपीचंदा। ता मन सौं मिलि करैं अनंदा॥
अकल निरंजन सकल सरीरा। ता मन सूं मिलि रहूया कबीरा॥ 33॥

दादू के शिष्य छोटे सुंदरदास (1596-1689) ने कई साक्ष्यपरक गीतों की रचना की है। इनमें एक गीत वह है जिसमें महान संतों और मुनियों की भक्ति रूपी वीरता के विषय में लंबी सूची मिलती है। सुंदरदास ने इस सूची में कलियुग के संतों में कई निर्गुण और नाथ संतों का उल्लेख तो किया है लेकिन किसी भी सगुण, मुसलमान या स्त्री संत का उल्लेख नहीं किया है।[20]

- महासूर तिनकौ जस गाऊं जिनि हरि सौं लै लाई रे।
  मन मैवासी कियौ आप बसि और अनीति उठाई रे॥

1. प्रथम सूर सतयुग मैं कहिये ध्रुव दृढ़ ध्यान लगायौ रे॥
   माया छल करि छलने आई डिग्यौ न बहुत डिगायौ रे॥
2. सनक सनन्दन नारद सूरा नौ योगेसुर न्यारा रे।
   तीनि गुणां कौं त्यागि निरंतर कीयौ ब्रह्म बिचारा रे॥
3. ऋषभदेव नृप सूर सिरोमनि जाइ वस्यौ बन मांही रे।
   एक मेक ह्वै रहूयौ ब्रह्म सौं सुधि सरीर की नाहीं रे॥
4. जन प्रहिलाद जोध जोरावर पिता दई बहु त्रासा रे।
   राम नाम की टेक न छाडीं प्रगट भयौ हरिदासा रे॥
5. सूर बीर दत्तात्रय ऐसौ बिचरत इच्छाचारी रे।
   भयौ सुतन्त्र नहीं परतंत्रा सकल उपाधि निवारी रे॥
5. व्यास-पुत्र शुकदेव शुभट अति जननत भयौ बिरक्ता रे।
   रम्भा मोहि सकी? नहिं ताकौं सदा ब्रह्म अनुरक्ता रे॥
7. गोरष नाथ भरथरी सूरा कमधज गोपी चंदा रे।
   चरपट कांणेरी चौरंगी लीन भयै तजि द्वंद्वा रे॥
8. रामानन्द कियौ सूरातन काशीपुरी मंझारी रे।
   लोक उपासक शिव के होते आनि भक्ति बिस्तारी रे॥
9. नामदेव अरु रंकाबंका भयौ तिलोचन सूरा रे।
   भक्ति करी भय छाडि जगत कौ बाजहिं तिनके तूरा रे॥
10. कलियुग मांहि कियौ सूरातन दास कबीर निसंका रे।
    ब्रह्म अग्नि परजारि पलक मैं जीति लियौ गढ़ बंका रे॥
11. जन रैदास साधि सूरातन बिप्रिन मार मचाई रे।
    सोझा पीपा सेन धना तिन जीति बहुत लराई रे॥
12. अंगद भुवन परस हरदासा ग्यान गहूयौ हथियारा रे।
    नानक कान्हा बेण महाभट भलौ बजायौ सारा रे।

13. गुरु दादू प्रगटे सांभरि मैं ऐसौ सूर न कोई रे।
बचन बान लायौ जाकै उर थकित भयौ सुनि सोई रे॥
14. आदि अंति कियौ सूरातन युग युग साध अनेका रे।
सुन्दरदास भोज यह पावै दीजै परम बिबेका रे॥

होली और बसंत के पद लोकगीतों जैसे ही हैं। कई भक्त कवियों ने साक्ष्यपरक गीतों के रूप में इस प्रकार के गीतों की रचना की है। भुड़कुड़ा संप्रदाय के गुलाल साहब (1693-1743) ने इस प्रकार के तीन गीतों की रचना की है। ये साक्ष्यपरक गीत वसंतोत्सव के लिए लिखे गए हैं। उनके गुरु बुल्ला साहब (1693-1768) ने अन्य गीतों के साथ खुद बसंत पर भी गीत लिखे हैं। इन सभी साक्ष्यपरक गीतों में निर्गुण-सगुण ऐतिहासिक संतों जैसा ही मिथकीय मुनियों का भी उल्लेख मिलता है। यह सर्वग्राह्यता सामाजिक मेल-मिलाप और सामंजस्य को व्यक्त करती है। इसी के द्वारा होली और वसंतोत्सव जीवंत हो जाते हैं। गुलाल साहब का निम्नलिखित गीत बसंतोत्सव पर ही है[21] :

॥ 1014 ॥

खेलत बसंत भयो अचल रंग। ताल मृदंग डफ उठै तरंग॥
काया नगरी मन विश्राम। उलटि गयो तहं एक नाम॥
आदि अन्त नहिं मध्य तीर। झरत अधर तहं भरत नीर॥
बिंकसि कमल भयो उदय भोर। थकित भयो मन गयउ जोर॥
पांच पचीस तिन बांधि मारि। आनंद मंगल करु धमार॥
धन्य भाग्य जाके बरत जोति। हंस रूप होय चुंगति मोति॥
कहै 'गुलाल' मोरि पूजलि आस। चरन कमल में लियो बास॥

ऐसा ही एक पद भक्तमाल के प्रसिद्ध रचनाकार नाभादास (1600) के नाम से उपलब्ध है। यह होली के त्यौहार के लिए लिखा गया है। इसमें सभी प्रकार के संतों और मुनियों का आह्वान किया गया है[22] :

रस होरी खेले श्री ज्ञानराय, सब संत झरोखो बैठे आय॥ टेक॥
महादेव साजे मृदंग, ऋषिनारद नाचै लें उपंग।
तालि लिये गावे जयदेव, तहां नाभा पीपा नामदेव॥
रैदास बजावे रे रबाब, गावै आशा (डोरि) बसंत राग।
सनकादिक खेले मंझार, तहां निगम उचारे जय जयकार॥
कुम-कुम केशर भूरि है मांट, तहां सयन भक्त दियो बांट-बांट॥
पिचकारी बलिभद्रहाथ, प्रह्लाद विभीषन बिदुर साथ॥
उड़त गुलाल, अरुण आकाश, तहां अनन्तानन्द हरिकृष्णदास।
अग्र कील, चरचे, अंबीर, तहां अम्बुऋषि शुकदेव धीर॥

बसंत

रंका-बंका कालु केवलदास, तहां दास दिवाकर प्रेम प्रकाश।
खोजि नरसी आस पास, तहां प्रेम सहित गावे मीरादास॥
गुरु रामानन्द कथें ब्रह्मज्ञान, तहां कबीर चलावें शब्द बान।
नीमानन्द अरु विष्णुशर्म, तहां माधवाचार्य करे बखान॥
होरि खेलत में बाढु रंग, तहां अनन्तकोट, लिये साधुसंग।
अबकी बार मोरे राखु मान, जन नाभा को दीजे भक्ति दान॥

समतापरक संत-चरितात्मक गीत में एक या अधिक संतों का उल्लेख करके यह बताया जाता है कि भक्ति के द्वारा सभी को मोक्ष की प्राप्ति होती है। इसमें जाति या लिंग का भेद नहीं किया जाता। यहां तक कि भक्ति के द्वारा पापी, पशु और असुर को भी मोक्ष की प्राप्ति होती है। जैसा कि देखा गया है, यह विचार बहुत पीछे भगवद्गीता तक जाता है और भागवत पुराण में भी कई बार दोहराया गया है। इस प्रकार के संत-चरितात्मक गीत दक्षिण भारत में खासकर 'वीर शैव संतों' में पाए गए हैं।[23]

समतापरक संत-चरितात्मक गीत दो तरह के हैं। एक वो हैं जो वर्णाश्रम धर्म की सामाजिक विचारधारा की आलोचना अपेक्षाकृत अप्रत्यक्ष और मंद स्वरों में करते हैं। इन गीतों में ईश्वर की कृपा पर ज्यादा बल दिया गया है। ईश्वर की कृपा से सभी को मोक्ष की प्राप्ति होती है। चाहे वह निम्न जाति का व्यक्ति हो, स्त्री हो या पापी, पशु अथवा असुर ही क्यों न हो। आश्चर्य की बात नहीं है कि ये गीत अधिकतर सगुण संतों द्वारा रचे गए हैं, जिनकी सामाजिक आलोचना की धार निर्गुण संतों की अपेक्षा बहुत कुंद है। दूसरी तरह के गीतों में उस धार्मिक सत्ता का गुणगान किया गया है, जिसे वंचित नायकों ने अपने प्रयत्नों से प्राप्त किया है। ऐसे गीत अधिकतर निर्गुण संतों के हैं।

बहुत से गीतों में वंचितों और असहायों की रक्षा करने के लिए प्रभु का गुणगान किया गया है। इस प्रकार के गीत मीराबाई और नरसी मेहता जैसे सगुण कवियों के हैं। दोनों के गीत सगुण और निर्गुण के बीच की दूरी को अंशतः पाटने वाले हैं। निम्नलिखित गीत मीराबाई द्वारा रचित है[24] :

म्हारे नैणां आगै रहाजो जी, स्याम गोविन्द॥ टेक॥
दास कबीर घर बालद जो लायां नामदेव की छान छवन्द।
दास धना को खेत निपजायो गण की टेर सुनन्द।
भीलणी का बेर सुदामा का तान्दुल, भर मुठड़ी बुकन्द।
करमाबाई को खींच आरोग्यो होइ परसण पाबन्द।
सहस गोप बिच स्याम बिराजे ज्यों तारा बिच चन्द।
सब संतों का काज सुधारा, मीरा सूं दूर रहन्द॥

ऐसा ही एक पद नरसी मेहता का भी है[25] :

म्हानैं माहा को रामजी भावै हो, दूजो मोरे दाय न आवै। (टेक)
भीलरी का बोर, सुदामा के तांदूल, द्रोपता को वधावै।
दरजोधन का मेवा त्यागा, साग बिदूर घरि पावै ॥ 1 ॥
सैन भगत का सांसा मेद्या, धनाजी को षेत नपावै।
जन रैदास को जनेऊ दिषावो, कबीरा बालद ल्यावै ॥ 2 ॥
दूध पिलाय दे हरे फेर्यो, मरत गउ जिवावै।
सुवा रूप होय भोजन पावै, नामदेव की छानि छीवावै ॥ 3 ॥
जल डूबत गजग्राह उबार्यो, अजामेल पद पावै ॥
जन प्रल्हाद प्रतंग्या पाली, लंका भभीषन पावै ॥ 4 ॥
जिहां जिहां भीर परै भगतन में, तिहां तिहां उठि धावै।
नरसी लो स्यांमी सांवरियो, नित्य ऊठे दरसन पावै ॥ 5 ॥

अधिकतर निर्गुण संतों के गीतों में वर्णाश्रमधर्मी सामाजिक व्यवस्था और अस्पृश्यता की तीखी आलोचना की गई है। इन कवियों ने मनुष्य (कम से कम सभी पुरुषों) की जन्मजात बराबरी पर हमेशा जोर दिया है। इसमें तनिक भी आश्चर्य नहीं है कि बहुत से निर्गुण संतों ने संत-चरितात्मक गीत समतावादी विषयों पर ही लिखे हैं।

इस प्रकार एक आरंभिक निर्गुण-गीत पीपा के नाम से पाया गया है।[26] इस गीत में नामदेव, कबीर और रैदास की प्रशंसा की गयी है। साथ ही उनकी आध्यात्मिक महानता तथा निम्न सामाजिक स्थिति का पूरे आात्मविश्वास के साथ समर्थन किया गया है। यह अन्य समतापरक गीतों से बिल्कुल भिन्न है तथा अन्य संत चरितात्मक गीतों की अपेक्षा ज्यादा ऐतिहासिक है। इसमें संतों के विषय में किसी भी किंवदंती का उल्लेख नहीं मिलता है।

मनां भजसि रे हरि चरणा।
परम पुनीति आरति हरणा, और जंजाल सब तजिसि लोई।
बेद पुराण जे कोटि सासत्र पढ़े, बिना भगवंत नहीं मुक्ति होई ॥ टेक ॥
जिनि भजे हरि चरणा, जीते च्यारयौं बरणा।
तास की जाति अछोप छीपा, ब्यास मैं लेषिये सनक मैं पेषिये।
नामां का नामना सप्त दीपा ॥ 1 ॥
जा कै ईद बकरीद नित गउ रे बध करैं, मानिये सेष सहीद पीरा।
बाप वैसी करी पूत अैसी धरी, नांव नौषंड प्रसिधि कबीरा ॥ 2 ॥
जाकी जाति के ढेढ ढोर ढोवत फिरैं, अजहूं बानारासी आसपासा ॥
षटकरम सहित बिप्र डंडवत करैं, प्रगट नीसांन रैदासा दासा ॥ 3 ॥

जपत जे नरा चरण कवलासपति, तास सम तुलि नाहीं आन कोई।
आप है येक अनेक ह्वै बिसतरयौ, अंति ही येक ह्वै रह्यौ सोई ॥ 4 ॥
दसौं दस छाइ जस रहयौं, भूरपूरि करि, कौण मारग ये षोज पाऊं।
दास पीपा कहै कठिन कलि काल मैं, भगति भगवंत भजि पारू पाऊं।

निर्गुण-कवि पलटू साहब के दो कुंडलिया छंदों में संतों की महानता पर ज्यादा जोर दिया गया है। इन गीतों में ईश्वरीय कृपा की सिर्फ चलताऊ चर्चा के साथ संतों की महानता का बहुत अधिक गुणगान किया गया है। इनमें पलटू साहब का पहले के प्रसिद्ध संतों के साथ भाईचारा दिखाया गया है। जबकि इन सभी संतों की सामाजिक स्थिति निम्न है। इनमें से एक गीत निम्नलिखित है[27] :

गनिका गिद्ध अजामिल सदना औ रैदास ॥
सदना औ रैदास भली इनकी बनि आई।
निसु दिन रहैं हजूर भक्ति कीन्ही अधिकाई।
जाति न उत्तम येह इन्हैं सम और न कोई।
ब्रह्मा कोटि कुलीन नीच अब कहिये सोई ॥
उनसे बड़ा न कोई और सब उन के नीचे।
उन्हें बराबर नहीं कोऊ तिर्लोक के बीचे ॥
अबिनासी की गोद में पलटू करै बिलास।
गनिका गिद्ध अजामिल सदना औ रैदास ॥

दादूपंथी संत कवि रज्जब (1567-1689) ने भी बहुत से समतापरक संत-चरितात्मक गीतों की रचना की है। उनमें से एक निम्नलिखित है[28]

भक्त जाति को क्या करै, सुनियो रे भाई।
बेटी सारे बाप के, भेजै तहं जाई ॥ 2 ॥
नाम कबीर सु कौन थे, कुण रांका बाका।
भक्ति समानी सब घर हु, तज कुल का नाका ॥
लघु कुल द्योगू दीप थे, कीता सु कणेरी।
भक्ति भेद राख्या नहीं, तिन के घर चेरी ॥
विदुर बांदरा वंश थे, सो भक्ति न छोड़ै।
नीच ऊंच देखे नहीं, मन माने मोडै ॥ 3 ॥
आदि मिली जैदेव को, रैदास समाणी।
सो दादू घर पैठतों, क्यों रहे निमाणी ॥ 4 ॥
रज्जब रोकी ना रहै, आज्ञा ले आई।
राव रंक सम भक्ति के, भाव धार्‌यो पाई ॥ 5 ॥

अंतिम उदाहरण के रूप में मैं कबीर के एक पद को प्रस्तुत करना चाहता हूं।

इस पद में समानता के तर्क के लिए कई मिसालें दी गयीं हैं जिसमें शबरी, रामचंद्र, ब्राह्मण तुलसीदास, भंगी नाभादास, अछूत श्वपच और चर्मकार रैदास शामिल हैं।[29]

संत, बीलग कब कीन्हा संतो॥ संत बीलग कब कीन्हा॥ टेक॥
सेवरी जाति कवन कुल कही॥ सब सो रहत अधिना॥
सेवाटहल करें संतन के॥ राम प्रशादि लीन्हा॥ 1॥
तुलसी ब्राह्म बड़े कुलीनां॥ लोग कहे प्रबीना॥
नाभा जी भंगी के बालक॥ तासु प्रसादी लीन्हा॥ 2॥
ना पतीआ तो ताष बतावो॥ अजहु समुझ कमीना॥
सुपच भक्त रईदास चमारा॥ हरी आपन करी लीन्हा॥ 3॥
कहै कबीर सुनो भाई साधो॥ अतिना साषि हम दीन्हा॥
गुरमुष हो ऐसो शाधु के चीन्हे॥ नीगुरा मति के हीना॥ 4॥

सगुण और निर्गुण कवियों द्वारा रचित समतापरक संत-चरितात्मक गीतों के और भी बहुत से उदाहरण दिए जा सकते हैं। इन गीतों में संपूर्ण भक्ति आंदोलन में व्याप्त मनोभावों की एक अभिव्यक्ति है। यद्यपि ब्राह्मणों ने इस आंदोलन को विकसित करने में मुख्य भूमिका निभाई। फिर भी उन्होंने वर्णाश्रम धर्म और मनुष्य तथा ईश्वर के बीच अपनी आवश्यक मध्यस्थता को सुरक्षित रखने का उपाय भी खोजा। जबकि भक्ति स्पष्टतः भक्त और ईश्वर के बीच का सीधा संबंध है। इसमें किसी की भी मध्यस्थता स्वीकार्य नहीं है। पहले के मिथकीय और किंवदंतिक-संतों के गीतों में व्यक्ति के सार्वभौमिक अधिकार का दावा किया गया है। यह अधिकार किसी जाति या लिंग-भेद को नहीं मानता। इन गीतों में जाति और लिंग-भेद से परे सभी के लिए मोक्ष का दावा किया गया है, जिसकी प्राप्ति बिना किसी बिचौलिए के, भगवत्कृपा या स्वयं भक्त के प्रयास से ही हो सकती है!

संदर्भ एवं टिप्पणियां

1. मैंने इस अध्याय और इस पुस्तक में अन्यत्र भी संतों और भक्तों की आसानी से पहचान के लिए उनके नामों का मानकीकरण तो किया ही है साथ ही उन्हें उनके संस्कृत नामों के करीब भी रखा है।
2. वध के द्वारा मुक्ति की बात कुछ जिज्ञासापूर्ण है। देखें डब्ल्यू. एल. स्मिथ (1992), जिन्होंने रावण और उसके भतीजे तरणिसेन की कहानी की चर्चा की है।
3. इस प्रकार के सगुण गीत बहुत दुर्लभ हैं। इसका अपवाद सूरदास का माना जाने वाला सिर्फ एक गीत है जिसमें नामदेव का उल्लेख मिलता है। देखें, जे. हॉली, 1995, 164-65।
4. इस विषय पर विशेष रूप से शेल्डन पॉलक (1989 और 1990) का निबंध देखें।
5. इस प्रकार की चर्चा के लिए लॉरेंजन, 1995ए देखें।
6. इस विषय पर अभी ज्यादा शोध की जरूरत है। भारत में सूफी परंपरा पर प्रासंगिक

अकादमिक अध्ययन एस.ए.ए. रिजवी (1978-1983) और परशुराम चतुर्वेदी (1965) का है। इस क्षेत्र में आगे के शोध के लिए दो महत्त्वपूर्ण लेख एफ. मलिंसन (1992) और एच. वेन स्काई हॉक (1992) का है। निर्गुण भक्ति पर मुसलमानी प्रभाव के विरोध को जानने के लिए देखें, डब्ल्यू.एच. मैक्लियोड 1976, 158-61।

7. कबीर के पदों के आरंभिक संग्रहों में एक में थोड़ा अस्पष्ट ढंग से रामानंद और दूसरे में पीपा का उल्लेख मिलता है। बीजक (पद 77 और 86) एक अकेला किंतु स्पष्ट किंवदंतिक संदर्भ नाथ संत भरथरी और गोपीचंद (कबीर ग्रंथावली, पद 48) तथा मत्स्येंद्रनाथ (बीजक, रमैनी 54) का मिलता है। यद्यपि इस बात पर चर्चा अन्यत्र की जा चुकी है। मैं इस परंपरा को मानता हूं कि रामानंद संभवतः कबीर के गुरु थे। ऐसे ही रामानंद रैदास (कुछ अस्पष्ट ढंग से)—सेन, पीपा और धन्ना के भी गुरु थे।
8. कबीर के कहे जाने वाले 'आत्मकथात्मक' गीतों के लिए देखें वादिवेल 1974, 39-48। मीराबाई के आत्मकथात्मक गीतों पर अद्‌भुत चर्चा के लिए देखें—मुक्ता 1994, 69-154।
9. अनंतदास के ग्रंथों की चर्चा 'लॉरेंजन 1991', में की गई है। इस पुस्तक की संदर्भ सूची भी देखें।
10. एक महत्त्वपूर्ण पद जिसकी प्रशस्तिपरक या चरितात्मक आख्यान के रूप में आसानी से पहचान नहीं की जा सकती, भक्तदानव प्रह्लाद को समर्पित और रैदास द्वारा रचित है। मैं इसकी पहचान एक बड़े प्रशस्तिपरक गीत के रूप में करता हूं। इस प्रकार के दो अप्रकाशित पद्यांश कबीर के भी बताए जाते हैं, जो बहुत बड़े हैं : आदिमंगल या जनममंगल और छप्पय छंद। देखें, लॉरेंजन, 1994।
11. "दूधु कटोरै गदवै पानी" (पृ. 1163-64), 'हसत खेलत तेरै देहुरे आइआ" (पृ. 1164) "सुल्तानु पूछै सुनुबे नामा" (पृ. 1165-66)। इन गीतों में से दूसरे गीत में नामदेव द्वारा अपने प्रति हुए भेदभाव के विरुद्ध बहुत कड़ा स्तुतिपरक प्रतिरोध मिलता है। निम्न जाति का होने के कारण नामदेव को मंदिर से बाहर फेंक दिया गया था।
12. "उठि रे नामदेव बाहरि जाइ" (कैल्वर्त्त एण्ड लथ, 1989, 353-54) और "आ भदै रे नौआ आ भनै रे" (वही, 354)। इन दोनों गीतों का भिन्न रूप वानखड़े गुरूजी 1970, 29 के यहां पाया जाता है। वहां यह नामदेव के बजाय कबीर का माना जाता है।
13. हरिराम व्यास के जीवन और उनके गीतों के लिए देखें—पॉवेल्स 1994; गोस्वामी 1952, और दुबे 1968, 31-38। गोस्वामी की रचना व्यास के गीतों का बहुत बड़ा संग्रह है। पॉवेल्स के लेख (1994) में व्यास के अन्य संत-चरितात्मक गीतों पर गंभीर चर्चा की गई है। इन गीतों में निर्गुण और सगुण दोनों तरह के संत भक्त शामिल हैं जिसमें नामदेव, रामानंद, कबीर, रैदास, सेन, धन्ना, पीपा, जयदेव, कमाल, त्रिलोचन, परमानंद, खेम, सनातन, राघवानंद, हरिवंश, कृष्णदास, हरिदास, प्रमुख हैं। इनमें कलियुग से पहले के भी कई संतों का नाम शामिल है। व्यास खुद सगुण कृष्ण के अनुयायी थे, लेकिन उनका कई निर्गुणी संतों का उल्लेख करना वास्तव में सामान्य बात नहीं है।
14. संदर्भित हिंदी पाठ के लिए देखें—सुक्रतदास जी 1980, 47-50 और संध्यापाथ 1977, 149-50।
15. मलूकदास के पद की प्रथम पंक्ति है "जपो रे मन केवल नाम कबीर" (कबीर 1988, 61-62)
16. "जन हरिदास आनंद इहै" (मंगलदास, 1962, 388-89)
17. "सुल्तान बलख बुखारे का" (कबीर, 1988, 168-63)। इब्राहिम बिन अदहम और कबीर के लिए देखें, लॉरेंजन 1991, 66-67। यह गीत कबीर के भजनों के कई आधुनिक संग्रहों

में मिलता है।

18. ''सत्संग की हरि ने नाव बनाई जी'' (खेमदास, 1989, 94)
19. 'कबीर ग्रंथावली' का अनुवाद (कबीर 1985, 165-66, पद 33)। यह भी संभव है कि यह पद नाथ परंपरा का हो जो कि कबीर के संबोधन (कबीरा) से समाप्त हो रहा है।
20. ''महासूर तिनका यश गाऊं'', कैल्वर्त्त और ओप डि बेक 1991, 1 : 567 संख्या 116; सुंदरदास 1989, 402-3। सुंदरदास के अन्य साक्ष्यपरक गीतों के लिए देखें—कैल्वर्त्त और ओप डि बेक 1991, 1 : 570 (संख्या 131), 552, (संख्या 27), 3, 558, (संख्या 71)।
21. 'भले मन राजा खेलै रहु बसंत'' (महात्मों 1933, 398; गुलाल 1983, 66-67)। गुलाल साहब के दूसरे गीत का प्रकाशित रूप ''चलहू मनआं हरि के धाम'' कुछ अलग है। (महात्मों 1933, 288; और गुलाल 1933, 69)। बेलवेडियर प्रेस संस्करण में गोरख, दत्ता, शुकदेव, तुलसी, सूर, जयदेव, नामदेव, रैदास, कबीर, रामानंद, धन्ना, सेन, कृष्णदास, चतुर्भुजदास, नानक, मूलकदास, सारी, केशवदास और बुल्ला का उल्लेख मिलता है। गुलाल के तीसरे गीत ''मन बसंत तुम धरहु ध्यान'' (महात्मों, 1933, 402-3) में प्रह्लाद, नामदेव, धन्ना, सेन, रैदास, नौ नाथ, नारद, शुकदेव, कबीर, नानक, कान्हा, सदना और यारी का उल्लेख मिलता है। बुल्ला साहब के बसंत गीत ''मन बसंत खेलै अगम फाग'' (महात्मो 1933, 168 और बुल्ला 1989, 19) में ब्रह्म, महादेव, नारद, जयदेव, ध्रुव, प्रह्लाद, शुकदेव, हनुमान, अर्जुन, सहदेव, नामा, कबीर, नानक, यारी और केशव का उल्लेख मिलता है।
23. कबीर, 1988, 42-43
23. उदाहरण के लिए देखें आर.बी. मिशेल (1992, 7) द्वारा उद्धृत बासव का गीत। मिशेल ने वीरशैव की समतावादी प्रवृत्ति की रोचक बहस में इस गीत को उद्धृत किया है।
24. ''म्हारे नैणं आगे रहाजो जी'' (मीराबाई, 1966 : 140)। ''गिरिधारी शरणं थारी आया'' नामक गीत भी देखें (मीराबाई 1966, 139)
25. ''म्हानैं माहा को रामजी भावै हो'' (मीराबाई 1972, 125)। लॉरेंजन 1987बी, 100 में अन्ने केल्धौस और शंकर गोपाल तुलपुले द्वारा अनूदित महाराष्ट्र के महान वारकरी संत तुकाराम के समतापरक संतचरितात्मक गीतों को भी देखें।
26. ''मनां भजसि रे हरि चरणां''; मैंने रज्जब 1990, 130-31 (संख्या 22.22) में पाए गए पाठ का उपयोग किया है। ऐसा ही पाठ गोपालदास 1993, 145 (संख्या 9.30) में भी पाया गया है। गुरुग्रंथ साहिब (एन.डी., 1293) में इसी गीत का थोड़ा अलग रूप पाया जाता है जो कि रैदास का बताया जाता है। इसमें 'टेक' और पीपा की भणिता वाली पंक्ति को छोड़ दिया गया है और चौथी पंक्ति (''न कोई...'') को पहले रख दिया गया है। इसमें रैदास के अंतिम संत के रूप में उल्लेख को छोड़ दिया गया है, लेकिन रैदास के पद में ठेठ भणिता जैसा शब्द नहीं है। मेरा अनुमान है कि 'भणिता' को पीपा के पदों से जोड़ना ज्यादा सही है। यदि ऐसा है तो पीपा को कबीर और रैदास से पहले का नहीं माना जा सकता जबकि कुछ विद्वानों का ऐसा प्रस्ताव है।
27. ''गनिका गिद्ध अजामिल सदना और रैदास'' (पलटू 1987-90, 1 :91-92) दूसरा गीत ''हरि को भजै सो बड़ा है'' (वही, 90-91)
28. ''भक्ति जाति को क्या करै'' (रज्जब, 1967, 1135-36), दूसरा उदाहरण ''जाति जगतगुरु देखे नांही'' (वही, 1073)
29. ''संत विलग कब कीन्हा संतों'' इस पद को मैंने सिर्फ कबीर चौरा पुस्तकालय (लॉरेंजन 1995) की पांडुलिपि संख्या 008 में पाया है। यह पद लगभग अप्राप्य है।

अध्याय आठ

जाति-निरपेक्ष हिंदू परंपरा : कबीर पंथ[1]

भारतीय सांस्कृतिक परंपरा में जाति और वर्ग के भेदों को लेकर आधुनिक मानव-शास्त्रियों के बीच चलने वाली सैद्धांतिक चर्चा दो तरह के अवधारणात्मक ढांचों को उजागर करती है। अवधारणाओं के पहले प्रकार में रेडफील्ड और सिंगर द्वारा प्रतिपादित 'महत्' और 'लघु' परंपरा का सिद्धांत तथा श्रीनिवास द्वारा प्रतिपादित 'संस्कृतीकरण' का सिद्धांत है। द्वितीय विश्वयुद्ध के अंत से लेकर उन्नीस सौ साठ-पैंसठ तक इन सिद्धांतों की खूब चर्चा रही। इन सिद्धांतों ने 'उच्च' और 'निम्न' जातियों के सांस्कृतिक मूल्यों और रीति-रिवाजों के बीच सुस्पष्ट अंतरों को या तो कम करके आंका है या इसे एकदम खारिज कर दिया है। निम्न जातियों की संस्कृति को या तो 'महत् परंपरा' से अपेक्षाकृत अछूती रही लघु परंपरा की प्रतिनिधि के रूप में माना गया है या इसे उच्च जातियों की संस्कृति का 'आदि-रूप' स्वीकार किया गया है, जिसका 'संस्कृतीकरण' बहुत कम हो पाया है। यह बिल्कुल वैसा ही है जैसा कि जोन मेंशर (1974) कहती हैं—संस्कृति का 'ऊपर से नीचे' की ओर विसरण। ऐसा कहते हुए यह मान लिया जाता है कि समाज में उच्च जातियों की परंपरा ही मानदंड उपलब्ध कराती है, इसके अलावा निम्न जातियों के पास कोई विकल्प नहीं होता। लुई डूमां ने 1966 ई. में प्रकाशित अपनी रचना 'होमो हायरारिकस' (1980) में इस बहस को एक कदम और आगे बढ़ाया। डूमां का मानना है कि भारतीय सभ्यता को आधार प्रदान करने वाले बुनियादी सामाजिक-सांस्कृतिक मूल्य पवित्र और अपवित्र के बीच विभेद पर आधारित हैं, जो सभी सामाजिक स्तरों पर एक जैसे हैं।

अवधारणा का दूसरा प्रकार 1960-65 तक के मानवशास्त्रीय अध्ययनों के निष्कर्षों पर आधारित है। इन अध्ययनों के निष्कर्ष भी उन्नीस सौ साठ-पैंसठ तक आ गए थे। इन अध्ययनों में निम्न जातियों, खासकर अछूतों की सांस्कृतिक परंपरा का विस्तारपूर्वक विश्लेषण किया गया है। इस संदर्भ में पॉलाइन महार कोलेंदा

(1958, 1960, 1964), ओवेन लिंच (1969, 1972), एलिनोयर जेलियट (1966, 1970, 1981), मिंशेल मोफा (1979), मार्क युरगेंसमेयेर (1980) और रवीन्द्र खरे (1983) के अध्ययन महत्त्वपूर्ण हैं। मोफा के महत्त्वपूर्ण अपवाद को छोड़ दिया जाय तो इनमें से अधिकतर विद्वानों का मानना है कि 'निम्न जाति' के हिंदुओं और सवर्ण हिंदुओं की सांस्कृतिक परंपरा और सामाजिक-धार्मिक विचारधारा के बीच बहुत महत्त्वपूर्ण अंतर है। रॉबर्ट जे मिलर (1966), युरगेंसमेयेर (1980-1982) और गेल ओम्वेट (1980) जैसे विद्वानों का सुझाव है कि यहां एक 'समानांतर', 'वैकल्पिक' या 'प्रति-संस्कृति' की परंपरा भी मौजूद है जो मुख्यतः अछूतों और आदिवासियों के यहां पाई जाती है। मेरा भी मानना है कि इस प्रकार की वैकल्पिक परंपरा मौजूद है और इसे मैं 'जाति-निरपेक्ष हिंदू परंपरा' कहता हूं। कबीरपंथ पर अपने अध्ययन के आधार पर मैं कह सकता हूं कि इस 'वैकल्पिक परंपरा' के सामाजिक आधार में ऊंची जातियों से आए हुए लोगों की बहुत बड़ी संख्या शामिल है। आज इन ऊंची जातियों को सरकारी तौर पर पिछड़े वर्ग की श्रेणी में गिना जाता है। इनमें से अधिकतर जातियां पारंपरिक रूप से शूद्र मानी गई हैं। (लॉरेंजन 1981a, 1987a)

ओमवेट (1980) की यह मान्यता कि 'महत्-परंपरा' के बरक्स खड़ी होने वाली इस 'वैकल्पिक' या 'प्रति-संस्कृति' का उदय आदिवासी संस्कृति से हुआ है, विश्वास करने योग्य नहीं है। वास्तविकता यह है कि कि 'जाति-परक' और 'जाति-निरपेक्ष' दोनों ही तरह की हिंदू-परंपराएं अपनी जड़ों की खोज के लिए 'आदिवासी लोक-संस्कृति' जैसी संस्कृतियों के ही पास जाती हैं। चाहे वह आर्य संस्कृति के रूप में हो या अनार्य संस्कृति के रूप में। अब भी हाशिये पर रहने वाले ऐसे कई सामाजिक समूह मौजूद हैं जो 'आदिवासी' और 'गैर-आदिवासी' सामाजिक संरचना और संस्कृति की सीमा रेखा पर रह रहे हैं। फिर भी 'वैकल्पिक' और 'प्रति' शब्द इसकी एक ऐसी 'विरोधी' या 'अधीनस्थ स्थिति' को ध्वनित करता है जिस पर जातिपरक हिंदू संस्कृति और समाज का वर्चस्व है। इस वर्चस्व से ये संस्कृतियां आंशिक रूप से ही स्वतंत्र हैं।

देखने की बात यह है कि न तो जातिपरक हिंदू परंपरा और न ही जाति-निरपेक्ष हिंदू परंपरा पूरी तरह समांगी (एकरूपी) है, जिससे कि उसे एक अखंड सांस्कृतिक सत्ता के रूप में देखा जा सके। इसके बावजूद इनमें प्रत्येक परंपरा की कुछ साझी विशेषताएं और एक तरह की पारिवारिक साम्यता मौजूद है। यह बात एक स्थानीय, अनगढ़ 'लघु परंपरा' के स्तर पर तो सही है ही, एक व्यापक और सुव्यवस्थित 'महत्' परंपरा के स्तर पर भी सही है। इसलिए इन्हें परंपराओं के दो प्रकारों में रखना ज्यादा उपयुक्त होगा : पहला जातिपरक हिंदू परंपरा की 'महत् और लघु परंपरा' तथा दूसरा जाति-निरपेक्ष हिंदू परंपरा की 'महत् और लघु परंपरा'। हाल ही में चार्ल्स एफ.

कोड़ा (1983), लारेंस ए. बाब (1975, 1983) जैसे विद्वानों के द्वारा 'लघु परंपरा' को 'लोकप्रिय धर्म' या 'लोकप्रिय हिंदू परंपरा' के रूप में देखा गया है। लेकिन इस व्याख्या (लोकप्रिय धर्म या लोकप्रिय हिंदू परंपरा) में जाति-आधारित हिंदू परंपरा और जाति-निरपेक्ष हिंदू परंपरा के बीच की महत्त्वपूर्ण भिन्नताओं की या तो पूरी तरह उपेक्षा कर दी गई या इस पर बहुत कम ध्यान दिया गया।

मेरा मानना है कि हिंदू समाज में निम्न जातियों पर उच्च जाति के वर्चस्व के विश्लेषण द्वारा इन भिन्नताओं की प्रकृति और सीमा का निर्धारण किया जा सकता है। यह वर्चस्व कैसे काम करता है, इसे अच्छी तरह से समझने के लिए डूमा और मिशेल मोफा द्वारा प्रस्तावित भारतीय समाज और संस्कृति के 'सहमतिपरक मॉडल' से इस वर्चस्वपरक मॉडल की तुलना की जा सकती है।

सहमतिपरक मॉडल बनाम वर्चस्व

मोफा की 'एन अनटचेबल कम्युनिटी इन साउथ इंडिया' (1979) नामक पुस्तक तमिलनाडु के एक ग्रामीण अछूत समुदाय की धार्मिक संस्कृति पर किये गये अध्ययन पर आधारित है। इस अध्ययन में उन्होंने होमो हायरारिकस में व्यक्त डूमां के विचारों को लागू करने की भरपूर कोशिश की है। इसलिए जिन बातों को लेकर डूमां की आलोचना की जा सकती है वही बातें मोफा के भी विरुद्ध (आवश्यक परिवर्तन के साथ) चली जाती हैं। इस आलोचना का मूल कारण उनकी (मोफा की) पद्धति, ब्राह्मणवादी पक्षपात तथा ऐतिहासिक और तुलनात्मक दृष्टि का अभाव है (मदान 1971; मारियट 1969)। मोफा ने अपने अध्ययन में, दो बातों पर विशेष जोर दिया है : मूल्यपरक सहमति की अवधारणा तथा व्यवहार और मूल्यों के बीच संबंध।

मोफा के सारे तर्क के केंद्र में एक व्यापक सामाजिक सहमति का विचार अंतर्निहित है। ग्रामीण समाज पर अपने अध्ययन (1979 : 98) के दौरान उन्होंने पाया कि ऐसे समाजों में 'संपूर्ण व्यवस्था की बोधात्मक (ज्ञानात्मक) और मूल्यांकनपरक मान्यताओं के प्रति एक गहरी सांस्कृतिक सहमति विद्यमान होती है। दूसरे शब्दों में कहा जाए तो अछूत समुदाय समाज के अन्य सदस्यों के मूल्यों से पूरी तरह सहमत होते हैं। इस सहमति की वजह से ही उच्च जातियों के द्वारा अछूतों के खुले शोषण को एक भिन्न दिशा में धकेल दिया जाता है (वही, 64) : 'अधिकतर तमिल गांवों की तरह इंदावर में भी निम्न जातियों की उन सांस्कृतिक मान्यताओं और मूल्यों से पूर्णतः सहमति होती है—जो कि उच्च जातियों के पूरे प्रभाव में होती है।' यह बात पूरी तरह से डूमां के तर्कों पर आधारित है। इसके अनुसार अछूत समुदाय इस सामाजिक-सांस्कृतिक व्यवस्था को पूरी तरह से स्वीकार करता है

लेकिन इस व्यवस्था के भीतर उसकी जो स्थिति है, सिर्फ उसे ही वह स्वीकार नहीं करता। इस तर्क के साथ समस्या यह है कि यह सर्वसत्तावादी (अथॉरिटेरियन) सामाजिक संरचना के भीतर बनी हुई 'सहमति' की भ्रांत धारणा पर आधारित है। जिस भारतीय समाज में यह 'सहमति' कार्य करती है वह पदानुक्रमित (ऊंच-नीच पर आधारित) ही नहीं सर्वसत्तावादी भी है। जन्माधारित पदानुक्रम पर समाज सर्वसत्तावादी ही हो सकता है। जी. बेरमान (1967, 1971) आदि ने इस बात को डूमां के साथ जारी अपनी बहस में बारंबार उठाया है।

भारतीय समाज में पाई जाने वाली यह सहमति पूरी तरह से सर्वसत्तावादी सामाजिक व्यवस्था के अनुकूल बना ली गई है। ऐसा दिखता है कि यह सामाजिक व्यवस्था 'समझौते' पर कार्य करती है, लेकिन यह सच नहीं है, क्योंकि यह समझौते के बजाय समाज के अधीनस्थ समूहों की मजबूर अनिच्छा और मौन स्वीकृति के आधार पर कार्य करती है। इस प्रकार का सामाजिक-सांस्कृतिक नियंत्रण 'नैतिक' दबाव पर आधारित होता है जो कि प्रभु वर्ग द्वारा किसी-न-किसी तरह के बल प्रयोग से पैदा होता है और अधीनस्थ वर्ग की मौन सहमति में बदल जाता है। यह प्रक्रिया ग्राम्शी के 'वर्चस्व' की अवधारणा के बहुत करीब है।[2]

यह कहने की बजाय कि यह व्यवस्था स्वायत्त ढंग से एक व्यापक सहमति पर कार्य करती है, यह कहना ज्यादा सही है कि यह व्यवस्था वर्चस्ववादी है और इस पर उच्च जातियों तथा वर्गों का वर्चस्ववादी नियंत्रण बना हुआ है।

मोफा ने 'व्यवहार' और मान्यताओं (मूल्यों) के बीच के संबंध का विश्लेषण किया है और यह विश्लेषण सहमति से संबद्ध उनकी व्याख्या पर आधारित है। चूंकि, उनका मानना है कि ग्रामीण समाज में सामाजिक मूल्यों के प्रति उच्च और निम्न जातियों के लोगों के बीच आपसी सहमति होती है, इसलिए अछूतों के व्यवहार और मान्यताओं तथा अछूतों और 'जातिपरक हिंदू परंपरा' के व्यवहार और मान्यताओं के बीच कोई महत्त्वपूर्ण अलगाव मानने की जरूरत नहीं है। अछूतों से संबद्ध अन्य अध्ययनों के आधार पर ही नहीं, खुद मोफा द्वारा उपलब्ध कराए गए प्रमाणों के आधार पर भी यह सही नहीं है। आनुभविक रूप से यह बात स्पष्टतः मिथ्या है। यह मिथ्यापन न केवल अन्य लोगों के, बल्कि स्वयं मोफा के द्वारा प्रस्तुत साक्ष्यों से भी जाहिर हो जाता है। एक तरफ 'व्यवहार' और 'मान्यताओं' के बीच 'सद्भावनापूर्ण सहमति' तथा दूसरी तरफ 'जातिपरक और जाति-निरपेक्ष हिंदू परंपरा' के बीच 'सद्भावनापूर्ण सहमति', दोनों के विषय में उनके मुख्य प्रमाण अनुभवजन्य निरीक्षण पर आधारित हैं; जिसके विषय में उनकी धारणा है कि लोग जैसा व्यवहार करते हैं वैसा ही सोचते भी हैं। दूसरी जगह यह धारणा चाहे सही भी हो, लेकिन एक वर्चस्ववादी व्यवस्था (समाज) के संदर्भ में सही नहीं है; क्योंकि जाति-आधारित

समाज में निम्न जातियों का व्यवहार उच्च जातियों द्वारा हासिल कर ली गयी एक ऐसी (अनैच्छिक) स्वीकृति से नियंत्रित है जो कि अंततः आर्थिक और राजनीतिक जोर-जबरदस्ती पर आधारित है।

धर्म के प्रसंग में मोफा का मानना है कि "उच्च जातियों की धार्मिक व्यवस्था में पाई जाने वाली प्रत्येक बुनियादी चीज, संबंध और कार्य-व्यापार अछूतों के यहां भी पाया गया है।" 'जातिपरक हिंदू परंपरा' के मंदिर जैसे संस्थानों के प्रसंग में जहां पर कि अछूतों की सीधी पहुंच नहीं हो सकी, मोफा का कहना है कि अछूत भी अपने लिए ऐसे संस्थान रच लेते हैं। जहां तक धार्मिक मूल्यों और विचारधारा के विपरीत व्यवहार की बात है, मोफा के इस वर्णनात्मक विश्लेषण से सहमत हुआ जा सकता है कि अछूत सवर्ण धार्मिक व्यवहारों को दोहरा लेते हैं, लेकिन मोफा की इस मान्यता पर, कि ऐसा व्यवहारपरक दोहराव विचाराधात्मक दोहराव भी सूचित करता है—निश्चय ही सवाल उठाने की जरूरत है। जहां तक उनके व्यवहार का संबंध है उसमें उच्च जातियों की धार्मिक मान्यताओं और विचारधारा के प्रति विरोध प्रकट होता है। ऐसे में इस विश्लेषण पर थोड़ा सोचने की जरूरत है। यह देखने की जरूरत है कि व्यवहार का यह अनुकरण विचारधारा के अनुकरण पर भी लागू होता है कि नहीं?

यह माना जा सकता है कि भारत के थोड़ा कस्बाई क्षेत्रों की अपेक्षा दक्षिण भारत के गांवों में जातिपरक हिंदू परंपरा का वर्चस्व कुछ अधिक स्पष्ट होता है। यह वर्चस्व उन क्षेत्रों में कमजोर है, जहां पर कि इस्लाम, ईसाइयत और सिक्ख जैसी धार्मिक परंपराएं प्रभावी हैं। जाति-निरपेक्ष हिंदू की महत् परंपरा में आने वाले कबीर पंथ से प्रभावित क्षेत्रों में भी सवर्ण विचारधारा का वर्चस्व कमजोर है। यह भी स्वीकार करना चाहिए कि 'जाति-निरपेक्ष हिंदू-परंपरा' एक अधूरी और अधीनस्थ परंपरा है, जिस पर 'जातिपरक हिंदू-परंपरा' के प्रभाव की स्पष्ट छाप दिखाई देती है। फिर भी जातिपरक और जाति-निरपेक्ष हिंदू परंपरा के बीच महत्त्वपूर्ण भिन्नता पाई जाती है। यह बात मोफा द्वारा अध्ययन किए गए गांवों के संदर्भ में भी सही है जिसको मैं आगे दिखाने की कोशिश करूंगा।

जाति-निरपेक्ष हिंदू परंपरा में धार्मिक व्यवहार और विचारधारा

'जातिपरक हिंदू परंपरा' के धार्मिक अनुष्ठानों और रीति-रिवाजों के प्रति कबीरपंथ का रवैया पूरी तरह से स्पष्ट नहीं है। कबीर के पदों में इतना जबर्दस्त प्रतिमाभंजन मिलता है कि वह सर्वथा तर्कसंगत होगा कि कबीर का उद्देश्य इस्लाम और हिंदू दोनों परंपराओं से अलग एक स्वतंत्र धार्मिक परंपरा की स्थापना करना था। उनके

संप्रदाय को शीघ्र ही उनके अनुयायी 'जाति-निरपेक्ष हिंदू परंपरा' की परिधि में लाते हुए देखे जाते हैं। कबीर के समय में इस प्रकार की हिंदू परंपराओं की मुख्य प्रतिनिधि नाथों या कनफटा योगियों की परंपराएं रही हैं। इस बात से खुद कबीर और आरंभिक कबीरपंथ पर नाथों के गहरे प्रभाव के विश्लेषण में सहायता मिलती है। यह प्रभाव धीरे-धीरे घटता गया और कबीरपंथी साधु 'जातिपरक हिंदू परंपरा' की ओर बढ़ते गए। फिर भी कबीरपंथ बिल्कुल अलग एक 'जाति-निरपेक्ष' विशेषता बनाए हुए है। पंथ के सामान्य अनुयायियों का 'जीवन-संस्कार' उनकी जाति के संस्कार से अपवादस्वरूप ही अलग हो पाया है। चूंकि पंथ के अनुयायी निम्न जातियों से संबंधित हैं, इसलिए इनके जीवन-संस्कार 'जाति-निरपेक्ष हिंदू परंपरा' की लघु परंपराओं के हैं। इनके बहुत से धार्मिक-संस्कार 'जातिपरक हिंदू परंपरा' के समान होते हुए भी उतने विस्तृत नहीं हैं। बर्नार्ड कोहन (1959, 208) ने इन संस्कारों को ''उच्च जातियों के कार्य-व्यापार की धुंधली छाया'' कहा है। इसके साथ ही कई निम्न जातियों में विवाह-विच्छेद, विधवा-विवाह, पुनर्विवाह और मृतकों को दफनाने की रीतियां पाई जाती हैं जबकि जातिपरक हिंदू-परंपरा में इन रीतियों की मनाही है।

दैनंदिन जीवन में कबीरपंथी सिर्फ दो अपवादों को छोड़कर उन्हीं कर्मकाण्डों और रीतियों का पालन करते हैं जो कि उनकी जाति के होते हैं। ये दोनों अपवाद हैं : मांस और मद्य का सेवन। यद्यपि कई निम्न जातियों के यहां मांस और मद्य सेवन का प्रचलन है। इसलिए इस मनाही को 'संस्कृतीकरण' का एक उदाहरण कहा जा सकता है। इस प्रकार की मनाही का उपयोग कबीरपंथी लोग पंथ के लोगों की उनकी जाति के अन्य सदस्यों से भिन्नता को रेखांकित करने के लिए करते हैं, लेकिन उन रीतियों के साथ छेड़-छाड़ नहीं की जाती है जिन्हें छोड़ने या अपनाने से जातिपरक हिंदू परंपरा के द्वारा विरोध किया जा सकता है। इस प्रकार पंथ अपने अनुयायियों को जनेऊ या उच्च स्थिति के द्योतक अन्य प्रतीकों को धारण करने, जमीन की खरीदारी करने और जाति-विशेष के लिए निर्धारित अपवित्र पेशा न अपनाने को प्रोत्साहित नहीं करता।

देवताओं की पूजा, तीर्थाटन, वार्षिक भोज और धार्मिक उत्सव के संदर्भ में (जो भी कबीर पंथ के अनुकूल हैं) कबीरपंथ, अपने साधुओं तथा सामान्य अनुयायियों के लिए विशिष्ट आचरण को प्रोत्साहित करता है। स्वयं कबीर ने मूर्तिपूजा, तीर्थाटन, भोज, खतना और अन्य कर्मकाण्डों की तीखी आलोचना की है। उनके अनुयायी इनमें से कुछ रीतियों (कर्मकाण्डों) को कबीरपंथ के भीतर मिला चुके हैं। यह कार्य बहुत अस्पष्ट ढंग से हुआ है जो कि 'जातिपरक हिंदू परंपरा' के अनुकरण की बजाय उसका 'स्थानापन्न' ज्यादा प्रतीत होता है।

संप्रदाय का मुख्य धार्मिक कर्मकांड 'चौका' है। केदारनाथ द्विवेदी (1965) ने इसका विस्तारपूर्वक वर्णन किया है। 'जातिपरक हिंदू परंपरा' में इससे मिलता-जुलता कोई कर्मकांड देखने में नहीं आता। लेकिन पंथ के साधारण अनुयायियों की दीक्षा सवर्णों में प्रचलित गुरु दीक्षा की तरह ही होती है। महंत या साधु जो कि गुरु के रूप में होता है, दीक्षा में सिर्फ एक तुलसी-माला और संप्रदाय (कबीरपंथी) का मंत्र प्रदान करता है। स्त्री भी दीक्षा ले सकती है, जबकि जातिपरक हिंदू परंपरा में आम तौर से इसकी छूट नहीं है। मूर्तिपूजा की मनाही है लेकिन धर्मदासी शाखा के एक या दो मठों में कबीर की बड़ी-बड़ी मूर्तियां पायी जाती हैं। बुरहानपुर उपसंप्रदाय और उसकी शाखाओं को छोड़कर सभी उपसंप्रदाय कबीर के चित्र और पोस्टरों को लगाने की अनुमति देते हैं। सामान्यतः संप्रदाय की पवित्र पुस्तक 'बीजक' की पूजा होती है। शिवनारायणी पंथ और दादूपंथ जैसे अन्य जाति-निरपेक्ष हिंदू संप्रदायों में भी मूर्तिपूजा-निषेध तथा पवित्र पुस्तक की पूजा का उदाहरण मिलता है। ये दोनों बातें सिख-धर्म में भी पाई जाती हैं।

कबीरपंथ के किसी भी गृहस्थ अनुयायी को आधिकारिक रूप से किसी भी हिंदू मंदिर में पूजा करने या मुख्य पर्वों में भाग लेने के लिए प्रोत्साहित नहीं किया जाता। मुख्य पर्व कबीर जयंती है जो कि गर्मी के महीने में ज्येष्ठ पूर्णिमा के दिन मनायी जाती है। इस दिन मुख्य मठों में बहुत बड़े भंडारे का आयोजन किया जाता है। गुरु-पूर्णिमा और मकर-संक्रांति के हिंदू पर्वों पर छोटे भोजों का आयोजन किया जाता है। धर्मदासी शाखा का मुख्य भोज जाड़े में माघ पूर्णिमा के दिन रखा जाता है।

कबीरपंथी लोग वाराणसी और मगहर के कबीर चौरा (क्रमशः कबीर के जन्म और मृत्युस्थल) की तीर्थयात्रा करते हैं। लेकिन खुद कबीर के द्वारा तीर्थाटन की तीखी भर्त्सना के कारण कुछ साधु इसमें झिझक महसूस करते हैं। हाल ही में वाराणसी के कबीर चौरा मठ के द्वारा एक पर्चा प्रकाशित किया गया, जिसमें इन स्थलों को 'प्रति-तीर्थ' घोषित किया गया (सिंह : 1901 : 5-6)

मठ के साधुओं के रोज के धार्मिक कृत्यों—जिनमें प्रातः और संध्या के आनुष्ठानिक कृत्य भी शामिल हैं—में 'संस्कृतीकरण' के कई लक्षण दिखाई पड़ते हैं। इन लक्षणों में आरती, घंटा बजाना तथा गुरु-पूजा प्रमुख हैं। लेकिन सबसे महत्त्वपूर्ण बात रात में कई घंटों तक चलने वाला कबीर के बीजक का समूह वाचन है। भोजन के पकाने और खाने से संबद्ध अपवित्रता की बात साधुओं के बीच या साधु और सामान्य अनुयायियों के बीच नहीं देखी गई है। गृहस्थ अनुयायी अपनी जाति के लिए वर्जित कार्यों का अपने बीच निषेध करते हैं। मठों में सिर्फ भोज के अवसर पर वे इस निषेध को नहीं मानते हैं। इस अवसर पर वे एक ही पंगत में बैठकर भोजन करते हैं।

धार्मिक मूल्यों (मान्यताओं) के संदर्भ में—खासकर जब वह सामाजिक, आर्थिक और राजनीतिक दखल के रूप में हो—'जातिपरक हिंदू परंपरा' और 'जाति-निरपेक्ष हिंदू परंपरा' के बीच भिन्नता बहुत स्पष्ट और विशिष्ट हो जाती है। इस सांस्कृतिक स्थिति को 'धार्मिक विचारधारा' का नाम दिया जा सकता है। यहीं समावेशी 'सहमतिपरक मॉडल' ढह जाता है। वर्चस्व की स्थिति में उच्चजातियां, निम्नजातियों के विचारों की अपेक्षा उनके क्रियाकलापों को ज्यादा प्रभावी ढंग से नियंत्रित करती हैं। मार्क युरगेंसमेयेर (1980 : 23) ने इस बात का बहुत स्पष्टता से बयान किया है : ''उनके (अछूतों के) द्वारा व्यावहारिक क्रियाकलापों को स्वीकार करने का मतलब यह नहीं है कि वे आवश्यक रूप से उन विचारों को भी स्वीकार करते हैं जो कि पारंपरिक रूप से इन क्रियाकलापों के पीछे होते हैं। निम्न जाति के ग्रामवासियों और अन्य ग्रामीण जनता का विश्वास महत् परंपरा को मानने वालों के विश्वासों से एकदम भिन्न होता है।'' बरसों पहले बर्नार्ड कोहन (1959 : 207) ने भी इसी तरह की बात कही थी : ''चमारों में ऐसे बहुत से मूल्यों और विचारों का अभाव प्रतीत होता है जो कि महत् परंपरा के हिंदुओं के साथ जुड़े होते हैं...जब उनकी निम्न स्थिति का कारण पूछा गया तो उन्होंने उत्तर दिया कि भाग्य ने उन्हें ऐसी स्थिति में डाल दिया है।''

हम निम्नलिखित शीर्षकों के अंतर्गत 'जातिपरक हिंदू परंपरा' और 'जाति निरपेक्ष हिंदू परंपरा' की धार्मिक विचारधाराओं के बीच की मुख्य भिन्नताओं को विश्लेषित कर सकते हैं : क. सामाजिक उत्पत्ति का मिथक, ख. अपवित्रता का विचार, ग. कर्म और संसार से संबद्ध धर्म सिद्धांत, घ. भक्ति और प्रसाद (कृपा), ड. सगुण ईश्वर बनाम निर्गुण ईश्वर। आगे, चर्चा हम यह मानकर करेंगे कि पाठक को जातिपरक हिंदू परंपरा के मूल्य-मान्यताओं की सामान्य जानकारी तो है ही।

निम्न जातियों द्वारा अपनाए गए सामाजिक उत्पत्ति के मिथकों में हमेशा यह दावा किया गया है कि उनकी वर्तमान निम्न स्थिति किसी भी तरह सही नहीं है। इस सामाजिक स्थिति के लिए वे अपने पूर्वजों के कुछ अविवेकी या मूर्खतापूर्ण कार्यों को उत्तरदायी ठहराते हैं जो कि उनसे अनजाने ही नियतिवश हो गये। इसके लिए बहुत चालाकी से ब्राह्मणों या उच्च जाति के अन्य सदस्यों के द्वारा उकसाया भी गया। ओवेन लिंच (1972 : 99-106; 1969 : 62-75) ने आगरा के जाटवों की उत्पत्ति से जुड़े हुए विभिन्न मिथकों का विश्लेषण किया है। इस विश्लेषण में प्रत्येक मिथक के सामाजिक अभिप्रायों की बहुत बारीकी से छानबीन की गई है। एक मिथक में जाटव जो कि अछूत चमार समुदाय से संबंधित हैं, क्षत्रिय होने का दावा करते हैं। इस मिथक के अनुसार जाटव वे क्षत्रिय हैं जिन्होंने (मिथकीय) ब्राह्मण परशुराम के क्रोध से बचने के लिए चमार का छद्म वेश धारण कर लिया था (लिंच 1972 :

100)। दूसरा मिथक खुद बी.आर. अम्बेडकर द्वारा निर्मित है। इसके अनुसार सभी अछूतों की उत्पत्ति देशज लोगों से हुई है। ये देशज लोग बौद्ध धर्म के अनुयायी थे जो कि ब्राह्मणों द्वारा पराजित किए गए। बौद्ध, गाय का सिर्फ मांस खाते थे, इसके लिए गायों का वध नहीं करते थे, जबकि ब्राह्मण उनका मांस भी खाते थे और वध भी करते थे। बौद्ध धर्म की बढ़ती हुई लोकप्रियता ने ब्राह्मणों को मांस खाने से रोक दिया, लेकिन बौद्ध मृत गायों को खाते रहे। इसलिए ब्राह्मणों ने उनसे अछूतों जैसा बर्ताव किया। यही बौद्ध समकालीन अछूतों के पूर्वज हैं।

लिंच (वही, 100) देखते हैं कि दोनों मिथकों में यह सिद्ध करने की कोशिश की गई है कि जाटव वास्तव में अछूत नहीं हैं और इस प्रकार ''इन मिथकों में सामाजिक स्थिति की मौजूदा असंगति की व्याख्या और उससे बाहर निकलने की कोशिश दिखाई देती है। विडंबना यह है कि वे खुद दूसरों के बराबर होने का विश्वास करते हैं, लेकिन दूसरों के द्वारा अभी तक गैर-बराबरी का बर्ताव पाते हैं।'' क्षत्रिय वाले मिथक में मुख्य समस्या 'भ्रांत अस्मिता' की है। लिंच की टिप्पणी है कि 'इस परिस्थिति (जाटवों की स्थिति) की ऐसी व्याख्या जाति व्यवस्था के एकदम अनुकूल थी जो कि 'संस्कृतीकरण के द्वारा इसके भीतर ही अपनी स्थिति को बदलने की कोशिश करती थी।' मूल बात तो ठीक है लेकिन लगता है कि लिंच जाति की भिन्नता के लिए उस हद तक ऐतिहासिक घटनाओं को पूरी तरह समझ नहीं पा रहे हैं कि इन मिथकों में जाति विशेष की वर्तमान स्थिति के लिए जन्मजात अपवित्रता के बजाय ऐतिहासिक स्थिति को जिम्मेवार ठहराने का प्रयत्न सारी व्यवस्था के धार्मिक औचित्य निरूपण पर अप्रत्यक्ष हमला कर रहा है। बौद्ध मिथकों में यह हमला ज्यादा प्रत्यक्ष है। लिंच (वही, 101-2) इस बात से समापन करते हैं कि इस हमले का प्रेरक तत्त्व है :

> ''जाटव की वर्तमान दशा की यह मान्यता कि ब्राह्मणों द्वारा उनके प्रति अन्याय किया गया। उनकी वैध परंपरा और अधिकारों को छीन लिया गया। इसलिए ये मिथक सिर्फ जाति-विरोधी, ब्राह्मण-विरोधी और हिंदू-विरोधी भावनाओं तथा गतिविधियों को ही वैधता प्रदान नहीं करते बल्कि खुद जाति व्यवस्था की वैधता को नकारते हैं।''

तमिलनाडु के चिंगलपेट जिले में अछूत पारियान लोगों से संबंधित अध्ययन के दौरान मिशेल मोफा का इसी तरह के मिथकों से सामना हुआ। इन मिथकों की विस्तृत व्याख्या से यही पता चलता है कि देवी 'आदि' और देव 'शिव' से चार बेटे पैदा हुए। आगे मोफा बताते हैं (1979 : 121) :

> ''देवता संतुष्ट थे क्योंकि सभी चीजें पूर्ण थीं, सिर्फ जातियों की सृष्टि को छोड़कर। इसके लिए उन्होंने एक योजना बनाई। उनकी योजना के अनुसार, चार

बच्चे जो कि बड़े हो चुके थे, उन्हें गोमांस पकाना था। सबसे बड़े बेटे को मांस पकाने के लिए कहा गया। जब वह मांस पक रहा था तो अन्य तीन भाई उसके इर्द-गिर्द बैठकर उसकी पाक-कला को देख रहे थे। जब मांस उबलने लगा तभी एक टुकड़ा बर्तन से छिटककर जमीन पर गिर पड़ा। बड़े भाई ने सोचा कि इससे उसकी पाक कला की बहुत बदनामी होगी। इसलिए उसने सुविचार से ही इसे राख के ढेर में छिपा दिया। यह देखते ही अन्य भाई उस पर चोरी का इलजाम लगाने लगे और मांस के इस बड़े टुकड़े को चुराने के लिए डांटने लगे। वे इस पर चिल्लाए कि ''पारिया मारियादे (छिपाओ मत छिपाओ मत)। अंततः बड़ा भाई अलग रहने के लिए बाध्य किया गया और उसे 'पारिया' कहा जाने लगा।''

दूसरा मिथक इस कहानी को आगे बढ़ाता है। यह बताता है कि कैसे मूल पारियान ने उच्च जाति के रेड्डी और बेल्लारो के छल को नासमझी में स्वीकार कर लिया और शिव की कृपा से वंचित हो गए। मोफा (वही : 122) इस तथ्य को खासकर महत्त्व देना पसंद नहीं करते कि पारियान अपने भाइयों के द्वारा गलत ढंग से दोषी ठहराया गया और अनुचित तरीके से निर्वासित किया गया। वे अविश्वसनीय ढंग से तर्क करते हैं कि, ''बुरा कर्म जो कि पतन के लिए उत्तरदायी है, वह अपवित्र खान-पान था।'' कैसे भी, इन मिथकों का सामाजिक अभिप्राय बिल्कुल साफ है कि मूल पारियान सिर्फ दूसरों के भाई ही नहीं हैं बल्कि उनमें सबसे बड़े और स्थिति में सबसे उच्च हैं।[3]

अपवित्रता के प्रति अछूतों का रवैया कुछ हद तक पूर्ववर्ती मिथकों से स्पष्ट होता है। ये मिथक स्पष्ट रूप से इस विचार को नकारते हैं कि अछूत किसी जन्मजात अपवित्रता से युक्त हैं। युरगेंसमेयेर (1980 : 23-24, 1982 : 99-100) का मानना है कि अछूत निम्न और उच्च जातियों के प्रसंग में विविध रीति-रिवाजों का पालन किया जाता है। इनके पालन के पीछे अपवित्रता की धारणा नहीं होती। वे इन्हें 'ईश्वर का आदेश' या गण (कुल) के लिए निषिद्ध वस्तु के रूप में स्वीकार करते हैं।

इसके अतिरिक्त वे अपने बीच भी अपवित्रता से संबद्ध किसी तरह के निषेधात्मक आचरण का पालन नहीं करते हैं। यहां तक कि उन पारंपरिक पेशों में भी जो कि 'अपवित्रता' की धारणा से जुड़े हुए हैं। युरगेंसमेयेर (1982 : 99-100) इस नतीजे पर पहुंचते हैं कि ''चूंकि दूसरे लोग यह मानते हैं कि अछूतों के द्वारा छुई गई प्रत्येक चीज अपवित्र हो जाती है—सिर्फ छूने के द्वारा ही—तो पवित्रता और अपवित्रता का भेद स्वयं अछूतों के लिए ही हो जाता है। इस अर्थ में अस्पृश्यता (अछूत होने का) का कलंक उन्हें 'सांस्कारिक अपवित्रता' की धारणा से पूर्णतः मुक्त करता है।''

कबीर के पदों में शायद अनैतिक या अधार्मिक व्यवहार को छोड़कर किसी भी वजह से पैदा हुई अपवित्रता को नकारा गया है। यह प्रसिद्ध पद देखें 'कबीर

ग्रंथावली' (गौड़ी)—

जो तू बांभन बभनीं जाया, तो आंन बांट ह्वै काहे न आया।
जो तूं तुरक तुरकनीं जाया, तौ भीतरि खतनां क्यूं न कराया॥
कहै कबीर मधिम नहीं कोई, सो मधिम जा मुखि रांम न होई॥

कबीर पंथ के साधुओं से जाति-भेद के महत्त्व पर टिप्पणी करने के लिए कहा जाए तो वे 'बीजक' की साखी (139) उद्धृत करते हैं :

बड़े ते गये बड़ापने रोम रोम हंकार।
सत गुरु की परिचय बिना चारो बरन चमार॥

'जाति-निरपेक्ष हिंदू परंपरा' के अन्य कवि-संतों ने भी इसी तरह की भावनाओं को व्यक्त किया है लेकिन थोड़ा कम तीखे अंदाज में।

'जातिपरक हिंदू परंपरा' की महत् (वृहत्) परंपरा में कर्मफल और संसार चक्र की धारणा को मैक्स वेबर ने हिंदू-धर्म सिद्धांत कहा है : प्रत्येक व्यक्ति की सामाजिक स्थिति, पीड़ा और रोजमर्रे की सफलताओं-असफलताओं की आध्यात्मिक व्याख्या और वैधता। बेबर से लेकर धर्म के अधिकांश समाजशास्त्री जो कि भारत के विशेषज्ञ नहीं हैं, इस 'धर्म-सिद्धांत' को सभी सामाजिक वर्गों के लिए वैध और स्वीकार्य मान चुके हैं। (बर्गर 1969 : 65-67; वेबर 1964 : 109; यिंगर 1970 : 289)। इस प्रश्न की जांच-पड़ताल करने वाले सभी आधुनिक विद्वानों ने, यहां तक कि लुई डूमां और मिशेल मोफा ने भी यह पाया कि अछूत पुनर्जन्म को (आवश्यक रूप से) नकारे बिना इस धर्म सिद्धांत और इससे जुड़े हुए कर्मफल के सिद्धांत को अस्वीकार करते हैं। (कोहन 1959 : 207, डूमां 1957 : 414; युरगेंसमेयेर 1980 : 24-25, 1942 : 87-99; कोलेंका 1964; मोफा 1979 : 268, 296) । इस प्रश्न की सर्वप्रथम विस्तार से छानबीन करने वाली पॉलाइन कोलेछा (1964 : 74-75) ने देखा कि उत्तर भारतीय चूहड़े "पुनर्जन्म और कर्म की धारणा को समझ सकते हैं और उसकी व्याख्या कर सकते हैं लेकिन वे यह कतई नहीं मानते कि निम्न जातियों के लोग पिछले जन्म में अपने से थोड़ा ऊपर की जातियों के लोगों की अपेक्षा कम पुण्यात्मा थे।" वे इस निष्कर्ष पर पहुंचती हैं कि :

> "निम्न-जाति की स्थिति में होने की चूहड़ों की अपनी यह संकल्पना उन्हें इस दुश्चिंता से बचाती है कि पूर्वजन्म में सबसे अधिक पापी रहे व्यक्ति ही निम्न जातियों के सदस्य हैं। यदि वे कर्म के सिद्धांत को पूर्णतः स्वीकार कर लेते हैं तो इस दुश्चिंता से कभी नहीं बच सकते।"

युरगेंसमेयेर (1982 : 98-99) ने पंजाब में निम्न और उच्च जातियों के लोगों में 'पुनर्जन्म' और 'कर्म-फल' से संबंधित राय की जांच की। उन्होंने पाया कि उत्तर देने वाले निम्न जाति के 39 प्रतिशत लोग पुनर्जन्म में विश्वास करते हैं और 29

प्रतिशत लोग मानते हैं कि किसी के जीवन की वर्तमान स्थिति उसके पूर्वजन्म में किए गए कार्यों का परिणाम है। यही आंकड़ा उच्च जाति के लोगों में आश्चर्यजनक ढंग से कम है (क्रमशः 47 प्रतिशत और 15 प्रतिशत)। लेकिन युरगेंसमेयेर का सुझाव है कि यह किसी क्षेत्र की विशेषता हो सकती है। यदि ऐसा है तो इस्लाम और सिक्ख धर्म का प्रभाव कुछ न कुछ जरूर उत्तरदायी है। आश्चर्य नहीं है कि मोफा (1979 : 268, 296) खुद अपने अध्ययन के महत्त्व को कम करने की कोशिश करते हैं :

> "इन्दावर के अछूत 'कर्म' पर बहुत जोर नहीं देते हैं। 'कर्म' तमिलनाडु की अधिकतर ऊंची जातियों के बीच भी मुख्य धार्मिक विचार नहीं रहा है। इन्दावर में सभी जातियों के सदस्यों के धार्मिक विचार के केंद्र में है : 'ईश्वर' और उसकी उचित पूजा।"

यदि मोफा यह दावा कर रहे हैं कि तमिलनाडु के स्मार्त ब्राह्मण कर्म पर ज्यादा जोर नहीं देते हैं, तो वे तथ्यात्मक रूप से गलत हैं। शैव सिद्धांत और श्री वैष्णव के उच्च जाति के अनुयायियों के मामले में यह सही है कि ईश्वर की कृपा पर ज्यादा जोर देने के कारण उनके लिए कर्म का महत्त्व थोड़ा कम हो जाता है। लेकिन हम देखेंगे कि 'कृपा' ही 'जाति-निरपेक्ष हिंदू परंपरा' का प्रमुख लक्षण नहीं है।

कबीर के पदों में 'कर्म' और 'संसार' की धारणा की चर्चा अपेक्षाकृत कम है। एक धर्म-सिद्धांत के रूप में दोनों की साथ-साथ उपस्थिति तो और भी कम है। इन पदों में भी जाति की 'निम्न स्थिति' को बुरे कर्म से जोड़ने की कोशिश नहीं की गई है। कबीर जन्माधारित जाति-भेद को स्पष्ट रूप से नकारते हैं। बुरे कर्म के विषय में बस यही कहा गया है कि यह अगले जन्म का कारण होता है। अगले जन्म के इस दुर्भाग्य को रोका जा सकता है और मुक्ति पाई जा सकती है लेकिन सिर्फ राम के ज्ञान द्वारा। 'कर्म' और 'संसार' के विषय में कबीर का यह कथन शायद सर्वाधिक प्रभावी है—"कर्म फांस यम जाल पसारा, जस धीमर मछरी गहि मारा। / राम बिना नर ही इहै कैसा, बाट मांझा गोबरैरा जैसा।" (बीजक सबद 61)

कबीरपंथी साधुओं द्वारा रचित अधिकतर परवर्ती रचनाओं में भी कर्म और 'संसार' से संबंधित धर्म-सिद्धांत के ऊपर बहुत कम ध्यान दिया गया है। यद्यपि उनमें से कुछ रचनाओं का 'संस्कृतीकरण' की ओर झुकाव बहुत स्पष्ट है। बावजूद इसके 'संस्कृतीकरण' की यह प्रवृत्ति भगवान राम तथा स्वयं ईश्वरीय सद्गुरु कबीर की भक्ति और कृपा पर बल के रूप में ज्यादा प्रकट होती है। इस धर्म-सिद्धांत के सकारात्मक पहलुओं का बोध और उनकी अस्वीकृति सर्वाधिक संस्कृतीकरणोन्मुख कबीरपंथियों में भी स्पष्ट दिखती है।

यह मानते हुए कि 'कर्म' और 'संसार' में विश्वास उच्च जातियों के धर्म की 'महत्' परंपरा के समग्र भाग का निर्माण करता है—जैन, बौद्ध और हिंदू परंपरा का— आश्चर्य नहीं है कि यह कबीर के पदों और परवर्ती कबीरपंथी रचनाओं में भी महत्त्वपूर्ण है। साथ ही यह बात भी पंथ के निम्न जाति के अनुयायियों की मनोवैज्ञानिक जरूरत के मुताबिक है कि 'कर्म' और 'संसार' की धारणा पर बहुत कम जोर दिया जाए। अपनी निम्न स्थिति को न्यायसंगत ठहराने के लिए तो इसका उपयोग कभी न किया जाए।

'जातिपरक' और 'जाति-निरपेक्ष' दोनों तरह की हिंदू परंपराओं में भक्ति की केंद्रीय भूमिका है। दोनों ही परंपराओं की 'लघु' परंपरा में मिलने वाली भक्ति की संकल्पना और भूमिका में बहुत खास अंतर नहीं है। लेकिन इनमें पूजा के लिए एक दूसरे से भिन्न वस्तुओं का चुनाव किया जाता है। युरगेंसमेयेर (1982 : 100) ने पाया कि हिंदू परंपरा के 'प्रमुख देवताओं' को निम्न जातियों के धर्म में बहुत प्रमुखता नहीं दी जाती है। सामान्यतः निम्न जाति के लोगों की भक्ति कुल-देवताओं, बीमारी और प्राकृतिक आपदा के देवताओं के प्रति होती है। चेचक की देवी इसका सबसे अच्छा उदाहरण है। निम्न जातियों के जिन देवताओं के नाम उच्च जाति के देवताओं के नाम से बिल्कुल मिलते-जुलते हैं उनसे भी संबद्ध धार्मिक विश्वास बिल्कुल भिन्न-भिन्न हैं।

'जातिपरक' और 'जाति-निरपेक्ष हिंदू परंपरा' की 'महत्' परंपराओं में 'पूज्यों' के बीच बहुत महत्त्वपूर्ण भिन्नता पाई जाती है। इस भिन्नता की चर्चा करने से पहले मैं प्रत्येक की 'महत्' परंपरा में 'भक्ति' और 'कृपा' की संकल्पना में मिलने वाले महत्त्वपूर्ण भेदों का परीक्षण करना चाहूंगा। संकल्पनाओं के इस भेद का संबंध इनके इतिहास से है।

'भक्ति' और 'कृपा' की सामाजिक प्रासंगिकता बहुत पहले ही स्वीकार कर ली गई है। यह उसी समय से महत्त्वपूर्ण है जब श्रीकृष्ण 'भगवद्गीता' में कहते हैं कि (1×32) : ''वैश्य और शूद्र, आदि पापयोनि भी मेरी शरण में आने के बाद मोक्ष प्राप्त करेंगे।''

मां हि पार्थ व्यपाश्रित्य येऽपि स्युः पापयोनयः।
स्त्रियो वैश्यास्तथा शूद्रास्तेऽपि यान्ति परां गतिम्।

इस प्रकार, 'भक्ति' और 'कृपा', का विचार 'कर्म' और 'संसार' के लंबे तथा कठिन धर्म-सिद्धांत को पूरी तरह से नकारे बिना, एक छोटे पथ में बदलने का प्रस्ताव करता है। कर्म और संसार तब तक मान्य बने रहते हैं जब तक कि खुद ईश्वर अपने भक्त की तरफ से हस्तक्षेप नहीं करता। मोक्ष प्राप्ति के लिए भगवत्कृपा पर जो संप्रदाय जितना जोर देता है, उसके सामाजिक आचार-विचार उतने ही उदार दीखते हैं। श्री वैष्णव संप्रदाय की बेदगलै और तेंगलै शाखाओं की तुलना करने से यह बात

साफ हो जाती है। बेदगलै लोगों का जोर साधक के अपने प्रयत्न और गुरु की अपेक्षा पर है जबकि तेंगलै मोक्ष-प्राप्ति के लिए परमात्मा के प्रति शरणागति को ही पर्याप्त मानते हैं। तेंगलै शाखा के मंदिरों और उपासना विधि में शूद्रों की महत्त्वपूर्ण भूमिका थी, जबकि बेदगलै शाखा के मंदिरों और उपासना विधि से शूद्र बहिष्कृत थे। (स्टाइन, 1968)

ऐतिहासिक रूप से देखने पर अधिकतर भक्ति आंदोलन जो कि बहुत प्रसिद्ध रहे हैं, हिंदू परंपरा के भीतर ही उत्पन्न हुए। वे समाज पर अपने सामाजिक, आर्थिक और राजनैतिक नियंत्रण के विस्तार के लिए वर्चस्ववादी सामाजिक समूहों से जुड़ गए। चूंकि हिंदू परंपरा के सामाजिक आधार के विस्तार और मजबूती के लिए इन वर्चस्ववादी समूहों से जुड़ना जरूरी था इसलिए इन आंदोलनों को 'नीचे से' लोकप्रिय लहर के रूप में देखा गया। यद्यपि आंदोलन में लोकप्रिय धार्मिकता के तत्त्व भी शामिल थे, लेकिन इस पर वर्चस्ववादी सामाजिक समूहों का ही नियंत्रण बना रहा।

इसी तरह का आंदोलन 'जातिपरक हिंदू परंपरा' से जुड़ा हुआ शैव नायनारों और वैष्णव आलवारों का भक्ति आंदोलन है। यह आंदोलन 7वीं और 9वीं शताब्दी के बीच तमिलनाडु में विकसित हुआ। चंपकलक्ष्मी (1996) ने इस पर महत्त्वपूर्ण कार्य किया है। उनके कार्य से यह स्पष्ट है कि ब्राह्मणों ने जैनों और बौद्धों के प्रभाव को कम करने के लिए स्थानीय राजाओं का सहयोग लिया। राजाओं के लिए 'जातिपरक हिंदू परंपरा' की लोकप्रियता फायदे की चीज थी क्योंकि जाति व्यवस्था और स्थानीय भव्य मंदिर में पूजा की केंद्रीयता के द्वारा उनका सामाजिक नियंत्रण मजबूत होता था। इसके द्वारा उसे वाणिज्यिक समुदायों के ऊपर प्रभाव जमाने में सहायता मिली जो कि बौद्धों और जैनों की सहायता कर रहे थे। ब्राह्मणों के लिए इस आंदोलन का आर्थिक और सामाजिक लाभ तो बहुत स्पष्ट था, लेकिन आंदोलन के लिए यह भी जरूरी था कि वे (ब्राह्मण) अपने धार्मिक और सामाजिक लाभों को दूसरे सामाजिक समूहों के साथ भी बांटें। इसके लिए उन्होंने उस धर्म की प्रकृति में मूलभूत बदलाव किया और अपनी बात को संस्कृत के बजाय तमिल में भक्ति के समतावादी स्वरों के साथ प्रचारित किया।

नायनार और आलवार संतों के मूल जाति-उद्गमों तथा अछूतों के प्रति आंदोलनों के बर्ताव से इनके समतावादी स्वभाव की सीमा प्रकट होती है। नायनारों और आलवारों की अधिकतर संख्या या तो ब्राह्मण से है, या वेल्लार जैसी उच्च-मध्य जातियों से। प्रत्येक आंदोलन में सिर्फ नाम के लिए एक अकेला अछूत है : नायनारों के बीच नंदन और आलवारों के बीच तिरुप्पन। इन अछूतों के विषय में प्रचलित किंवदंतियों में बल अपने इष्ट देव के मंदिर से बहिष्कृत होने के बावजूद धैर्य और

निष्ठा के साथ भक्ति में लगे रहने पर है। अंततः ईश्वर उन पर कृपा करते हैं। इस बात में यह आशय निहित है कि ईश्वर की कृपा से अछूतों को भी मोक्ष मिल सकता है। (देखें, मोफा 1979 : 38) इसमें आश्चर्य नहीं है कि इस धार्मिक विचारधारा के प्रति उस क्षेत्र के अछूतों में बहुत आकर्षण नहीं रहा है।

इस अध्याय के संदर्भ में इस बात को और आगे नहीं बढ़ाया जा सकता, लेकिन इसी तरह के 'ऊपर से' सामाजिक-धार्मिक सुधार वाले भक्ति आंदोलन कर्नाटक में वीर शैव, महाराष्ट्र में वारकरी, पश्चिमी और उत्तरी भारत में वल्लभाचार्य के अनुयायी पुष्टिमार्गी तथा बंगाल में चैतन्य आदि के आंदोलन हैं। यद्यपि इन आंदोलनों में कुछ बुनियादी भिन्नताएं मिलती हैं, फिर भी वे 'जातिपरक हिंदू परंपरा' की ही परिधि में आते हैं। शूद्रों और अछूतों को ये कभी बहुत ज्यादा आकर्षित नहीं कर पाए। वीर शैव के अपवाद को छोड़कर ये सभी आंदोलन ब्राह्मणों और अन्य उच्च जातियों के वर्चस्ववादी प्रभावों में ही रहे।

'जाति-निरपेक्ष' हिंदुओं की 'महत्' परंपरा का निर्माण करने वाले, व्यापक भू-भाग में प्रभाव वाले आंदोलन खासतौर से उत्तरी भारत में पाए जाते हैं। ये अधिकतर संत-परंपरा से उत्पन्न हुए हैं जिससे कि स्वयं कबीर, नामदेव, रैदास, गुरु नानक तथा अन्य संत संबंधित हैं। यद्यपि संत-परंपरा के प्रारंभिक नेता उसी भक्ति-परंपरा से संबंधित बताए गए हैं, जिस 'जातिपरक हिंदू परंपरा' की मैंने चर्चा की है लेकिन उनकी भक्ति के स्वरूप तथा विषय में बहुत भिन्नता पाई जाती है। सबसे पहले वे दावा करते हैं कि ईश्वर मनुष्य के बाहर नहीं बल्कि उसके हृदय में स्थित है। मोक्ष की प्राप्ति के लिए ईश्वर के प्रति समर्पण (श्री वैष्णवों की शब्दावली में प्रपत्ति) की भी जरूरत नहीं बल्कि अपने भीतर ही उसे पाने की कोशिश करनी चाहिए। अछूत हो या ब्राह्मण सभी को अपनी आत्मसत्ता का बोध ईश्वर के साथ हो सकता है। इस बोध को प्राप्त करने का उपाय नाथ संप्रदाय के अर्द्धतांत्रिक हठयोग में बताया गया है जिसमें समाधि आदि की रहस्यमयी क्रियाओं की साधना पर बल है। यह साधना ही कबीर और अन्य संतों के यहां ईश्वर के उस बाह्य अनुग्रह को प्रतिस्थापित कर देती है, जिस पर कि 'जातिपरक हिंदू-परंपरा' में बहुत जोर दिया गया है।

कबीर के अनुयायियों के बीच इस अंतर्दर्शी रहस्यवाद को एक पंथ (कबीरपंथ) के द्वारा प्रतिस्थापित किया जा चुका है। इस पंथ में कबीर खुद एक ईश्वरीय सत्गुरु के रूप में अनुग्रह प्रदान करते हैं। धर्मदासी उपसंप्रदाय की महत्त्वपूर्ण रचना कबीर मंसूर (परमानंद, 1956) में बताया गया है कि मानवता की रक्षा तथा मनुष्यों को मुक्ति का सही रास्ता दिखाने के लिए सत्गुरु समय-समय पर धरती पर अवतार के रूप में प्रकट होते हैं। मुक्ति का सही रास्ता सत्गुरु की पूजा है। सरसरी दृष्टि से

यह 'संस्कृतीकरण' का बहुत अच्छा उदाहरण प्रतीत होता है जो कि 'जातिपरक हिंदू-परंपरा' के विश्वासों का एक संरचनात्मक प्रत्युत्तर (श्रीनिवास और डूमां, मोफा की शब्दावली को एक साथ मिलाते हुए) प्रस्तुत करता है। लेकिन इस भक्ति की अंतर्वस्तु पर एक पैनी दृष्टि डालने पर यह स्पष्ट होता है कि इसमें 'जातिपरक हिंदू-परंपरा' के देवताओं को जानबूझकर नकारा गया है। कबीर मंसूर जैसी अपेक्षाकृत नयी रचना से भी यह बात प्रकट होती है। (रचनाकाल : उन्नीसवीं सदी)

अब हम 'जातिपरक' और 'जाति-निरपेक्ष' हिंदू परंपरा की तुलना के अंतिम बिंदु पर पहुंच जाते हैं : ईश्वर की सगुण और निर्गुण संकल्पना के बीच अंतर। 'जातिपरक हिंदू परंपरा' से संबंधित भक्ति आंदोलन में ईश्वर को 'सगुण' माना गया है। दूसरे शब्दों में, ईश्वर व्यक्तित्व, रूप और सक्रियता से युक्त होता है। व्यवहार में यह महाभारत, रामायण और पुराणों के मिथकों में उपस्थित ईश्वर की संकल्पना के रूप में व्याख्यायित किया जाता है। इस संदर्भ में, संस्कृत के ज्ञान पर ब्राह्मणों के एकाधिकार की महत्ता स्पष्ट हो जाती है। विष्णु, शिव या 'जातिपरक हिंदू परंपरा' के अन्य प्रमुख देवताओं के मिथकीय कारनामों से परिचित होने के लिए संस्कृत जानने की जरूरत नहीं है। उनकी भक्ति के लिए भी संस्कृत जानने की जरूरत नहीं है, लेकिन इन स्रोतों तक प्राथमिक पहुंच सिर्फ ब्राह्मणों की ही है जो कि 'जातिपरक हिंदू परंपरा' से संबद्ध मिथकों, धर्म-सिद्धांतों और उपासना-पद्धति के अकेले और आखिरी निर्धारक हैं (देखें, कोहन 1959 : 206-07)। यह तथ्य है कि 'जातिपरक हिंदू परंपरा' से संबंधित भक्ति आंदोलन के बहुत से भक्त ब्राह्मण नहीं थे और कई ब्राह्मण थे भी तो संस्कृत नहीं जानते थे। लेकिन वे अंततः इन संस्कृत स्रोतों और ब्राह्मणों पर ही निर्भर रहे जो कि उन्हें नियंत्रित करते थे। ब्राह्मणों का नियंत्रण जातिपरक हिंदू परंपरा की भक्ति धारणा पर बना रहा।

कबीर तथा संत परंपरा के अन्य आरंभिक संतों ने न तो संस्कृत और न ही 'जातिपरक हिंदू परंपरा' के सगुण देवताओं का सहारा लिया। यदि संत परंपरा में इनका उपयोग किया भी गया तो बहुत ही कम। उनका ईश्वर निर्गुण था—'गुणातीत'। इस प्रकार का निर्गुण-ईश्वर ब्राह्मण दार्शनिक शंकराचार्य के अद्वैत निर्गुण ब्रह्म से बहुत मिलता-जुलता है। इसलिए कई टिप्पणीकारों का दावा है कि कबीर और उनके सहयोगियों को इस जटिल ब्राह्मणवादी विचारधारा का सहज भान था। ऐसा हो भी सकता है और नहीं भी। सवाल जहां तक सामाजिक-धार्मिक विचारधारा का है वहां तक कबीर के निर्गुण ब्रह्म का महत्त्व 'गुणातीत' होने से कहीं अधिक ब्राह्मण-प्रभावों से युक्त होने में है। महाकाव्यों और पुराणों के संस्कृत मिथकों पर आधारित ईश्वर की सगुण संकल्पना को नकार कर कबीर ब्राह्मण-वर्चस्व वाली

'जातिपरक हिंदू परंपरा' के विचारधारात्मक उपकरणों को ही नकार रहे थे।

कबीरपंथ की अधिकतर शाखाओं में, कबीर के निर्गुण ईश्वर 'राम' की उपासना ही थोड़े बहुत बदलाव के साथ चालू रखी गई। पंथ में 'जातिपरक हिंदू परंपरा' से संबंधित ब्रह्मा, विष्णु, महेश जैसे मिथकीय देवताओं को उनके अवतारों, पत्नियों और सहचरों सहित नकार दिया गया है। धर्मदासी शाखा के कुछ छिटपुट मिथकों में 'जातिपरक हिंदू परंपरा' के मिथकों का अनुकरण मिलता है, लेकिन इन मिथकों की अंतर्वस्तु 'जातिपरक हिंदू परंपरा' का विरोध ही करती है। सत्पुरुष के अवतार के रूप में भी कबीर निर्गुण राम की उपासना की ही बात करते हैं, न कि अयोध्या के राजा विष्णु के अवतार राम की। इस शाखा की एक महत्त्वपूर्ण रचना 'हनुमानबोध' (युगलानंद, 1953) के एक पद में कबीर, अयोध्या नरेश राम के साथी और भक्त हनुमान का ज्ञानोदय करते हैं। कबीर हनुमान के द्वारा राम को अवतार के रूप में पूजने से बरजते हैं और कहते हैं कि ये सब अवतार सत्पुरुष के अवतार नहीं बल्कि काल की सृष्टि हैं :

सुनु हनुमत तुम मानते नाहीं। गाल गह्यो है तुम्हरी बाहीं।
ताते तोहि बूझि नहिं परई। यह औतार काल सब धरई।
समरथकी गति काल सों न्यारी। ताको कहा जानै संसारी॥
सुनो हनुमंत मेरी बाता। सत्य पुरुष है समरथ दाता॥
ताका तुमसों कहौं संदेशा। सुमिरण करो तजो यमभेशा॥
सत्य समरथ है पैले पारा। काल कला उपज्यो संसारा॥
सोइ समरथ है सिरजन हारा। तीनों देव न पावैं पारा॥

कबीरपंथी साधु

'जातिपरक हिंदू-परंपरा' के विस्तृत और विविध अंगों के संचालन के लिए विभिन्न धार्मिक विशेषज्ञों के बीच श्रम विभाजन की जरूरत होती है : जैसे वेदों का वाचन करने वाले (वेद-वाचक); व्याकरण, साहित्य-शास्त्र, कविता, धर्म-सिद्धांत और विधि जैसे पारंपरिक अनुशासनों के विशेषज्ञ (शास्त्री); पुरोहित, पुजारी, संन्यासी और ज्योतिषी आदि। 'जाति-निरपेक्ष हिंदू परंपरा' में—जो कि अधिकतर शूद्रों और अछूतों से संबंधित है—इस तरह के पूर्णकालिक धार्मिक विशेषज्ञों के समूह के लिए आर्थिक आधार मौजूद नहीं होता। मैक्स वेबर (1964 : 102) का मानना है कि इस प्रकार के 'विशेषाधिकारहीन' सामाजिक समूह के लिए...'बौद्धिक कार्य-व्यापार' आर्थिक और सामाजिक रूप से पहुंच के बाहर हैं। प्रायः 'बौद्धिक कार्य-व्यापार' की या तो पूरी तरह से उपेक्षा की जाती है या उन्हें उस समाज के

कामगारों के मत्थे छोड़ दिया जाता है। यह आर्थिक स्थिति खुद ही 'जातिपरक हिंदू परंपरा' के वर्चस्व तथा 'जाति-निरपेक्ष हिंदू परंपरा' की अधीनता का बयान करती है। इसके बावजूद इनमें पूर्णकालिक बौद्धिकों का एक छोटा समूह मौजूद होता है जो कि 'जाति-निरपेक्ष' हिंदुओं की 'महत्' परंपरा का प्रतिनिधित्व करता है। इनमें कबीरपंथ जैसे धार्मिक 'संप्रदाय' के साधु प्रमुख हैं।[4]

कबीरपंथ के साधुओं का गुजारा उनके मठों की (शाखाओं के मठों) की जमीन और वाणिज्यिक संपत्ति की आय पर होता है। वे भिक्षाटन नहीं करते, लेकिन अपने गृहस्थ अनुयायियों से उपहार स्वीकार कर लेते हैं। आजादी के समय से पंथ की जमीन और अन्य संपत्ति 'राज्य' तथा 'संघीय सरकार' की जांच के दायरे में आई। जो जमीन 'भू-हदबंदी' कानून की सीमा से ज्यादा हुई वह जब्त कर ली गई। इन स्थितियों के साथ ही साथ निम्न जाति के लोगों की निष्ठा और समर्थन के लिए अन्य पंथों से इसकी बढ़ती प्रतियोगिता ने आर्थिक और व्यावसायिक असुरक्षा का माहौल तैयार किया जिसकी वजह से बहुत से साधुओं ने अपने सामान्य अनुयायियों के साथ मेल-जोल को और अधिक बढ़ाने की कोशिश की।

उपर्युक्त चर्चा में यह दिखाने की कोशिश की गई है कि किस तरह से कबीरपंथी साधुओं द्वारा प्रतिपादित 'धार्मिक सिद्धांत' एक समतावादी सामाजिक-धार्मिक विचारधारा को अभिव्यक्त करता है। यह विचारधारा 'जातिपरक हिंदू परंपरा' की पदानुक्रमित और वर्चस्ववादी सामाजिक मूल्यों के सीधे विरोध में जा पड़ती है। ये सिद्धांत पंथ के अधिकतर निम्न-जाति के समर्थकों की व्यक्तिगत जरूरतों के अनुरूप हैं। ये जरूरतें पंथ के साधुओं द्वारा महसूस की गईं जो कि अपने अनुयायियों के लिए एक 'पारंपरिक बुद्धिजीवी' की भूमिका निभाते हैं (देखें, ग्राम्शी, 1976 : 3-23; लॉरिंजन, 1981a)। आजादी के बाद से इन जरूरतों को पूरा करने के बखूबी आजमाए हुए तरीके, साधुओं और उनके अनुयायियों के लिए अपर्याप्त साबित हुए। इसका असर यह रहा कि साधुओं को अपने अनुयायियों से मेल-मिलाप पुनः बढ़ाना पड़ा। लेकिन उनके अनुयायी दूसरी विचारधाराओं का समर्थन करने वाले वैकल्पिक आंदोलनों की ओर भी आकर्षित हुए। इन आंदोलनों में कुछ अपेक्षाकृत उसी तरह के, तो कुछ पूरी तरह से भिन्न थे।

इन प्रतिद्वंद्वियों को मुख्यतः तीन श्रेणियों में रखा जा सकता है। पहली श्रेणी में वे धार्मिक और अधार्मिक संगठन है जिन्हें कि 'जातिपरक हिंदू परंपरा' का समर्थन प्राप्त हुआ है। इन संगठनों का लक्ष्य निम्न जातियों खासकर, अछूतों को, ब्राह्मणवादी हिंदू परंपरा से पुनः जोड़ना है। इस तरह के सामयिक और सबसे महत्त्वपूर्ण उदाहरण डॉ. कर्ण सिंह का 'विराट हिंदू समाज' और 'विश्व हिंदू परिषद्' हैं।[5] दोनों संगठनों की अछूतों में दिलचस्पी का कारण बनी, दक्षिणी भारत की एक

घटना। 1968 ई. में मीनाक्षीपुरम् में अछूतों के एक समूह का इस्लाम में धर्मांतरण हो गया। 1984 ई. में 'दि इलेस्ट्रेटेड वीकली ऑफ इंडिया' को दिए एक साक्षात्कार में विश्व हिंदू परिषद् के नेता स्वामी चिन्मयानंद (1984 : 23) ने टिप्पणी की कि "हम भेड़ियों को यह अनुमति नहीं देंगे कि वे रात में आएं और हमारे बच्चों को उठा ले जाएं...वे पैसों से...मैं मानता हूं कि जिसकी उन्हें बहुत जरूरत है...और सामाजिक समानता की झूठी आशाओं से फुसलाए गए हैं।" पत्रिका के उसी अंक में डॉ. कर्ण सिंह (1984 : 26) का बयान है : "18 अक्टूबर 1981 में दिल्ली में आयोजित 'विराट हिंदू सम्मेलन' आधुनिक हिंदू परंपरा के इतिहास में एक युगांतकारी घटना है। इस सम्मेलन में कई धार्मिक नेताओं ने दावा किया कि 'अस्पृश्यता किसी भी तरह हिंदू परंपरा का मुख्य अंग नहीं है। यदि हिंदू समाज की एकता सुनिश्चित करनी है और उसे मजबूत करना है तो इसे पूरी तरह समाप्त करना होगा।' इन टिप्पणियों में आर्य समाज के 'शुद्धि' आंदोलन जैसी अनुगूंज है जो कि अपने कार्यक्रम में अछूतों का उद्धार भी शामिल करता है (देखें, जोन्स 1976 और युरगेंसमेयेर, 1982)

निम्न जातियों और अछूतों की विचारधारात्मक निष्ठा के लिए प्रतिद्वंद्विता की दूसरी श्रेणी में ईसाइयत, इस्लाम और सिक्ख धर्म जैसे 'गैर-हिंदू' धार्मिक आंदोलन आते हैं। इनमें बी.आर. अम्बेडकर द्वारा प्रस्तावित बौद्ध धर्म विशेष रूप से महत्त्वपूर्ण है। इनमें से प्रत्येक आंदोलन विभिन्न क्षेत्र में एक खास सामाजिक समूह के बीच पर्याप्त सफल रहा है। कबीरपंथ के प्रभाव वाले क्षेत्र में इनमें से कोई भी मजबूत नहीं हो सका। इन क्षेत्रों में—मुख्य रूप से पूर्वी उत्तर प्रदेश, उत्तर बिहार, छत्तीसगढ़ और गुजरात—पंथ के मुख्य धार्मिक प्रतिद्वंद्वी 'जातिपरक हिंदू परंपरा' से संबंधित सुधारवादी आंदोलनों के अलावा उसी की तरह के शिवनारायणी पंथ, उदापंथ, दरियापंथ और दादूपंथ आदि 'जाति-निरपेक्ष' हिंदू संप्रदायों से आते हैं। खुद कबीरपंथ के भीतर भी विभिन्न उप-संप्रदायों के बीच यह प्रतिद्वंद्विता कम नहीं रही। धर्मदास के अनुयायियों और अन्य शाखाओं के बीच तो यह बहुत तीव्र है।

निम्न जातियों के समर्थन के लिए प्रतिद्वंद्विता करने वालों की तीसरी श्रेणी आधुनिक राजनीतिक दलों की है। विचारधारात्मक प्रतिद्वंद्विता तो मुख्यतः वामदलों से है, लेकिन व्यावहारिक रूप से प्रमुख प्रतिद्वंद्वी कांग्रेस जैसे मध्यवर्ती दल हैं। इन दलों में से किसी एक या दूसरे को समर्थन करने का मतलब कबीरपंथ या अन्य संप्रदायों को समर्थन से बाहर रखना नहीं है। लेकिन अधिकांश दलों की धर्मनिरपेक्ष विचारधारा पंथ की धार्मिक विचारधारा के प्रति हमेशा सहज नहीं रही। वामपंथी दलों ने हमेशा गरीब काश्तकारों और खेतिहर मजदूरों का पक्ष लेते हुए पंथ के मठों का सीधा विरोध किया है। इन काश्तकारों और मजदूरों ने मठों के कब्जे की जमीन पर

अपने मालिकाना हक का दावा किया है (लॉरेंजन, 1981a : 274)।

निम्न-जातियों के बीच अपने प्रभाव को मिलने वाली इन विचारधारात्मक चुनौतियों ने कबीरपंथ के साधुओं को अलग-अलग उत्तर खोजने के लिए प्रेरित किया। पहला, 'जातिपरक हिंदू परंपरा' से संबद्ध सुधारवादी आंदोलनों से प्रतिद्वंद्विता के कारण, इसका एक विकल्प खोजा गया। विकल्प के रूप में, कुछ खास साधुओं ने पंथ का हू-ब-हू 'जातिपरक हिंदू परंपरा' की दिशा में 'संस्कृतीकरण' किया। इसके मुख्य झंडाबरदार पंथ के फतुआ शाखा के हनुमानदास, धर्मदासी शाखा के खरसिया गुट के ब्रह्मलीनमुनि और कबीर चौरा के गंगाशरण शास्त्री हैं। हनुमानदास बहुत ही योग्य संस्कृत विद्वान थे। इन्होंने महत्त्वपूर्ण संस्कृत रचनाओं पर बहुत-सा कार्य प्रकाशित करवाया। जैसे कि शंकर के 'ब्रह्मसूत्र शंकर भाष्य' (शंकराचार्य, 1964) की हिंदी टीका और कबीर के बीजक का संस्कृत अनुवाद। ब्रह्मलीनमुनि ने कबीर का जीवनवृत्त संस्कृत में लिखा और प्रकाशित करवाया। गंगाशरण शास्त्री का हिंदी में बहुत-सा कार्य प्रकाशित हुआ, जिसमें 'कबीर जीवन-चरित' (1976) महत्त्वपूर्ण है। यह रचना बहुत स्पष्ट रूप से 'संस्कृतीकरण' की प्रवृत्ति को अभिव्यक्त करती है।

दूसरा प्रत्युत्तर ऐसे धार्मिक आंदोलनों से मिलने वाली चुनौतियों से संबंधित है, जो कि जातिपरक हिंदू परंपरा से बाहर के हैं। इसमें कबीरपंथ की स्वतंत्र स्थिति पर जोर दिया गया है और इसे 'जाति-निरपेक्ष' हिंदुओं की 'महान' परंपरा के एक प्रतिनिधि के रूप में दिखाया गया है। इसके मुख्य प्रणेता बुरहानपुर शाखा से जुड़े हुए अभिलाष दास नामक महंत हैं। उनके सबसे महत्त्वपूर्ण कार्यों में—(उनका खुद का प्रकाशन संस्थान और छापाखाना है)—'कबीर-दर्शन' (1982) है। अभिलाष दास, कबीर के बीजक पर पूरणदास की टीका 'त्रिज्या' पर आधारित व्याख्या का समर्थन करते हैं। इस व्याख्या को 'पारख-सिद्धांत' कहते हैं, जिसमें 'जीवों' की स्वतंत्रता पर जोर दिया गया है और ईश्वर के अस्तित्व को नकारा गया है। इस प्रकार, यह पारख-मत शंकर के अद्वैत और रामानुज के विशिष्टाद्वैत दोनों की तत्त्वमीमांसा को अस्वीकार करता है। ये दोनों ही 'जातिपरक हिंदू परंपरा' के प्रमुख संप्रदाय हैं। अभिलाष दास के तर्क-वितर्क की शैली शास्त्रीय हिंदू धर्म-दर्शन में उपलब्ध शैली से बहुत मिलती-जुलती है। वे इस शास्त्र-परंपरा के बहुत अच्छे ज्ञाता हैं।

कबीरपंथी साधुओं का तीसरा बौद्धिक प्रत्युत्तर, धर्मनिरपेक्ष दलों की चुनौतियों से संबंधित है। इस प्रत्युत्तर पर वामपंथी सामाजिक राजनीतिक विचारधारा का खासा प्रभाव है और इसका स्वभाव सोशल एक्टिविज्म का है। इस प्रत्युत्तर के प्रमुख प्रतिनिधि धर्मदासी शाखा के दामाखेड़ा गुट के वर्तमान प्रमुख गृधमुनी नाम साहब और कबीर चौरा, वाराणसी के विवेकदास, रामाश्रयदास और रामलखनदास जैसे

युवा साधु हैं। इन युवा साधुओं ने सामाजिक सुधार के लिए समर्थन जुटाने की बहुत कोशिश की। इसके लिए इन्होंने कबीर दल (1979) की स्थापना की।[6] लेकिन इस सामाजिक सुधार आंदोलन का प्रभाव बहुत मामूली रहा। पंथ के कुछ ज्यादा पारंपरिक और रूढ़िवादी महंतों तथा साधुओं के आर्थिक और नैतिक सहयोग के बिना यह संभव भी नहीं था।

उपसंहार

इस अध्याय में 'निम्न जातियों' की हिंदू परंपरा को 'उच्च जातियों' की अधिक रूढ़िवादी हिंदू परंपरा से अलग करने वाले तत्त्वों को रेखांकित किया गया है। यद्यपि 'जाति-निरपेक्ष हिंदू-परंपरा' की 'महत्' और लघु परंपराएं 'जातिपरक हिंदू परंपरा' के प्रभाव से बाहर नहीं हैं, फिर भी उनकी अपनी खास विशेषताएं हैं। उच्च जाति का वर्चस्व, पूरी तरह से आर्थिक और राजनीतिक लाभ तथा आधिपत्य पर आधारित है उसे उस हद तक सीमित किया जा सका, जहां पर 'जाति-निरपेक्ष हिंदू परंपरा' के द्वारा जातिपरक हिंदू परंपरा के विश्वासों और मूल्यों को सीधी चुनौती दी जा सकी। लेकिन 'जाति-निरपेक्ष हिंदू परंपरा' की रणनीति 'जातिपरक हिंदू परंपरा' के कई व्यावहारिक रूपों या संरचनाओं को स्वीकार करके उनमें ऐसे विचारधारात्मक तत्त्वों को भर देने की रही है जो कि सीधे-सीधे रूप से जातिपरक हिंदू परंपरा के मूल सामाजिक-धार्मिक चरित्र के विरोध में जा पड़ते हैं।

'जाति-निरपेक्ष' हिंदुओं, खासकर अछूतों के द्वारा आविष्कृत सामाजिक उत्पत्ति के मिथकों में इस रणनीति के नतीजे बखूबी स्पष्ट होते हैं। यह बात अपवित्रता, कर्म और संसार, भक्ति और प्रसाद (कृपा) तथा सगुण और निर्गुण ईश्वर की संकल्पना आदि के उनके निर्वचन में खुलकर सामने आती है। चूंकि कबीर से संबंधित संत परंपरा, 'जाति-निरपेक्ष हिंदू परंपरा' से संबद्ध 'महत् परंपरा' की प्रमुख अभिव्यक्ति है; इसीलिए यह विशेष रूप से धार्मिक संकल्पना के ऐसे कई 'जाति-निरपेक्ष' (हिंदू परंपरा) निर्वचनों का स्रोत है। कबीरपंथ के अनुयायियों के धार्मिक विश्वास और कभी-कभी धार्मिक व्यवहार 'जातिपरक हिंदू परंपरा' से उतनी दूरी बढ़ा लेते हैं जितनी कि निम्न जाति के लोगों की विचारधारात्मक और मनोवैज्ञानिक जरूरतें पूरी करने के लिए वांछित हो।

कबीरपंथ के साधु अपने सामान्य अनुयायियों की तरफ से एक 'पारंपरिक बुद्धिजीवी' के रूप में कार्य करते हैं। ये 'जाति-निरपेक्ष हिंदू परंपरा' की परिधि में खुद की 'महत्' परंपरा का प्रतिपादन करते हैं। यद्यपि साधुओं की सामाजिक स्थिति अक्सर जाति और वर्ग के प्रभाव से मुक्त मानी जाती है, खासकर, उन साधुओं

के मामले में, जिन्होंने ब्राह्मणवादी ढांचे पर 'संस्कृतीकरण' का समर्थन किया है, लेकिन उनकी और उनके अनुयायियों की जातिगत पहचान ही उस सीमा को निर्धारित करती है, जिसके भीतर उनके धार्मिक विश्वास और व्यवहार परिचालित हो सकते हैं। हाल के वर्षों में ये सीमाएं ज्यादा स्पष्ट हुई हैं और साथ ही उनके साधारण अनुयायियों को जोड़ने वाली कड़ी की आवश्यकता भी बढ़ गई है क्योंकि निम्न जाति के लोगों के भावनात्मक, बौद्धिक और आर्थिक सहयोग के लिए दूसरी संस्थाओं से प्रतियोगिता लगातार बढ़ती गई है।

संदर्भ और टिप्पणियां

1. सर्वप्रथम 'कंट्रीब्यूशन टू इंडियन सोशियोलॉजी' 21 (1987) : 264-83, में प्रकाशित।
2. जैसा कि पेरी एंडरसन (1976/1977) और अन्यों (जैसे कि अलबरकक्रों बी, 1980) ने नोट किया है, ग्राम्शी के लेखन में वर्चस्व की अवधारणा के वस्तुतः दो रूप मिलते हैं। एक में अधीनस्थ वर्गों की, वर्चस्वशील वर्गों की विचारधारा के प्रति सहमति पर जोर दिया गया है, तो दूसरे में सहमति के साथ बल प्रयोग पर जोर है। जाहिर है कि मैं इसी दूसरे रूप में 'वर्चस्व' की बात कर रहा हूं।
3. अछूत-उत्पत्ति से संबंधित मिथकों के दो अन्य विश्लेषण के लिए देखें—कोलेंडा (1964 : 75) और मिलर (1966)
4. ऐसे साधुओं के पोषण के लिए भी आवश्यक आर्थिक संसाधन कई बार उपलब्ध नहीं होते। बर्नार्ड कोहन (1959 : 23) ने जिस गांव का अध्ययन किया; वहां के शिवनारायणी महंत का गुजारा दान-दक्षिणा भर से नहीं हो पाता था। वे बाकायदा मजदूरी करते थे। कोहन का सामाजिक-सांस्कृतिक विश्लेषण आमतौर से सटीक होता है, लेकिन 'जाति-निरपेक्ष हिंदू संप्रदाय' के इस टिपीकल मामले में वे यह देखने से चूक गये कि यहां संस्कृतीकरण कुछ अधिक की सूचना दे रहा है।
5. 1987 में इस लेख के प्रकाशन के बाद से विराट हिंदू सम्मेलन के बारे में तो कुछ खास सुनने को नहीं मिला, लेकिन विश्व हिंदू परिषद् की ताकत बहुत बढ़ गयी है। 1992 में, बाबरी मस्जिद के विध्वंस में विहिप की भूमिका सब जानते ही हैं।
6. विवेकदास इस वक्त कबीर चौरा के प्रमुख महंत बन चुके हैं, और गृधमुनि नाम साहब का निधन हो चुका है। रामाश्रयदास साधु जीवन छोड़कर, गृहस्थ, सफल व्यापारी हो गये हैं। विवेकदास द्वारा संस्थापित 'कबीर दल' नामक संगठन निष्क्रिय हो चुका है।

अध्याय नौ

कबीरपंथ और सामाजिक प्रतिरोध*

किसी भी विचारधारा को सही ढंग से समझने के लिए उसे ऐतिहासिक, सामाजिक और आर्थिक-राजनैतिक संदर्भ में विश्लेषित करना पड़ता है। यह बात महज सहज-बोध की हो सकती है, लेकिन भारतीय धर्म पर चलने वाली अकादमिक बहसों में इसकी अद्‌भुत उपेक्षा की गई है। इस सहजबोधात्मक बात की परिणतियों पर ध्यान ही नहीं दिया गया है। यह प्रवृत्ति स्पष्ट रूप से हिंदू-परंपरा की वास्तविक निरंतरता को बढ़ा-चढ़ाकर कहने और वैसे ही इस परंपरा की क्रमभंगता को बहुत कम आंकने की पुरानी आदत में अभिव्यक्त होती है। उदाहरण के लिए यह तो अब कुछ ही विद्वान मानते हैं कि हिंदू धर्म वेदों में है, लेकिन कई विद्वान इस अविश्वसनीय सिद्धांत को स्वीकार करने में तनिक भी संकोच नहीं करते कि मध्यकालीन तांत्रिक संप्रदाय में मातृदेवी की पूजा, आर्यों से पहले की सिंधु घाटी-सभ्यता के लोकप्रिय धर्म के पुनरोत्थान की अभिव्यक्ति है जबकि करीब-करीब दो-तीन हजार सालों के लंबे अंतराल में इस संप्रदाय की निरंतरता के कोई भी महत्त्वपूर्ण प्रमाण उपलब्ध नहीं हैं।

भक्ति की संकल्पना भी इसी प्रकार के कालपरक या संदर्भपरक दोषों से युक्त विश्लेषण का शिकार रही है। भक्ति का कोई न कोई रूप निश्चित रूप से सभी धर्मों के मूल में है—या कम से कम उपस्थित तो है ही। भक्तिभाव की इस सतही समानता पर ध्यान टिकाए लोग हिंदू परंपरा के विभिन्न ऐतिहासिक मोड़ों पर मिलने वाली भक्ति के गंभीर संदर्भपरक और प्रकार्यपरक अंतरों को देख ही नहीं पाते। लेकिन यह तो ठीक है कि भगवद्‌गीता के समय से ही हम कुछ ऐसे लक्षणों को देख सकते हैं जिनके आधार पर भक्ति-आधारित हिंदू परंपरा की पहचान और चर्चा संभव है। ये लक्षण आगे बताए गए हैं, हालांकि जरूरी नहीं है कि ये सब एक साथ भक्ति की किसी संकल्पना में उपस्थित हों ही; जैसे कि 1. प्रमुख देवता (खासकर विष्णु) के अवतार का सिद्धांत, 2. मोक्ष (मुक्ति) प्राप्ति के विभिन्न तरीकों में एक भक्ति का होना; 3. यह मान्यता कि मोक्ष के विभिन्न तरीके

अंशतः एक-दूसरे के पूरक हैं। लेकिन भक्ति ही सबसे अच्छा रास्ता है क्योंकि यह विभिन्न सामाजिक वर्गों और स्त्रियों के लिए सहज उपलब्ध है। 4. मोक्ष की धारणा का मतलब पुनर्जन्म से मुक्ति है, जो कि पूर्वजन्म के कर्मफल से निर्धारित होता है। इसके अतिरिक्त भक्ति के आलम्बन के साथ स्थायी जुड़ाव (सायुज्य) और उसकी कृपा (प्रसाद) भी जरूरी है; 5. मानवीय संबंधों के विभिन्न मनोवैज्ञानिक भावों का भिन्न अंशों तक परिष्करण और निश्चयन। जैसे बच्चे का पिता के प्रति, स्त्री का प्रेमी के प्रति, दास का मालिक के प्रति और मित्र का मित्र के प्रति, आदि।

लेकिन इन भक्ति-लक्षणों की उपस्थिति ही पर्याप्त नहीं है क्योंकि इससे यह पता नहीं चलता कि किसी खास ऐतिहासिक संदर्भ में इसका कैसे उपयोग हुआ और कैसे इसकी व्याख्या की गई? भक्ति की किसी भी अभिव्यक्ति को समझने के लिए हमें उसकी अंतर्वस्तु और संदर्भ से संबंधित प्रश्नों से गुजरना पड़ेगा। पहला, इसका संदेश क्या है? दूसरे शब्दों में, भक्ति को कैसे परिभषित करते हैं? भक्ति की संकल्पना के किस पक्ष पर ज्यादा जोर दिया गया है और किस पर कम? कई मामलों में, जैसे कबीर के बहुत से अध्ययनों में, यह विश्लेषण इसकी अपेक्षा और आगे जाता है। भक्ति संदेश को प्रसारित करने वाला कौन है? संदेश प्रसारक की सामाजिक-आर्थिक स्थिति और निजी इतिहास क्या है? वे ऐसा क्यों करते हैं? क्या वे इसके प्रति गंभीर हैं या उनका कोई गुप्त अभिप्राय है? तीसरे, संदेश किसको प्रसारित होता है? श्रोता की सामाजिक बनावट और वर्ग-स्थिति क्या है? चौथे, संदेश कब, कहां और कैसे प्रसारित होता है? दूसरे शब्दों में, इसको प्रसारित करने वालों और ग्रहण करने वालों का संपूर्ण ऐतिहासिक संदर्भ क्या है? अंतत, श्रोताओं द्वारा संदेश को कैसे स्वीकार किया गया और कैसे इसकी व्याख्या की गई? यह कितना लोकप्रिय है और इसको कितना समझा गया तथा उपयोग किया गया?

मिल्टन सिंगर ने इस प्रकार के विश्लेषण को उचित ही 'विषयपरक और संदर्भपरक अभिव्यंजना' कहा है। उन्होंने पाया है कि समकालीन हिंदू परंपरा के अधिकतर अध्ययनों में इस प्रकार के विश्लेषण की कमी है। पूर्व-आधुनिक हिंदू परंपरा के अध्ययनों में तो यह कमी और तीखी है। अधिकतर मामलों में, धर्म के इतिहासकार, भाषाविद्, दर्शनशास्त्री, समाजशास्त्री और मानवविज्ञानी अपने अध्ययनों में एक-दूसरे के शोध के निष्कर्षों को सम्मिलित करने के लिए तथाकथित अनुशासनात्मक सीमाओं को पार नहीं कर पाए हैं। बल्कि इसे सायास टाला गया है। परिणाम यह हुआ है कि गहराई के लिए विस्तार की बलि दे दी गई और अध्ययन के विषयों के महत्त्व के प्रति एक भ्रामक दृष्टि की रचना की गई। सिंगर कहते हैं कि 'इसका जो भी कारण (स्रोत) है, यदि धर्म की हमारी समझ को आगे बढ़ाना

है तो इस विभेद को दूर तो करना ही होगा।'[1]

इस अध्याय में भक्ति आंदोलन में कबीर के नाम के साथ जुड़ी हुई सामाजिक और धार्मिक असहमति की भूमिका के परीक्षण की कोशिश की जाएगी। व्यावहारिक कारणों से यानी संभव स्रोतों की प्रकृति के कारण, इस चर्चा में कबीर और उनके पदों के साथ आधुनिक कबीर संप्रदाय या पंथ की अपेक्षा कुछ भिन्न तरीके से पेश आया जाएगा। पंथ के अध्ययन के लिए मैं अपने 'फील्डवर्क' के दौरान सन् 1976 के वसंत और 1979 की शरद ऋतु में बनारस में पंथ के मठों से जुटाई गई सूचनाओं पर निर्भर रहूंगा। इसके अलावा जी. एच. वेस्टकाट, रसेल और हीरालाल, एफ.ई. की, परशुराम चतुर्वेदी और केदारनाथ द्विवेदी जैसे विद्वानों के शोधों की भी मदद ली जाएगी।

इस अध्याय की मूल संकल्पना यह है कि कबीर की शिक्षा में सामाजिक और धार्मिक विरोध के महत्त्वपूर्ण तत्त्व पाए जाते हैं। इन तत्त्वों का मूल अभिप्राय और प्रकार्य चाहे जो रहा हो, ये पंथ के अनुयायियों के द्वारा—अधिकतर शूद्रों, अछूतों और आदिवासियों जैसे हाशिए के समूहों द्वारा—ऊंच-नीच पर आधारित जाति व्यवस्था की विचारधारा के कुछ पहलुओं को नकारने के लिए प्रयोग में लाए गए, साथ ही कबीरपंथ में अपनी सदस्यता के द्वारा वे उसी समाज के भीतर आत्मसात होने के अनुकूल भी बने। वे 'संस्कृतीकरण' के द्वारा अपनी स्थिति को 'बदलने' की कोशिश भी करते हैं। जितना ही वे उच्च जाति की विचारधारा को आत्मसात करते हैं उतना ही अपनी सामाजिक स्थिति को 'ऊंचा' उठाने के प्रयास करते हैं। लेकिन, वास्तव में, ये सामाजिक समूह यह आशा नहीं कर सकते कि दूसरों की निगाहों में उनकी जातिगत स्थिति नाटकीय ढंग से ऊपर उठ जाएगी। फिर भी, कबीरपंथ की अधिक समतावादी विचारधारा में उन्हें एक सकारात्मक आत्मछवि प्राप्त होती है जो कि रूढ़िग्रस्त ब्राह्मणवादी हिंदू परंपरा के द्वारा आरोपित जन्मजात निम्न स्थिति को अस्वीकार करती है। कबीरपंथ की उनकी सदस्यता 'जाति-समाज' के स्वीकार की ओर इशारा करती है। लेकिन यह स्वीकार समाज के बुनियादी स्वभाव की एक भिन्न कल्पना पर निर्भर है और इस वर्तमान समाज के स्वीकार का अपना मूल्य भी उसी कल्पना से जुड़ा है। समाज की इस कल्पना-दृष्टि में एक अछूत की मूल स्थिति ब्राह्मण से किसी भी तरह कम नहीं है। वे यह स्वीकारते हैं कि सामाजिक रीतियों को बदलना बहुत कठिन है और उनका सम्मान करना जरूरी है। लेकिन मूल मानवीय सच्चाई इससे भिन्न है। इसमें प्रत्येक मनुष्य को उसके गुणों से परखा जाता है, किसी खास परिवार में जन्म लेने से नहीं। कबीर की सामाजिक विचारधारा का प्रसार कबीरपंथ के भीतर तो हुआ ही है, उसके बाहर भी कम नहीं हुआ। इस विचारधारा की अभिव्यक्ति को जयंत लेले ने भक्ति परंपरा में 'मुक्ति का क्षण' कहा है। उन्होंने जाति-व्यवस्था के अछूतों द्वारा स्वीकार

के प्रति मिशेल मोफा की खतरनाक भ्रामक दृष्टि का अप्रत्यक्ष किंतु बहुत कठोर प्रतिवाद किया है।[2]

कबीर आमतौर पर धर्म-सुधारक और समाज-सुधारक के रूप में प्रस्तुत किए जाते हैं, जिन्होंने इस्लाम और हिंदू धर्म के आध्यात्मिक समन्वय और शुद्धीकरण की बात की। इसके साथ ही उन्होंने हृदय के एक उदात्त रहस्यमयी धर्म का प्रतिपादन किया जिसका उद्देश्य व्यक्ति को बाहूय धार्मिक कृत्यों और हानिकर सामाजिक कर्मकाण्डों तथा पूर्वग्रहों से दूर रखना था। उदाहरण के लिए जे.ई. कारपेंटर ने लिखा है कि कबीर का युग ''हिंदू धर्म और इस्लाम के उच्च सिद्धांतों और क्रिया-कलापों के समन्वय के जरिए एक महान आध्यात्मिक आंदोलन के लिए परिपक्व था... परस्पर आदर और सहानुभूति की ओर पहला गंभीर प्रयास महानतम् भारतीय रहस्यवादी कबीर के द्वारा किया गया।''[3] ऐसे ही उत्साह के साथ ताराचंद ने भी कबीर की प्रशंसा की है : ''उन्होंने जीवन के रहस्यों का अवलोकन किया और अनिर्वचनीय ज्ञानपुंज की प्राप्ति की। वे लोक और परलोक पर विचार करते हुए व्यक्ति-विशेष और समाज के लिए एक नई दृष्टि लाते हैं...वह एक महान सचेतक, एक साहसी अन्वेषक, भारत के हिंदू और मुसलमान समुदाय की एकता के महान अग्रणी और मानवता में विश्वास के प्रेरक हैं।''[4]

पीताम्बरदत्त बड़थ्वाल और हजारीप्रसाद द्विवेदी जैसे विद्वानों ने कबीर की रचनाओं की अधिक सावधानी से छानबीन की। उन्होंने पाया कि ये रचनाएं इस्लाम की अपेक्षा हिंदू परंपरा की ज्यादा ऋणी हैं। इसके अलावा ये नाथ संप्रदाय के तांत्रिक मत से बहुत प्रभावित थीं। शारलोत वादिवेल और डब्ल्यू.एच. मैक्लियोड ने सुझाया कि हो सकता है कबीर का परिवार नाथ परंपरा से इस्लाम में सिर्फ नाममात्र के लिए धर्मांतरित हुआ हो। यह भी हो सकता है कि तांत्रिक बौद्ध से इस्लाम में धर्मांतरित हुआ हो।''[5] किसी भी तरह कबीर खुद नाथयोगी नहीं थे, लेकिन इस परंपरा से उन्होंने बहुत-कुछ ग्रहण किया। मैक्लियोड ने पाया कि कबीर कई तरह से संत अथवा निर्गुण परंपरा के चरमोत्कर्ष का प्रतिनिधित्व करते हैं जो कि ''तीन अलग-अलग प्रमुख आंदोलनों का संयोग था जिसमें वैष्णव भक्ति और नाथयोगियों के हठयोग तथा कुछ-कुछ सूफीवाद से लिए गए तत्त्वों का योग था।''[6]

यह भी हो सकता है कि कबीर पर नाथ और वैष्णव परंपरा की अपेक्षा सूफी परंपरा का बहुत कम प्रभाव पड़ा हो, लेकिन यह अभी तक बहस का मुद्दा है कि क्या कबीर मूलतः हिंदू हैं? मैंने कहीं विचार किया है कि अपने तीखेपन के कारण कबीर के व्यंग्य इस्लाम और हिंदू धर्म के बाहूय कर्मकाण्डी-पाखंडों के ऊपर सिर्फ आक्रमण करने से ज्यादा आगे चले जाते हैं, जहां वे दोनों धर्मों से अलग एक स्वतंत्र विचारधारात्मक स्थिति का खतरा उठा लेते हैं।[7] कबीर की अपनी सामाजिक पृष्ठभूमि

(जो कि पूर्णतः ज्ञात नहीं है) इस मान्यता को मजबूत करने में और सहयोग करती है। कबीर का परिवार नाथपंथी रहा हो या न रहा हो, यह निश्चित है कि वे जुलाहे थे—निम्न जाति के मुसलमान बुनकर। अन्य निम्न जाति के मुसलमानों की तरह वे भी बाहरी नहीं बल्कि देशज थे, जिन्होंने इस्लाम धर्म स्वीकार कर लिया था। भले ही उनके धर्मांतरण का समय ज्ञात नहीं है। तथ्य यह है कि जिस तरह कबीर का धार्मिक संदेश हिंदू परंपरा पर आधारित है, उससे कम से कम यह तो जाहिर हो जाता है कि उनके लिए इस्लाम कम महत्त्वपूर्ण था। यह मानते हुए कि वे इसी धर्म (हिंदू धर्म) में पैदा हुए थे, निजी रूप से उनका हिंदू धर्म में सीधे पुनः प्रवेश असंभव रहा होगा। उनके लिए अपने परिवार या स्थानीय जाति-समूह को भी पुनः हिंदू धर्म में प्रवेश कराना उतना ही कठिन रहा होगा, क्योंकि हिंदू धर्म में इस्लाम से धर्मांतरण को सामान्यतः हतोत्साहित किया जाता है। आगे चलकर जब गैर-हिंदू समुदाय को हिंदुओं के जाति-समाज में प्रवेश की अनुमति मिली तो उन्हें निम्न स्तर की जातियों के रूप में स्वीकार किया गया (शासकीय वर्ग जो कि क्षत्रिय जाति में शामिल हुआ, एक अपवाद है)। यदि ऐसा प्रस्ताव मिला भी होता तो कबीर जैसे स्वतंत्रचेता व्यक्तित्व के लिए उसे खुशी-खुशी स्वीकार करना असंभव था।

कबीर ने भक्ति के लिए निर्गुण ईश्वर का चुनाव किया। कबीर की सामाजिक स्थिति इस चुनाव की व्याख्या में मदद कर सकती है। यद्यपि हम लोग कबीर के श्रोताओं की सामाजिक बनावट के विषय में कुछ नहीं जानते फिर भी, यह अनुमान लगाना ज्यादा तर्कसंगत लगता है कि वे अधिकतर कम पढ़े-लिखे, निम्न जातियों के सदस्य थे, जैसे कि कबीर स्वयं थे। पारंपरिक हिंदू दृष्टिकोण में, वह धर्म इस प्रकार के व्यक्तियों के लिए एकदम अनुकूल है जो साधारण भक्ति पर आधारित हो अर्थात् ईश्वर का मानवीकृत रूप हो। इसके उत्कृष्ट उदाहरण वैष्णव-भक्ति में विष्णु के अवतार राम और कृष्ण हैं। इस प्रकार का धर्म साधारण लोगों के बीच बहुत सफल रहा है। कबीर ने इस प्रकार की ज्यादा कठिन और दुष्कर निर्गुण (ईश्वर) की भक्ति पर जोर क्यों दिया? कुछ विद्वानों का बहुत साधारण सा तर्क है कि यह चुनाव या तो कबीर के मस्तिष्क की अंतर्दर्शी प्रखरता को अभिव्यक्त करता है या अद्वैत वेदांत के सीधे प्रभाव को। कुछ अन्य विद्वानों ने ज्यादा युक्तिसंगत ढंग से माना है कि कबीर ने अपने पूर्ववर्ती संतों की शिक्षाओं से अपने चिंतन का विकास किया है। यह व्याख्या तो प्रश्न को और अधिक व्यापक बना देती है। आखिरकार कबीर के पूर्ववर्ती संत भी एक निर्गुण (निर्वैयक्तिक देवता) की ही पूजा की ओर क्यों उन्मुख हुए?

यहां एक बहुत रोचक तथ्य सामने आता है कि निर्गुण परंपरा के सभी महत्त्वपूर्ण संत लगभग गैर-ब्राह्मण थे, कुछ तो बहुत ही निम्न जातियों से थे। परंपरा के अनुसार,

कबीर ब्राह्मण रामानंद के बारह शिष्यों में से एक थे। बड़थ्वाल के अनुसार इन शिष्यों में कई, 'सगुण और निर्गुण परंपरा के बीच एक मध्यवर्ती स्थिति' का प्रतिनिधित्व करते हैं। जैसे कि पीपा गढ़ गागरोन के एक खींची राजा, सेन नाई, रविदास या रैदास चमार और धन्ना जाट हैं। कबीर के प्रमुख पूर्ववर्तियों में नामदेव (1300 ई.) छीपी, और सधन या सदना (1350 ई.) कसाई के रूप में उल्लिखित है। कबीर के बाद के अधिकतर निर्गुण संत भी गैर-ब्राह्मण ही हैं। इनमें गुरु नानक (1469-1538) खत्री, दादूदयाल (1544-1603) धुनिया (संभवतया मुसलमान परिवार में पैदा हुए दाउद), मलूकदास (1574-1682) खत्री, बिहार के दरिया (1674-1780) एक क्षत्रिय पिता (संभवतया इस्लाम में धर्मांतरित) और दर्जिन माता की संतान थे और चरनदास (जन्म 1703) एक धूसर बनिया थे।'[8] कबीर और इन निर्गुण संतों के लिए सगुण भक्ति का मतलब देवताओं और अवतारों की पूजा से था, जिसके मिथकों पर ब्राह्मणों का अधिकार है। ये मिथक आधिकारिक रूप से संस्कृत रचनाओं में संहिताबद्ध हैं, जैसे कि पुराणों में। ऐसी स्थिति में आश्चर्य नहीं है कि भक्ति के लिए निर्गुण 'ईश्वर' का चुनाव ही सही समझा गया, इसके बावजूद कि इसने बौद्धिक और मनोवैज्ञानिक कठिनाइयां उत्पन्न कीं।

दुर्भाग्यवश, कबीर, उनके संदेश और श्रोताओं तथा उनकी सामाजिक-ऐतिहासिक परिस्थितियों के बीच परंस्पर संबंध की व्याख्या कुछ अड़चनों का सामना किए बिना आगे नहीं बढ़ाई जा सकती। कबीर जैसे व्यक्ति के विषय में 'वस्तुतः हम कुछ नहीं जानते, सिवाय इसके कि बनारस के एक बुनकर परिवार से उनका संबंध था। उनकी तिथि निश्चित नहीं है। 1448-50 ई. और 1518 ई. या 1504 को मृत्यु-वर्ष मानने के सवाल पर विद्वानों में मतभेद बना हुआ है। कुछ पहली तिथि को स्वीकार करते हैं तो कुछ दूसरी को।'[9] अधिकतर विद्वानों का मानना है कि कबीर की रचनाओं के तीनों प्रमुख संग्रह जिसमें उनकी शिक्षाएं हैं—'आदिग्रंथ में शामिल पद, राजस्थानी 'कबीर-ग्रंथावली' और कबीरपंथी 'बीजक'—उनमें अन्य स्रोतों की प्रक्षिप्त सामग्री भी शामिल है।'[10] इस संबंध में बीजक संग्रह सर्वाधिक संदिग्ध है। पंथ के सदस्यों के बीच इसका बहुत ऐतिहासिक प्रभाव है क्योंकि पंथ की अधिकतर शाखाएं सिर्फ इसे ही आधिकारिक रचना स्वीकार करती हैं। इस मान्यता के अतिरिक्त कि कबीर ने स्वयं अपने जैसे हाशिये के लोगों को बहुत अधिक आकर्षित किया, कबीर के श्रोताओं के विषय में बहुत कम जानकारी मिलती है। जो भी हो, सोलहवीं शताब्दी के अंत में या उससे थोड़ा पहले कबीर के पद उत्तर भारत के एक बड़े भाग में सामान्य लोगों के बीच बहुत लोकप्रिय हुए। बाद के अधिकतर संतों की रचनाओं में प्रत्यक्ष या अप्रत्यक्ष रूप से उनके

प्रति आभार प्रकट करने से भी यह बात स्पष्ट होती है।

जहां तक कबीरपंथ का संबंध है, उन्नीसवीं शताब्दी से पहले का इसका इतिहास सिर्फ ऐसी किंवदंतियों, मान्यताओं के रूप में जाना जा सकता है जिनका एक खास उद्देश्य है। फिर भी, इस परंपरा में कबीर के जीवन से संबद्ध किंवदंतियों के पूर्व संदर्भ मौजूद हैं। यह भी हो सकता है कि ये पंथ में आरंभ से ही मौजूद रहे हों। इनमें से अधिकतर किंवदंतियों को आज पंथ की सभी शाखाओं में बिल्कुल वास्तविक (सत्य) मानकर स्वीकार किया गया है। ये नाभादास के भक्तमाल और प्रियादास तथा दूसरों के द्वारा उसकी टीका, अनंतदास की कबीर परचई (1588 ई.), दबिस्तान-ए- मजाहिब (1650 ई.), राघोदास के भक्तमाल (1660) और चतुरदास द्वारा इसकी टीका (1794) जैसी प्रारंभिक रचनाओं में पाई गई हैं। इसके साथ ही ये बहुत-सी कबीरपंथी रचनाओं में पाई गई हैं जिनका समय निश्चित नहीं है।[11]

इन किंवदंतियों की सामान्य प्रवृत्ति (जिसकी यहां विस्तार से व्याख्या की जरूरत नहीं है) कबीर को हिंदू ज्यादा और मुसलमान कम बताने की है। प्रमुख किंवदंतियां बताती हैं कि कबीर 1. विष्णु के अवतार के रूप में स्वर्ग से लहरतारा नामक तालाब में कमल के पत्ते पर उतरे (या एक विधवा ब्राह्मणी के पुत्र थे) 2. चालाकी से ब्राह्मण रामानंद के शिष्य हो पाए। 3. सुल्तान सिकंदर लोदी (मृत्यु 1517) के द्वारा सताए गए और शेख तकी नामक मुसलमान सिद्ध से उनका विवाद हुआ। 4. समुद्र देवता के क्रोध से पुरी के जगन्नाथ मंदिर की रक्षा की। एक और किंवदंती जो बारंबार उद्धृत की गई है, उनकी मृत्यु से संबंधित है। मृत्यु के बाद उनके शव के अंतिम संस्कार के लिए किस प्रकार हिंदू और मुसलमान लड़ने लगे, लेकिन बाद में उनके कफन के नीचे सिर्फ फूलों का ढेर मिला जिसे अनुयायियों ने बराबर-बराबर बांट लिया।[12]

एक खास मामले में, कबीरपंथ और सिख परंपरा में स्वीकार की गई किंवदंती के बीच महत्त्वपूर्ण भिन्नता पाई जाती है। 'आदिग्रंथ' और 'कबीर ग्रंथावली' के कबीर के गीतों में उनकी पत्नी (या पत्नियां), कमाल नामक बेटे तथा (संभवतया) कमाली नाम की बेटी का स्पष्ट संकेत मिलता है। सिख परंपरा में कबीर और उनके परिवार के सदस्यों के संबंध में बहुत सी किंवदंतियां प्रचलित हैं।[13] दूसरी ओर, कबीर पंथ के साधु इस बात पर जोर देते हैं कि कबीर जीवन भर एक अविवाहित तपस्वी रहे। वे कबीर के गृहस्थ जीवन संबंधी पदों की प्रामाणिकता को ही नकार देते हैं। या उनकी व्याख्या एकदम अलग उसी तरह करते हैं जैसे कुछ ईसाई चर्च ईसा मसीह के भाईयों के संबंध में बाइबिल-संबंधी उल्लेखों की विभिन्न व्याख्या करते हैं। पंथ के अपने बीजक में कबीर की पत्नी और बच्चों से संबद्ध पदों की अनुपस्थिति ध्यान देने लायक है।

ये किंवदंतियां मिथकीय कितनी भी हों, कबीर परंपरा के बहुत तेजी से हिंदूकरण

की ओर इशारा करती हैं। कबीर के परिवार की कहानी को छोड़कर (या उसकी अनुपस्थिति), यह स्पष्ट नहीं है कि ये कहानियां किस हद तक लोकप्रिय परंपरा की उपज हैं, और किस हद तक कबीर पंथ की सायास निर्मितियां। अव्यवस्थित धर्म-दर्शन के बावजूद पंथ की सभी शाखाओं में इन कहानियों को बहुत तत्परता से प्रोत्साहित किया जाता है। कबीर के पूर्वजन्मों की कहानियां सभी शाखाओं में विलक्षण काल्पनिकता के साथ अलग-अलग रूपों में प्रकट होती हैं। यह बात धर्मदासी शाखा की विभिन्न रचनाओं के लिए विशेष रूप से सत्य है जिनमें परमानंद दास की कबीर-मंसूर (1887 ई. में सबसे पहले उर्दू में प्रकाशित) और ब्रह्मलीन मुनि का संस्कृत में 'सद्गुरु श्री कवि चरितम्' (1960) प्रमुख है। इसी संदर्भ में सुरतिगोपाल या कबीर चौरा शाखा के गंगाशरण शास्त्री की हिंदी रचना 'कबीर का जीवन चरित' (1976) भी महत्त्वपूर्ण है।[14]

कबीरपंथ के अकादमिक अध्ययन का पहला गंभीर प्रयास एच.एच. विल्सन का प्रतीत होता है। उन्होंने हिंदू संप्रदायों के अपने प्रसिद्ध अध्ययन में इस पंथ की चर्चा की। यह अध्ययन सबसे पहले 1828 और 1832 ई. में 'एशियाटिक रिसर्चेज' में प्रकाशित हुआ।[15] 19वीं शताब्दी के दौरान विभिन्न जिलों के गजेटियरों में संक्षिप्त उल्लेख और 1891 की जनगणना को छोड़कर पंथ पर बहुत ध्यान नहीं दिया गया। सन् 1907 ई. में बिशप जी.एच. वेस्टकॉट की 'कबीर और कबीरपंथ' नामक रचना प्रकाशित हुई। इस रचना ने पंथ के बारे में परवर्ती लेखन के लिए मुख्य स्रोत का काम किया।[16] आर.वी. रसेल और हीरालाल की 'ट्राइब्स एण्ड कास्ट्स ऑफ दि सेंट्रल प्रोविंस' (1917) नामक पुस्तक भी महत्त्वपूर्ण है।[17] वेस्टकॉट के बाद सबसे महत्त्वपूर्ण कार्य 'कबीर एण्ड हिज फॉलोवर्स' (1931) के रूप में एफ.ई.की. का रहा। की की यह रचना पंथ के सीधे निरीक्षण तथा उसके साहित्य के व्यापक अध्ययन और परीक्षण पर आधारित है।[18] की. के बाद केदारनाथ द्विवेदी का कार्य ही उससे आगे जा सका है। उनकी 'कबीर और कबीरपंथ' नामक पुस्तक 1965 में प्रकाशित हुई। यद्यपि परशुराम चतुर्वेदी की महत्त्वपूर्ण पुस्तक 'उत्तर भारत में संत परंपरा' का संशोधित संस्करण एक साल पहले ही प्रकाशित हुआ लेकिन पंथ पर चर्चा के दौरान किसी हद तक वे द्विवेदी के ही कार्य पर भरोसा करते हैं।[19] हाल ही में मानवशास्त्री वैद्यनाथ सरस्वती ने पंथ पर 'फील्डवर्क' किया है।[20] बहुत से मानवशास्त्री, इतिहासकार और सरकारी लेखकों ने अपनी-अपनी जरूरत के लिए पंथ के क्रियाकलापों की सतही छानबीन की है, लेकिन किसी ने भी उसे अपनी खोज का मुख्य विषय नहीं बनाया।

पंथ के अनुयायियों की बहुत बड़ी संख्या तथा इसके सामाजिक और धार्मिक महत्त्व को ध्यान में रखते हुए विद्वानों द्वारा इसकी उपेक्षा कुछ आश्चर्यजनक है। पंथ

की तुलना में खुद कबीर के साहित्य और भाषा के ऊपर बहुत सी सामग्री प्रकाशित हुई है। आगे, इस अध्याय में सबसे पहले पंथ के विस्तार और उसके संगठन के विषय में चर्चा की जाएगी। उसके बाद इस परिकल्पना पर विचार किया जाएगा कि पंथ ने प्राथमिक रूप से अछूतों, शूद्रों और आदिवासियों जैसे हाशिये के लोगों के लिए हिंदूकरण के माध्यम के रूप में काम किया।

कबीरपंथी परंपरा के अनुसार, कबीर के चार प्रमुख अनुयायियों ने पंथ की चार अलग-अलग शाखाओं की स्थापना की। सुरत गोपाल (या श्रुति गोपाल) ने कबीर चौरा शाखा की स्थापना की, जो कि बनारस में है; धर्मदास ने छत्तीसगढ़ शाखा की स्थापना की; जगूदास (या जगोदास) ने विदूपुर (मुजफ्फरपुर जिला, बिहार) और शिवपुर (बनारस के पास) में शाखा की स्थापना की, और भगोदास (भगूदास या भगवानदास गोसाईं) ने धनौती (जिला छपरा, बिहार) में भगतही शाखा की स्थापना की। वास्तव में यह ऐतिहासिक परंपरा बहुत संदिग्ध है क्योंकि यह पंथ की एक अन्य महत्त्वपूर्ण शाखा—फतुहा शाखा—को छोड़ देती है, जो पटना के पास स्थित है। यह शाखा कबीर के दो सीधे अनुयायियों तत्त्वा और जीवा (दो सगे भाई) द्वारा स्थापित बताई जाती है। कुछ विद्वानों का सुझाव है कि कबीरपंथ की इन सभी शाखाओं का समय खुद कबीर के बहुत बाद का माना जा सकता है। कबीरपंथ की एक दूसरी महत्त्वपूर्ण शाखा दक्षिण-पश्चिमी मध्यप्रदेश के बुरहानपुर में स्थित है जो कि 1835 ई. में पूरन साहब द्वारा स्थापित की गई। कुछ स्वतंत्र मठ उड़ीसा के पुरी में पुराना मठ, मध्य प्रदेश में हटकेश्वर, बनारस के लगभग 37 मील पश्चिम में बदैया गांव में दो अलग-अलग मठ तथा बिहार के दरभंगा जिले के रुसड़ा में स्थित हैं।[21]

पंथ की दो मुख्य शाखाएं बनारस की कबीर चौरा और छत्तीसगढ़ शाखा हैं। छत्तीसगढ़ शाखा के दो परस्पर विरोधी केंद्र दामाखेड़ा और खरसिया में हैं। बनारस में कबीर चौरा मठ कबीर के घर के प्रसिद्ध स्थल पर स्थित है। यह पंथ की मूलगद्दी होने का दावा करता है, जिससे कि पंथ की अन्य शाखाएं निकली हुई हैं। कबीर चौरा शाखा के सदस्य चाहे वे सामान्य अनुयायी हों या साधु, दोनों ही छत्तीसगढ़ की शाखा के अनुयायियों की अपेक्षा ऊंची जातियों से संबद्ध हैं। बनारस का कबीर चौरा मठ बहुत बड़ी संख्या में उत्तरी बिहार, पूर्वी उत्तर प्रदेश और गुजरात में स्थित मठों पर अपने अधिपत्य को बनाए हुए है।[22] यह अभी स्पष्ट नहीं है कि इस शाखा के साधु पंथ के सामान्य अनुयायियों के साथ कितना प्रगाढ़ संबंध बनाए हुए हैं। इस संदर्भ में छत्तीसगढ़ शाखा कुछ अधिक सक्रिय प्रतीत होती है। इसके क्रियाकलाप का मुख्य क्षेत्र मध्य प्रदेश में बुंदेलखंड का क्षेत्र और छत्तीसगढ़ है, यद्यपि इसका नियंत्रण गुजरात के कुछ केंद्रों और दूसरी जगहों पर भी है। बुरहानपुर शाखा मुख्य

रूप से पूर्वी मध्य प्रदेश में सक्रिय है जबकि भगतही और फतुहा शाखा का मध्य और उत्तरी बिहार तथा नेपाल के कई मठों पर नियंत्रण है। पंथ के इस प्रकार के कुतूहलपूर्ण भौगोलिक बंटवारे का कारण समुचित रूप से व्याख्यायित नहीं किया गया है। यह अधिकांशतः ऐतिहासिक संयोग से उत्पन्न हुआ प्रतीत होता है। यद्यपि पंजाब और राजस्थान में पंथ की अपेक्षित अनुपस्थिति का कारण क्रमशः सिक्खों और दादू की परंपरा द्वारा कबीर के गीतों का उपयोग हो सकता है। सिर्फ पूर्वी उत्तर प्रदेश को छोड़कर संपूर्ण उत्तर प्रदेश में कबीरपंथ की अनुपस्थिति का कारण इस क्षेत्र में निम्न जातियों की निष्ठा के लिए इस्लाम से होने वाली ऐतिहासिक प्रतिद्वंद्विता है।

कबीरपंथियों की पूरी जनसंख्या के वर्तमान आकार का आकलन करना बहुत कठिन है। 1901 की जनगणना में सेंट्रल प्रॉविंस (मध्य प्रदेश) में कबीरपंथियों की संख्या लगभग 5 लाख और पूरे भारत में लगभग 8 लाख 50 हजार पाई गई। 1911 की जनगणना में सेंट्रल प्रॉविंस (मध्य प्रदेश) में कबीरपंथियों की संख्या लगभग 6 लाख थी।[23] अखिल भारतीय जनसंख्या का यह आंकड़ा वास्तविकता से बहुत कम प्रतीत होता है, क्योंकि कुछ जिलों में जनगणना करने वालों ने सिर्फ उन्हीं कबीर पंथियों को पंजीकृत किया है जिन्होंने अपनी जाति 'कबीरपंथी' बताई है। ऐसी स्थिति सिर्फ कबीरपंथी बैरागियों पर ही लागू होती है, पंथ के सामान्य अनुयायियों पर नहीं। इस प्रकार की गणना से सामान्य अनुयायी छंट जाते हैं। यदि कबीरपंथियों का अनुपात प्रतिशत पूरी जनसंख्या में स्थिर हो तो 1901 के 8 लाख 50 हजार कबीर पंथी आज (1986) कुल 25 लाख हो जाएंगे। यह ध्यान में रखते हुए कि मूल आंकड़ा शायद बहुत कम है, पूरी जनसंख्या बहुत अधिक हो सकती है। तब और भी ज्यादा यदि पंथ को अपनी प्रचारात्मक गतिविधियों में सफलता मिली हो।

कबीरपंथ की सामाजिक बनावट और विचारधारा की व्यवस्थित ढंग से छानबीन नहीं की गयी है। विद्वानों के बीच एक सर्वमान्य धारणा है कि पंथ उन विभिन्न शास्त्रविरुद्ध संप्रदायों में केवल एक का प्रतिनिधित्व करता है जो कि समय-समय पर भारत में सुव्यवस्थित धार्मिक और सामाजिक तथा (यहां तक कि) राजनीतिक व्यवस्था को चुनौती देने के लिए उठ खड़े होते हैं। इस दृष्टि से ये संप्रदाय धर्म के रूप में सामाजिक प्रतिरोध के असली आंदोलन हैं जो कि पूर्व-आधुनिक, पारंपरिक संस्कृति के एकदम उपयुक्त हैं। यह ठीक ही नोट किया गया है कि ये आंदोलन बलि, मूर्ति-पूजा और तीर्थयात्रा जैसे धार्मिक बाह्याडंबरों तथा जाति-व्यवस्था के द्वारा पोषित अपमानजनक सामाजिक भेदभाव की विभिन्न स्थितियों का विरोध बड़ी हद तक करते हैं। वे एक सच्चे और शुद्ध हृदय पर आधारित धर्म की सीख देते हैं जिसमें बाह्याडंबर कम से कम हो और सभी व्यक्ति सैद्धांतिक रूप से बराबर और विशिष्ट

माने जाते हैं। के. एन. पणिक्कर का मानना है कि 18वीं शताब्दी में इस प्रकार के बहुत से आंदोलनों की उपस्थिति, इस सिद्धांत के विरुद्ध जाती है कि "आधुनिक विचारों का उभार, 19वीं शताब्दी में सामाजिक प्रतिरोध तथा धार्मिक असहमति का विकास...भारत में यूरोपीय विचारों और संस्थाओं के प्रवेश का परिणाम था।" उनके दृष्टिकोण से यह सिद्धांत 'भारतीय बौद्धिक परंपरा में प्रतिरोध और असहमति के तत्त्वों तथा ब्रिटिश हस्तक्षेप से पहले अठारहवीं शताब्दी में सामाजिक विकास की संभावनाओं की उपेक्षा करता है।'[24]

कबीरपंथ और अन्य संप्रदायों के संदर्भ में विद्वानों के बीच सर्वसम्मति है कि वे सामाजिक असहमति और प्रतिरोध के देशज आंदोलन हैं। बहुत हद तक यह बात सही भी है। दुर्भाग्यवश, इसका भी अति सरलीकरण करके उसमें इच्छित धारणा के तत्त्व शामिल कर दिए जाते हैं। नए धार्मिक आंदोलन आर्थिक और सामाजिक स्थितियों में महत्त्वपूर्ण परिवर्तन के कारण ही उठ खड़े होते हैं, ये परिवर्तन सामाजिक-आर्थिक संक्रमण, विस्थापन और संघर्ष की अवस्था से पहचाने गये हैं। अंशतः वे इन परिवर्तनों के विरुद्ध खड़े होते हैं और इन परिवर्तनों से जुड़े हुए सामाजिक-आर्थिक अन्याय के विरोधी होते हैं। वे इन परिवर्तनों के अनुकूल एक नयी मूल्य व्यवस्था भी निर्मित करते हैं जिसमें इस परिवर्तन का नकारात्मक और शोषणकारी प्रभाव सहन करने योग्य हो जाता है। प्रत्येक आंदोलन में सामाजिक प्रतिरोध तथा सामाजिक समायोजन की प्रवृत्ति और क्षमता अलग-अलग प्रकार की होती है; और आंदोलन के बदलाव के साथ बदलती भी रहती है।

इस दृष्टिकोण से, यह सही नहीं है कि धार्मिक (और अन्य भी) आंदोलन का मूल्यांकन सामाजिक प्रतिरोध की प्रत्यक्ष अभिव्यक्ति के आधार पर किया जाए। आंदोलनों में परिवर्तनाकांक्षी सामाजिक असंतोष और संघर्ष हमेशा उपस्थित रहते हैं, भले ही वे विभिन्न रूपों और दिशाओं में हों। किसी आंदोलन का मूल चरित्र खासकर इसके द्वारा प्रतिपादित मूल्यों और लक्ष्यों तथा इनकी प्राप्ति के लिए अपनाए गए साधनों की सफलता पर निर्भर करता है। वस्तुतः प्रत्येक आंदोलन को उसकी अपनी विशिष्टताओं, अपने घटकों और विचारधारात्मक संदर्भों में देखा जाना चाहिए।

विद्वानों में सर्वसम्मति है कि कबीरपंथ जैसे धार्मिक आंदोलन धर्मनिरपेक्ष या राजनैतिक आंदोलनों से पूर्व के 'सामाजिक-प्रतिरोध' आंदोलन हैं। यह सर्वसम्मति अक्सर एक पूरक सिद्धांत के द्वारा जुड़ी हुई है जो उस आंदोलन की संपूर्ण अवधि के दौरान होने वाले परिवर्तनों की व्याख्या करने की कोशिश करती है। बहुत से मानवविज्ञानियों और समाजशास्त्रियों ने माना है कि किसी नए धार्मिक आंदोलन में सामाजिक प्रतिरोध (असहमति) के तत्त्व शीघ्र ही एक ऐसी प्रक्रिया के द्वारा हटा दिए जाते हैं जिसे मैक्स वेबर 'करिश्मे का संस्थानीकरण' तथा अन्र्स्ट ट्राल्टेश 'संप्रदाय

से चर्च में संक्रमण' कहते हैं। भारत के मामले में, यह प्रक्रिया 'संप्रदाय से जाति' में संक्रमण के रूप में देखी जा सकती है। यह प्रक्रिया कुछ उसी तरह की आध्यात्मिक कठोरता को अभिव्यक्त करती है जैसे संभावित बुढ़ापे की ओर ले जाने वाली धमनियों की कठोरता। निर्मल कुमार बोस ने इस संकल्पना को दो टूक अभिव्यक्ति दी है :

> यदि हम चैतन्य-नित्यानंद, कबीर या नानक से जुड़े हुए और इससे भी पहले बुद्ध और जैन तीर्थंकरों तक जाएं तथा पहले के असहमतिपरक सुधारात्मक संप्रदायों के इतिहास को देखें तो पाएंगे कि उनका विद्रोह जाति के प्रतिरोध में था और लोग जाति के बजाय व्यक्तिगत प्रतिभा के आधार पर एक नये भाईचारे की ओर आकर्षित हुए थे। लेकिन धीरे-धीरे इस प्रकार के समूह भी पहले संप्रदाय में और अंततः जाति में परिवर्तित होते गए। विवाह सिर्फ उसी संप्रदाय के लोगों के बीच सीमित रहा। इस प्रकार के विद्रोह जाति के बंधन को कमजोर करने की बजाय सिर्फ पहले से चली आ रही जातियों में एकाधिक संख्या और जोड़ने में ही सफल रहे।''[25]

इस कथन से कई समस्याएं उठ खड़ी होती हैं। पहला, निश्चय ही किन्हीं खास धार्मिक आंदोलनों के बीच इस प्रकार की तुलना की उपयोगिता के विषय में संदेह है, क्योंकि इन आंदोलनों को उनके सामाजिक-ऐतिहासिक संदर्भों से काट कर देखा गया है। इन आंदोलनों की तुलना जब बुद्ध और जैन तीर्थंकरों के समय से की जाती है तो परिणाम निश्चित रूप से दोषपूर्ण होता है क्योंकि उस समय जाति व्यवस्था प्रारंभिक अवस्था में थी। दूसरी बात यह कि ऐसा मानना कि ये सभी आंदोलन अंततः नई जातियों में बदल गए, सब के बारे में सही नहीं है। कबीरपंथी नयी जाति नहीं बने हैं। एक ही जाति के कबीरपंथियों और गैर-कबीरपंथियों के बीच विवाह की अनुमति है। भक्ति आंदोलनों के दो एक संप्रदाय ही जाति में बदले हैं। तीसरा, यह बहुत बड़ा प्रश्न है कि किस हद तक कबीरपंथ या कोई अन्य पंथ जाति व्यवस्था के विरुद्ध (यहां तक कि अपने मूल रूप में भी) एक वैयक्तिक-अराजक विद्रोही की भूमिका निभाता है। उसी तरह समय के गुजर जाने का मतलब यह नहीं है कि इन आंदोलनों में सामाजिक प्रतिरोध के तत्त्व पूरी तरह से लुप्त हो गये हैं। हुआ यह है कि ये तत्त्व अपने अनुयायियों की बदली हुई आवश्यताओं को पूरा करने के लिए बदलते भी गए और संस्थानीकृत भी होते गए।

मैंने एक जगह चर्चा की है कि किस प्रकार कबीरपंथ के वैरागियों ने पंथ का हिंदूकरण और संस्कृतीकरण किया, जिसकी वजह से आज यह स्पष्ट रूप से वैष्णव संप्रदाय है। कबीर चौरा मठ के अधिकारी गंगाशरण शास्त्री (पहले गंगाशरण दास) ने ही मुझसे कहा था कि : ''मैं हिंदू हूं, मैं वैष्णव हूं।'' चूंकि मेरा वह अध्ययन पंथ के साधुओं के संबंध में था, वहां मैंने हिंदूकरण और 'संस्कृतीकरण' (और इसके विपरीत 'पश्चिमीकरण') की प्रवृत्तियों को उनके साधारण अनुयायियों की सामाजिक

और विचारधारात्मक जरूरतों से जोड़कर देखने की गंभीर कोशिश नहीं की थी। इस तथ्य के बावजूद कि इस प्रश्न पर अभी तक कोई व्यवस्थित अध्ययन की कोशिश नहीं हुई है, मानवविज्ञानियों, समाजशास्त्रियों द्वारा मिलते-जुलते मामलों के अध्ययनों की मदद से और पंथ की प्रचारात्मक गतिविधियों के आधार पर, अब इस विषय की सामान्य रूपरेखा तो प्राप्त की ही जा सकती है।

कबीरपंथ के दो तरह के अनुयायी हैं : 1. निम्नवर्गीय हिंदू, जिसे एक ऐसी विचारधारा की तलाश है, जो उनकी ज्यादा सकारात्मक स्थिति और आत्मछवि को प्रस्तुत करे। 2. आदिवासी लोग, जो कि सामाजिक और सांस्कृतिक रूप से जाति-व्यवस्था के निम्नतम स्तर पर रहे हैं। इन्हें निम्न जातियों में शामिल कर हिंदू परंपरा में मिला लिया गया है। ये अपनी निराशाजनक विषमताओं के विरुद्ध अपने आत्मसम्मान को सुरक्षित रखने की कोशिश कर रहे हैं। दोनों ही मामलों में पंथ की यह सदस्यता हिंदुओं की पदानुक्रमित सामाजिक-धार्मिक व्यवस्था के विरुद्ध सामाजिक प्रतिरोध और साथ ही उस व्यवस्था के वर्चस्व के साथ समझौते को प्रकट करती है।

आदिवासियों के बीच कबीरपंथियों की सक्रियता का सुव्यवस्थित दस्तावेजी प्रमाण सिर्फ उरांवों के बीच कबीरपंथी भगतों का है। 'उरांव' दक्षिण बिहार (विशेषतः रांची जिला) में छोटानागपुर के मुख्य आदिवासी हैं। 1961 की जनसंख्या के अनुसार इन आदिवासियों की संख्या करीब 15 लाख थी, जिसकी करीब आधी संख्या बिहार में पाई जाती है। रांची जिले में, वे करीब 200 वर्षों से भी ज्यादा समय से सहअस्तित्व और शांतिपूर्ण ढंग से 'मुंडा' आदिवासियों के साथ रह रहे हैं। यद्यपि दोनों आदिवासी भाषाई और सांस्कृतिक रूप से भिन्न हैं, लेकिन उन्होंने अक्सर इस क्षेत्र में बाहरी व्यक्तियों के प्रवेश और अधिकार के विरुद्ध एकजुट होकर प्रतिरोध भी किए हैं। इसमें उन्हें सफलता भी मिली है। इनके बीच 20वीं शताब्दी के प्रारंभ में हिंदू समाज-व्यवस्था का धार्मिक प्रभाव तथाकथित 'भगत' आंदोलन के जरिए शुरू हुआ। एन.के. बोस के अनुसार इनमें प्रमुख हैं : 1. उरांवों में नेमा भगत जो कि वहां के मूल निवासी थे हिंदू रीतियों को प्रचलित करने के लिए निर्देशित किए गए। 2. कबीरपंथी भगत गैर-उरांव थे और छत्तीसगढ़ से आए थे। 3. वैष्णव या बच्छीदान भगत भी बाहर के थे। 4. महीने भर चलने वाले 'मुंडा' पर्व के अनुयायी (पर्व के अंत में आग पर चलना होता है) और 5. ताना भगत या कुरुख धर्म-आंदोलन जो राष्ट्रीय आंदोलन में भी सक्रिय थे।[26]

इन सभी आंदोलनों ने तत्त्वतः कुछ हिंदू रीतियों को अपनाया, और कुछ उरांव परंपराओं का परित्याग किया। लेकिन पूरी तरह नहीं। बहुत से पारंपरिक विश्वास और व्यवहार सुरक्षित रखे गए हैं। वे स्पष्ट रूप से हिंदू धर्म के उरांव संस्करण ही

होते हैं। कबीरपंथी भगत मूर्तिपूजा और देवत्व के अन्य प्रतीकों की पूजा से परहेज करते हैं; मदिरापान और देवताओं को मदिरा का तर्पण नहीं करते; शाकाहार अपनाते हैं; पशुबलि छोड़ देते हैं; भूत-प्रेतों की पूजा को अस्वीकार करते हैं; सिर्फ एक ईश्वर की भक्ति करते हैं; निजी-नैतिकता का पालन बहुत कड़ाई से करते हैं जिनमें सच्चाई, ईमानदारी, जीवों के प्रति दया तथा धार्मिक और सामाजिक सहिष्णुता शामिल है; गुरु को एक आध्यात्मिक पथप्रदर्शक के रूप में स्वीकार करते हैं तथा उसकी सेवा करते हैं; तुलसी के मनकों की माला पहनते हैं, जो कि भक्त को दीक्षा के समय दी जाती है। यद्यपि उरांवों के पारंपरिक जीवन-संस्कार कबीरपंथी भगतों के बीच जारी रहते हैं, कबीरपंथी 'चौका' नामक एक विशिष्ट पर्व जोड़ कर ही। यद्यपि कबीरपंथी उरांव गैर-कबीरपंथी उरांवों से भी विवाह करते हैं लेकिन कबीरपंथियों के बीच वैवाहिक-संबंध को प्राथमिकता दी जाती है।[27]

उरांव भगत अधिकतर छत्तीसगढ़ शाखा से जुड़े हुए हैं लेकिन 1976 ई. में लहरतारा के कबीर चौरा मठ का पुजारी उरांव ही था।

उरावों के बीच हिंदू धर्म से प्रभावित अन्य भगत आंदोलन भी शाकाहार पर जोर देते हैं; पशुबलि को नकारते हैं, और कठोर व्यक्तिगत नैतिकता के हिमायती हैं, खासकर स्त्री और पुरुष के संबंध के संदर्भ में। ताना भगत आंदोलन कई मामलों में बहुत प्रभावशाली रहा है, इसने उरांवों के सशक्तीकरण, बाहरी लोगों द्वारा हथिया लिए गए उरांव संसाधनों, भूमि आदि की पुनःप्राप्ति में महत्त्वपूर्ण भूमिका निभाई है।

रांची के मुंडा आदिवासियों के बीच भी कबीरपंथी सक्रिय रहे हैं, इस सक्रियता का दस्तावेजीकरण अधिक नहीं हुआ है, यद्यपि पी.सी. टालेंट की 1921 की जनगणना रिपोर्ट में इसका उल्लेख है। यहां पर कबीरपंथी संप्रदाय की स्थापना 'दस वर्ष पहले' (यानी 1911 में) 'क्रिस्टोमोहन' नाम के एक गुरु द्वारा की गयी थी, जो छत्तीसगढ़ के रहने वाले थे। इस गुरु ने रांची की खुंती तहसील के खांगर मुंडाओं में करीब 17 परिवारों को कबीरपंथी बनाया। टालेंट कहते हैं कि :

''कबीरपंथी बनना मुंडाओं के व्यावहारिक जीवन को बहुत गंभीर रूप से प्रभावित करता प्रतीत नहीं होता। अन्य खांगर मुंडाओं के साथ कबीरपंथी मुंडाओं का खान-पान और अंतर्विवाह जारी रहा। विवाह और अंतिम संस्कार की रीतियां भी पूर्ववत् चलती रहीं। लेकिन वे एक ईश्वर में विश्वास करते हैं। उन्होंने जादू-मंतर में विश्वास तथा पूर्वजों की पूजा और नृत्य को त्याग दिया है। वे सुमिरिनी पर नाम जप करते हैं और शाम को भोजन के बाद कबीर के पदों का कीर्तन करते हैं। साल में जब एक बार उनके गुरु उनसे मिलने आते हैं तो वे भोज का आयोजन करते हैं और गुरु को मिठाई, मसाले, गरी और सफेद कपड़े का एक टुकड़ा भेंट करते हैं। कबीरपंथियों का बेटा जन्मजात रूप से नहीं, दीक्षा के बाद ही कबीरपंथी बनता है।

ये लोग साधारणतया पीले कपड़े पहनते हैं और एक-दूसरे का अभिवादन गले मिलकर करते हैं। इसके अलावा बाहर से देखने पर इनमें और अन्य मुंडाओं में और कोई अंतर नहीं है। लेकिन यह स्पष्ट है कि कबीरपंथी दीक्षा से इन मुंडाओं के दृष्टिकोण और व्यवहारों में बहुत महत्त्वपूर्ण बदलाव आया है।[28]

यद्यपि सिर्फ ताना भगत आंदोलन ने ही आर्थिक और राजनीतिक न्याय पर सीधे जोर दिया है, लेकिन उरांव और मुंडाओं के बीच हिंदू या हिंदू प्रभावित आंदोलनों की उपस्थिति को उन्नीसवीं शताब्दी या उससे पहले इस क्षेत्र में घटित होने वाले आर्थिक और राजनीतिक परिवर्तन की पृष्ठभूमि को जाने बिना सही ढंग से नहीं समझा जा सकता। दोनों आदिवासियों पर इन घटनाओं के पड़ने वाले प्रभावों के अपने अध्ययन में (नजदीक के संथाल परगना जिले के संथालों से तुलना करने पर) जॉन मैक्डूगल कहते हैं कि उन्नीसवीं शताब्दी में आदिवासियों का पूरी तरह से किसानीकरण नहीं हुआ था।[29] हालांकि अंग्रेजों द्वारा 1770 और 1810 के बीच जिले पर कब्जे से पहले ही उरांव धान रोपने का कार्य कर रहे थे, लेकिन तब तक वे एक किसान-समाज के रूप में गठित नहीं हुए थे। मैक्डूगल के हिसाब से किसान समाज वह है जहां : 1. अधिकतर सदस्य स्थायी कृषक हैं जो उत्पादन की घरेलू प्रणाली को अपनाते हैं और 2. वहां पर दूसरे समूह, जो कि (क) किसानों से आर्थिक अधिशेष ग्रहण करते हैं। (ख) राज्यसत्ता में संगठित होते हैं... (ग) किसानों में उनकी प्रतिष्ठा के प्रति कुछ न कुछ सहमति जरूरी होती है और (घ) उन सांस्कृतिक कृत्यों में भाग लेते हैं, जिनसे किसान जुड़े होते हैं, यह भागीदारी भले ही बस ऊपरी हो।[30]

मैक्डूगल का मानना है कि यह बात अंग्रेजों के शासन से पहले ओरांवों पर लागू नहीं होती न मुंडाओं और संथालों पर, क्योंकि ये आदिवासी छोटानागपुर के महाराजा को कोई खास अधिशेष नहीं देते थे और न ही महाराजा द्वारा पालित हिंदू रीति-रिवाजों के प्रति इनका रुझान था। सबसे महत्त्वपूर्ण बात, जिस पर उनका ध्यान गया कि 'आदिवासियों की सामाजिक संरचना धार्मिक रूप से वैधताप्राप्त पदानुक्रम (ऊंच-नीच) पर आधारित नहीं थी, बल्कि आदिवासी समुदाय अलग-अलग समतावादी गांवों के रूप में संगठित था।'[31]

उन्नीसवीं शताब्दी के दौरान अंग्रेजों ने जमीन की मालगुजारी अंधाधुंध ढंग से बढ़ा दी और काश्तकारी कानूनों में बहुत व्यापक बदलाव किया। अप्रत्यक्ष रूप से इन बदलावों के फलस्वरूप आदिवासी क्षेत्र बाहरी लोगों से भर गया। इन बाहरी लोगों को आदिवासी 'दिकू' पुकारते थे जो कि अधिकतर हिंदू थे। आदिवासी इन जमीनों पर एक दिहाड़ी मजदूर की तरह कार्य करने के लिए या बहुत दूर स्थित बाहर अंग्रेजों के चाय-बागानों में दास के रूप में काम करने को विवश हुए। इस स्थिति की वजह से कई प्रतिरोधी-आंदोलन उठ खड़े हुए। उसमें से कुछ तो ब्रिटिश और

'दिकू' शासन के विरुद्ध खुले विद्रोह के रूप में खत्म हुए। यद्यपि इनमें कई आंदोलन धार्मिक रंग लिये हुए थे लेकिन उसके केंद्र में आर्थिक और राजनीतिक मांगें ही थीं। विद्रोहों की पराकाष्ठा 'मुण्डा' और 'उरांव' विद्रोह (1895-1900) में हुई जिसका नेतृत्व बिरसा मुण्डा कर रहे थे। ये सभी आंदोलन सशस्त्र विद्रोह में बदल गए और अंग्रेजी सरकार द्वारा क्रूरतापूर्वक दबा दिए गये। विद्रोह के परिणामस्वरूप सुधार के छिटपुट प्रयास भी हुए, लेकिन आदिवासियों की हालत लगातार बिगड़ती गई। ईसाई मिशनरियों की सक्रियता इस क्षेत्र में बढ़ गई। उन्होंने धर्मांतरण के द्वारा आदिवासियों की सहायता करने की कोशिश की, लेकिन जैसे ही आदिवासियों की मांगें सरकार के हितों से टकराने लगीं, वे पीछे हट गए। धर्मांतरण की वजह से आदिवासियों की एकता बहुत कमजोर हुई। इसलिए सरकार ने धर्मांतरण को सिर्फ वैधता ही नहीं दी बल्कि प्रोत्साहित भी किया।

19वीं शताब्दी के दौरान आर्थिक और राजनीतिक क्षेत्र में उनके समाज का व्यापक 'किसानीकरण' तो हुआ लेकिन उनकी पारंपरिक सामाजिक संरचना और संस्कृति बहुत हद तक सुरक्षित रही।[32] बीसवीं शताब्दी के प्रारंभ में, खासकर, बिरसा आंदोलन की पराजय के साथ ही सांस्कृतिक किलेबंदी ढहने लगी। इस पतन को कई भगत आंदोलनों की उपस्थिति और विभिन्न हिंदू संप्रदायों द्वारा आदिवासियों के धर्मांतरण के रूप में देखा जा सकता है। इन आंदोलनों के द्वारा आदिवासियों ने हिंदू समाज के साथ उन शर्तों पर समायोजन की कोशिश की, जो उन्हें कमोबेश स्वीकार्य थीं। नए संप्रदायों ने आदिवासियों के पारंपरिक मूल्यों के साथ हिंदू सांस्कृतिक मूल्यों को भी अपनाया। लेकिन उन्होंने धर्मांतरित आदिवासियों को जहां तक संभव हो सका आदिवासी पहचान तथा परंपरा को सुरक्षित रखने की इजाजत दी।

अधिकतर कबीरपंथियों का आदिवासी समूहों से संबंध नहीं है। वे हिंदू समाज की जाति-व्यवस्था के एकदम निचले स्तर से आते हैं। हालांकि ये सांस्कृतिक रूप से हिंदू समाज के हाशिए पर नहीं हैं, जिस प्रकार कि आदिवासी हैं, लेकिन वे लगभग उसी तरह के आर्थिक और राजनीतिक शोषण के शिकार हैं। अछूतों का सामाजिक-धार्मिक स्तर आदिवासियों से भी गया-गुजरा है। यद्यपि समाज का सारा कार्य-व्यापार उन्हीं के श्रम पर निर्भर है, लेकिन इसके बदले धन, स्तर, शिक्षा और शक्ति में उनकी हिस्सेदारी बहुत कम है। इन सभी अर्थों में ये बिल्कुल हाशिए पर हैं।

यह आश्चर्य की बात नहीं है कि कबीरपंथ ने इस वर्ग (निम्न जातिवर्ग) के लोगों को बहुत अधिक आकर्षित किया। लेकिन आदिवासियों का कबीरपंथ के प्रति आकर्षण विश्लेषण की मांग करता है। यह जानना बहुत महत्त्वपूर्ण होगा कि कबीरपंथी किन जातियों से किस अनुपात में संबद्ध हैं? किस शाखा में सभी जातियों के लोग हैं और सभी जातियों के कबीरपंथी, उस जाति की एक ही उपजाति से

संबंधित हैं या नहीं? एक व्यापक 'अध्ययन' के बिना ऐसी जानकारी नहीं मिल पाएगी। बनारस के कबीरपंथी साधुओं से संबद्ध अपने कार्य के आधार पर उनके जाति-बोध के विषय में ज़रूर कुछ कह सकता हूं।

कबीरपंथी वैरागी उच्च जातियों के सामाजिक मूल्यों के प्रति किस हद तक संवेदनशील हैं, यह बात अपनी मूल जाति को बताने में उनकी अनिच्छा से प्रकट होती है। कबीर चौरा मठ के 'अधिकारी' ने सिर्फ इतना ही कहा कि यहां रहने वाले पच्चीस-तीस वैरागियों में अधिकतर वैश्य या 'पवित्र' शूद्र (अछूत नहीं) जाति से संबंधित हैं; उन्होंने अपनी पारिवारिक पृष्ठभूमि के बारे में बात करने की अनुमति नहीं दी। इस बात को उन्होंने इस बहाने टाल दिया कि वैरागी होने के साथ ही वे सभी पारिवारिक बंधनों से मुक्त हो गए हैं। बनारस, बिहार और मध्य प्रदेश के अन्य मठों के अनुयायी भी इस विषय पर बात करने के इच्छुक नहीं थे। फिर भी, अन्य स्रोतों से 'अधिकारी' के कथन की पुष्टि होती है। सभी जानते हैं कि पूर्वी उत्तर प्रदेश और बिहार में कबीरपंथ के बहुत से मुख्य मठों के महंत कोइरी और यादव (अहीर) जातियों से हैं। ये दोनों किसान जातियां हैं, जिनके सदस्य खुद अपनी जमीन के मालिक हैं। उदाहरण के लिए, बनारस के कबीर चौरा मठ के वर्तमान महंत कोइरी जाति से हैं, जबकि उनके पहले के संभवतः यादव थे। मुझे बाद में पता चला कि इस मठ में रहने वाले करीब चालीस वैरागियों में दो-तीन वैरागी वास्तव में अछूत परिवारों से थे। उनके साथ छुआछूत का नहीं, बल्कि अन्य वैरागियों जैसा ही बर्ताव किया जाता था, मठ की रसोई में रसोइए का कार्य जैसे काम भी ये लोग ही करते थे।

पंथ के साधारण सदस्यों के विषय में कबीर चौरा मठ के अधिकारी का कहना था कि कबीर चौरा शाखा अथवा मूलगादी से जुड़े हुए अधिकतर अनुयायी 'पवित्र' (अछूत नहीं) जातियों से संबंधित हैं। बाद में उत्तरी पश्चिमी बिहार में मेरे 'फील्डवर्क' से इस बात की पुष्टि होती है। कबीरपंथी-अनुयायियों की सबसे बड़ी संख्या कोइरी, यादव (अहीर) और कुर्मी जैसी जातियों से संबद्ध है। कुछ क्षेत्रों में माहुरी सोनार, माली, गड़ेरिया, कहार, कुम्हार, मल्लाह और थारु जातियों के भी कबीरपंथी बड़ी संख्या में हैं। इस संदर्भ में अछूतों में सिर्फ चमार, दुसाध और पासी महत्त्वपूर्ण हैं।

छत्तीसगढ़ शाखा में कबीरपंथ के सदस्यों का संबंध साधारणतया थोड़े निम्न स्तर की जातियों से प्रतीत होता है। बिलासपुर, रायगढ़ और रायपुर जिलों में मुझसे बातचीत करने वाले अधिकतर लोगों ने बताया कि पंथ के बहुसंख्यक सदस्य चंद्रानहू, गाबल और कुर्मी जैसी किसान जातियों से हैं। साहू, बनिया, पनिका, बैरागी, रावत, तेली और कोस्टा तथा सनातनी और चमार जैसी हरिजन जातियां तथा कामवार और गोंड आदिवासी समूहों में भी कबीरपंथी हैं। रसेल और हीरालाल ने संपूर्ण छत्तीसगढ़

में बघेल राजपूत, लोधी, काछी, बालाई कोइरी, केवट, धोबी और महार जातियों को भी कबीरपंथ से जुड़ा हुआ माना है।[33]

मध्य प्रदेश में कबीरपंथ के सबसे महत्त्वपूर्ण समर्थकों में पनिका जाति है। रसेल और हीरालाल ने इसकी पहचान "बुनकरों और कामगारों की एक द्रविड़ जाति" के रूप में की है। यह मांडला, रायपुर और बिलासपुर में पाई जाती है। 1911 की जनगणना में इनकी संख्या 2,15,000 थी।"[34] आज इनकी संख्या करीब 600,000 अनुमानित की जा सकती है। वे 'उड़ीसा और छोटा नागपुर के पण (Pan) आदिवासी समूह से संबंधित प्रतीत होते हैं जो कि पानिका, चिक, गंडा और अन्य पदनामों से भी जाने जाते हैं।' 1911 ई. में इस जाति के 84 प्रतिशत सदस्य कबीरपंथी थे। साखत (शाक्त) कबीरपंथी पनिका कबीरपंथियों से भिन्न आचार-विचार मानते हैं। कबिराहा कबीरपंथियों से उलट साखत लोग मांस खाते हैं, शराब पीते हैं और अन्य प्रतिबंधों की उपेक्षा करते हैं। कबीरहाओं और साखतों के बीच विवाह को हतोत्साहित किया जाता है, बावजूद इसके वैवाहिक संबंध होता है।[35] उड़ीसा में (खासकर संबलपुर के निकट) गंडाओं के चार समूह हैं, जिनमें से एक कबीरपंथी है, ये लोग अन्य गंडाओं में ब्याह-शादी आमतौर से नहीं करते।[36]

अधिकांश मामलों में कबीरपंथी सगोत्रीय (एंडोगेमस) उपजातियों का निर्माण नहीं करते हैं। जब कबीर चौरा मठ के अधिकारी से किसी जाति के कबीरपंथी और गैर-कबीरपंथी के बीच अंतर्विवाह की संभावनाओं के विषय में पूछा तो उन्होंने कहा कि—ऐसा होता है, यद्यपि उसी जाति के दूसरे कबीरपंथियों के साथ विवाह को प्राथमिकता दी जाती है। अंतर्जातीय विवाह की अनुमति नहीं है चाहे दोनों कबीरपंथी ही क्यों न हों। कबीरपंथी के एक गैर-कबीरपंथी से विवाह के मामले में, पत्नी से आशा की जाती है कि वह पति के धर्म का पालन करेगी। यदि पत्नी कबीरपंथी है और पति नहीं तो पति को वह अपना धार्मिक विश्वास बदलने के लिए प्रोत्साहित करती है। अधिकारी ने जोर देकर बताया कि, इन सबका मतलब है मदिरा और मांस का परित्याग, जैसा कि कबीर ने अपने एक पद में कहा है—"मांस-मछली खाने और शराब पीने की वजह से व्यक्ति तो नरक में जाएगा ही साथ ही उसके माता-पिता भी।"[37]

निम्न जातियों के अधिकतर कबीरपंथी मुख्य रूप से शाकाहार और तंबाकू-मदिरा-त्याग के द्वारा अपनी जाति के अन्य सदस्यों से अपने को अलग करते हैं। कबीर के मूर्ति-पूजा-विरोध और अन्य बाह्य धर्माडम्बरों के अस्वीकार के प्रति उनकी उतनी उत्सुकता नहीं है। कबीर चौरा मठ के बैरागी कबीर चौरा लहरतारा (कबीर का जन्म स्थान) और मगहर (कबीर की मृत्यु की जगह) के लिए तीर्थाटन को

प्रोत्साहित करते हैं। कबीर चौरा मठ के दैनंदिन पूजा-पाठ में हिंदुओं की पूजा-विधि की बहुत-सी विशेषताओं को अपना लिया गया है। बनारस में ही छत्तीसगढ़ शाखा के मठ में कबीर की विशालकाय प्रतिमा मौजूद है जिस पर बाकायदा भोग-प्रसाद चढ़ाया जाता है। यद्यपि सभी शाखाओं के वैरागी कबीर की जाति-निंदा का मौखिक समर्थन करते हैं, लेकिन उनमें से कुछ ही मनुष्यों की बराबरी के पक्ष में जाति- व्यवस्था को पूरी तरह से नकारते हैं।

कबीरपंथ के शाकाहार और मदिरा-त्याग पर कुछ विचार करने की जरूरत है। हिंदुओं की दृष्टि में मदिरापान और मांस खाना, निम्न और अपवित्र कार्य है। निम्न जातियां जो कि अन्य जातियों की निगाहों में उच्च सामाजिक-धार्मिक स्थिति पाने की इच्छुक हैं, इन्हें छोड़ने के अलावा उनके पास विकल्प बहुत कम हैं। सच्चिदानंद की हाल ही की रचना 'दि हरिजन इलीट' में एक संवादी ने बहुत स्पष्टता के साथ यह बात रखी :

''कबीरपंथ के प्रभाव में अनुसूचित (दलित) जाति के ग्रामीणों की बहुत बड़ी संख्या ने अपने खान-पान की आदतों को बदल लिया। कुछ साल पहले कुछ कबीरपंथी...मेरे गांव आए। उन्होंने हरिजनों को सुझाव दिया कि शाकाहार अपनाने से उन्हें अपने कष्टों और कमजोरियों से छुटकारा मिलेगा। उनकी सलाह से सारा समुदाय शाकाहारी हो गया। यहां तक कि आज भी वही स्थिति है।''[38]

अजब बात है कि कबीर के पदों की धार्मिक अंतर्दृष्टि और तीखी सामाजिक आलोचना कमोबेश शाकाहार तक सीमित कर दी गई। लेकिन हमें यह भी ध्यान में रखना चाहिए कि—कुछ ही मामलों को छोड़कर—बासव, कबीर और नानक के प्रसिद्ध आंदोलन (और शायद पहले के भौतिकवादी भी)—पूर्व औपनिवेशिक भारत में कोई भी महत्त्वपूर्ण आंदोलन हिंदू सामाजिक-धार्मिक व्यवस्था की वैधता पर सीधे प्रश्न नहीं उठाता। रोमिला थापर पहले के 'शास्त्र-विरोधी' (हेरेटिक) आंदोलनों के संबंध में उचित ही टिप्पणी करती हैं कि उन्होंने ''व्यवस्था का नहीं, बल्कि इसकी ब्राह्मणवादी व्याख्या का विरोध किया।''[39] यहां तक कि बासव, कबीर और नानक भी किस हद तक व्यवस्था मात्र की वैधता पर प्रश्न खड़ा करते हैं यह बहस का विषय है। कुछ अपवादों को छोड़कर यह बात उन्नीसवीं और बीसवीं शताब्दी के धार्मिक सुधारकों के लिए भी सही है। ऐसा क्यों है?

इस सवाल पर अलग से चर्चा की जरूरत है। लेकिन इस समस्या के विषय में एक-दो बातों के साथ ही मैं अध्याय का समापन करना चाहूंगा। बात निश्चित रूप से सामाजिक-धार्मिक व्यवस्था की प्रकृति और भारतीय समाज के आर्थिक-राजनैतिक पहलुओं के साथ इस व्यवस्था के संबंध से जुड़ी हुई है। यद्यपि समय-समय पर आर्थिक-राजनैतिक पहलुओं में मौलिक बदलाव होते रहे हैं, लेकिन दो मामलों में

उनकी निरंतरता लगातार बनी रही है। पहला, आज भी समाज की मुख्य आर्थिक इकाई बहुत हद तक वही बनी हुई है : किसी हद तक आत्मनिर्भर गांव। प्रमुख उत्पादन व्यवस्था में मूलभूत परिवर्तन के बाद भी 'आत्मनिर्भर गांव' अब भी कायम हैं। दूसरे, राजनीतिक सत्ता ने अपने आप को धार्मिक और सामाजिक मामलों से अपेक्षाकृत अलग रखा है। ज्यादातर हिंदू, मुसलमान और अंग्रेज शासकों ने अपने-अपने कारणों से गांव से आर्थिक अधिशेष प्राप्त करके उन्हें अपनी धार्मिक और सामाजिक इच्छा पर जीने के लिए छोड़ दिया। प्रत्येक संप्रदाय और जाति को अपने-अपने मूल्यों और रीति-रिवाजों को बनाए रखने की अनुमति मिलती गई। लेकिन यह अनुमति उसी हद तक उपलब्ध रही है जिस हद तक वे पदानुक्रमित सामाजिक-धार्मिक व्यवस्था के भीतर विभिन्न समूहों की पारस्परिक क्रिया को संचालित करने वाले नियमों और रीतियों में सीधे हस्तक्षेप नहीं करते। समय के साथ कोई भी समूह पर्याप्त आर्थिक और राजनीतिक शक्ति को प्राप्त कर व्यवस्था को सफलतापूर्वक चुनौती देने में सक्षम हो जाता है। ऐसे में वह सामाजिक पदानुक्रम में उच्च जाति की स्थिति को प्राप्त कर लेता है। ऐसी दशा में पदानुक्रमित सामाजिक व्यवस्था को समाप्त करने में उसकी रुचि नहीं रह जाती। परिणामस्वरूप, सामाजिक और धार्मिक आलोचकों की संभव रणनीति सिर्फ दबे-कुचले निम्न वर्गों के बीच अपने समतावादी विचारों का उपदेश देने तक सीमित रह जाती है। और, ऐसे उपदेशों की संस्थानात्मक अभिव्यक्ति किसी जाति, वर्ग और क्षेत्र तक सीमित, शांतिवादी संप्रदायों के गठन तक सिमट जाती है। स्वतंत्र भारत के राजनैतिक नेताओं ने उच्च जातियों के वर्चस्व पर आधारित समाजतंत्र को इतिहास के कूड़ेदान में फेंकने के वादे तो किए हैं, यदि ऐसा हो पाए तो कबीर के संदेश का मुक्तिकामी स्वर ज्यादा ठोस रूप प्राप्त कर सकेगा।

संदर्भ एवं टिप्पणियां

* मैं 1978 की बर्कले कांफ्रेंस के प्रतिभागियों और कालेजियो द मैक्सिको के अपने सहयोगियों के प्रति, खासकर हमारे विजिटिंग प्रोफेसर सव्यसाची भट्टाचार्य के प्रति आभारी हूं कि उन्होंने इस आलेख में व्यक्त किये गये विचारों पर महत्त्वपूर्ण टिप्पणियां कीं। भारत में किये गये फील्ड-वर्क (1976 और 1979) के लिए मुझे मैक्सिको-भारत सांस्कृतिक आदान-प्रदान समझौते के तहत कालेजियो द मैक्सिको और भारत सरकार से आर्थिक सहायता प्राप्त हुई है। बनारस में, 1976 में श्री वीरेन्द्र सिंह ने साक्षात्कारकर्ता, अनुवादक और शोध-सहायक के रूप में बहुत मूल्यवान सहायता की। बनारस हिंदू विश्वविद्यालय के (स्व.) डॉ शुकदेव सिंह और कबीर चौरा मठ के साधुओं—खासकर आचार्य अमृतदास, गंगाशरण शास्त्री और विवेकदास से सलाह और सहायता निरंतर प्राप्त होती रही।

1. मिल्टन सिंगर, ''ह्वेन ए ग्रेट ट्रेडीशन मॉडर्नाइजेज' (न्यूयार्क : प्रेपर पब्लिशर्स, 1972), पृ. 39-40
2. जयंत लेले द्वारा संपादित 'ट्रेडीशन एण्ड मॉडर्निटी इन भक्ति मूवमेंट्स'' (लीडेन : ई.जे. ब्रिल 1981), पृ. 1-15 की भूमिका और मिशेल मोफा का 'एन अनटचेबल कम्युनिटी इन साउथ इंडिया : स्ट्रक्चर एण्ड कन्सेंशस' (प्रिंसटन : प्रिंसटन युनिवर्सिटी प्रेस, 1979) देखें। डेविड लॉरेंजन ''दि कबीर पंथ एण्ड पॉलीटिक्स'', पोलिटिकल साइंस रिव्यु (जयपुर) 20 : 3 (1982) और लॉरेंजन द्वारा ही संपादित 'रिलीजियस चेंज एण्ड कल्चरल डोमिनेसन' (मेक्सिको : एल कलीजियो दे मैक्सिको, 1981) में 'दि कबीरपंथ : हेरेटिक्स टू हिंदूज', पृ. 151-72, देखें।
3. जे.ई. कारपेंटर, 'थीइज्म इन मेडिवल इंडिया' (लंदन : विलियम्स एण्ड नार्गेट, 1.921), पृ. 456
4. ताराचंद, इन्फ्लूएंस ऑफ इस्लाम ऑन इंडियन कल्चर (इलाहाबाद : इंडियन प्रेस, 1954), पृ. 145-46
5. पीताम्बर दत्त बड़थ्वाल, 'दि निर्गुण स्कूल ऑफ हिंदी पोयट्री' (बनारस : इंडियन बुक शाप, 1936), पृ. 250-51। हिंदी अनुवाद 'हिंदी काव्य में निर्गुण संप्रदाय' (लखनऊ : अवध पब्लिशिंग हाउस, सं 2007, 1950 ई.) अनुवादक परशुराम चतुर्वेदी द्वारा थोड़ा बदला भी गया है। शारलोत वादिवेल की पुस्तक कबीर, भाग 1 (ऑक्सफोर्ड : क्लेरेंडन प्रेस 1974) पृ. 24 के अनुसार कबीर के पदों और नाथ परंपरा के संबंध को सबसे पहले पीताम्बर दत्त बड़थ्वाल ने नागरी प्रचारिणी पत्रिका 11 (संवत 1987, 1930 ई.) में प्रकाशित अपने लेख 'हिंदी काव्य में योग प्रवाह' नामक लेख में उद्घाटित किया। देखें, हजारीप्रसाद द्विवेदी 'कबीर' (दिल्ली : राजकमल प्रकाशन, 1941), पृ. 24-25; नाथ संप्रदाय (बनारस : नैवेद्य निकेतन, 1950); वादिवेल द्वारा अनुवादित कबीर ग्रंथावली (दोहा) (पांडिचेरी : इंस्तीतूत फ्रांसिस दि इन्डोलाजी, 1957) और कबीर भाग-1, परशुराम चतुर्वेदी, 'उत्तरी भारत की संत परंपरा', द्वितीय संस्करण (इलाहाबाद : लीडर प्रेस, 1964); डब्ल्यू.एच. मैक्लियोड, 'गुरुनानक एण्ड दि सिक्ख रिलीजन' (ऑक्सफोर्ड : क्लरेंडन प्रेस, 1968)।
6. मैक्लियोड, 'नानक', पृ. 152। देखें, हजारीप्रसाद द्विवेदी, 'हिंदी साहित्य की भूमिका' नया संस्करण (बम्बई : हिंदी ग्रंथ रत्नाकर, 1963, पृ. 41)।
7. लॉरेंजन, 'हेरेटिक्स टू हिंदूज'
8. देखें, बड़थ्वाल, निर्गुण स्कूल, पृ. 249-69। चतुर्वेदी, संत परंपरा।
9. वही, पृ. 845-70। वादिवेल, कबीर 1 : 36-39
10. भिन्न पाठ-संग्रहों पर चर्चा के लिए देखें, बड़थ्वाल, निर्गुण स्कूल, पृ. 273-82 और वादिवेल, कबीर 1 : 56-63
11. इन रचनाओं में विशेष रूप से केदारनाथ द्विवेदी की 'कबीर और कबीरपंथ' (इलाहाबाद : हिंदी साहित्य सम्मेलन, 1965) तथा चतुर्वेदी की संत परपंरा देखें।
12. इन किंवदंतियों के लिए केदारनाथ द्विवेदी, चतुर्वेदी और लॉरेंजन की 'हेरेटिक्स टू हिंदूज' देखें।
13. इन किंवदंतियों में बहुत सी किंवदंतियां एम.ए. मैकालिफ द्वारा आदि ग्रंथ के अनुवाद में भी पाई गई हैं, 'दि सिख रिलीजन', छह भाग (ऑक्सफोर्ड : क्लरेंडन प्रेस, 1909)। सिखों में मौखिक परंपरा के लिए देखें, 'दि इवॅल्यूशन ऑफ दि सिख कम्यूनिटी (ऑक्सफोर्ड

क्लरेंडन प्रेस, 1976) पृ. 20-36 और 'अर्ली सिख ट्रेडीशन' (ऑक्सफोर्ड : क्लरेंडन, प्रेस, 1980)

14. परमानंद दास के ग्रंथ 'कबीर-मंशूर' के लिए मुझे सुधा दास द्वारा किया गया हिंदी अनुवाद ही उपलब्ध हो पाया, 'कबीर मंशूर' भाग-एक (बड़ौदा : पंडित श्री मोतीदासजी चेतनदासजी, 1956); गंगाशरण शास्त्री, 'कबीर का जीवन चरित' (वाराणसी : कबीर वाणी प्रकाशन केंद्र, 1976)। कबीर कसौटी (बम्बई : गंगा विष्णु श्रीकृष्णदास, 1962)
15. एच.एच. विल्सन, 'रिलीजियस सेक्ट्स ऑफ हिंदूज' (वाराणसी : इंडोलॉजिकल बुक हाउस, 1972), पृ. 36-54
16. जी.एच. वेस्टकॉट, 'कबीर एण्ड दि कबीर पंथ' (कलकत्ता : सुशीला गुप्ता, 1953)।
17. राबर्ट वी. रसेल और राम बहादुर हीरालाल, दि ट्राइब्स एण्ड कास्ट्स ऑफ दि सेंट्रल प्रोविंसेज ऑफ इंडिया, 4 भाग (लंदन : मैकमिलन एण्ड कंपनी, 1916; पुनर्मुद्रित संस्करण, उस्टरनॉट, एन.बी. : एंथ्रोपोलॉजिकल पब्लिकेशंस, 1969) विशेष रूप से देखें, 1 : 232-44।
18. एफ. ई. की, 'कबीर एण्ड हिज फॉलोअर्स', (कलकत्ता : एसोसिएशन प्रेस, 1931)।
19. केदारनाथ द्विवेदी और परशुराम चतुर्वेदी के लिए देखें उपर्युक्त नोट्स 11 और 5।
20. एस.सी. मलिक द्वारा संपादित पुस्तक, 'डिसेंट, प्रोटेस्ट एण्ड रिफार्म इन इंडियन सिविलाइजेशन' (शिमला : इंडियन इंस्टीट्यूट ऑफ एडवांस्ड स्टडी, 1977), पृ. 167-87, में वैद्यनाथ सरस्वती का लेख देखें, ''नोट्स ऑन कबीर : ए नॉन लिटरेट इन्टेलेक्चुअल'।
21. इस विषय पर विशेष रूप से केदारनाथ द्विवेदी को देखें। की और परशुराम चतुर्वेदी को भी देखें।
22. यद्यपि मैं कभी भी इन सहायक प्रतिष्ठानों के संपूर्ण कैटलॉग को प्राप्त करने में सक्षम नहीं रहा, फिर भी इनमें वे मठ सबसे महत्त्वपूर्ण हैं जिनके महंत कबीर चौरा मठ के 'निरीक्षक मंडल' में शामिल हैं : 1. सद्गुरू कबीर मंदिर पानी दरवाजा, बड़ौदा, गुजरात, 2. सद्गुरू कबीर मठ पोस्ट ऑफिस सत्मलपुर, जिला समस्तीपुर, बिहार, 3. सद्गुरु कबीर मठ, समनपुर पोस्ट ऑफिस चैतपुर, जिला मोतिहारी, बिहार 4. कबीर मंदिर, फत्तेसागर जोधपुर, राजस्थान, 5. कबीर मठ मेहदीगंज, दलीगंज, लखनऊ, उ.प्र. 6. सद्गुरू कबीर मंदिर, नई धरती, बड़ौदा, गुजरात, 7. सद्गुरू कबीर मठ, बलुआ मंझरिया, पोस्ट ऑफिस, सहजां, गोरखपुर, उ.प्र., 8. कबीर मंदिर, पितरिया बम्बा, घी कंत रोड, अहमदाबाद, गुजरात, 9. सद्गुरू कबीर मठ, रसलपुर, जिला समस्तीपुर, बिहार, 10. सद्गुरू कबीर मठ, रौना, पोस्ट ऑफिस अलौली, जिला मुंगेर, बिहार, 11. कबीर मठ, हनुमान घाट, पोस्ट ऑफिस गोला गोपालपुर, जिला गोरखपुर, उ.प्र.। 1975 ई. में 'श्री सद्गुरू कबीर मंदिर कबीर चौरा मठ' (बनारस : श्री कबीर वाणी प्रकाशन केंद्र) नामक पर्चे में कबीर चौरा मठ ने अपने संगठनात्मक ढांचे की चर्चा की है।
23. रसेल और हीरालाल, सेंट्रल प्रॉविंस, 1 :237 और 242।
24. के.एन. पणिक्कर, ''प्रेसिडेंशियल एड्रेस : सेक्सन 3'' प्रोसीडिंग्स ऑफ दि इंडियन हिस्ट्री कांग्रेस, 36वां सत्र, अलीगढ़, 1975, पृ. 3
25. मिल्टन सिंगर द्वारा संपादित पुस्तक 'ट्रेडिशनल इंडिया : स्ट्रक्चर एण्ड चेंज' (फिलाडेल्फिया : अमेरिकन फोकलोर सोसायटी, 1959), पृ. 191-206 में 'सम आस्पेक्ट्स ऑफ कास्ट इन बंगाल' नामक निर्मल कुमार बोस का लेख।

26. निर्मल कुमार बोस, 'सम इंडियन ट्राइब्स' (नई दिल्ली : नेशनल बुक ट्रस्ट, 1972) पृष्ठ 124-49। बीसवीं शताब्दी के शुरू में ही भगत आंदोलन पर मुख्य मानवशास्त्रीय कार्य शरत चंद्र राय द्वारा कर लिया गया है। ओरांव रिलीजन एण्ड कस्टम्स (रांची : मैन इन इंडिया ऑफिस, 1928); स्टीफन फचूस की पुस्तक 'रिबेलियन प्रोफेट्स' (बॉम्बे : एशिया पब्लिशिंग हाउस, 1965), पृ. 35-46, को भी देखें। एल.पी. विद्यार्थी द्वारा संपादित पुस्तक 'आस्पेक्ट्स ऑफ रिलीजन इन इंडियन सोसायटी' (मेरठ : केदारनाथ रामनाथ, 1961) पृ. 228-322 में एडवर्ड जे. का 'रिविटलाइजेशन मूवमेंट इन ट्राइबल इंडिया' नामक लेख देखें। सच्चिदानंद का 'कल्चरल चेंज इन ट्राइबल बिहार' (कलकत्ता : बुकलैंड, 1964) पृ. 96-104, नामक लेख देखें।
27. जे, ''रिविटलाइजेशन मूवमेंट'', पृ. 293-94
28. पी.सी. टालेंट्स, रिपोर्ट (पटना : सुपरिटेंडेंट, गवर्नमेंट प्रिंटिंग, बिहार एण्ड उड़ीसा, 1923), वाल्यूम-8, पार्ट 1, 'बिहार एण्ड उड़ीसा', सेंसस ऑफ इंडिया, 1921, पृ. 131।
29. जॉन मैक्डूगल, ''एग्रेरियन रिफार्म वर्सेज रिलीजियस रिविटलाइजेशन : कलेक्टिव रजिस्टेंस टू पीजेंटाइजेशन एमंग द मुंडाज, ओरांव एंड संथाल्स, 1858-95'' कंट्रीब्यूशन टू इंडियन सोशियोलॉजी, न्यू सिरीज, 11 (1977) : 295-327। देखें, सुसन बी.सी. देवले, ला प्लब्रा दि लातियरा (प्रोतेस्त कंपेसिन इन इंदिया, सिग्लो XIX (मैक्सिको : अल कालेजिओ दि मैक्सिको, 1977) और आर.ओ. धन ''ट्राइबल मूवमेंट्स इन छोटानागपुर'', मलिक डिसेंट, पृ. 199-213
30. मैक्डूगल, 'एग्रेरियन रिफॉर्म', पृ. 311
31. वही, पृ. 311, 300
32. वही, पृ. 316
33. रसेल एण्ड हीरालाल, सेंट्रल प्रॉविंसेज, 1 : 242-43। देखें लॉरेंजन, 'पॉलिटिक्स'।
34. रसेल एण्ड हीरालाल, सेंट्रल प्राविंसेज, 3 : 324
35. वही, 324-29
36. एल.एस.एस. ओ'मल्ली, रिपोर्ट (कलकत्ता : बंगाल सेक्रेटेरियट बुक डिपो, 1913), पार्ट-1, वॉल्यूम-5, 'बंगाल बिहार एण्ड उड़ीसा, सेंसस ऑफ इंडिया', 1911, पृ. 497।
37. विस्तृत जानकारी के लिए देखें, लॉरेंजन, 'हरेटिक्स टू हिंदूज'
38. सच्चिदानंद, दि हरिजन इलीट (फरीदाबाद, हरियाणा : थाम्सन प्रेस, 1977), पृ. 123
39. रोमिला थापर, एंशियंट इंडियन सोशल हिस्ट्री, (नई दिल्ली : ओरियंट लांगमैन, 1978), पृ. 35

संदर्भ-ग्रंथ

(नागरी और गुरुमुखी लिपि में लिखी गई रचनाएं तारांकित (*) हैं।)

एबरक्रोम्बी, निकोलस, स्टीफेन हिल एण्ड ब्रायन एस. टर्नर, 1980; दि डॉमिनेंट आइडियोलॉजी थीसिस; लंदन : जॉर्ज एलेन एण्ड अन्विन।

*अभिलास दास, 1982, कबीर दर्शन, इलाहाबाद : प्रकाशक, कबीर संस्थान।

*आदिग्रंथ (एज श्री गुरू ग्रंथ साहिब : विद कम्पलीट इंडेक्स), 1996; विनांद कैल्वर्त्त द्वारा तैयार किया गया, दो भाग, दिल्ली : मोतीलाल बनारसीदास पब्लिशर्स प्राइवेट लिमिटेड। 'गुरूग्रंथ साहिब' भी देखें।

अग्रवाल पुरुषोत्तम, 2004, ''सीकिंग एन अल्टरनेटिव टु रिलीजन इटसेल्फ'', शिवाजी द्वारा संपादित पुस्तक 'थियोलॉजी : लिटररी स्टडीज इन इंडिया', कोलकाता : जादवपुर युनिवर्सिटी।

अमीन, शाहिद, 1988, ''गांधी एज महात्मा : गोरखपुर डिस्ट्रिक्ट, ईस्टर्न यू.पी. 1921-22'' नामक लेख, रंजीत गुहा और गायत्री चक्रवर्ती स्पिवाक द्वारा संपादित पुस्तक 'सेलेक्टेड सबाल्टर्न स्टडीज', में पृ. 288-348, न्यूयार्क : ऑक्सफोर्ड युनिवर्सिटी प्रेस।

*अनंतदास, 1976, 'समन सेउ परचई' पांडुलिपि ए12, इंडिया ऑफिस लाइब्रेरी लंदन के हिंदी संग्रह में 'वैष्णव गीत' के नाम से उपलब्ध। अनंतदास की अन्य रचनाओं की तरह यह भी करीब सोलहवीं शताब्दी के अंत की रचना है।

*अनंतदास, 1953, 'कबीर परचई', देखें रामकुमार वर्मा, 1953।

*अनंतदास, 1982, 'रैदास परचई,' वीपी शर्मा द्वारा संपादित पुस्तक 'श्री रविदास चरितम', चंडीगढ़ : श्री गुरु रविदास संस्थान।

*अनंतदास, 1989, 'नामदेव परचई', विनांद कैल्वर्त्त और मुकुंद लाठ द्वारा संपादन और अनुवाद, ''द हिंदी पदावली ऑफ नामदेव'', दिल्ली : मोतीलाल बनारसीदास।

*अनंतदास, 1991, डेविड एन. लॉरेंजन की पुस्तक में संपादन और अनुवाद, 'कबीर लीजेंड्स एण्ड अनंतदास की कबीर परचई', अलबेनी : स्टेट युनिवर्सिटी ऑफ न्यूयार्क प्रेस।

*अनंतदास, 2000, 'दि हैजियोग्राफीज ऑफ अनंतदास : दि भक्ति पोयट्स ऑफ नार्थ इंडिया'। विनांद कैल्वर्त्त द्वारा परचइयों का अनुवाद और संपादन (कबीर परचई का अनुवाद नहीं।) यह पुस्तक पहले के संस्करणों को प्रतिस्थापित करती है।

एण्डरसन, पेरी, 1976/1977 'दि एंटीनॉमीज ऑफ अंतोनियो ग्राम्शी', न्यू लेफ्ट रिव्यू, 100 : 5-80

अंतरकर, डब्ल्यू. आर., 1972, 'संक्षेप शंकर जय ऑफ माध्वाचार्य', जर्नल ऑफ दि यूनिवर्सिटी ऑफ बॉम्बे 41 (??)

अनुराग सागर, 1984, अजायब सिंह जी के निर्देशन में अंग्रेजी अनुवाद—'दि ओशियन ऑफ लव : दि अनुराग सागर ऑफ कबीर', सैनबोर्टन, न्यू हैम्पशायर : संत बानी आश्रम।

अपीया, क्वामे एंथोनी, 2005, 'दि इथिक्स ऑफ आइडेंटिटी', प्रिंसटन : प्रिंसटन युनिवर्सिटी प्रेस।

बाब, लॉरेंस ए., 1975, 'दि डिवाइन हायरार्की : पॉपुलर हिंदुइज्म इन सेंट्रल इंडिया', न्यूयार्क : कोलम्बिया युनिवर्सिटी प्रेस।

बाब लॉरेंस ए., 1983, 'डेस्टिनी एण्ड रिस्पांसबिलिटी : कर्म इन पापुलर हिंदुइज्म', चार्ल्स एफ. कीज और ई. वेलेंटाइन डेनियल द्वारा संपादित पुस्तक 'कर्म : एन एंथ्रोपोलॉजिकल इंक्वायरी' में, पृ. 163-81, बर्कले : युनिवर्सिटी ऑफ कैलीफोर्निया प्रेस।

बाबर, जहीरुद्दीन मुहम्मद, 1972, बाबरनामा (मेमोरीज ऑफ बाबर), अन्नत्ते सुसल्नाह बेवरीज द्वारा तुर्की से अनुवाद, दो भागों में पहला, पुनर्मुद्रित; न्यू देलही : ओरिएंटल बुक्स रिप्रिंट कार्पोरेशन। पहली बार 1922 में प्रकाशित।

बहिरत, बी.पी., 1961 दि फिलॉसफी ऑफ ज्ञानदेव, बाम्बे : पॉपुलर बुक डिपो।

बेरी, ब्रायन, 2002, 'कल्चर एण्ड इक्वलिटी : एन इगेलीटेरियन क्रिटिक ऑफ मल्टीकल्चरलिज्म' कैंब्रिज, एमए : हार्वर्ड युनिवर्सिटी प्रेस।

बार्थ फ्रेड्रिक (संपा.), 1998, 'एथिक ग्रुप्स एण्ड बाउंड्रीज : दि सोशल ऑर्गनाइजेशन ऑफ कल्चर डिफरेंस', लांग ग्रोव, आई एल : वेवलैंड प्रेस, सर्वप्रथम 1969 में प्रकाशित।

बड़थ्वाल, पीताम्बर दत्त, 1936, 'दि निर्गुण स्कूल ऑफ हिंदी पोयट्री', बनारस : इंडियन बुक शॉप।

बड़थ्वाल, पीताम्बर दत्त, 1946, 'योग-प्रवाह' (चुने हुए लेखों का संग्रह), वाराणसी : श्री काशी विद्यापीठ। 'हिंदी कविता में योग-प्रवाह' निबंध, पृ. 54-78 पर। यह निबंध सर्वप्रथम नागरी प्रचारिणी सभा पत्रिका में 1930 ई. में प्रकाशित हुआ।

बड़थ्वाल, पीताम्बर दत्त, 1950, 'हिंदी काव्य में निर्गुण संप्रदाय', लखनऊ : अवध

पब्लिशिंग हाउस। 'दि निर्गुण स्कूल' के अनुवाद में, अनुवादक परशुराम चतुर्वेदी द्वारा बहुत हेर-फेर किया गया है।
बड़थ्वाल, पीताम्बर दत्त, 1978, 'ट्रेडीशंस ऑफ इंडियन मिस्टिसिज्म बेस्ड अपान निर्गुण स्कूल ऑफ हिंदी पोएट्री', देलही : हेरिटेज पब्लिशर्स।
बर्ज, रिचर्ड, 1976, 'दि भक्ति सेक्ट ऑफ बल्लभाचार्य', फरीदाबाद : थाम्सन प्रेस।
बर्जर, पीटर एल., 1969, 'दि सेक्रेड कैनॅपी : एलीमेंट ऑफ सोशियोलॉजिकल थ्योरी ऑफ रिलीजन', गार्डेन सिटी, न्यूयॉर्क : ऐंकर बुक्स।
बरमैन, जी., 1967, 'स्ट्रैटीफिकेशन, प्लूरलिज्म एण्ड इंटरैक्सन' ए. डी रियुक और जे. नाइट द्वारा संपादित पुस्तक 'रेस : कंपरेटिव एप्रोचेज' में पृ. 45-73, लंदन : चर्चिल।
बरमैन, जी., 1971, 'दि ब्राह्मनिकल व्यू ऑफ कास्ट', कंट्रीब्यूशंस टू इंडियन सोशियोलॉजिकल (एन.एस.) 5 : 16-23।
भगवद्गीता : विद दि कमेंट्री ऑफ श्री शंकराचार्य, 1950, संपादक—दिनकर विष्णु गोखले, द्वितीय संस्करण, पूना : ओरियंटल बुक एजेंसी।
भागवत पुराण, 1971, संस्कृत पाठ अंग्रेजी अनुवाद साहित, अनुवाद सी.एल. गोस्वामी, गोरखपुर : गीता प्रेस।
भट्ट, कांतिकुमार (के.के.), 1975, 'कबीर परंपरा' (गुजरात के संदर्भ में), इलाहाबाद : अभिनव भारती।
बायरदिऊ, मेडेलीन, 1975, 'नरसिंहा मिथे इत कल्ते', पुरुआर्थ : रिचर्चेज दि साइंसेज सोशल्स सुर द' एसिए दू सुद, में पेरिस; सेंटर द इस्तुदीज दि ई इन्दे इत दि इ एसिइ दू सूद।
बोस, निर्मल कुमार, 1959, 'सम आस्पेक्ट ऑफ कॉस्ट इन बंगाल', मिल्टन सिंगर द्वारा संपादित पुस्तक 'ट्रेडीशनल इंडिया : स्ट्रक्चर एण्ड चेंज' में, पृ. 191-206, फिलाडेल्फिया : अमरीकन फोकलोर सोसायटी।
बोस, निर्मल कुमार, सम इंडियन ट्राइब्स (न्यू देलही : नेशनल बुक ट्रस्ट, 1972), 124-49
ब्रह्मलीन मुनि, 1960, 'सद्गुरू श्रीकविचरितम', संस्कृत में, लेखक द्वारा हिंदी-भाष्य के सहित, बड़ोदा : दि ऑथर।
बर्गहार्ट, रिचर्ड, 1978, 'दि फाउंडिंग ऑफ दि रामानंदी सेक्ट' एथनोहिस्ट्री 25 : 121-39
कैल्वर्त्त, विनांद, एम. 1988, 'जनगोपाल', 1988
*कैल्वर्त्त, विनांद, एम. और बार्त्त ओप दे बेक, 1991, 'निर्गुण भक्ति सागर : डिवोशनल हिंदी लिटरेचर : ए क्रिटिकल एडीसन ऑफ दि पंच-वाणी ऑर दि फाइव वर्क्स ऑफ दादू, कबीर, नामदेव, रैदास, हरदास, विद दि हिंदी सांग्स ऑफ गोरखनाथ एण्ड सुंदरदास एण्ड ए कम्पलीट वर्ड इंडेक्स', टू वॉल्यूम न्यू देलही : मनोहर। कबीर बीजक (शुकदेव सिंह, संस्करण), कबीर ग्रंथावली (पारसाथ तिवारी संस्करण)।

आदिग्रंथ (गुरूग्रंथ साहिब) के गीत और पदों को शामिल नहीं किया गया है।
कारपेंटर, जे.ई. 1921, 'थीइज्म इन मेडिवल इंडिया', लंदन : विलियम्स एण्ड नॉरगेट।
चतुर्वेदी, परशुराम, 1964, उत्तरी भारत की संत परंपरा, द्वितीय संस्करण; इलाहाबाद, भारत भंडार।
चंपकलक्ष्मी, आर. 1966, 'फ्रॉम डिवोशनल एण्ड डिसेंट टू डोमिनेंस : दि भक्ति ऑफ दि तमिल अलवार्स एण्ड नायनार्स', चम्पकलक्ष्मी और एस. गोपाल द्वारा संपादित पुस्तक 'ट्रेडीशनल, डिसेंट, एण्ड आइडियोलॉजी : एसेज इन ऑनर ऑफ रोमिला थापर', में पृ. 135-63, न्यू देलही : आक्सफोर्ड युनिवर्सिटी प्रेस। यह लेख भी लॉरेंजन 2004 में पुनर्मुद्रित हुआ है।
चंद, तारा, 1954, 'इंफ्लुएंस ऑफ इस्लाम ऑन इंडियन कल्चर', इलाहाबाद : इंडियन प्रेस।
चिन्मयानंद, स्वामी, 1984, 'हू केयर्स फॉर दि नेशनल फ्लैग', दि इलस्ट्रेटड वीकली ऑफ इंडिया, 8-14, जनवरी 1984।
कोहन, बर्नार्ड एस. 1959, 'चेंजिंग ट्रेडीसन ऑफ ए लो कास्ट', मिल्टन सिंगर द्वारा संपादित पुस्तक 'ट्रेडीशनल इंडिया : स्ट्रक्चर एण्ड चेंज' में पृ. 207-15, फिलाडेल्फिया : अमेरिकन फोकलोर सोसायटी।
कोहन, बर्नार्ड एस. 1972 'दि चेंजिंग स्टेटस ऑफ ए डिप्रेस्ड कास्ट' एम. मैरियट द्वारा संपादित पुस्तक 'विलेज इंडिया : स्टडीज इन दि लिटिल कम्युनिटी' में पृ. 53-77, शिकागो : शिकागो युनिवर्सिटी प्रेस (कापीराइट 1955)
डे. सुशील कुमार, 'अर्ली हिस्ट्री ऑफ दि वैष्णव फेथ एण्ड मूवमेंट इन बंगाल', कलकत्ता : फिर्मा के. एल. मुखोपाध्याय।
दिल्यूरी, जी.ए. 1960, दि कल्ट ऑफ बिठोबा, पूना : डेक्कन कॉलेज।
दिवेले, सूसन बी.सी., 1977, 'लॉ पालब्रा दि ला तियरा (प्रोटेस्टा कम्पेसिना इन इंडिया, सिग्लो XI, मेक्सिको : एल कॅलीजिओ दि मेक्सिको।
धन, आर. ओ. 1977, 'ट्राइबल मूवमेंट्स इन छोटानागपुर', एस.सी. मलिक की पुस्तक 'डिसेंट, प्रोटेस्ट एण्ड रिफॉर्म इन इंडियन सिविलाइजेशन' में, शिमला : इंडियन इंस्टीट्यूट ऑफ एडवांस्ड स्टडीज।
*धरमदास, 1985, 'धनी धरमदासजी की शब्दावली', इलाहाबाद : बलभद्र प्रेस, पुनर्मुद्रित।
*दुबे, लालता प्रसाद (एल.पी.) 1968, 'हिंदी भक्त-वार्ता साहित्य' देहरादून : साहित्य सदन।
*दूलनदास, 1976, 'दूलनदास की बानी', इलाहाबाद : वेलडेवियर प्रेस, पुनर्मुद्रित।
डूमा, लुई, 1957, 'उने सोस-कास्ट डि, एल इन्डे दू सूद', पेरिस, माउटन।
*डूमा, लुई, 1972, 'होमो हाइरेरिकस : दि कास्ट सिस्टम एण्ड इट्स इम्पलीकेशंस', लंदन : पालाडिन, सर्वप्रथम 1966 ई. में फ्रेंच में प्रकाशित।

डुंडेस एलन, 1980, 'इंटरप्रेटिंग फोकलोर', ब्लूमिंगटन : इंडियन युनिवर्सिटी प्रेस।
*द्विवेदी, हजारीप्रसाद, 1941 'कबीर', दिल्ली : राजकमल प्रकाशन।
*द्विवेदी, हजारीप्रसाद, 1950, 'नाथ संप्रदाय', वाराणसी : नैवेद्य निकेतन।
* द्विवेदी, हजारीप्रसाद, 1963, 'हिंदी साहित्य की भूमिका', नया संस्करण, बॉम्बे : हिंदी ग्रंथ रत्नाकर।
*द्विवेदी, केदारनाथ, 1965, 'कबीर और कबीरपंथ : तुलनात्मक अध्ययन', इलाहाबाद : हिंदी साहित्य सम्मेलन।
फर्कुहर, जे.एन. 1967, 'एन आउटलाइन ऑफ दि रिलीजियस लिटरेचर ऑफ इंडिया', पुनर्मुद्रित; देलही : मोतीलाल बनारसीदास, सर्वप्रथम 1920 में प्रकाशित।
फूको, मिशेल, 1984, 'नीत्से, जीनिओलॉजी, हिस्ट्री', पॉल रैबिनो द्वारा संपादित पुस्तक 'दि फूको रीडर' में, न्यूयार्क : पैंथियन बुक्स, पृ. 77-100। सर्वप्रथम 1971 ई. में फ्रेंच में प्रकाशित।
फूहरर् ए. 1891, 'दि मॉनुमेंटल एंटीक्विटीज एण्ड इन्सक्रिप्सन इन दि नॉर्थ वेस्टर्न प्रोविन्सेज एण्ड अवध', वॉल्यूम-2, इलाहाबाद : सुपरिटेंडेंट, गवर्नमेंट प्रेस, एन. डब्ल्यू.पी. एण्ड अवध।
*गर्ग, गंगाराम, 1963, 'संक्षिप्त ऑक्सफोर्ड हिंदी-साहित्य परिचायक', लंदन : ऑक्सफोर्ड युनिवर्सिटी प्रेस।
*गरीबदास, 1985, 'गरीबदास जी की बानी', इलाहाबाद : वेलवेडियर प्रेस—पुनर्मुद्रित।
गीर्त्ज क्लीफोर्ड, 1973, 'डीप प्ले : नोट्स ऑन द बैलिनेस कॉकफाइट', इंटरप्रेटेशन ऑफ कल्चर्स (नामक इनकी किताब से), पृ. 412-453, न्यूयार्क : बेसिक बुक्स।
गोट्ज, हरमन, 1966, 'मीराबाई : हर लाइफ एण्ड टाइम्स' बाम्बे : भारतीय विद्या भवन।
गोल्ड, एन ग्राजिन्स, 1992, 'ए कार्निवल ऑफ पार्टिंग' द टेल्स ऑफ किंग भरथन* एण्ड किंग गोपीचंद, बर्कले युनिवर्सिटी ऑफ कैलिफोर्निया प्रेस।
*गोपालदास, 1993, 'द सर्वंगी ऑफ गोपालदास : ए 17th सेंचुरी एंथोलॉजी ऑफ भक्ति लिटरेचर', विनांद एम कैल्वर्त्त द्वारा संपादित, नई दिल्ली : मनोहर।
*गोरखनाथ, 1960, गोरखबानी, पीतांबर दत्त बड़थ्वाल द्वारा संपादित (पी.डी. बड़थ्वाल), तीसरा संस्करण, इलाहाबाद : साहित्य सम्मेलन।
*गोस्वामी साधुसरन, 1978, 'कबीर बीजक की टीकाओं का आलोचनात्मक अध्ययन' विवेकदास द्वारा संपादित—'कबीर साहब' में पृ. 255-70, वाराणसी : कबीरवाणी प्रकाशन केंद्र।
ग्राम्शी, एंतोनियो, 1976, सेलेक्शन फ्राम द प्रीजन नोटबुक्स ऑफ एंतोनियो ग्राम्शी, क्यू हॉरे एण्ड जी.एन. स्मिथ द्वारा इटालियन मूल से संपादित और अनूदित, न्यूयार्क : इंटरनेशनल पब्लिशर्स।

गुप्ता, आर.डी, 1969, 'प्रियादास, ऑथर ऑफ द भक्तिरसबोधिनी', बुलेटिन ऑफ द स्कूल ऑफ ओरिएंटल एण्ड अफ्रीकन स्टडीज, 32 : 57-70

*गुरू ग्रंथ साहिब, एन. डी. 4 वॉल्यूम्स, गुरुमुखी और रोमन लिपि में अंग्रेजी अनुवाद के साथ, प्रीतम सिंह साहिल द्वारा अनूदित और संपादित, संपादक— अनुवादक द्वारा प्रकाशित (कोई पता उद्धृत नहीं है), मानक पृष्ठांकन का प्रयोग।

*गुरु ग्रंथ साहिब, 1984-90, गुरूबचन सिंह ताबिल द्वारा अंग्रेजी से चार भागों में अनुवादित, पटियाला : पब्लिकेशन ब्युरो, पंजाबी युनिवर्सिटी प्रत्येक भाग का अपना अलग मानक पृष्ठांकन है किंतु हाशिए पर मानक पृष्ठांकन को भी निर्देशित किया गया है। (आदि ग्रंथ भी देखें)

हैकर, पॉल 1959, प्रह्लाद वार्द एण्ड वांडलूंग एन आइडियलजेस्टाल : बिट्रेज जुर जेशिशट दस हिंदुइज्म, 2 भाग—मेंज : वर्लाग द एकेडमी द विस्सेंसकॉफ एण्ड द लितेरेत्योर इन मेंज : अभांडलंग द जीस्ट्सां सोजियलविइसेंसफिल्शिें क्लासेस, नं. 9,13।

हैमर डीन, 2004, 'दि गॉड जीन : हाउ फेथ इज हार्डवायर्ड इन टू अवर जीन्स' न्यूयार्क : डबलडे।

हॉली, जॉन स्ट्रैटन, 1984, 'सूरदास : पोएट, सिंगर, सेंट', सीएटल : युनिवर्सिटी ऑफ वाशिंगटन प्रेस।

हॉली, जॉन स्ट्रैटन, 1987, 'मोरालिटी बियांड मोरालिटी इन द लाइफ्स ऑफ थ्री हिंदू सेंट्स', जॉन एस. हॉली द्वारा संपादित 'सेंट्स एण्ड वर्चूज' में 52-72, बर्कले; युनिवर्सिटी ऑफ कैलिफोर्निया प्रेस।

हॉली, जॉन स्ट्रैटन, 2005, 'थ्री भक्ति वाइसेस : मीराबाई, सूरदास एण्ड कबीर इन देयर टाइम्स एण्ड अवर्स', नई दिल्ली, आक्सफोर्ड युनिवर्सिटी प्रेस।

हॉली, जॉन स्ट्रैटन एण्ड मार्क जुएरगेंसमेयर, 1988, सांग्स ऑफ द सैंट्स ऑफ इंडिया, न्यूयार्क : ऑक्सफोर्ड युनिवर्सिटी प्रेस।

हॉपकिंस, टी. 1868, 'द सोशल टीचिंग ऑफ द भागवत पुराण', मिल्टन सिंगर द्वारा संपादित, 'कृष्णा, मिथस् राइट्स एण्ड एटीट्यूड्स', पृ. 3-22, शिकागो युनिवर्सिटी ऑफ शिकागो प्रेस, 1966 में प्रथम बार प्रकाशित।

हटिंगटन, सैमुअल पी. 1997, 'दि क्लैश ऑफ सिविलाइजेशंस एण्ड द रिमेकिंग ऑफ वर्ल्ड ऑर्डर', न्यूयार्क : टचस्टोन।

*जगजीवन साहब, 1983-90, 'जगजीवन साहब की वाणी', इलाहाबाद : वेलवेडियर प्रेस, पुनर्मुद्रित।

*जन गोपाल, 1947, 'दादू लीला' सुख दयाल दादू द्वारा 'श्री दादू जन्म लीला परचई' के रूप में संपादित, जयपुर : श्री स्वामी लक्ष्मीराम ट्रस्ट।

*जन गोपाल, 1998, 'द हिंदी बायोग्राफी ऑफ दादू दयाल' विनांद एम. कैल्वर्त्त द्वारा

संपादित और अनूदित, दिल्ली : मोतीलाल बनारसीदास।
जे. एडवार्ड 1961, 'रिवाइटलाइजेशन मूवमेंट इन ट्राइवल इंडिया', एल.पी. विद्यार्थी द्वारा संपादित 'आस्पेक्ट्स ऑफ रिलीजन इन इंडिया सोसायटी', पृ. 282, 322, मेरठ : केदारनाथ रामनाथ।
*जोगिंदर सिंह, 1972, संत रैदास, नई दिल्ली, आकार प्रकाशन।
जोन्स, केनेथ डब्ल्यू, 1976, 'आर्य धर्म : हिंदू कांशियसनेस इन 19th सेंचुरी पंजाब', बर्कले : युनिवर्सिटी ऑफ कैलीफोर्निया प्रेस।
जुअरगेंसमेयर मार्क, 1980, 'व्हाट इफ अनटचेबल्स डोंट बिलीव इन अनटचेबिलिटी?' बुलेटिन ऑफ कंसन्ड एशियन स्कॉलर्स 12(1) : 23-28।
जुअरगेंसमेयर, मार्क, 1982, 'रिलीजन एज सोशल विज़न : द मूवमेंट एगेंस्ट अनटचेबिलिटी इन 20th सेंचुरी पंजाब', बर्कले : युनिवर्सिटी ऑफ कैलीफोर्निया प्रेस।
*कबीर, 1906, 'कबीर-बीजक', विश्वनाथ सिंह की पाखंड खंडिनी टीका के साथ, लिथोग्राफ संस्करण, वाराणसी : लाइट प्रेस, बीजक का सर्वप्रथम प्रकाशित संस्करण।
*कबीर, 1954-58, 'संस्कृत बीजक ग्रंथ', (3 भागों में) हनुमानदास द्वारा हिंदी से संस्कृत में अनूदित और संपादित, बड़ौदा : पंडित मोतीदास जी चेतनादास जी।
*कबीर 1966, 'संत कबीर', रामकुमार वर्मा द्वारा संपादित, पांचवां संस्करण, इलाहाबाद : साहित्य भवन।
*कबीर 1969, 'कबीर ग्रंथावली', माता प्रसाद गुप्त द्वारा आधुनिक हिंदी व्याख्या के साथ संपादित, इलाहाबाद : लोकभारती प्रकाशन।
*कबीर 1972, 'कबीर-बीजक', सुखदेव सिंह द्वारा संपादित, इलाहाबाद : नीलाभ प्रकाशन।
कबीर 1977 : 'द बीजक ऑफ कबीर' अहमदशाह द्वारा अनूदित, नई दिल्ली : एशियन पब्लिकेशन सर्विसेज, 1917 में पहली बार प्रकाशित।
कबीर 1977, 'सेलेक्शन फ्रॉम द बीजक ऑफ कबीर', सुखदेव सिंह और लिंडाहेस द्वारा हिंदी में अनूदित, वाराणसी, कबीरवाणी प्रकाशन केंद्र।
*कबीर, 1981, 'सबद', भाग दो, कबीर वाङ्मय, जयदेव सिंह एवं वासुदेव सिंह द्वारा संपादित, वाराणसी : विश्वविद्यालय प्रकाशन।
कबीर, 1983, 'द बीजक ऑफ कबीर', लिंडा हेस और सुखदेव सिंह द्वारा संपादित, सैन फ्रांसिस्को : नॉर्थ प्वाइंट प्रेस। यह अनुवाद सर्वोत्तम है किंतु अपूर्ण।
*कबीर, 1987-89, 'कबीर शब्दावली', गंगाशरण शास्त्री द्वारा संपादित, वाराणसी : वेलवेडियर प्रेस, पुनमुर्द्रण।
*कबीर, 1988, 'बीजक', गंगाशरण शास्त्री द्वारा संपादित तथा सुखदेव सिंह द्वारा

लिखित भूमिका में, वाराणसी : कबीर प्रकाशन केंद्र।
*कबीर, 1989, 'कबीर ग्रंथावली', पारसनाथ तिवारी द्वारा संपादित, इलाहाबाद : राका प्रकाशन। यह तिवारी द्वारा स्वयं संकलित है, दादू पंथी ग्रंथावली से नहीं लिया गया है।

कबीर, 1991, 'सांग्स ऑफ कबीर फ्राम द आदि ग्रंथ' अनुवाद और भूमिका—निर्मल दास, अल्बानी : स्टेट युनिवर्सिटी ऑफ न्यूयार्क प्रेस।

कबीर, 1993, 'ए बीवर नेम्ड कबीर : सेलेक्टेड वर्सेस विथ ए डिटेल्ड बायोग्राफिकल एंड हिस्टोरिकल इंट्रोडक्शन' शारलोत वादिवेल बुडलिन द्वारा अनूदित और संपादित, दिल्ली : आक्सफोर्ड युनिवर्सिटी प्रेस।

कबीर 1998, 'द बीजक ऑफ गुरू कबीर', भाग एक, रमैनीज, जगेसर दास द्वारा अनुवादित, सूरे बी.सी. : द कबीर एशोसियेशन ऑफ कनाडा।

*कबीर, 2000, 'द मिलेनियम कबीर वाणी : ए कलेक्शन ऑफ पद्स', स्वप्ना शर्मा और डेटर टाइल्यू के साथ विनांद एम कैल्वर्त्त द्वारा संपादित, नई दिल्ली : मनोहर।

*कबीर कसौटी, देखिए लहना सिंह।

कमल, 1994, 'ल कॉशियस द कमाल' डेविड एन लॉरेंजन और उमा थुकराल द्वारा स्पैनिश से अनूदित, 'स्टडी द एशिया वाई अफ्रीका', 29, 2 : 259-71।

की, एफ. ई., 'कबीर एंड हिज फॉलोवर्स', कलकत्ता : एसोएिशन प्रेस।

कीज़ चार्ल्स एफ, 1983, 'इंट्रोडक्शन : द स्टडी ऑफ पॉपुलर आइडियाज ऑफ कर्म', चार्ल्स एफ कीज और ई. वेलेंटाइन डेनियल द्वारा संपादित, कर्म : ए एंथ्रोपॉलाजिकल इंक्वायरी से, पृ. 1-24, बर्कले : युनिवर्सिटी ऑफ कैलीफोर्निया प्रेस।

खरे, रवीन्द्र, 1983, 'द अनटचेबल ऐज हिमसेल्फ : आइडियोलॉजी, आइडेंटिटी एंड प्राग्मैटिज्म एमांग द लखनऊ चमार्स', न्यूयार्क : कैंब्रिज कैलीफोर्निया प्रेस।

कालेन्दा पालिन महार, 1958, 'चेंजिंग कास्ट आइडियोलॉजी इन ए नार्थ इंडियन विलेज', जर्नल ऑफ सोशल इशूज 14 (4) : 51-65

कालेन्दा, पालिन महार, 1960, 'चेंजिंग रिलीजियस प्रैक्टिस ऑफ एन अनटचेबल कास्ट' इकोनॉमिक डेवलपमेंट एण्ड कल्चरल चेंज, 8, 3 : 279-87

कालेन्दा, पालिन महार, 1964, 'रिलीजियस एंग्जाइटी एंड हिंदू फेट' जर्नल ऑफ एशियन स्टडीज, 23 : 71-82

लेले जयंत, 1981, 'द भक्ति मूवमेंट इन इंडिया : ए क्रिटिकल इंट्रोडक्शन', जयंत लेले द्वारा संपादित, 'टेड्रिशन एण्ड मॉडर्निटी इन भक्ति मूवमेंट्स' से, पृ. 1-15, लीडेन : ई.जे. ब्रिल।

लेविस, आई.एम., 1971, 'एकास्टैटिक रिलीज : ऐन एंथ्रोपोलॉजिकल स्टडी ऑफ स्पिरिट पोजेशन एंड शैमानिज्म', हार्मन्डसूवर्थ : पेंग्विन बुक्स।

'लाइफ आफ तुकाराम' (भक्तलीलामृत), 1980, जे.ई. एबोट द्वारा अनुवादित, दिल्ली, मोतीलाल बनारसीदास, 1930 में पहली बार प्रकाशित।

लेवलिन, जे.ई. (संपादित) 2005, 'डिफाइनिंग हिंदूइज्म : ए रीडर', लंदन : इक्वीनॉक्स।

लॉरेंजन, डेविड एन., 1981ए, 'द कबीर पंथ एंड पॉलिटिक्स' पालिटिकल साइंस रिव्यु (जयपुर), 20 : 263-80

लॉरेंजन, डेविड एन., 1981बी, 'द कबीरपंथ एण्ड पॉलिटिक्स', सुखदेव सिंह और विवेकदास द्वारा संपादित 'साध मता है सार', नामक किताब से, पृ. 57-63, वाराणसी : कबीर वाणी प्रकाशन केंद्र। इसकी विषयवस्तु 1981ए की विषय वस्तु से अलग है।

लॉरेंजन, डेविड एन., 1981सी 'द कबीर पंथ : हेरेटिक्स टू हिंदूज', डेविड लॉरेंजन द्वारा संपादित किताब 'रिलीजियस चेंज एंड कल्चरल डोमिनेशन', पृ. 151-71, मैक्सिको : एल कॉलेज द मैक्सिको।

लॉरेंजन, डेविड एन., 1983 द लाइफ ऑफ शंकराचार्य, एफ. डब्ल्यू. क्लादे और जे. बी. लांग द्वारा संपादित 'एक्सपीरियंसिंग शिवा' से, कोलम्बिया एम. ओ. : साउथ एशिया बुक्स।

लॉरेंजन, डेविड एन., 1987, 'द सोशल आइडियोलॉजीज ऑफ हेजियोग्राफी : शंकर, तुकाराम और कबीर', एम. इजरायल और एन.के. वागले द्वारा संपादित 'रिलीजन एण्ड सोसायटी इन महाराष्ट्र', पृ. 92-114, टोरंटो : सेंटर फार साउथ स्टडीज, युनिवर्सिटी ऑफ टोरंटो।

लॉरेंजन, डेविड एन., 1987, 'ट्रेडीशंस ऑफ नान-कास्ट हिंदूइज्म : द कबीर पंथ', कंट्रीब्यूशन टू इंडियन सोशियोलॉजी, 21, 2 : 263-83

लॉरेंजन, डेविड एन., 1987, 'द कबीर पंथ एण्ड सोशल प्रोटेस्ट', डब्ल्यू. एच. मैक्लियॉड और के. शूमर द्वारा संपादित, 'द सैंट्स : स्टडीज इन ए डिवोशनल ट्रेडीशन ऑफ इंडिया', पृ. 281-303, नई दिल्ली : मोतीलाल बनारसीदास।

लॉरेंजन, डेविड एन., 1991, कबीर लीजेंड्स एण्ड अनंतदास की कबीर परचई, अलबानी : स्टेट युनिवर्सिटी ऑफ न्यूयार्क प्रेस।

लॉरेंजन, डेविड एन., 1992 'प्रह्लाद द पायस डेमन इन सगुणी एंड निर्गुणी ट्रेडिशन्स', अप्रकाशित बाद में 1996 में लारेंजन की किताब में प्रकाशित तथा इस पुस्तक में भी उपलब्ध।

लॉरेंजन, डेविड एन., 1994, ए केटलॉग ऑफ मैनुस्क्रिप्ट्स इन द कबीर चौरा मोनास्ट्री, मैक्सिको सिटी : एल कॉलेजियो द मैक्सिको।

लॉरेंजन, डेविड एन., 1995, 'द लाइव्स ऑफ निर्गुणी सैंट्स', भक्ति रिलीजन इन नार्थ इंडिया, कम्युनिटी आइडेंटिटी एण्ड पॉलिटिकल ऐक्शन, में डेविड एन. लॉरेंजन

द्वारा संपादित, पृ. 181-211, अल्बानी स्टेट युनिवर्सिटी ऑफ न्यूयार्क प्रेस।

लॉरेंजन, डेविड एन., 1996, 'प्रेजेज टु ए फार्मलेस गॉड : निर्गुणी टेक्स्ट्स फ्रॉम नार्थ इंडिया', अल्बानी : स्टेट युनिवर्सिटी ऑफ न्यूयार्क प्रेस।

लॉरेंजन, डेविड एन., 2006, व्हू इनवेंटेड हिंदूइज्म? एसेज ऑन रिलीजन इन हिस्ट्री, नई दिल्ली, योदा प्रेस।

लॉरेंजन, डेविड एन., 2007, 'जेंटिल रिलीजन इन साउथ इंडिया, चाइना एंड तिब्बत : स्टडीज बाई थ्री जेसुइट मिशनरीज', दक्षिण एशिया, अफ्रीका और मध्यपूर्व का एक तुलनात्मक अध्ययन (टोरंटो), 27, 1 : 205-15

लॉरेन्जन, डेविड एण्ड रसेल मैक्वि, 1979, 'अल लीज़ी य अल सत्कत्रया डि भर्थ्रिहरि : देस्कब्रिमियंतो डि उन रिलाक इन्त्रे डोस तेक्सतोज क्लासिकस डि चाइना इ इंडिया', इस्तदियस डि एशिया य अफ्रीका 14, 4 : 696-707

लॉरेंजन, डेविड एन., और उमा ठुकराल, 2005 'लॉस डाइलाग्स रिलिजियस एंटर कबीर बाई गोरख', एस्तोदीयो द एशिया वाई अफ्रीका, 40, 1 : 161-77

लटगेन्डॉफ, 1989, 'रामूस स्टोरी इन शिवाज़ सिटी : पब्लिक एरेनाज एंड प्राइवेट पेट्रोनेज' सांद्रा बी. फ्रीत्ज द्वारा संपादित, 'कल्चर एंड पावर इन बनारस : कम्युनिटी, परफार्मेंस एण्ड इनवायरमेंट', 1800-1980, पृ. 34-61, बर्कले : युनिवर्सिटी ऑफ कैलीफोर्निया प्रेस।

लटगेन्डोफ, 1990, 'ला बस केदा तुलसीदास लेजेंडरियों', एस्तोदिओ द एशिया वाइ अफ्रीका, 25, 1 : 8-29।

लिंच, ओवेन, 1969, द पॉलिटिक्स ऑफ अनटचेबिलिटी, न्यूयार्क : कोलम्बिया युनिवर्सिटी प्रेस।

लिंच, ओवेन, 1972, 'डॉक्टर वी.आर. अम्बेडकर : मिथ एण्ड करिश्मा' जे. माइकल महार द्वारा संपादित ''द अनटचेबल इन कंटेंपरेरी इंडिया से, पृ. 96-112 ट्यूसन, युनिवर्सिटी ऑफ आरिजोना प्रेस।

मैकालिफ एम. ए. 1963, 'द सिख रिलीजन', भाग-6, तीन पुनर्मुद्रण, दिल्ली : एस चांद एण्ड कंपनी : 1909 में पहली बार प्रकाशित, आदि ग्रंथ के अधिकांश अनुवादों सहित।

मैकडुगल, जॉन, 1977, 'एग्रेरियन रिफॉर्म वर्सेस रिलीजियस रिवाइटलाइजेशन : कलेक्टिव रजिस्टेंस टु पिजेंटाइजेशन एमांग द मुंडाज, ओराओंज एण्ड संथालूस 1858-95', कंट्रीब्युशनूस टु इंडियन सोशियोलॉजी, न्यूसिरीज, 11 :295-327।

मदन, टी.एन. एट अल, 1977, 'ऑन द नेचर ऑफ कास्ट इन इंडिया : ए रिव्यू सिंपोजियम ऑन लुई डूमा होमो हायरार्कीस', कांट्रिब्युशन्स टु इंडियन सोशियोलॉजी, न्यूसिरीज, 5 :1-81।

*माधव, अभयचंद्र के पुत्र 1938, वीरभानुदयाकाव्यम्, के.के. लेले और अनंत शास्त्री उपाध्याय द्वारा संपादित साथ ही हीरानंद शास्त्री द्वारा आलोचनात्मक विश्लेषण सहित उपलब्ध रेवा : रेवा दरबार, (एच. शास्त्री भी देखें)।

*महात्माओं की बानी, 1933, भुड़कुड़ा, गाजीपुर जिला : बाबा रामबरनदास साहेब।

महीपती भक्तिविजय, 1982, जे.ई. एबोट् और एन आर. गोडबोले द्वारा 'ए स्टोरीज ऑफ इंडिया सैंट्स', 2 भागों में, दिल्ली : मोतीलाल बनारसीदास।

*मलूकदास, 1988, मलूकदास जी की वाणी, इलाहाबाद : वेलवेडियर प्रेस, पुनर्मुद्रित

*मंगलदास स्वामी, 1962, श्री महाराज हरिदास जी की बानी सतीप्पनी अपार निरंजनी महात्माओं की रचनाओं के अंशांश, जयपुर : निखिल भारतीय निरंजनी महासभा।

मंझन सत्तारी राजगिरी, मीर सयीद, 2000, मधुमालती : एन इंडियन सूफी रोमांस, आदित्य बहल और साइमन व्हिटमैन द्वारा भूमिका और नोट्स सहित अनूदित, ऑक्सफोर्ड : ऑक्स्फोर्ड युनिवर्सिटी प्रेस।

मैरियट, मैक् किम, 1969 (रिव्यु ऑफ लुई डूमा) होमो हाइरार्किस, एसे सुर ले सिस्टम द कास्ट्स अमेरिकन एंथ्रोपोलाजिस्ट्स, 71 : 1166-65

मैक्लियोड, डब्ल्यू. एच., 1976, 'द इवोल्युशन ऑफ द सिख कम्युनिटी', ऑक्सफोर्ड : क्लैरेंडन प्रेस।

मैक्लियोड, डब्ल्यू. एच., 1976, 'गुरू नानक एंड द सिख रिलीजन' पुनर्मुद्रित, दिल्ली : ऑक्सफोर्ड युनिवर्सिटी प्रेस, 1968 में प्रथम बार मुद्रित।

मैक्लियोड, डब्ल्यू. एच., 1980ए, 'अर्ली सिख ट्रेडीशन : ए स्टडी ऑफ द जनम-सखीज', ऑक्सफोर्ड : क्लैरेंडन प्रेस।

मैक्लियोड, डब्ल्यू. एच., 1982 बी (अनुवाद और भूमिका), 'द बी 40 जनम-साखी : अमृतसर', गुरू नानक देव युनिवर्सिटी।

मेंशर, जॉन, 1974, 'द कास्ट सिस्टम अपसाइड डाउन, ऑर नोट सो मिस्टीरियस ईस्ट', करेंट एंथ्रोपोलॉजी, 15 : 469-93

मिलर, रॉबर्ट जे., 1966, 'बटन, बटन...ग्रेट ट्रेडीशन, लिट्ल ट्रेडिशन व्हूज, ट्रेडीशन?' एंथ्रोपोलॉजिकल क्वार्टरली, 39 : 26-42

*मीराबाई, 1966, 'मीराबाई की पदावली', परशुराम चतुर्वेदी द्वारा संपादित, इलाहाबाद : हिंदी साहित्य सम्मेलन।

मीराबाई, 1972, नरसीजी रो माहेरो, जेठलाल नारायण त्रिवेदी द्वारा संपादित, जोधपुर : राजस्थान प्राच्यविद्या प्रतिष्ठान।

मीराबाई, 1988, 'मीराबाई की शब्दावली', इलाहाबाद : वेलवेडियर प्रेस, पुनर्मुद्रित।

मोफा, माइकल, 1979, 'एन अनटचेबल कम्युनिटी इन साउथ इंडिया : स्ट्रक्चर एंड कंसेंसस्', प्रिंसटन : प्रिंसटन युनिवर्सिटी प्रेस।

मोहसिन फानी (एट्रीब्युटेड), 1843, 'दबिस्तान-ए-मजाहिब', डी शोहा और ए. ट्रॉयर द्वारा फारसी भाषा से दो भागों में 'द दबिस्तान ऑर स्कूल ऑफ मैनर्स', के नाम से अनूदित, पेरिस (शायद 1665 ई. में लिखित)।

म्युनोज़ गार्सिया एड्रियान, 2007, 'ला पेल डेल टाइग्रे वाइ ला सर्पेन्टे : आइडेन्टी डाड, योगा वाई लियेन्डा डेल नाथ पंथ', पीएचडी थेसिस—एल कॉलेज द मैक्सिको में, मैक्सिको सिटी।

*नाभादास, 1969, श्रीभक्तमाल, प्रियादास की टीका (1712) और आधुनिक गद्य व्याख्या 5वां इम्पो., लखनऊ : तेज कुमार प्रेस।

*नामदेव, 1989, 'द हिंदी पदावली ऑफ नामदेव', विनांद एम कैल्वर्त्त तथा मुकुंद लाठ द्वारा संपादित तथा अनूदित, दिल्ली : मोतीलाल बनारसीदास।

नारायनदास ऑफ अजमेर, 1979, 'श्री दादू पंथ परिचय' (दूसरा भाग), जयपुर : श्री दादू दयाल महासभा।

ओबेरॉय, हरजोत एस., 1987, 'फ्राम पंजाब टू खालिस्तान : टेरिटोरियलिटी एंड मेटा कमेंटरी', पेसिफिक अफेयर्स 60, 26-41।

ऑडी, जेफ्री, ए. 2006, इमैजिन्ड हिंदूइज्म : ब्रिटिश प्रोटेस्टैंट मिशनरी कंस्ट्रक्शन्स ऑफ हिंदूइज्म, 1973-1900, नई दिल्ली : सेज पब्लिकेशंस।

ओ'माले, एल. एस. एस, 1911—'रिपोर्ट कलकत्ता : बंगाल सेक्रेटरियट बुक डिपो, 1913, पार्ट-1, पांचवें भाग का, बंगाल बिहार एंड उड़ीसा सेंसस ऑफ इंडिया, 1911।

ओमवेट, गेल 198., 'आदिवासीज, कल्चर एण्ड मोड्स ऑफ प्रोडक्शन इन इंडिया', बुलेटिन ऑफ कन्सर्न्ड एशियन स्कॉलर्स 12 (81) : 15-22

*पलटू साहब, 1987-90, पलटू साहब जी की बानी, 3 भागों में, इलाहाबाद : वेलवेडियर प्रेस, पुनर्मुद्रित।

पाण्डे, ए.बी., 1956, 'हिस्ट्र ऑफ द फर्स्ट अफगान एम्पायर इन इंडिया' (? दिल्ली) : बुक लैंड लिमिटेड।

पनिक्कर, के.एन., 1975, 'प्रेसीडेन्शियल एड्रेस : सेक्शन-3, प्रोसीडिंग्स ऑफ द इंडियन हिस्ट्री कांग्रेस, थर्टी-सिक्स्थ सेशन, अलीगढ़।

परमानंद (या परमानंददास), 1956, कबीर मंसूर, शार्ट वर्जन, सुधांशु जी साहेब, 'सकवी' द्वारा उर्दू से हिंदी में अनुवादित, बड़ौदा, पंडित श्री मोतीदास जी चेतन दासजी।

परमानंद, कबीर मंसूर, 1984, लांग वर्जन, माधवाचार्य द्वारा उर्दू से हिंदी में अनुवादित, न्यू इम्प. बाम्बे : लक्ष्मी वेंकटेश्वर स्टीम प्रेस, इसकी पहली प्रति के प्रकाशन की तारीख ज्ञात नहीं है।

पॉवेल्स, हेदी, 1994, 'द अर्ली भक्ति मिल्यु ऐज़ मिरर्ड इन द पोयेट्री ऑफ हरीराम व्यास' इन स्टडीज इन साउथ एशियन डिवोशनल लिटरेचर, संपादक—डब्ल्यू.

एटविसल और फ्रैंकोइस मैलीशन, पृ. 24-50, नई दिल्ली : मनोहर।
पेनिंग्टन, ब्रायन के 2005, 'वाज़ हिंदूइज़्म इनवेंटेड? ब्रिटन्स, इंडियंस, एण्ड द कॉलोनियल कंस्ट्रक्शन ऑफ रिलीजन', न्यूयार्क : ऑक्सफोर्ड युनिवर्सिटी प्रेस।
प्लुकर, डी.एफ., 1981, 'द मृगावती ऑफ कुतुबन : अवधी टेक्स्ट विद क्रिटिकल नोट्स', पी-एच.डी. डिजर्टेशन : युनिवर्सिटी ऑफ एम्स्टर्डम।
*राघवदास, 1965, भक्तमाल, चतुरदास की टीका सहित (सीए, ए.डी. 1800 ई.) अगरचंद नहाटा द्वारा संपादित, जोधपुर : राजस्थान प्राच्यविद्या प्रतिष्ठान।
*राघवदास, 1969, भक्तमाल, चतुरदास की टीका सहित (सीए. ए.डी. 1800) और नारायणदास द्वारा आधुनिक हिंदी गद्य में व्याख्या, पुष्कर : दादूदयाल महासभा।
*रज्जब 1967, 'श्री रज्जब बानी', संपादन और हिंदी व्याख्या—नारायणदास अजमेर वाले द्वारा, अजमेर : नारायण सिंह शेखावत।
*रज्जब, 1990, सरवंगी (सरबंगी के रूप में) धर्मपाल सिंहल द्वारा संपादित, जालंधर : दीपक पब्लिशिंग।
*रामानंद, 1955, रामानंद की हिंदी रचनाएं, पीताम्बर दत्त बड़थ्वाल द्वारा संपादित, वाराणसी, नागरी प्रचारिणी सभा।
रामानंद दास, 1994, श्री सद्गुरू कबीर, सत्मालपुर, समस्तीपुर जिला बिहार, श्रीमन महंत रामअवतार साहब।
रामानुजन, ए.के. 1982, 'ऑन वूमन सैंट्स', जॉन एस. हॉली और डोना मैरी वुल्फ द्वारा संपादित किताब 'दि डिवाइन कंसर्ट : राधा एण्ड द गोडेसेस ऑफ इंडिया', पृ. 316-24, 365-67, बर्कले : बर्कले रिलीजियस सिरीज।
रामानुजन, ए.के., 1983, 'द इंडियन ओडिपस', एलेच डुंडेस और लॉवेल एडमंड्स द्वारा संपादित 'ओडिपस : ए फोकलोर केसबुक' से, पृ. 234-61, न्यूयार्क, गारलैण्ड।
रैंक ओटो, एट ऑल, 1990, 'इन क्वेस्ट ऑफ द हीरो', प्रिंसटन युनिवर्सिटी प्रेस।
रॉल, जॉन, 1993, पॉलिटिकल लिबरलिज्म, न्यूयार्क कोलम्बिया युनिवर्सिटी प्रेस।
रिजवी, 1975, रिलीजियस एण्ड इंटेलेक्चुअल हिस्ट्री ऑफ द मुस्लिम्स इन अकबरस्री इन', नई दिल्ली : मुंशीराम मनोहर लाल पब्लिशर्स।
रिजवी, 1975-83, 'ए हिस्ट्री ऑफ सूफीज्म इन इंडिया', दो भागों में, नई दिल्ली, मुंशीराम मनोहरलाल।
रॉय शरत्चंद्र, 1928, 'ओरांव रिलीजन एण्ड रांची : मैन इन ए इंडिया ऑफिस'।
रसेल, रॉबर्ट वी. और राय बहादुर हीरालाल, 1969, 'द ट्राइब्स एण्ड कास्ट्स ऑफ द सेंट्रल प्रोविंसेस ऑफ इंडिया, चार भागों में (संपादित), 1916, अस्टरहाउट, एन. बी. : एंथ्रोपोलाजिकल पब्लिकेशंस।
सच्चिदानंद, 1964, 'कल्चर चेंज इन ट्राइबल बिहार', कलकत्ता : बुकलैण्ड।

सच्चिदानंद, 1977, 'द हरिजन एलीट', फरीदाबाद, हरियाणा, थाम्पसन प्रेस।
सैंडल माइकल जे, 1998, 'लिबरलिज़्म एंड द लिमिट्स ऑफ जस्टिस' द्वितीय संस्करण, कैंब्रिज : कैंब्रिज युनिवर्सिटी प्रेस।
*शंकराचार्य, 1964, ब्रह्मसूत्र-शंकरभाष्य, हनुमानदास द्वारा हिंदी व्याख्या और संपादन, वाराणसी : चौखम्भा विद्याभवन।
सरस्वती, वैद्यनाथ, 1977, 'नोट्स ऑन कबीर : ए नान लिटरेट इंटलेक्चुअल' एस. सी. मलिक द्वारा संपादित 'डिसेंट, प्रोटेस्ट एण्ड रिफार्म इन इंडिया सिविलाइजेशन'' से शिमला : इंडियन इंस्टीट्यूट ऑफ एडवांस स्टडी, पृ. 167-87
*शर्मा, विनयमोहन, 1957, 'हिंदी को मराठी संतों की देन', पटना : बिहार राष्ट्रभाषा परिषद्।
*शास्त्राी, गंगाशरण, 'कबीर जीवन चरित्रा', वाराणसी : कबीरवाणी प्रकाशन केंद्र, 1976।
शास्त्री, हीरानंद, 1925, 'द बघेल डाइनेस्टी ऑफ रीवा : आर्कियोलॉजिकल सर्वे ऑफ इंडिया', नं.21, कलकत्ता : भारत सरकार, अभयाचंद्र के पुत्र माधव को भी देखें।
स्कॉट, डेविड, 1985, परिया पुराण; जी वान्मिकानंदम द्वारा संक्षिप्त अंग्रेजी संस्करण, म्यालपुर, मद्रास : श्री रामकृष्ण मठ।
सेन, अमर्त्य 2006, 'आइडेंटिटी एण्ड वायलेंस : द इल्यूजन ऑफ डेस्टिनी', न्यूयार्क : डब्ल्यू. डब्ल्यू. नार्टन।
*सेन (या सैन), 1996, 'कबीर-रैदास का संवाद' 'प्रेजेज टु ए फार्मलेस गॉड' में डेविड लारेंजन द्वारा संपादित और अनुवादित, पृ. 169-203, अलबानी : स्टेट युनिवर्सिटी न्यूयार्क प्रेस।
सिंह, भगवती प्रसाद (बी.पी.), 1957, 'राम भक्ति में रसिक संप्रदाय', बलरामपुर : अवध साहित्य मंदिर।
सिंह, लहना उर्फ हरिदास, 1962, 'कबीर कसौटी', बॉम्बे : श्री वेंकटेश्वर प्रेस, 1885 के आसपास लिखित।
सिंगर, मिल्टन, 1972, 'व्हेन ए ग्रेट ट्रेडिशन मॉडर्नाइजेशन', न्यूयार्क : प्राजर पब्लिशर्स।
सिंह, करण 1984, 'द ग्रेट हिंदू रेनेसां', द इलेस्ट्रेटेड वीकली ऑफ इंडिया, 8-14 जनवरी, पृ. 24-27
सिंह, मोहन, 1934, 'कबीर : हिज बायोग्राफी', प्रथम भाग कबीर एण्ड द भक्ति मूवमेंट, लाहौर : आत्माराम एण्ड संस।
सिंह, पशौरा, 2003, 'द भगत्स ऑफ द गुरू ग्रंथ साहिब : सिख सेल्फ डेफिनीशन एण्ड द भगत बानी', नई दिल्ली : ऑक्सफोर्ड युनिवर्सिटी प्रेस।
*सिंह, सुखदेव (सुखदेव सिंह), 1981, 'कबीर के स्मरण तीर्थ', वाराणसी : कबीर वाणी प्रकाशन केंद्र।

सोफर, डेबोरा ए. 1991, 'द मिथस् ऑफ नरसिंह एण्ड वामन : टू अवतारस् इन कास्मोलाजिकल पर्सपेक्टिव, अल्बानी : सनी प्रेस।
*सोनी, रामस्वरूप, 1984, 'श्री हरिपुरुष जी महाराज की जीवन झांकी', डिडवाना : स्वामी परमानंद।
*श्री सद्गुरू कबीर मंदिर कबीर चौरा मठ, वाराणसी : श्री कबीर वाणी प्रकाशन केंद्र, 1975
*श्रीवास्तव बदरीनारायण (बी. एन.) 1957, रामानंद संप्रदाय तथा हिंदी साहित्य पर उसका प्रभाव, इलाहाबाद : हिंदी परिषद्।
स्टीन, बी. 1968, 'सोशल मोबिलिटी एण्ड मेडिवल साउथ इंडियन हिंदू सेक्ट्स', सिलवरबर्ग द्वारा संपादित सोशल मोबिलिटी इन द कास्ट सिस्टम इन इंडिया : एन इंटरडिसिप्लिनरी सिम्पोजियम, पृ. 78, 94, द हेग : मॉटन।
स्टीफेन फुश, 1965, 'रेबेलियस प्रोफेट्स', बॉम्बे : एशिया पब्लिशिंग हाउस।
*स्वात्माराम, 1975, 'हठयोग प्रदीपिका ऑफ स्वात्माराम' ब्रह्मानंद द्वारा ज्योत्सना टीका और अंग्रेजी अनुवाद, मद्रास : द आडयार लाइब्रेरी।
टैलेंट्स, पी.सी. 1921, रिपोर्ट, पटना : सुपरिटेंडेंट गवर्नमेंट प्रिंटिंग, बिहार एण्ड उड़ीसा, 1923, 8वीं भाग का अंश, बिहार और उड़ीसा जनगणना, 1921
*तपस्वी, 1976, कबीर सत्य प्रकाश—सटीकक, लिम्बाडी, गुजरात : श्री तपस्वी साहेब।
टेलर, चार्ल्स एट आल, 1994, 'मल्टीकल्चरलिज्म : एक्जैमिनिंग द पॉलिटिक्स ऑफ रिकॉगनीशन', एमी गटमैन, द्वारा संपादित, प्रिंसटन : प्रिंसटन युनिवर्सिटी प्रेस।
*टेन प्रिंसिपल उपनिषदस् विथ शंकरभाष्य, 1978, दिल्ली, मोतीलाल बनारसीदास।
थापर, रोमिला, 1978, 'एनशिएंट इंडिया सोशल हिस्ट्री', न्यू देलही : ओरिएंट लांगमैन।
थाम्पसन, जॉन बी., 1984, 'स्टडीज इन द थ्योरी ऑफ आइडियोलॉजी', कैंब्रिज : पोलिटी प्रेस।
*ठुकराल, उमा 1979, 'कबीरपंथी साहित्य का आलोचनात्मक अध्ययन' पी-एच.डी. थेसिस, राजकीय स्नातकोत्तर महाविद्यालय, कोटद्वार, उ.प्र.।
ट्रॉटमैन, थॉमस, आर, 1969, 'लेंथ ऑफ जेनेरेशन एण्ड री इन इन एनशिएंट इंडिया', जर्नल ऑफ अमेरिकन ओरिएंटल सोसायटी, 89 : 564-77
*त्रिवेदी, जेठलाल, (मीरांबाई देखें)।
तुकाराम, 1956, साउमेस डु पेलेराइन, फ्रेंच से अनूदित जी.ए. डेल्यूरी द्वारा, पेरिस : गैलीमार्ड।
वैनडर वीर, पीटर, 1989, 'गाड्स ऑन अर्थ' : द मैनेजमेंट ऑफ रिलीजियस एक्सपीरियंस एण्ड आइडेंटिटी इन ए नार्थ इंडिया पिलग्रिमेज सेंटर, दिल्ली : ऑक्सफोर्ड युनिवर्सिटी।

वानखड़े, गुरुजी, के.जी., 1970, संत नामदेव तथा उनका हिंदी साहित्य, नई दिल्ली पब्लिशिंग डिवीजन, सूचना प्रसारण मंत्रालय, भारत सरकार।

*वर्मा, धीरेंद्र, 1986, 'हिंदी साहित्यकोश', दो भागों में, दूसरा संस्करण : वाराणसी, ज्ञान मंडल लिमिटेड, 1963 में प्रथम बार प्रकाशित।

*वर्मा, रामकुमार (आर.के.), 1971, 'हिंदी साहित्य का आलोचनात्मक इतिहास', छठा इंपो., इलाहाबाद : रामनारायण लाल बेनीमाधव।

*वर्मा, रामकुमार, 1977, कबीर : बायोग्राफी एण्ड फिलॉसफी', न्यू देलही, प्रिंट्स इंडिया।

*वर्मा, रामकुमार, 1983, 'कबीर : एक अनुशीलन', अनंतदास की 'कबीर परचई' सहित, इलाहाबाद : साहित्य भवन।

वादविले, शारलोत, 1974, 'कबीर', भाग-एक, ऑक्सफोर्ड क्लेरेंडन प्रेस।

वेबर, 1964, 'द सोशियोलॉजी ऑफ रिलीजन', जर्मन से अनूदित, बोस्टन : बेकन प्रेस, पहला जर्मन संस्करण, 1922

वेस्टकॉट, जी.एच., 1953, 'कबीर एण्ड द कबीर पंथ', पुनर्मुद्रित, कलकत्ता : सुशील गुप्ता, 1907 में प्रथम बार प्रकाशित।

विल्सन, एच.एच., 1972, 'रिलीजियस सेक्ट्स ऑफ द हिंदूज', वाराणसी : आइडियोलॉजिकल बुक हाउस, 1828 में प्रथम प्रकाशन।

यिंगर, जे.एम., 1970, 'द साइंटिफिक स्टडी ऑफ रिलीजन', लंदन : मैकमिलन।

*युगलानंद बिहारी (संपादन), 1953, 'कबीर सागर', 11 भागों में, बॉम्बे : श्री वेंकटेश्वर स्टीम प्रेस (यह संकलन लगभग 1930 के पहले दशक में प्रकाशित हुआ था)। द कबीर चरित्र बोध 11 भागों में पाया गया।

जेलियद एलियोनोर, 1966, 'बुद्धिज़्म एण्ड पॉलिटिक्स इन महाराष्ट्र', डी.ई. स्मिथ (संपादित) 'साउथ एशियन पॉलिटिक्स एण्ड रिलिजन' में, पृ. 191-212, प्रिंसटन : प्रिंसटन युनिवर्सिटी प्रेस।

जेलियट एलियोनोर, 1970, 'द नाइनटींथ सेंचुरी बैकग्राउंड ऑफ द महार एण्ड नॉन-ब्राह्मन मूवमेंट इन महाराष्ट्र' इंडियन इकॉनामिक एण्ड सोशल हिस्ट्री रिव्यू 7 : 397-415।

जेलियट एलियोनोर, 1981, 'चोखामेला एण्ड एकनाथ : टु भक्ति मोड्स ऑफ लेजिटिमेसी फॉर माडर्न चेंज', जे. लेले संपादित 'ट्रेडीशन एण्ड मोडर्निटी इन भक्ति मूवमेंट्स, पृ. 135-56, लीदेन : ई. जे. ब्रिल, जर्नल ऑफ एशियन एण्ड अफ्रीकन स्टडीज 15 (1980) में पहली बार प्रकाशित।

●●●